Peter A. Levine / Maggie Kline

Verwundete Kinderseelen heilen

Peter A. Levine / Maggie Kline

# VERWUNDETE KINDERSEELEN HEILEN

## Wie Kinder und Jugendliche traumatische Erlebnisse überwinden können

Kösel

Übersetzung aus dem Amerikanischen:
Judith Jahn, Berlin.



MIX
Papier | Fördert gute Waldnutzung
FSC® C014889

Penguin Random House Verlagsgruppe FSC® N001967

Titel der Originalausgabe:
*It Won't Hurt Forever. Recognizing, Responding To and Preventing Childhood Trauma. A Guide for Parents, Educators, Medical Personnel and Therapists.*

15. Auflage 2024

Umschlag: Kaselow Design, München
Umschlagmotiv: zefa / W. Flamisch
Redaktion: Maja Fink
Druck und Bindung: Friedrich Pustet GmbH & Co. KG, Regensburg
Printed in Germany
ISBN 978-3-466-30684-8
www.koesel.de

# INHALT

# EINFÜHRUNG

Dieses Buch ist als praxiserprobter Leitfaden zur Vermeidung und Heilung von Kindheitstraumata gedacht. Eltern, Erzieherinnen und Angehörige zahlreicher Berufsgruppen, die sich in Schulen, Krankenhäusern, ärztlichen und therapeutischen Praxen Kindern widmen, erhalten vielfältige Anregungen, wie sie »emotionale Erste Hilfe« leisten können, um das Leben aller in dieser belasteten Zeit ein wenig leichter und sicherer zu machen.

Traumatisierung wird nicht nur durch katastrophale Ereignisse wie Kindesmissbrauch und Gewalt verursacht, manchmal können auch Vorfälle, deren Folgen häufig verharmlost werden, der Auslöser sein, wie kleinere Autounfälle, medizinische und operative Routineeingriffe beim Arzt, Scheidungen, Trennungen und Stürze (selbst von etwas so Unschuldigem wie einem Fahrrad!). Häufig werden diese alltäglichen Erfahrungen als normale Ereignisse abgetan und die Möglichkeit traumatischer Folgen wird gar nicht in Erwägung gezogen. Wie beruhigend, dass wir Wege gefunden haben, eine Traumatisierung nicht nur zu heilen, sondern in vielen Fällen sogar zu verhindern, wenn Sie die Fähigkeiten anwenden, die Sie in diesem Buch erlernen werden.

Die Grundlage eines Traumas ist physiologischer Natur. Das bedeutet auf einen einfachen Nenner gebracht, dass unsere erste Reaktion auf eine Bedrohung instinktiv erfolgt, weil wir häufig keine Zeit zum Nachdenken haben, wenn wir uns in einer gefährlichen Situation befinden. Wir wurden mit diesen Überlebensmechanismen geboren. Meine Sichtweise verdanke ich eigenen wissenschaftlichen Forschungen in medizinischer Biophysik, Psychophysiologie und Psychologie, aber auch der Verhaltensbeobachtung von Tieren in freier Wildbahn.

Ausführlich habe ich dieses Thema in dem Buch *Trauma-Heilung. Das Erwachen des Tigers* behandelt.

In den späten sechziger Jahren entdeckte ich den Zusammenhang zwischen tierischem Verhalten und dem Phänomen des Traumas beim Menschen. Ich beobachtete, dass Beutetiere in der Wildnis, obwohl sie mit ständiger Bedrohung leben, selten traumatisiert sind. Tiere haben eine angeborene Fähigkeit, die Auswirkungen lebensbedrohlicher Situationen buchstäblich »abzuschütteln«, sodass keinerlei Nachwirkungen zurückbleiben. Die Erforschung des menschlichen Gehirns führte mich schließlich zu der Frage, ob Menschen dieselbe angeborene Fähigkeit wie Tiere besitzen, sie aber aus irgendeinem Grund nicht nutzen (oder sich über sie hinwegsetzen). Meine ausgedehnte klinische Praxis legte dringend nahe, dass diese Theorie richtig ist. Ich fand heraus, dass auch Menschen mit entsprechender Anleitung in der Lage sind, die Nachwirkungen potentiell überwältigender Ereignisse »abzuschütteln« und zu ihrem normalen Alltag zurückzukehren. Wenn der Vorfall ungelöst bleibt, häufen sich die schwächenden Symptome der Traumatisierung mit der Zeit an und das überwältigende Ereignis wird vergessen, bevor die Symptome an die Oberfläche getreten sind. Diese Situation äußert sich bei einem Kind häufig so, dass seine Kraft und sein Wohlbefinden langsam, aber stetig untergraben werden. Wenn man die physiologischen (und in geringerem Ausmaß die psychologischen) Aspekte des Traumas versteht, kann man mit ihnen arbeiten. Dann werden an sich harmlose Ereignisse, welche Kinder in ihren Fähigkeiten häufig einschränken, in Erfahrungen verwandelt, die sie in dem Gefühl bestärken können, Widerstandskraft und Stärke zu besitzen sowie die Fähigkeit, etwas meistern zu können. Diese Erkenntnisse einem größerer Personenkreis zugänglich zu machen, ist uns ein großes Anliegen, damit unnötiges Leid im Leben von Kindern verringert werden kann.

In professionellen Kreisen herrscht leider immer noch nicht das Wissen vor, dass ungelöste »gewöhnliche« Ereignisse eine ebenso beeinträchtigende Wirkung haben können wie katastrophale. Obwohl mehrere Bücher über medizinische Erste Hilfe für Kinder geschrieben wurden, gibt es unseres Wissens nur ein einziges, das sich mit emotionaler Erster Hilfe nach potentiell traumatischen Erlebnissen befasst: *A Parent's Guide to Medical Emergencies: First Aid for Your Child* von den Bestsellerautoren Janet Zand, Rachel Walton und Bob Rountree. (Dieses Buch, bislang leider nicht ins Deutsche übersetzt, enthält ein Kapitel mit der Überschrift *Understanding Childhood Trauma*, das von Peter A. Levine geschrieben wurde.)

Ähnliches gilt für Bücher, die sich mit Verlust in der Kindheit, Scheidung, Tod und den begleitenden emotionalen Reaktionen befassen. Wir kennen kaum einen Ratgeber, der Eltern und Fachkräften sagt, wie sie ein Kind sanft durch den initialen Schock hindurchbegleiten können, der als Folge zahlreicher überwältigender Lebenserfahrungen auftritt. Selbst Fachbücher, die in den letzten zwanzig Jahren verfasst wurden, haben die wichtige nonverbale physiologische Komponente übersehen, die unsere Arbeit (und dieses Buch) einzigartig macht. Die Wunden des Traumas von einer physiologischen Perspektive her zu heilen, verschiebt den Schwerpunkt weg von der Geschichte, die das Ereignis umgibt, und legt ihn auf die zuvor nicht beachtete »Geschichte« innerhalb des Körpers.

In diesem Handbuch finden Sie zahlreiche Beispiele aus dem täglichen Leben, um Sie über traumatische Vorfälle zu informieren. Sie werden erfahren, dass die Wirkungen von Traumata immer ähnlich sind, egal, ob es sich um eine Kriegssituation, einen Unfall oder einen invasiven medizinischen Eingriff handelt. Alltägliche Situationen, die ein Trauma hervorrufen können, werden im Hinblick auf Symptomprävention besprochen: Stürze, Autounfälle, chirurgische und zahnärztliche Behandlungsmaßnahmen, Beinahe-Ertrinken, plötzliche Trennung (Scheidung, Tod), Naturkatastrophen und das Miterleben von Gewalt haben alle das Potential, Kinder zu traumatisieren. Auch wenn das nicht bei allen Ereignissen die Regel ist, ist es wichtig, dass Sie als Erwachsener erkennen, ob ein Kind von einem Ereignis überwältigt wurde, das Ihnen nur als »unbedeutender« Zwischenfall erschien. Sie können »gefährdeten« Kindern helfen, ihren angeborenen Selbstheilungsprozess zu aktivieren.

Zusätzlich zu den Beispielen haben wir Übungen entwickelt, mit denen Sie die besprochenen Konzepte am eigenen Leib erfahren können. Mit ihrer Hilfe können Sie die Kraft spüren, die entsteht, wenn Sie mit Ihrem inneren Erleben »in Kontakt« sind und wirkliche Veränderung eintritt. Wenn Erwachsene einmal den Mechanismus verstehen, wie aus Schock, Angst und Beklemmung eine Veränderung erfolgen kann, fällt es ihnen leichter, Kinder zu begleiten.

Die Rolle des Erwachsenen bei der Unterstützung von Kindern gleicht in vielerlei Hinsicht der Funktion eines Pflasters. Das Pflaster heilt die Wunde nicht, aber es schützt sie und unterstützt den Körper dabei, das Seine zu tun. Kinder sind für die emotionale Stimmung von Erwachsenen sehr empfänglich. Deshalb ist es besonders wichtig, dass Sie, so gut es geht, die Ruhe bewahren und gesammelt bleiben, um für die Bedürfnisse Ihrer Kinder da sein zu können. Es wird ein Kapitel geben, in dem Eltern Schritt für Schritt dazu befähigt werden, »gute Pflaster« zu werden. In diesem Kapitel erfahren Sie auch, wann es notwendig ist, professionelle Hilfe zu Rate zu ziehen.

Kinder haben eine angeborene Widerstandskraft und sind in der Lage, nach einer »Überwältigung« und Verletzung wieder gesund zu werden. Mit der Unterstützung und Anleitung, die in diesem Buch geboten wird, können Sie dazu beitragen, die Entwicklung traumatischer Reaktionen bei Kindern zu vermeiden. Sie können dieses Buch auch hernehmen, um Kindern bei der Auflösung von Resten vergangener traumatischer Erfahrungen zu helfen, sowohl von solchen, die ihnen bewusst sind, als auch von solchen, an die sie sich nicht erinnern.

Die Geschichten und Reime, die in diesem Buch enthalten sind, eignen sich hierfür besonders. Sie helfen aber auch dabei, kleinere Kinder auf notwendige medizinische Behandlungsmaßnahmen vorzubereiten.

Wenn vergangene und gegenwärtige Traumata vermieden bzw. aufgelöst werden, wird die natürliche Widerstandskraft von Kindern gestärkt, so dass sie in Zukunft in einer potentiell schädigenden Situation mit mehr Ressourcen ausgestattet und erfolgreicher sein werden.

*Peter A. Levine,* Biologe, Physiker und Psychologe, widmet sich seit 35 Jahren dem Studium von Stress und Trauma. Die Methode des Somatic Experiencing® ist die Umsetzung seiner Forschung in eine neue körperpsychotherapeutische Form der Trauma-Heilung. Er leitet Trainings und bietet auf der ganzen Welt Seminare für Berufsgruppen an, die sich mit der Heilung von Trauma-Symptomen bei Säuglingen, Kindern, Jugendlichen und Erwachsenen befassen. Zusätzlich zu seiner fachlichen Tätigkeit stellt er sich für die Basisarbeit in Gemeinschaften und Gesellschaften, die durch Krieg oder Naturkatastrophen traumatisiert worden sind, beratend und leitend zur Verfügung.

*Maggie Kline*, M.S., M.F.T., setzt sich seit fast 30 Jahren als Lehrerin, Psychotherapeutin und Schulpsychologin für die Unterstützung von Kindern aller Altersstufen ein. Was sie vor etwa zehn Jahren von Dr. Levine lernte, lieferte ihr das fehlende Puzzlestück für eine effektive, aber sanfte Trauma-Lösung, die kulturelle, ethnische, religiöse und sozio-ökonomische Barrieren überschreitet. Sie integriert auf kreative Weise Kunst, Puppenspiel, Poesie und Märchen mit dem Somatic Experiencing®. Maggie Kline wendet ihr Wissen über das Somatic Experiencing® in ihrer privaten Praxis, im öffentlichen Schulsystem und bei Eltern an. Sie ist Direktorin eines gerade anlaufenden Projekts für das *FHE*[1] zur Unterstützung von Kindern, die Opfer des Krieges in Sierra Leone wurden. Als Senior-Fakultätsmitglied der Dr. Levine Stiftung für das *Human Enrichment Professional Training Certification Program* bietet sie auch Trainings in Somatic Experiencing® an.

Sowohl Peter als auch Maggie haben den Herzenswunsch, das unnötige Leid so vieler Kinder auf der ganzen Welt zu lindern, deren kostbares junges Leben durch Erfahrungen erschüttert wurde, die zu schockierend und überwältigend waren, als dass die meisten Erwachsenen damit umgehen könnten.

TEIL I

# TRAUMA VERSTEHEN

# 1
# EINE NEUE DEFINITION VON TRAUMA

*»Das kämpferische und territoriale Schutzverhalten des Reptils, das Brutpflegeverhalten und die familiäre Orientierung des frühen Säugetiers, das symbolische und sprachliche Vermögen des Neokortex werden unsere Verdammung verschärfen oder unserer Erlösung Aufschwung verleihen.«*

JEAN HOUSTON

Was bedeutet Trauma? Wo auch immer wir derzeit hinblicken, scheint plötzlich das Wort »Trauma« aufzutauchen. Überschriften wie »Auflösung von Trauma« und »Folgen von Missbrauch« erscheinen sowohl in den Schlagzeilen von Illustrierten als auch in Fachzeitschriften. Beliebte Fernsehserien wie *Oprah Winfrey* versuchen Millionen von Zuschauern verständlich zu machen, dass ein Trauma auf Körper, Geist und Seele wie eine Fessel wirkt. Endlich wird allgemein bekannt, welch einen verheerenden Einfluss ein Trauma auf das emotionale und körperliche Wohlbefinden von Kindern sowie auf die Entwicklung ihrer kognitiven Fähigkeiten und ihres Verhaltens haben kann.

Für Menschen, die beruflich mit dem Thema zu tun haben, stehen zahlreiche Foren zur Verfügung, die sich vorrangig mit Statistiken über den Einfluss von Traumata auf unsere Jugend befassen. Außerdem gab es viele Seminare darüber, wie man mit den Folgen der Katastrophe vom 11. September 2001 fertig werden kann. Trotz dieser Informationsflut und der Fülle der gegenwärtigen Forschungsaktivität über das traumatisierte Gehirn ist nur sehr wenig darüber geschrieben worden, wie alltäglich die Ursachen eines Traumas sind und wie Traumata ohne medikamentöse Behandlung verhindert und geheilt werden können. Glücklicherweise sind Sie – die Eltern, Erzieher und andere Menschen, die berufsmäßig für Kinder da sind – in einer Position, in der Sie die gefährlichen Auswirkungen eines Traumas verhüten und das Beste für die in Ihrer Obhut Stehenden tun können. »Trauma ist möglicherweise die am meisten angefochtene, ignorierte, verharmloste, verleugnete, missverstandene und nicht behandelte Ursache für menschliches Leiden.«[2]

Sowohl in unserer unmittelbaren Nähe als auch an entfernteren Orten auf der Welt nehmen beunruhigende Ereignisse mit der Geschwindigkeit eines anfahrenden Zuges zu. Eltern, Erzieher, medizinisches Personal und Therapeuten können es sich nicht leisten, noch weitere kostbare Zeit verstreichen zu lassen, ehe sie lernen, wie ein Trauma am besten verhütet werden kann. Ganz wesentlich ist es auch, die natürliche Widerstandskraft jener wachsenden Anzahl von Kindern anzuerkennen und wiederherzustellen, die sich bereits im Griff eines Traumas befinden. In dem vorliegenden Kapitel schließen wir diese Informationslücke, indem wir einen genaueren Blick auf das Trauma werfen und dabei Mythos und Realität untersuchen.

### *Das Trauma befindet sich im Nervensystem – nicht im Ereignis!*

Im Allgemeinen wird davon ausgegangen, dass Trauma-Symptome die Folge eines äußeren Ereignisses sind und mit der Art und Ungeheuerlichkeit desselben übereinstimmen. Natürlich ist das Ausmaß der Belastung ein wichtiger Faktor, aber er definiert ein Trauma nicht. Denn »das Trauma liegt nicht im Ereignis; es ist vielmehr so, dass sich das Trauma im Nervensystem befindet«.[3] Die Grundlage eines Traumas ist in erster Linie physiologischer und nicht so sehr psychologischer Natur. Weil wir keine Zeit zum Nachdenken haben, wenn wir einer

Bedrohung gegenüberstehen, erfolgen unsere primären Reaktionen instinktiv. Die Hauptfunktion unseres Gehirns besteht darin zu überleben! Dafür sind wir ausgerüstet. Einer traumatischen Reaktion liegt ein 280 Millionen Jahre altes Erbe zugrunde, ein Erbe, das sich in jenen ältesten und tiefsten Strukturen unseres Gehirns befindet, die wir Reptiliengehirn nennen. Wenn diese primitiven Teile des Gehirns eine Gefahr wahrnehmen, aktivieren sie automatisch eine außergewöhnliche Menge an Energie – wie beispielsweise den Adrenalinstoß, der es einer Mutter ermöglicht, das Auto anzuheben und zu bewegen, unter das ihr Kind geraten ist. Dieser wiederum ruft starkes Herzklopfen hervor, begleitet von mehr als zwanzig weiteren physiologischen Reaktionen, die uns darauf vorbereiten, uns selbst und die Menschen, die wir lieben, zu verteidigen und zu schützen. Während dieses rapiden, unwillkürlichen Umschaltens zieht sich gleichzeitig der Blutstrom aus den Verdauungsorganen und der Haut zurück und fließt in die große motorische Fluchtmuskulatur. Die Atmung wird schneller und flacher, die normale Speichelproduktion geht zurück. Die Pupillen weiten sich, damit die Augen mehr Informationen aufnehmen können. Die Blutgerinnung nimmt zu, während das verbale Ausdrucksvermögen abnimmt. Die Muskelfasern sind stark erregt, häufig bis zum Zittern. Für einen Menschen, der nicht versteht, was gerade in seinem Körper geschieht, können diese Reaktionen, die ihm einen physischen Vorteil verschaffen sollen, unangenehm und geradezu erschreckend sein. Das gilt vor allem dann, wenn die Person aufgrund ihrer Körpergröße, ihres Alters oder anderer Verletzlichkeiten nicht in der Lage ist, sich zu bewegen, oder wenn dies von Nachteil für sie wäre. Ein Säugling oder Kleinkind beispielsweise kann nicht weglaufen. Ein älteres Kind hingegen oder ein Erwachsener, die normalerweise entkommen könnten, sind vielleicht gezwungen, völlig still zu halten, wie bei einer Operation oder einem Raubüberfall. Es gibt keine bewusste Wahlmöglichkeit. Unsere biologische Programmierung sieht vor, dass wir erstarren (einfrieren), wenn Flucht oder Kampf entweder unmöglich sind oder als unmöglich wahrgenommen werden.

Wir müssen verstehen, dass der Körper bei einer Erstarrungsreaktion zwar inaktiv wirkt, dass jedoch die physiologischen Mechanismen, die den Körper auf die Flucht vorbereiten, *noch voll aufgeladen* sind. Wenn jemand einen Schock erleidet, ist seine Haut blass und seine Augen wirken leer. Das Zeitgefühl ist verzerrt. Paradoxerweise wird der sensorisch-motorisch-neuronale Ablaufplan, der zum Zeitpunkt der Bedrohung in Bewegung gesetzt wurde, angehalten. Weil die Muskeln sich nicht bewegen lassen, entsteht eine Situation der Hilflosigkeit; darunter jedoch befindet sich eine enorme Lebensenergie, die »darauf lauert«, das Begonnene zu Ende zu bringen.

Wie wirken sich diese Energieausschüttung und die zahlreichen physiologischen Veränderungen langfristig auf uns aus? Die Antwort auf diese Frage ist für das Verständnis von Trauma wichtig und hängt davon ab, was während und nach dem überwältigenden Ereignis geschieht. Für die Vermeidung einer Traumatisierung ist es entscheidend, dass der gesamte Energieüberschuss beim Bewältigen der Bedrohung aufgebraucht wird. Energie, die nicht vollständig entladen wurde, verschwindet nicht einfach; sie bleibt im Körper eingeschlossen und schafft das Potential für traumatische Symptome.

Bei einem Kind gilt: Je jünger es ist, desto weniger Ressourcen stehen ihm zur Verfügung, um sich selbst zu schützen, was eine größere Menge nicht abgebauter Energie zur Folge hat. Ein Vorschul- oder Grundschulkind beispielsweise ist nicht in der Lage, vor einem bissigen Hund zu fliehen oder ihn abzuwehren; Kleinkinder können sich noch nicht einmal selbst warm halten. Aus diesen Gründen ist der Schutz durch respektvolle Erwachsene, die die kindlichen Bedürfnisse nach Sicherheit, Wärme und Ruhe wahrnehmen und ihnen nachkommen, von größter Wichtigkeit. Darüber hinaus können Erwachsene häufig mit Hilfe eines Stofftieres, einer Puppe, eines Engels oder einer Fantasiefigur, das heißt mit einer Art Ersatzfreund, für Trost und Sicherheit sorgen. Ressourcen wie diese mögen einem Erwachsenen unbedeutend erscheinen, für ein kleines Kind jedoch können sie ein lebenswichtiges Hilfsmittel sein, um eine Überwältigung zu verhindern.

Erwachsene, die diese Art von sicherer Beziehung erfahren haben, wenn sie als Kinder Angst hatten, werden die voranstehenden Informationen als etwas bezeichnen, das dem »gesunden Menschenverstand« entspringt, und auch davon ausgehen, dass die Bedürfnisse von Kindern im Allgemeinen beachtet und erfüllt werden. Historisch gesehen wurden die Bedürfnisse von Kindern jedoch schändlich vernachlässigt, wenn nicht sogar gänzlich außer Acht gelassen. Der Entwicklungspsychiater Daniel Siegel, Autor des gefeierten Buchs *Wie wir werden, wie wir sind*[4] legt eine Synthese der neurobiologischen Forschung vor, in der er unterstreicht, dass gerade die Sicherheit und der Halt durch Erwachsene für Säuglinge und Kinder von entscheidender Bedeutung sind. Das frühkindliche Gehirn entwickelt seine Intelligenz, seine emotionale Widerstandskraft und die Fähigkeit zur Selbstregulierung in einem ausgefeilten anatomischen Gestaltungsprozess, der in direktem Zusammenhang mit dem Geschehen steht, das im Moment der Begegnung stattfindet. Bei einem traumatischen Ereignis wird die Einprägung der neurologischen Muster dramatisch verstärkt. Deshalb leisten Erwachsene zugleich einen entscheidenden Beitrag für eine gesunde Gehirn- und Verhaltensentwicklung ihrer Kinder, wenn sie die einfachen Werkzeuge für emotionale Erste Hilfe, die in diesem Buch vermittelt werden, erlernen und anwenden.

Die Wahrscheinlichkeit einer zukünftigen traumatischen Reaktion ist direkt proportional zu der Energiemenge, die eine Person für Kampf oder Flucht mobilisiert, jedoch zu Schutz oder Verteidigung ihres Lebens nicht einsetzen kann. Wenn wir von diesem Grundgedanken ausgehen, wird klar, wie anfällig Kinder für die Auswirkungen von Traumata sind. Den Mythos, dass Säuglinge und Kleinkinder »zu jung sind, um betroffen zu sein« oder »dass es nichts ausmacht, weil sie zu klein sind, um sich zu erinnern«, können wir zu Grabe tragen. Was bisher nicht klar gesehen wurde, wird offensichtlich und wichtig, wenn wir begreifen, dass Neugeborene, Säuglinge und sehr kleine Kinder unter den Auswirkungen eines Traumas am meisten leiden, weil sie ihre motorischen Fähigkeiten noch nicht entwickelt haben. Deswegen sind sie vollkommen abhängig von uns. Diese Verletzlichkeit gilt auch für ältere Kinder, deren Beweglichkeit durch permanente oder zeitweilige Behinderung eingeschränkt ist, so zum Beispiel, wenn sie infolge einer orthopädischen Verletzung oder Korrektur eine Schiene, einen Stützapparat oder einen Gips tragen müssen. Betrachten wir ein reales Beispiel:

## Der Fall Jack

Jack, ein elf Jahre alter Pfadfinder und Einserschüler, entwickelte kurz nach einem kleinen Erdbeben – für kalifornische Verhältnisse war es eine winzige Erschütterung – eine Schulphobie. Seine Eltern brachten das Erdbeben und die Phobie nicht miteinander in Verbindung und fanden die Symptome eher mysteriös. Die extreme Schulangst stellte auch Jack vor ein Rätsel. Während der ersten Sitzung berichtete er, dass er sich kürzlich einer Rückenoperation hatte unterziehen müssen und dankbar dafür sei, von den Schmerzen befreit zu sein. Er brannte darauf, in die Schule zurückzukehren, weil er dort viele Freunde habe. Er könne jedoch buchstäblich nicht aus dem Bett aufstehen, weil die »Schmetterlinge in seinem Bauch« so heftig seien, dass sie eine Panik-Reaktion auslösten. Während der ersten drei Sitzungen arbeiteten wir mit den »Schmetterlingen«, indem wir uns auf seine Empfindungen konzentrierten und Bilder malten, was eine erstaunliche Geschichte zum Vorschein brachte: Ein erschreckendes Bild tauchte in ihm auf, weil sein Bücherschrank während des Bebens zu zittern begonnen hatte. Was aber, da der Schrank ja nicht umfiel, ließ dieses Erlebnis für Jack so traumatisch werden, dass es ihn von seinen Freunden in der Schule abhalten konnte? In unserer weiteren Zusammenarbeit wurde dies deutlich, wie Sie sehen werden.

Als Jack das Beben zu spüren begann, konnte er das Ausmaß der Gefahr nicht voraussehen; das Einzige, was in seinem Reptiliengehirn registriert wurde, war die »rote Flagge« der Gefahr. Sein Nervensystem antwortete auf die wahrgenommene Bedrohung mit voller Alarmbereitschaft und er fühlte auch dann noch Panik, als das »kleine Schütteln« längst vorüber war. Die Heftigkeit seiner Reaktion wird verständlich, wenn wir erfahren, dass Jack als kleines Kind nach einer vorangegangenen Rückenoperation mehrere Wochen lang einen Körpergips tragen musste. Durch den Eingriff verängstigt und bewegungsunfähig gemacht, war er zu kraftlos, um auf Gefahren zu reagieren, die er überall lauern sah, wie dies bei kleinen Kindern nach einem furchterregenden Erlebnis häufig der Fall ist. Er konnte seinem normalen Fluchtimpuls nicht folgen. Im Fall von Jack verhinderte die harte Begrenzung durch den Gips, dass er sich bewegen konnte. Wenn das Gehirn einen sensorisch-motorischen Impuls in Gang setzt, die Gliedmaßen sich aber nicht bewegen lassen (oder wenn die Bewegung selbst zu gefährlich wäre wie bei einer körperlichen Quälerei oder einem schmerzhaften medizinischen Eingriff), können unterschiedliche Szenarien eintreten. Das Unbehagen kann als Reizbarkeit, Angst, »Schmetterlinge«, Taubheitsgefühl etc. empfunden werden. Kann der Körper die überwältigenden Gefühle nicht länger ertragen, so verfällt er in eine angsterfüllte Resignation (erlernte Hilflosigkeit) – wie Tiere es tun, wenn sie sich in einer Situation befinden, aus der es kein Entrinnen gibt. Als Jack älter wurde, schien die Erfahrung, die in seiner frühen Kindheit so schrecklich gewesen war, längst »vergessen«.

Das Problem ist, dass manche Lebenserfahrungen zwar unserer bewussten Erinnerung entzogen sein mögen, unser *Körper* jedoch nichts vergisst. Es gibt einen physiologischen Imperativ, die aktivierten, aber unvollständig gebliebenen sensorisch-motorischen Impulse zu vollenden, bevor der Körper wieder in der Lage ist, in einen Zustand entspannter Wachsamkeit zurückzukehren. Deshalb blieb die nicht entladene Energie und die neurologische »Prägung« des Eingeschränktseins auch nach der Beseitigung des Gipses in Jacks Nervensystem erhalten.

## Warum unser Körper nicht vergisst und was uns die Gehirnforschung lehrt

Woran liegt es, dass wir von dem Schrecklichen, das wir erlebt haben, nicht frei werden, selbst wenn die Bedrohung vorüber ist und wir gelernt haben, mit dem zu leben, was uns widerfahren ist? Warum leiden wir im Gegensatz zu unseren tierischen Freunden unter quälender Angst – zum Teil mit lebhaften Erinnerungen verbunden – die uns für immer verändert?

Antonio Damasio, Autor von *Descartes' Irrtum* und *Ich fühle, also bin ich* entdeckte, dass Emotionen buchstäblich einer anatomischen Planzeichnung im Gehirn folgen, die für das Überleben notwendig ist. Das bedeutet, dass die Emotion »Angst« einen sehr spezifischen neuronalen Schaltkreis im Gehirn eingeätzt hat, der eine »Landkarte« von genau festgelegten physikalischen, körperlichen Empfindungen aus verschiedenen Teilen des Körpers darstellt. Wenn wir etwas sehen, hören, schmecken, tasten oder fühlen, das uns an die ursprüngliche Bedrohung erinnert, hilft die Erfahrung der Angst dem Körper, einen »Flucht- oder Erstarrungsplan« zu erstellen, damit wir uns schnell aus der Gefahr entfernen. Der Auslöser erzeugt nicht nur eine Erinnerung (tatsächlich gibt es vielfach keine bewusste Erinnerung an die ursprüngliche Bedrohung), sondern vielmehr eine echte physikalische Reaktion. Die Herzfrequenz steigt rapide an, Schweiß wird produziert und es entsteht ein Gefühl der Qual, weil der Körper ganz und gar so anspringt, als würde die Bedrohung noch bestehen. Die heftige Emotion des ursprünglichen Ereignisses hinterlässt deshalb einen so starken Eindruck, weil sie uns eine Lektion in Sachen Überleben erteilen will. Das ist alles schön und gut angesichts der nächsten Gefahr. Warum aber kommt es bei dieser Reaktion zu einer schlechten Anpassung und warum tritt sie auch dann auf, wenn keine eindeutige und gegenwärtige Gefahr vorhanden ist? Schauen wir wieder auf die Forschung.

Bessel van der Kolk von der Universität Boston hat die Angstreaktion mithilfe der NMR (Kernspinresonanz-Tomographie) untersucht.

Eine kleine, mandelförmige Struktur im Mittelhirn, Amygdala[5] genannt, ist dafür verantwortlich, eine schnelle Reaktion zu aktivieren, wenn eine Gefahr wahrgenommen wird. Sie reagiert hochsensibel auf optische Eindrücke und Geräusche und zieht viele Bereiche des Gehirns heran, um mit der Situation fertig zu werden. Joseph LeDoux von der Universität New York, Autor des Buches *Das Netz der Gefühle: Wie Emotionen entstehen* vergleicht sie mit einem Frühwarnsystem, das den Körper in Alarmbereitschaft versetzt und ihn auf die Gefahr vorbereitet. Aus diesem Grund fangen die Muskeln an, Spannung aufzubauen, und es werden Hormone ausgeschüttet, die dafür bestimmt sind, unser Überleben zu sichern. Das denkende und schlussfolgernde Frontalhirn trifft schließlich die Entscheidung, ob der kläffende Hund freundlich oder feindlich gesinnt ist, ob der Schatten ein Verfolger oder ein freundlicher Fremder ist und ob es sich bei dem Gegenstand auf dem Weg vor uns um eine Schlange oder um einen Stecken handelt. Wenn der Hund sich als freundlich herausstellt, beruhigt die Botschaft, die das Frontalhirn an die Amygdala übermittelt, die Angstreaktion.

Bei einem traumatisierten Menschen ist das Frontalhirn unglücklicherweise nicht in der Lage, diese herabzusetzen. Mit einem »kortikalen Bypass« können wir die Angst nicht wegdiskutieren. Möglicherweise kommt es dazu, dass wir sie an anderen auslassen, an überwältigenden Gefühlen leiden oder die Angst ganz ausblenden. Oder, wie Bessel van der Kolk es formuliert: »Bei der PTSD (post-traumatic stress disorder = posttraumatische Belastungsstörung) befindet sich der Kortex in der Geiselhaft einer launischen Amygdala. Das Denken wird von den Gefühlen überfallen. Menschen mit PTSD sind sehr sensitiv darauf eingestimmt, selbst auf minimale Reize so zu reagieren, als ob ihr Leben in Gefahr sei.«[6]

Gehen wir noch einmal zurück zur Geschichte von Jack.

Die vorangegangene wissenschaftliche Erklärung verdeutlicht, wie ein kleines Erdbeben noch nach Jahren in Jack Empfindungen der Hilflosigkeit auslösen konnte, die sein Körperbewusstsein gespeichert hatte. Der Körper antwortete auf die momentane Gefahr, als würde er immer noch von einem Gips gefangen gehalten. Ausgeliefert an eine übermäßig sensitive Amygdala, setzte der zusätzliche Adrenalinstoß Kaskaden von Reaktionen frei, die ebenso überwältigend waren wie die ursprünglichen Gefühle des Schreckens. Die Unruhe, die Jack davon abhielt, in die Welt hinauszugehen, ergab oberflächlich betrachtet keinen Sinn. Es war das »alte« Ereignis von damals, als er außerstande gewesen war, sich selbst zu schützen, das die Empfindungen erneut aktivierte. Sie waren in sein »Körpergedächtnis« eingeätzt und unterminierten sein Selbstvertrauen. Da er nicht in der Lage war, den Grund für seine lähmenden Empfindungen zu verstehen, geriet Jack in Panik. Was aussah wie eine Schulphobie war in Wirklichkeit die Angst vor den beunruhigenden Gefühlen, die durch eine Flut von erneut ausgeschütteten Stresshormonen verursacht wurden. Dazu kam sein Verlust an Vertrauen in seine körperlichen Reaktionen (der sich ihm während des ursprünglichen Ereignisses eingeprägt hatte). Als Jack lernte, seine beängstigenden Gefühle Schritt für Schritt anzunehmen, stellte sein Körper glücklicherweise die Verbindung zur Vergangenheit her und entlud die lähmenden Empfindungen in seinen Beinen durch Zittern. Wunderbarerweise spürte Jack, dass seine Beine laufen wollten, so schnell sie ihn nur trugen! Genau darauf war sein sensorisch-motorisches System zum Zeitpunkt seiner ersten Operation »programmiert« gewesen, konnte dies jedoch nicht umsetzen.

## Lektionen aus dem Tierreich

Woran liegt es, dass ungezähmte Beutetiere selten traumatisiert werden? Obwohl Tiere in ihrer natürlichen Umgebung keine Erfahrungen mit operativen Eingriffen und Bewegungseinschränkung machen, wie es bei Jack der Fall war, gehört Bedrohung zu ihrem normalen Leben – häufig mehrere Male am Tag. Dennoch werden sie selten traumatisiert, wenn sie in freier Wildbahn leben. Ethologische Forschungen (die Beobachtung von wilden Tieren in ihrer natürlichen Umgebung) führten zu der Entdeckung, dass Tiere die angeborene Fähigkeit besitzen, sich von ständig neuen Bedrohungen zu regenerieren. Sie schütteln die zurückgebliebene Energie buchstäblich ab, indem sie zittern, schnelle Augenbewegungen durchführen, am ganzen Körper beben, keuchend atmen und Bewegungen vervollständigen. Während der Körper zu seinem Gleichgewicht zurückkehrt, lässt sich beobachten, dass das Tier tiefe, spontane Atemzüge »nimmt«. Bei genauem Hinsehen lässt sich sogar erkennen, dass die Atemzüge dem Tier aus der Tiefe seines unwillkürlichen autonomen Nervensystems eingeflößt werden. All dies gehört zu einem normalen Mechanismus, den wir Homöostase nennen. Die gute Nachricht lautet, dass wir diesen Mechanismus mit unseren Freunden aus dem Tierreich teilen.

Wie kann es also sein, dass Menschen an Trauma-Symptomen leiden? Es gibt mehrere Antworten auf diese entscheidende Frage. Erstens sind wir komplexer gestaltet als andere Geschöpfe. Wir sind mit einem hervorragenden, rationalen Gehirn ausgestattet, mit dem wir, einfach ausgedrückt, zu viel denken. Denken ist allzu oft gepaart mit Beurteilung. Tiere haben keine Worte, um ihre Gefühle und Empfindungen zu bewerten. Es gibt bei ihnen keine innerlichen Schuldtrips, keine Beschämungs- oder Beschuldigungsspiele. Das Endergebnis sieht so aus, dass sie nicht wie Menschen den Prozess hemmen. Außerdem sind wir im Alltag mit diesen starken Körperreaktionen, die für Tiere selbstverständlich sind, nicht vertraut. Solange wir keine Kenntnis davon haben, dass es sich dabei um etwas Normales handelt und wir diese unwillkürlichen Reaktionen lenken können, anstatt sie zu hemmen, bleiben sie für Kinder (und Erwachsene) ebenso erschreckend wie das ursprüngliche Ereignis, das sie hervorrief. Glücklicherweise wird Ihnen dieses Buch zeigen, wie Sie Kindern helfen können, wieder zu fühlen und sich ohne übermäßigen Stress durch Empfindungen hindurchzubewegen ... gerade so, wie Tiere es tun! Im zweiten Abschnitt des Buches geben wir Ihnen konkrete Anweisungen, wie Sie Kinder wie Jack mit Hilfe einfacher Gedichte, die auf Tiervergleichen beruhen, unterstützen können. Da Tiere urteilsfrei und instinktiv handeln, können sie kraftvolle Ressourcen darstellen, die Kindern dabei helfen, sich mit ihrem angeborenen Selbstheilungsprozess zu verbinden, ohne dass sie von beschämender Selbstverurteilung gehindert werden, die so typisch menschlich zu sein scheint.

# 2
# REICHWEITE DES BEGRIFFS TRAUMA

*»Wieder und wieder wird der Regen fallen …*
*wie Tränen von einem Stern … wie Tränen von einem Stern.*
*Wieder und wieder wird der Regen uns sagen,*
*wie verletzlich wir sind … wie verletzlich wir sind.«*

»FRAGILE« VON STING

Wir wollen nun die Auslöser für Traumata untersuchen; manche von ihnen sind deutlich erkennbar, geradezu offensichtlich, die am häufigsten vorkommenden werden jedoch weitgehend übersehen. Viele würden Trauma als ein unerwartetes, entsetzliches Ereignis definieren, das relativ selten eintritt und nur wenige unglückliche Menschen betrifft. Ich wage zu behaupten, dass in der Welt, in der wir heute leben, niemand vor einem Trauma geschützt ist. Viele Menschen, die in der verletzlichen Phase der frühen Kindheit traumatisiert worden sind, tragen diese Bürde der traumatischen Prägung als ein lebenslanges Ringen mit sich, das über das normale Leben eine düstere Hülle zu stülpen scheint.

Es gibt Kategorien von Ereignissen, die für nahezu jedes Kind überwältigend sind. Dazu gehören Gewalterfahrungen wie Raubüberfälle oder Schießereien in der Schule, Entführungen, körperlicher und sexueller Missbrauch. Bedauerlicherweise sind diese Ereignisse für viel zu viele Kinder eine potentielle Wirklichkeit. Andere Ereignisse mögen aus der Perspektive eines Erwachsenen nicht traumatisierend wirken. Für ein Kind jedoch können zahlreiche »normale« Vorkommnisse anhaltende Folgen nach sich ziehen, die je nach Alter, Körpergröße und anderen Verletzlichkeiten manchmal offen, mitunter aber auch verdeckt in Erscheinung treten.

## Weitverbreitete Ursachen für Traumata in der Kindheit

Die meisten allgemeinen Ursachen für mögliche traumatische Reaktionen wie Stürze, Unfälle sowie invasive medizinische und operative Eingriffe ereignen sich mit solcher Häufigkeit, dass eine bewusste Verbindung zwischen der Entwicklung des Symptoms und dem vorangegangenen Vorfall selten hergestellt wird. Außerdem treten die Symptome manchmal mit einer Verzögerung von einem Monat bis zu einem Jahr auf. In der Tat haben die meisten dieser Ereignisse keine anhaltenden Krankheitswirkungen.

Gleichzeitig könnte der weise Spruch »Vorbeugen ist besser als Heilen« nicht treffender sein. Vorbeugen ist häufig einfach; deshalb werden wir im nächsten Abschnitt der emotionalen Ersten Hilfe für diese weitverbreiteten Situationen ein ganzes Kapitel widmen. Die nachfolgenden Kategorien listen mögliche Ursachen (oder Faktoren, die dazu beitragen) für Traumata in der Kindheit auf. Manche werden Ihnen einleuchten, andere werden Sie vielleicht überraschend finden:

### I. Unfälle und Stürze

- Stürze (Treppen, Betten und hohe Stühle)
- Sportverletzungen (Sichüberschlagen und Hinfallen beim Fahrrad-, Skateboard- und Skifahren)
- Autounfälle (Schleudertrauma, auch bei niedriger Geschwindigkeit)
- beinahe Ertrinken und Ersticken

### II. Medizinische und operative Eingriffe

- medizinische und operative Eingriffe (Genähtwerden, Spritzen, intravenöse Behandlungen, invasive Untersuchungen)
- Behandlungen beim Zahnarzt
- lebensbedrohliche Erkrankungen und hohes Fieber
- länger anhaltende Bewegungseinschränkung (Gipsverband, Schiene, Streckverband)
- Vergiftungen
- Stress im Mutterleib und Komplikationen bei der Geburt (Nabelschnur um den Hals, Drogen und Alkohol etc.)

### III. Gewalthandlungen/Angriffe

- Mobbing (Schule, Nachbarschaft, Geschwister)
- Angriffe durch Tiere (Hunde-, Schlangenbisse)
- familiäre Gewalt
- Gewalt miterleben (dabei sein sowie stellvertretend durch Videospiele und Fernsehen)
- körperlicher und sexueller Missbrauch sowie Vernachlässigung
- Krieg, Vertreibung und generationenübergreifende Folgen
- Bedrohung durch terroristische Angriffe

**IV. Verlust**

- Scheidung
- Tod eines geliebten Menschen oder eines Haustiers
- Trennung
- Verlorengehen (im Kaufhaus oder in einer unbekannten Umgebung)
- Besitz (Verlust des Zuhauses oder anderen Besitzes durch eine Katastrophe)

**V. Umgebungsbedingte Stressfaktoren und Naturkatastrophen**

- extremen Temperaturen Ausgesetztsein (gilt für Kleinkinder und Säuglinge)
- Naturkatastrophen (Feuer, Erdbeben, Überschwemmungen, Wirbelstürme, Orkane, Vulkanausbrüche)
- plötzlich auftretende laute Geräusche wie Auseinandersetzungen, Gewalt, Donner etc., vor allem, wenn das Kind allein ist (gilt für Kleinkinder und Säuglinge)

Da ein Trauma ein biologisches Ereignis ist, hat der Eintrag, den es auf der »Richterskala« des Nervensystems erhält, Vorrang gegenüber dem tatsächlichen Ausmaß der Gefahr. Deshalb kann grundsätzlich jede Situation, die das Kind als Bedrohung wahrnimmt und die seine aktuelle Fähigkeit, mit dem Ereignis umzugehen, übersteigt, Auswirkungen auf seine Gefühle und sein Verhalten haben. Das gilt unabhängig davon, wie alltäglich die Bedrohung möglicherweise ist. Die Definition Trauma richtet sich nach der Reaktion, die im Nervensystem eines Menschen hervorgerufen wird – nicht unbedingt nach der Art oder Intensität der Umstände. Menschen und Tiere sind von ihrer Anlage her darauf vorbereitet, sich zu schützen und zu verteidigen. Gelingt ihnen dies nicht, gerät die Grundlage ihres Sicherheitsgefühls ins Wanken. Das kann dazu führen, dass sich das Leben wie ein steiler, rutschiger Abhang anfühlt.

## Beispiele aus dem Leben von Kindern

Ein kurzer Blick auf das Leben von fünf verschiedenen Kindern wird Ihnen ein besseres Verständnis für die Reichweite des Begriffes Trauma geben. Die Szenen, die wir im Anschluss vorstellen, sind nicht ungewöhnlich. Sie könnten zahlreiche Ereignisse dieser Art an einem beliebigen Tag, in einem beliebigen Haushalt, in einer beliebigen Klinik, Schule oder Stadt oder in einem beliebigen Land auf der ganzen Welt antreffen:

Lisa schreit jedes Mal hysterisch, wenn die Familie ins Auto einsteigen will.

Carl, ein scheuer 15-Jähriger, schwänzt ständig die Schule. »Ich habe keine Lust mehr, ständig Angst zu haben«, sagt er. »Alles, was ich mir wünsche, ist, mich normal zu fühlen.«

Pflichtbewusst erscheint Sarah jeden Morgen pünktlich in ihrer Klasse der Sekundarstufe; um elf Uhr steht sie regelmäßig im Krankenzimmer und klagt über Magenschmerzen, obwohl keine medizinische Ursache für ihre chronischen Beschwerden gefunden werden kann.

Kurt ist ein beliebter, gutmütiger Mittelschüler. Nun erzählt er seiner Mutter, dass er sich fühlt, als ob er jemanden treten wolle, egal wen! Er hat keine Ahnung, wo dieser Drang herkommt. Zwei Wochen später fängt er an, sich seinem jüngeren Bruder gegenüber aggressiv zu verhalten.

Die Eltern des drei Jahre alten Kevin sind betroffen über sein »autistisch anmutendes« Spiel. Er legt sich wiederholt auf den Boden, versteift seinen Körper und gibt vor, zu sterben und langsam wieder ins Leben zurückzukehren, wobei er »Rettet mich ... rettet mich!« ruft.

Was haben diese jungen Menschen gemein? Wie sind ihre Symptome entstanden? Werden ihre Symptome wieder verschwinden oder sich mit der Zeit verschlimmern? Lassen Sie uns enträtseln, was den Eltern und Lehrern dieser Kinder anfänglich solches Kopfzerbrechen bereitete.

Erinnern Sie sich an das hysterische Schreien von Lisa? Sie war im Alter von drei Jahren in ihrem Autositz angeschnallt gewesen, als ein Fahrzeug von hinten auf den VW-Transporter der Familie auffuhr. Weder sie noch ihre Mutter, die den Wagen fuhr, erlitten körperliche Verletzungen. Das Auto hatte kaum einen Kratzer und der Unfall wurde als geringfügiger Blechschaden eingestuft. Das Schreien der kleinen Lisa wurde daher nicht mit dem Unfall in Verbindung gebracht, weil ihre Reaktion verzögert auftrat. Es dauerte mehrere Wochen, ehe die Erstarrung, die der Aufprall in ihr ausgelöst hatte, wieder verging. Ihr Verstummen und ihre Appetitlosigkeit verwandelten sich in angsterfülltes Weinen, wenn sie sich dem Wagen der Familie näherte.

Während Lisas Erfahrung auf einen einzigen Vorfall zurückging, entwickelte sich Carls »Verletzung« über einen längeren Zeitraum hinweg. Er wurde mehr als fünf Jahre lang von seinem emotional gestörten, etwas älteren Stiefbruder körperlich eingeschüchtert. Niemand ging dagegen vor. Kein Erwachsener im Haus sah in den Vorfällen etwas anderes als »normale« Reibereien unter Geschwistern. Carl hatte nicht nur vor dem Bruder schreckliche Angst, sondern fürchtete auch den Zorn seiner Eltern, weil er für seinen kranken Bruder nicht immer genug Einfühlungsvermögen aufbrachte. Carl hatte versucht, diese Angst seiner Mutter gegenüber zum Ausdruck zu bringen, seine Gefühle wurden jedoch abgetan; er wurde stattdessen aufgefordert, verständnisvoller zu sein.

Mit Ausnahme seiner älteren Schwester, die ebenfalls unter der Familiendynamik litt, erkannte niemand die Not und die Zwangslage, in der Carl sich befand. Er fantasierte unterdessen Tag und Nacht, ein professioneller Ringkämpfer zu sein, hatte jedoch nicht die Kraft oder das Vertrauen, jeden Morgen aufzustehen und zur Schule zu gehen, geschweige denn, Mitglied im Schulsportverein zu werden. Erst als Carl Selbstmordabsichten äußerte, erkannten seine Eltern endlich die tiefgründig schädigende Wirkung, welche die anhaltende körperliche und emotionale Quälerei auf ihren Sohn hatte.

Das nächste zuvor erwähnte Kind ist Sarah, die sich sehr darauf freute, in die Sekundarstufe zu kommen. Nach einer vergnüglichen Einkaufstour, bei der sie sich nagelneue Kleidung für die Schule ausgesucht hatte, wurde ihr abrupt und unerwartet mitgeteilt, dass ihre Eltern sich scheiden lassen wollten und dass ihr Vater innerhalb der nächsten beiden Wochen ausziehen werde. Ihre Freude auf die Schule paarte sich mit Panik und Traurigkeit, wobei sich ihre Lebendigkeit zu einem festen Knoten zusammenzog. Kein Wunder, dass sie die häufigste Besucherin der Krankenschwester war!

Während Kurt eines Morgens auf den Schulbus wartete, wurde er Zeuge einer Autoschießerei, in deren Folge das Opfer tot am Straßenrand liegen blieb. Er befand sich mit einer kleinen Gruppe von Mitschülern an der Bushaltestelle und alle erhielten eine Beratung, als sie in der Schule ankamen. Kurt wirkte jedoch auch nach einigen Tagen weiterhin verstört und aufgewühlt. Wir werden Kurts Geschichte im zweiten Teil des Buches weiterverfolgen und das Geheimnis kennen lernen, das seine Symptome zum Verschwinden brachte.

Das zuletzt beschriebene Kind ist Kevin; er kam durch einen Kaiserschnitt zur Welt. Um sein Leben zu retten, musste er innerhalb der ersten 24 Stunden nach der Geburt operiert werden. Er wurde mit Anomalien geboren, die eine unverzügliche Korrektur mehrerer Darmabschnitte erforderten. Es ist häufig der Fall, dass medizinische und operative Eingriffe notwendig sind, um Leben zu ermöglichen. Inmitten der Erleichterung und Freude über die Rettung eines Lebens wird jedoch gern die Tatsache übersehen, dass diese lebensrettenden Maßnahmen ein Trauma verursachen können, dessen krankmachende Auswirkungen noch lange nach dem Verheilen der Operationswunden andauern können.

Noch immer werden moderne medizinische Eingriffe als Ursachen für Traumata im Allgemeinen häufig ignoriert, obwohl es schon frühzeitig Untersuchungen zu diesem Thema gab:

Der Medizinforscher Dr. David Levi entdeckte bereits 1946 im Rahmen umfangreicher Studien, dass Kinder, die für medizinische Routineeingriffe ins Krankenhaus eingeliefert wurden, emotionale Symptome entwickelten, ähnlich denen von Soldaten, die nach dem Zweiten Weltkrieg traumatisiert von den Schlachtfeldern Europas und Nordafrikas zurückkehrten!

Mit Ausnahme der Schießerei, bei der Kurt zugegen war, sind die oben beschriebenen Situationen nicht außergewöhnlich; sie sind in Wirklichkeit normal und üblich. Obwohl die »Ereignisse« sehr unterschiedlich waren, haben diese jungen Menschen gemeinsam, dass sie alle Gefühle der Überwältigung erfuhren. Sie wurden durch das Ereignis traumatisiert und dadurch, wie sie es erlebten. Woher wissen wir das?

Die Antwort ist ganz einfach. Jedes Kind führte sein Leben auf eine Weise fort, als würde das Geschehene immer noch stattfinden. Sie waren »stecken geblieben« oder zeitlich fixiert, so als würden ihr Körper und ihr Verstand auf einen Wecker reagieren, der zum Zeitpunkt der Traumatisierung gestellt wurde. Obwohl möglicherweise keine bewusste Erinnerung mit dem Ereignis verbunden war, verrät das Verhalten der Kinder eine ständige Wiederholung des unangenehmen Geschehens.

Folgendes ist wichtig zu wissen: Sollte ein derartiges Ereignis Ihrem Kind, Ihrem Schüler oder Ihrer Klientin zugestoßen sein, heißt das nicht notwendigerweise, dass die Betroffenen deswegen traumatisiert sind. Wenn Sie sich ein paar Minuten Zeit nehmen, um bei Ihrem Kind die emotionale Erste Hilfe anzuwenden, die Sie dann im zweiten Teil des Buches kennen lernen, kann das Risiko von belastenden Einflüssen minimiert werden. Ihr Kind wird dadurch auch widerstandsfähiger gegen unvermeidlichen Stress werden, eine Art »Stress-Schutzimpfung« fürs Leben erhalten.

Doch nun zurück zu den fünf Kindern, deren ergreifende Beispiele uns das Ausmaß eines Traumas verdeutlichen. Kurt konnte die nachwirkenden Symptome schnell auflösen, nachdem er die emotionale Erste Hilfe erhalten hatte, die im zweiten Teil des Buches detailliert beschrieben wird. Er wurde durch einen aufmerksamen Schulberater an uns überwiesen. Dieser bemerkte Kurts wachsende Reizbarkeit und dass er, ganz untypisch für ihn, »aussah, als wolle er sich mit jemandem anlegen«. Nach einer einzigen Sitzung in emotionaler Erster Hilfe, die seinen Körper aus dem Schock herausholte und das Vertrauen in seine geschwächte Abwehr wiederherstellte, verschwand Kurts Unruhe.

## Wie Sie feststellen können, ob Ihr Kind traumatisiert wurde

Sie haben nun erfahren, dass ein kleiner Blechschaden oder ein Sturz vom Fahrrad langes Leiden und Vermeidungsstrategien (oder sogar Selbstgefährdung) verursachen können. Es gibt eine Möglichkeit, um herauszufinden, ob Ihr Kind betroffen ist: Erfinden Sie eine Geschichte, die das Ereignis mit einem Stellvertreter (Kind, Tier oder Puppe) nachstellt. Beobachten Sie genau, ob Ihr Kind sich mit den Reaktionen und Gefühlen identifiziert, die die Fantasiefigur in der Geschichte hat. Im zweiten Teil des Buches werden wir Sie Schritt für Schritt darauf vorbereiten, Kinder nach überwältigenden Ereignissen zu begleiten.

Jetzt hören Sie sich zur Auflockerung aber erst einmal die Geschichte von »dem Mädchen namens Dory« an, um eine Vorstellung davon zu bekommen, wie Sie ähnliche Gedichte erfinden können, die zu den Erlebnissen Ihres eigenen Kindes passen.

### *Ein Mädchen namens Dory*

Zu den vielen Geschichten auf dieser Welt
gehört auch jene, die von Dory erzählt.
Willst du sie hören, so lehn dich gut an
und mach's dir bequem, so dass es losgehen kann.

Dory war ein Mädchen, das hatte einen Traum,
der größer noch war als ein Apfelbaum.
Ein knallblaues Fahrrad wünschte sie sich so sehr,
sie dachte an gar nichts anderes mehr.

Am Geburtstag endlich war es so weit,
Dory stand am Fenster im Festtagskleid.
Sie sah im Garten ihr neues Fahrrad stehen,
es leuchtete, es glänzte und es war wunderschön.

Hinauf auf das Rad, hinab die Straße, in der sie wohnte,
Dory trat in die Pedale, so fest sie nur konnte.
Noch schneller als der Wind wollte sie heute sein
und übersah dabei am Wegrand den Stein.

Die Räder verloren den Halt auf der Straße,
mit einem Knall fiel Dory auf Knie und Nase.
Auf dem Kleid, dem feinen, war ein staubiger Fleck,
ihre Knie waren beide mit Blut bedeckt.

Wenn ein Kind sich so wehtut, möchte man meinen,
dass es gleich anfängt, ganz heftig zu weinen.
Doch Dorys Atem blieb stecken und ihre Stimme blieb stumm,
ihr Körper wurde steif wie der von Oskar Opossum.

Später am Tag fühlte Dory sich schlecht,
sie war auch ganz traurig und nichts war ihr recht.
Das Rad fuhr so schnell, sie konnte gar nichts mehr tun
als hinzufallen mit einem mächtigen »Bumm«.

»Ich habe nichts falsch gemacht«, dachte Dory sich noch,
aber irgendwie schuldig fühlte sie sich doch.
Würde dir einmal so etwas wie Dory geschehen,
was würdest du machen, kommen dir Ideen?

Schüttel dich, rüttel dich, dann kannst du springen,
dich verstecken wie ein Hase, in der Sonne dich schwingen.
Du kannst weinen und lachen, singen und fühlen,
tanzen, ein Rad schlagen oder Fußball spielen.

Sowie Eltern, Lehrer und andere Erwachsene sich die Fertigkeiten angeeignet haben, die wir im nächsten Abschnitt des Buches beschreiben, können Sie mit Hilfe dieser Geschichten feststellen, ob ein Kind »gefährdet ist«, Symptome zu entwickeln. Sie können Geschichten und Reime wie die oben stehenden für Ihre Kinder oder mit ihnen zusammen erfinden und sie an ihre jeweiligen Umstände und Bedürfnisse anpassen. Ferner können Kinder ihrem Alter entsprechend Bilder zu den Versen gestalten, die meisten Kinder lassen sich mit geeigneten Malutensilien gerne dazu anregen.

Leider treten die offenkundigen und entsetzlichen Ursachen von Traumata nicht wesentlich seltener auf als die »allgemeineren« Variationen von Stürzen, Verletzungen, Trennungen und Erkrankungen, die zum Heranwachsen eines jeden Menschen gehören. Gewalt in Form von körperlichem, sexuellem und emotionalem Missbrauch ist weit verbreitet. Die nachhaltigsten und verheerendsten Ursachen für Traumata entstehen meistens innerhalb der Familie oder durch Kontakte mit familiennahen Erwachsenen. Wenn ein Kind körperlichen oder sexuellen Missbrauch von jemandem erfährt, auf dessen Schutz es vertraut hat, wie von einem Familienmitglied, Nachbarn, Lehrer oder religiösen Führer, ist die Komplexität aus Verrat, Geheimhaltung und zusätzlicher Scham an sich schon überwältigend. Es ist deshalb von äußerster Wichtigkeit, dass Sie für das Kind, das sich in Ihrer Obhut befindet, professionelle Unterstützung heranziehen. Dieses Buch will Ihnen helfen, besser zu erkennen, ob Ihr Kind an einem Trauma leidet und wie Sie es bei seiner Heilung unterstützen können. Er stellt aber kein Ersatz für die professionelle Hilfe durch qualifizierte Kindertherapeuten dar, die mit den Verstrickungen von familiärer Gewalt und sexuellem Missbrauch arbeiten, was sowohl die Ausbildung als auch die Erfahrung einer zugelassenen Fachkraft erfordert.

## Gewalt in Familie und Öffentlichkeit

Den Untersuchungen von Dr. Bruce Perry und anderen zufolge sind traurigerweise Millionen von Kindern Opfer oder Zeugen von Gewalt, die zu Hause, in der Öffentlichkeit oder in der Schule stattfindet. Laut Straus (1974) ist das eigene Heim der Ort, an dem die meiste Gewalt verübt wird. 1995 berichtete das FBI, dass in 27 Prozent aller Gewaltverbrechen Familienmitglieder gegeneinander vorgingen, bei 48 Prozent waren Verwandte miteinbezogen, wenn es im eigenen Haushalt zu Gewalttätigkeiten kam.[7] Sofern Kinder nicht direkt Opfer von Gewaltverbrechen sind, werden sie häufig zu Zeugen.

Es wird geschätzt, dass weniger als fünf Prozent der Fälle von häuslicher Gewalt an die Öffentlichkeit gelangt. Dabei zählen sexueller Missbrauch und Kindesmisshandlung, die zu Hause stattfinden, zu den häufigsten Formen von körperlicher und emotionaler Gewalt, die Kinder erleiden. Kinder werden manchmal direkt von den Eltern oder vom Partner bzw. der Partnerin eines Elternteils attackiert. Besonders verbreitet ist körperlicher, emotionaler und sexueller Missbrauch durch Stiefeltern. Häufig werden Kinder gedemütigt, wie »Eigentum« behandelt oder es wird gedroht, sie zu verlassen. Bei Gewalthandlungen dabei zu sein, kann gleichermaßen schädigend wirken. Einem Kind, das mit schreckgeweiteten Augen sieht oder hört, dass seine Eltern, Geschwister oder Großeltern grob behandelt werden, ergeht es oft schlimmer als der angegriffenen Person selbst. Erstarrt und hilflos, vielleicht unter einem Tisch versteckt oder eng an eine Wand gedrückt, macht das Kind sich unsichtbar. Unzählige Erwachsene haben als Folge davon ihr Leben lang Angst davor, »gesehen zu werden«. Um den Tumult zu Hause zu überleben, mussten sie klein bleiben; still und ruhig sein war überlebensnotwendig.

Gewalttätige Übergriffe durch ältere Geschwister, wie im Fall von Carl zu Beginn dieses Kapitels, sind eine weitere Quelle für Missbrauch, den Kinder häufiger erleiden, als es den Sorgepflichtigen bewusst ist. Straus und Gelles[8] schätzen, dass über 29 Millionen Kinder in den Vereinigten Staaten jährlich von ihren eigenen Geschwistern angegriffen werden. Eltern bestrafen häufig beide Kinder oder tun das Kind, das geschlagen wurde, als »Petze« ab.

Geschwisterrivalität und Konflikte sind unvermeidlich, wenn aber ein Kind die Macht hat, ein jüngeres oder schwächeres Geschwister ständig zu verletzen und zu demütigen, ist das ein Ausgangszustand für schlimme Konsequenzen. Außerdem gibt es Gründe dafür, wenn Kinder andere Kinder unterdrücken. Es ist wichtig, in der Familie und der näheren Umgebung nach Ursachen dafür Ausschau zu halten.

In Schulen sind Übergriffe in Form von Einschüchterung, Bedrohung und tätlichen Angriffen dramatisch angestiegen. Es wurde geschätzt, dass allein in den Vereinigten Staaten monatlich mehr als 250.000 Schüler in der Schule attackiert werden.[9] Während Schießereien in der Schule, diese besonders abscheulichen Gewalttaten, große Publizität ernten, wird das sich ausbreitende Mobbing, das unseren

Kindern Angst einjagt, häufig übersehen, verleugnet oder dem überlasteten Schulpersonal nicht mitgeteilt.

Mobbing existiert jedoch sowohl in westlichen als auch in östlichen Kulturen, von Finnland und Australien bis nach Japan und China. In einem Artikel mit der Überschrift »Kinder verletzen Kinder«[10] schreibt Sue Smith-Heavenrich, dass allein in den Vereinigten Staaten jährlich 3 Millionen Fälle von Mobbing berichtet werden und dass täglich über 160.000 Kinder aus Angst davor, schikaniert zu werden, im Unterricht fehlen. Mobbing ist in Japan so stark verbreitet, dass ihm ein Name gegeben wurde: *ijime*. 1993 gab es über 21.500 bekannt gewordene Fälle von Mobbing auf dem Schulgelände. Drei davon endeten mit Selbstmord, was *ijime* in die Schlagzeilen brachte. Debra Pepler von der Universität New York hat unter Verwendung versteckter Mikrofone und Kameras auf einem Schulhof in Toronto, Kanada, Videobänder über einen Zeitraum von 52 Stunden aufgenommen. Zu ihrem Erstaunen entdeckte sie, dass darauf über 400 Mobbingszenen dokumentiert waren! Doch Lehrkräfte bemerkten nur einen von 25 Vorfällen und griffen nur dort ein. Es wird geschätzt, dass in einer mittelgroßen Schule alle sieben Minuten jemand gemobbt wird.

Verschärfend tritt hinzu, dass viele Eltern der Ansicht sind, Drangsalieren gehöre mit zum Heranwachsen. Bei Jungen werden kämpferische Auseinandersetzungen oft als natürlicher Bestandteil des Heranreifens als Mann betrachtet. Während Konflikte und Aggression normale Bestandteile des Lebens sind, sollte Einschüchterung unter Geschwistern oder im Schulhof nicht toleriert werden. Schüler, die andere tyrannisieren, sind eine ganz spezielle Sorte. Sie haben die Absicht zu verletzen, zu erniedrigen, sozial zu isolieren oder ihre Opfer zu erpressen. Es ist kein faires Spiel. Einer von beiden hat aufgrund seiner Körpergröße, seiner Kraft, seines Alters oder anderer Faktoren, wie im Fall von Carl, immer mehr Macht als der andere. Langzeitstudien haben ergeben, dass sowohl diejenigen, die mobben, als auch diejenigen, die tyrannisiert werden, bis weit ins Erwachsenenalter hinein zu leiden haben. Während die Opfer zu Depressionen und Angst neigen, scheint das einschüchternde Verhalten der Täter verheerende Folgen in deren Berufs- und Beziehungsleben nach sich zu ziehen, verbunden mit einer höheren Rate an Gerichtsvorladungen, Alkoholmissbrauch, krimineller Aktivität und Persönlichkeitsstörungen. Häufig leiden die Täter selbst an den Folgen frühkindlicher Traumata.

Werden Kinder in Situationen, in denen sie täglich Terror erfahren, dazu angehalten, »auch die andere Wange hinzuhalten«, »ein fröhliches Gesicht aufzusetzen« oder »zurückzuschlagen«, lernen sie nicht, Charakter zu entwickeln. Im Gegenteil: Häufig verlieren sie ihr Selbstvertrauen und das Sicherheitsgefühl, das notwendig ist, um erfolgreich zu sein. Es ist kein Wunder, dass so viele Kinder an Depressionen, Ängsten, Lernproblemen und Hyperaktivität leiden. Alarmierende Statistiken verweisen auf wachsende Selbstmordraten bei Kindern, die gemobbt wurden, sich deswegen einem Erwachsenen anvertrauten, von ihm abgewiesen wurden und daraufhin still vor sich hinlitten, bis sie explodierten; wobei sie dann mitunter andere mit in den Tod nahmen, wie es bei den zunehmend schockierenderen Schießereien in höheren Schulen der Fall ist!

Im zweiten Teil des Buches werden Sie erfahren, welche Möglichkeiten Sie als Eltern haben und wie die Schulgemeinschaft dazu beitragen kann, sowohl denjenigen zu helfen, die drangsaliert werden, als auch denjenigen, die andere mobben. Beide Teile werden für ihr Wohlergehen auf das Eingreifen von Erwachsenen nicht verzichten können. Es liegt in unserer Verantwortung, eine Kultur aufzubauen, in der unsere Kinder sich sicher fühlen können. Dazu gehört auch, in unserer Nachbarschaft und auf dem Schulhof Alternativen zur Gewalt anzubieten. Nicht zu handeln, fordert einen Tribut an menschlichem Leid, der nicht zu tolerieren ist. Um ein Kind vor der Opferrolle zu bewahren, ist es am besten, seine Selbstsicherheit zu stärken. Es kann für Kinder tatsächlich einen Schutz vor Ausgrenzung bedeuten, wenn Sie ihnen beibringen, wie sie nach einem traumatischen Vorfall ihre Stabilität und ihr Gefühl für das eigene Selbst stärken können und wieder festen Boden unter die Füße bekommen.

## Stellvertretende Gewalt – Der Schatten der Medien

Bilder der Gewalt gibt es überall. Selbst in gewaltfreien Familien werden Kinder davon überhäuft, fasziniert, verängstigt und eingenommen. Ob Sie es hören wollen oder nicht: Ein zusätzlicher Faktor, den es bis vor wenigen Jahrzehnten noch nicht gab, ist das Ergebnis der rapide anwachsenden technologischen Revolution. Es wird geschätzt, dass in den Vereinigten Staaten ein Kind durchschnittlich mehr als drei Stunden pro Tag vor dem Fernsehapparat zubringt, in Deutschland sind es durchschnittlich 100 Minuten. Dr. Bruce Perry zitierte 1992 Forschungsergebnisse von Huston und Kollegen, denen zufolge ein durchschnittlicher Jugendlicher bis zu seinem 18. Lebensjahr schätzungsweise 200.000 Gewalthandlungen im Fernsehen gesehen hat. Während der Einfluss von Gewalt in den Medien als Ursache von gewalttätigem Verhalten bei Kindern weiterhin heftig debattiert wird, weist ein Großteil des Beweismaterials darauf hin, dass es eine Verbindung zwischen zunehmender Gewalt in den Medien und wachsender Aggressivität, unsozialem Verhalten und Desensibilisierung im Hinblick auf zukünftige Gewalt gibt. Damit wird es zu einer Weltsicht beitragen, die diese gefährlicher erscheinen lässt, als sie tatsächlich ist – was paradoxerweise den Fortbestand von Gewalt noch mehr dient.

Fernsehen, Musik und Kinofilme sind zwar zunehmend gewalttätiger geworden; marktführend scheinen jedoch Videospiele im Bereich der stellvertretenden Aggression zu sein. Die Industrie verzeichnete eine Einnahmensteigerung von 6,3 Milliarden Dollar auf 8,8 Milliarden Dollar im Jahr 1998, verglichen mit Einnahmen in Höhe von 5,2 Milliarden Dollar für Kassenschlager in Hollywood. Da Kinder und Jugendliche ihre Video- und Computerspiele in der Privatsphäre des Kinderzimmers auf dem Laptop konsumieren, sind sie der elterlichen Überwachung noch mehr entzogen als Kino- und Fernsehfilme, die sich Familien gemeinsam ansehen. Die Zeitschriften *Psychological Science* und *Contemporary Pediatrics* veröffentlichten einen Überblick über die Ergebnisse von Studien, die in den letzten zwei Jahrzehnten durchgeführt worden waren. Die Autoren des Artikels aus der *Psychological Science* analysierten mehr als 30 Berichte und kamen zu der Schlussfolgerung: »Wir unterstützen klar die Hypothese, dass die öffentliche Gesundheit von Kindern und Jugendlichen durch das Konsumieren von Videospielen mit gewaltverherrlichendem Inhalt gefährdet wird.« 1997 fassten die Autoren der Zeitschrift *The Canadian Journal of Psychiatry* die Meta-Analyse der *Contemporary Pediatrics* folgendermaßen zusammen: »Die Mehrzahl der Studien zeigt, dass Kinder wirklich aggressiver werden, nachdem sie ein Videospiel gespielt oder anderen dabei zugesehen haben.«

In empirischen Untersuchungen brachten Jugendliche, die als aggressiv und gewaltbereit bekannt waren, ihren Eltern und Lehrern gegenüber Wutreaktionen zum Ausdruck, als ihnen das Computerspielen untersagt wurde, nachdem sie mit gewaltverherrlichenden Spielen erwischt worden waren.

Die Jugendlichen gaben offen zu, dass sie nach dem erregenden Gefühl der Gewalt süchtig geworden waren und es »brauchten«, um sich gut zu fühlen. Diese klinischen Fallbeispiele zeigen, welchen Beitrag gewaltverherrlichende Medien bei der Formung von Nervensystem und Psyche unserer Jugend zu leisten imstande sind.

Was können Sie tun? Das Nächstliegende ist zweifelsohne, darauf zu achten, was Ihr Kind zu Hause und andernorts sieht. Schauen Sie gemeinsam mit ihm und sprechen Sie in der Familie darüber. Begrenzen Sie die Spielzeit bei älteren Kindern und Jugendlichen und halten Sie jüngere Kinder von Computerspielen ab. Lassen Sie den Fernseher nicht ständig laufen. Kontrollieren Sie als Eltern, was Ihr Kind auf dem Computer spielt. Erlauben Sie nur »familienverträgliche« Spiele und nicht solche, die sich Ihre Kinder heimlich hinter verschlossenen Türen ansehen müssen. Überprüfen Sie genau, mit welchen Spielen Ihre Kinder sich beschäftigen. Sie werden höchstwahrscheinlich protestieren, wenn nicht sogar einen heftigen Wutanfall bekommen (zumal, wenn sie bereits süchtig sind); mehrere Studien haben jedoch bewiesen, dass unsere Kinder Führung brauchen und wollen. Sprechen Sie mit den Eltern der Freunde Ihrer Kinder. Veranstalten Sie gemeinsame Treffen, auf denen Sie die Streitpunkte in der Erziehung ansprechen können und die es Ihnen ermöglichen, in Ihrem Umfeld eine »gewaltfreie Kultur« zu etablieren. Achten Sie auf die Körpersprache und auf Veränderungen im Verhalten oder in den Gewohnheiten Ihrer Kinder, wenn Sie wissen oder vermuten, dass sie Medien gewalttätigen Inhalts ausgesetzt waren. Sprechen Sie Ihre Kinder gleich darauf an. Die ständige Berieselung unserer Kinder mit Gewaltdarstellungen ist ein besorgniserregender Beitrag zu Gewalt und Trauma, der jedoch durch umsichtige Eltern auf ein Minimum reduziert werden kann.

## Sexuelle Belästigung – Wissenswertes zum Schutz Ihres Kindes

Selbst wenn wir von zurückhaltenden Schätzungen ausgehen, ist es leider so, dass eine von vier Personen weltweit auf die eine oder andere Art in ihrem Leben sexuell missbraucht wird. Bei Mädchen und Frauen ist die Wahrscheinlichkeit sogar noch höher. Genaue Zahlen sind weniger wichtig als das Wissen, dass Millionen von Kindern mit den Qualen von Vergewaltigungen leben, die ihnen vor allem jene Menschen antun, die sie angeblich lieben und beschützen! Die Liste der Missbrauchenden endet nicht bei Vätern und von der Norm abweichenden Nachbarn. Sie schließt auch Geistliche, Nachhilfelehrer, Großeltern, Jugendgruppenleiter und sogar Mütter mit ein. Marilyn van Derbur[11] berichtet von einer bestürzenden Anzahl von Kindern, die durch Geschwister und Babysitter Übergriffe erleiden. Tatsächlich »wird vermutet, dass Inzest unter Geschwistern fünf Mal häufiger vorkommt als zwischen Eltern und Kindern.«[12]

Sexueller Missbrauch ist deshalb so verheerend, weil er den tiefsten Kern des sich entfaltenden Selbstgefühls eines Menschen zerstört. Das Kind wird mit so viel Geheimhaltung beladen, dass es gezwungen ist, stillschweigend mit unerträglichen Scham- und Schuldgefühlen zu leben. Die persönlichsten Grenzen dieser Kinder werden so durchbrochen, dass sich ihre Selbstwahrnehmung verzerrt. Sie wissen nicht wirklich, dass ihnen etwas Schlimmes angetan wird; stattdessen denken sie häufig, *sie* seien böse.

Durch sexuellen Missbrauch entstehen zahlreiche Symptome, auf die wir im nächsten Kapitel ausführlicher eingehen werden. An dieser Stelle sei nur gesagt, dass ein untrügliches Symptom, das bei sexuellen Übergriffen auftritt, die von Psychologen so genannte Dissoziation ist. Dabei geht es um eine bestimmte Art, den eigenen Körper zu übergehen, die sich durch Zerstreutheit, Vergesslichkeit und Taubheitsgefühle bis hin zum Verlust der Erinnerung an bestimmte Abschnitte aus der Kindheit äußert. Häufig leben diese Kinder in einem traumähnlichen Zustand und fühlen sich »unwirklich« oder »weggetreten«.

Dissoziation hilft diesen Kindern, sich von ihren unerträglichen Qualen zu distanzieren, aber sie beeinträchtigt gleichzeitig ihre Lern- und Beziehungsfähigkeit. Kinder, die sexuell missbraucht wurden, erleben sich nachweislich so anders als ihre Mitmenschen, dass sie isoliert werden. Der Mangel an Kontakt zu Gleichaltrigen in der Grundschule setzt sich in den höheren Klassen und noch darüber hinaus fort. Es kommt zu einer Verschlechterung der Allgemeinentwicklung, die im späteren Leben Auswirkungen auf die sexuelle Intimität und Beziehungsfähigkeit hat.

Der Abschnitt über sexuellen Missbrauch wird Ihnen zeigen, worauf Sie achten müssen, welche Fragen Sie Ihrem Kind stellen und wie Sie seiner Verletzlichkeit Schutz gewähren können. Sie werden ebenfalls lernen, wie sich einem Kind helfen lässt, das bereits einem Übergriff zum Opfer gefallen ist. Noch einmal sei erwähnt, wie wichtig in Fällen von sexuellem Missbrauch die Behandlung durch professionelle und auf diesem Gebiet erfahrene Therapeuten und Therapeutinnen ist.

## Vorgeburtliches Leben, Säuglinge und Kleinkinder

Oft äußern Eltern die Bemerkung »Aber sie war doch noch ein Baby, als das geschah« oder »Zum Glück ist das passiert, bevor er geboren wurde« und gehen davon aus, dass der Einfluss dadurch abgeschwächt oder gänzlich ausgelöscht wird. Das zeigt ein weitverbreitetes Missverständnis darüber, wie Stress und Trauma in der frühen Kindheit erfahren werden. Was in der Zeit von der Fötalperiode bis ins zweite Lebensjahr hinein geschieht, bildet ein Grundschema, das jedes System im Körper beeinflusst: das Immunsystem ebenso wie den Ausdruck und die Regulation von Gefühlen, die Belastbarkeit des Nervensystems, die Entwicklung der Kommunikationsfähigkeit und Intelligenz sowie auch die Selbstregulierungsmechanismen für so grundlegende Dinge wie Körpertemperatur und Hormonproduktion.

Wenn wir uns in Erinnerung rufen, dass die Standardreaktion auf Bedrohung »Kampf oder Flucht« ist, leuchtet ein, dass zum Beispiel ein Säugling auf einen lauten Streit zwischen seinen Eltern anders reagieren muss, weil ihm beide Möglichkeiten nicht zur Verfügung stehen. Da er zur Flucht aus dem Chaos nicht in der Lage ist, versucht er, sich anzupassen. Der kleine Körper wird sich vielleicht winden, wird seine Muskeln versteifen, die Verdauungsorgane zusammenziehen und den Rücken durchdrücken. Schließlich wird das Kind einfach in eine apathische Resignation verfallen. Das sich entwickelnde Gehirn organisiert sich dabei stärker um Überlebensfunktionen herum, was auf Kosten der Entwicklung der limbischen und kortikalen Bereiche des Gehirns geht, die für die Regulierung von Impulsen und Emotionen verantwortlich sind. Das heißt, es wird überwachsam in Bezug auf die Wahrnehmung von Gefahren. In anderen Worten: Das Gehirn wird so programmiert, dass Angst, Wut und Hilflosigkeit zum »normalen« Grundgefühl des Lebens werden.

Dieses frühe »Geformtwerden« hat enorme Rückwirkungen auf die Entwicklung des Gefühlslebens, des Verhaltens sowie auf das Stress-

und Immunsystem eines Kindes. Ist es dauerhaft einer belastenden Umgebung ausgesetzt, reagiert es mit Benommenheit und Gefühllosigkeit, weil Angst und Schmerz immer unerträglicher werden. Daraus können sich Verhaltensmuster entwickeln, die während des ganzen Lebens wirksam sind und die Jahre später (normalerweise, wenn das Kind in die Schule kommt) als Schulphobie, Angststörung, Aufmerksamkeitsstörung (ADS), Hyperaktivität, Dissoziative Störung, Verhaltensauffälligkeit und Depression diagnostiziert werden. Dr. Bruce Perry kam bei Untersuchungen zu dem Ergebnis, dass Säuglinge und Kleinkinder, die frühzeitig und langfristig die Erfahrung von drohender Gewalt machen, für zahlreiche Lern- und Verhaltensprobleme prädestiniert sind.

In *Ghosts from the Nursery*[13] präsentieren die Autorinnen Robin Karr-Morse und Meredith S. Wiley überzeugende Forschungsergebnisse, die unsere Aufmerksamkeit für die Verletzlichkeit in den ersten 33 Lebensmonaten (24 Monate plus Schwangerschaft) wecken sollen. Sie betonen Faktoren wie Drogen-, Nikotin- und Alkoholkonsum der Mutter während der Schwangerschaft, Stresserfahrungen im Mutterleib bis hin zu Kopfverletzungen bei Säuglingen, körperlichem Missbrauch und emotionaler Vernachlässigung, die alle dazu beitragen, dass Kinder bereits mit einem überwältigten Nervensystem den Weg ins Leben antreten müssen. Die interaktiven Erfahrungen, die das Gehirn während dieser kritischen Phase formen, schaffen die Voraussetzungen für impulsives, gewalttätiges Verhalten und/oder mentale Störungen wie Depression und Angst. Es ist wichtig, sich daran zu erinnern, dass die erste Umgebung, die das Gehirn des Kindes gestaltet, der Leib der Mutter ist.

Morse und Wiley schreiben: »Noch vor dem ersten Lächeln oder Wutanfall ist der Mutterbauch Gastgeber für einen interaktiven biologischen und neurobiologischen Tanz zwischen Mutter und ungeborenem Kind. Was die Mutter emotional berührt, beeinflusst auch das Kind. Schon 1934 entdeckten die Doktoren Sontag und Wallace unter Verwendung einfachster Methoden zur Messung von Herz- und

Atemtätigkeit, dass das Kind zugleich mit der Mutter in Unruhe versetzt wird, wenn die schwangere Frau von einem psychotischen Ehemann verfolgt wird.«

Heute, mehr als 60 Jahre später, kommen fortschrittlichere Methoden zur Messung des Cortisol- und ACTH-Spiegels bei Affenföten zum gleichen Ergebnis. Wenn Affenmütter während der Tragezeit Stress ausgesetzt waren, spiegelten die Föten deren emotionalen Zustand wieder. Darüber hinaus zeigen Arbeiten von Prof. Michael Meaney von der McGill Universität in Montreal, dass neugeborene Ratten ängstlich waren und weniger Erkundungsverhalten zeigten, wenn sie von ihren Müttern nicht so häufig geleckt und geputzt wurden. Die Jungen von aufmerksamen Müttern wuchsen weniger ängstlich, neugieriger und insgesamt heiterer heran. Dr. Meaney und sein Team stellten sodann unter Beweis, dass dies nicht auf Erbfaktoren zurückgeht, sodass in sich ruhende Muttertiere entspannte Junge bekämen, nachlässige hingegen schlecht angepasste. Wenn die neugeborenen Ratten vertauscht wurden, sodass diejenigen, die von aufmerksamen Müttern geboren wurden, von unbeteiligten versorgt wurden, waren die heranwachsenden Jungen extrem gestresst und »sprangen« beim geringsten Reiz »schier aus der Haut«. Junge, die von distanzierten Müttern geboren, jedoch von aufmerksamen umsorgt wurden, waren weniger ängstlich, neugieriger und kamen über Stress leichter hinweg.

Die Forscher entdeckten während der Aufzucht im Gehirn der Rattenbabys Einflüsse von Molekülen, die Stresshormone binden. Das Lecken und Putzen der Mütter erhöhte die Anzahl dieser Rezeptoren. Je mehr von ihnen sich in der Region des so genannten Hippokampus[14] befanden, desto weniger Stresshormone wurden ausgeschüttet und desto geringer war auch die Anzahl der Stresshormone, die in Körper und Gehirn im Umlauf waren. Die Forschungen zeigten auch, dass alle neugeborenen Ratten auf ihrem Stress-Rezeptor-Gen einen »molekularen Dämpfer« haben. Bei Rattenjungen, die von ablehnenden Müttern aufgezogen wurden, blieb dieser Dämpfer haften. In der Folge standen dem Gehirn wenig Stresshormon-Rezeptoren zur Verfügung, worauf die Ratten auf Stress wie ein aufgescheuchtes Pferd reagierten, das eine Schlange sieht oder einen Pistolenschuss hört, oder wie ein Hase, der angesichts der Scheinwerfer eines ankommenden Fahrzeugs vor Schreck erstarrt (auf deutsch »Angsthase«). Das Lecken und Putzen einer aufmerksamen Mutter hingegen vermochte den Dämpfer zu lösen; das störende Molekül verschwand! Jene Rattenbabys hatten zahlreiche Stresshormon-Rezeptoren in ihrem Gehirn und dafür weniger Stresshormone im Körper und sie wuchsen zu neugierigen, furchtlosen Tieren heran, die gut mit Stress umgehen konnten. Diese Arbeit dreht bei der Debatte um die Rolle von Vererbung und Erziehung den Spieß um, indem sie uns vor Augen führt, dass die Erziehung mindestens gleich viel Einfluss hat, wenn nicht sogar mehr als die Vererbung. Das gibt uns Anlass zu der großen Hoffnung, dass unser Schicksal nicht von unserem Erbgut (DNA) festgelegt wird, sondern von unserem Verhalten und unseren Gefühlen – beides Bereiche, die wir verändern können.

Die Lektionen, die sich aus diesen und anderen Experimenten ergeben, sind einfach: Schwangere und frischgebackene Mütter sollten weise sein. Sehen Sie in diesen entscheidenden Jahren von einer aufreibenden Karriere und einem stressreichen Lebensstil ab und umgeben Sie sich mit beruhigenden, Ihnen guttuenden Menschen und Aktivitäten, die Ihr Leben in ein gesundes Gleichgewicht bringen. Achten Sie auf den Grad Ihres Belastungszustands, indem Sie regelmäßig nach innen horchen und sich Zeit für Ihre Körperreaktionen nehmen, während Sie die Tage Ihrer Schwangerschaft durchleben. Machen Sie eine Pause, wenn Sie sich angespannt fühlen. Gehen Sie spazieren, legen Sie sich hin und lagern Sie die Beine hoch, meditieren Sie, gönnen Sie sich eine sanfte Massage, lesen Sie ein Buch, nehmen Sie ein Bad oder laden Sie Freunde zum Essen ein. Sie können sich auch damit beschäftigen, Ihren Empfindungen nachzuspüren (siehe Übung im zweiten Teil), bis die Anspannung in Ihrem Körper nachlässt und Sie wahrnehmen, wie Ihr Atem harmonisch und frei von Kopf bis Fuß durch Sie hindurchfließt.

Eine andere kritische Entwicklungsstufe in der Kindheit, die Sie sich bewusst machen sollten, ist der Zeitraum zwischen dem sechsten und achten Lebensmonat. In dieser Zeit beginnt ein Kind, sein Empfinden (zum Beispiel Unbehagen oder Hunger) und die Verhaltensweisen, die es zur Regulierung dieses Empfindens an die Bezugsperson richtet (zum Beispiel Quengeln oder Weinen), in Verbindung zu bringen. Das Kind reagiert auf die Antwort der Bezugsperson mit Augenkontakt und Lautäußerungen, wodurch die Abstimmung der Selbstregulation in den Frontallappen des kindlichen Gehirns »eingezeichnet« wird. Die erfolgreiche Einrichtung von wirksamen Prozessen der Selbstberuhigung hängt von der Qualität der Erwiderungsbereitschaft eines gefühlsmäßig »anwesenden« Erwachsenen ab. Ohne die spielerischen Interaktionen einer stressfreien, emotional stabilen Bezugsperson, die auf das Kind eingestimmt ist, kann sich keine gesunde Bindung entwickeln. Müttern, die erwägen, eine Schönheitsbehandlung mit Botox durchzuführen (ein Giftstoff, mit dem die Gesichtsmuskeln gelähmt werden, um Faltenbildung zu verhindern), möchte ich nahe legen, das besser nicht zu tun. Das Hemmen des Gesichtsausdrucks kann die feinen Bindungsprozesse in dieser kritischen Phase stören.

Frauen wie Mary Main und Mary Ainsworth greifen in ihren aktuellen Forschungsarbeiten zur Entwicklung der Bindungsfähigkeit auf die ausgedehnten Studien von Margaret Mahler in den fünfziger Jahren zurück. Im Rahmen der neurobiologischen Forschungstätigkeit des letzten Jahrzehnts wurde die frühkindliche Entwicklung des Gehirns genau aufgezeichnet. Wir verdanken es all den Menschen, die an diesen Forschungsarbeiten mitgewirkt haben, dass wir nun, unterstützt von Gemeinden und Regierung, mit Vorsorgemaßnahmen beginnen können. Dieses Buch wird sich zwar nicht in erster Linie mit diesem Thema beschäftigen (es sind ein paar hervorragende Bücher dazu geschrieben worden), doch werden wir im zweiten Teil ein paar einfache Tipps geben, wie Eltern zuverlässige Bindungen zu ihren Babys, Kleinkindern und Kindern im Vorschulalter aufbauen können.

## Wenn die Ursache eines Traumas im Verborgenen bleibt

Es ist uns im vorigen Kapitel hoffentlich gelungen, Ihnen die Reichweite des Begriffs Trauma zu vermitteln und Sie dafür zu sensibilisieren, dass ein Trauma aus den verschiedensten Gründen entstehen kann. Weil ein Trauma so viele gesundheitliche, psychologische und soziale Störungen nach sich zieht, leiden unsere Kinder oft still vor sich hin. Möglicherweise führen sie ein Leben, das mit täglicher Frustration oder Angst angefüllt ist. Oder sie werden zunehmend abgestumpfter und weniger empfänglich für alles, was das Leben zu bieten hat, was noch schlimmer ist.

Wenn jede wahrgenommene oder reale Bedrohung einen Schock verursachen kann, wie können Sie dann herausfinden, ob Ihr Kind traumatisiert wurde? Das nächste Kapitel wird die Bandbreite der Symptome erforschen, die traumatisierte Kinder zum Ausdruck bringen, und betrachten, welche Aufmerksamkeit Sie diesen Symptomen entgegenbringen können.

Manchmal ist die Ursache für die Stressreaktion nicht offensichtlich und lässt sich auch nach genauer Untersuchung nicht herausfinden. Bedenken Sie, dass jede Situation, die ein Kind seiner Fähigkeit beraubt, etwas zu verkraften, starke Gefühle zu verarbeiten oder sich selbst zu verteidigen, potentiell Symptome hervorrufen kann. Je jünger ein Kind ist, desto eingeschränkter sind seine Möglichkeiten, sich zu schützen, und desto verletzlicher ist es infolgedessen. Erinnern Sie sich: Ein Trauma wird durch die Auswirkungen definiert, die es auf das Nervensystem eines ganz bestimmten Menschen hat, nicht durch die »objektive« Intensität der Umstände.

Der Ansatz, der in diesem Buch beschrieben wird, basiert auf dem Modell des ganzheitlichen körperlichen Erlebens (Somatic Experiencing®) und beruht glücklicherweise auf der Biologie und nicht auf der Vergangenheit; diese Arbeitsmethode zur Linderung von Leid braucht keine Kenntnis der zugrunde liegenden Geschichte. Obwohl es sinnvoll sein kann, die Gründe zu kennen, sind sie kein notwendiger Bestandteil der Hilfeleistung. Häufig treten sie dennoch zutage, weil der Körper die Geschichte trägt und Kinder über die Beschwerden selbst deren Ursache herausfinden. In vielen Fällen gibt der Körper den Blick auf seine Geschichte frei und zeigt auch den Weg, der wieder zurück zu Gesundheit und Ganzheit führt.

# 3
# ANZEICHEN UND SYMPTOME VON TRAUMA BEI KINDERN

*»Sie hielt ihren Sohn wieder in den Armen, aber in vielerlei Hinsicht hielt sie einen anderen Jungen. Er fühlte sich für sie (seine Mutter) wie eine Eierschale an, irgendwie zerbrechlich und hart.«*[15]

Dramatische Ereignisse wie Entführungen bringen Symptome hervor, die unvorhersehbar und mannigfaltig sind. Die Mutter des vier Jahre alten Jungen, von dem im voranstehenden Zitat die Rede ist und die von der *Times* interviewt worden war, berichtet weiter, dass ihr Sohn Oscar von Alpträumen geplagt wurde, in denen Männer ihm den Bauch aufschlitzten und ihn würgten. Sie schrieb folgende schmerzliche Worte:

»Sein Gesicht ist wie eine Bühne, auf der sich herzzerreißende Emotionen abspielen. Manchmal sieht er verloren aus, ein einsamer Junge. In anderen Momenten wirkt er traurig, sein Blick niedergeschlagen. Dann wieder jagt Entsetzen über sein Gesicht, wie bei einem Kind, das aus einem bösen Traum erwacht und verwirrt ist über das, was es gesehen hat. Er hat nicht viel erzählt über die Zeit, in der er allein war.«

Wie äußert sich Trauma bei unseren Kindern? Wie sieht es aus und wie fühlt es sich an? Können furchterregende Situationen, die »gewöhnlicher« sind als die oben beschriebene Entführung, ebenfalls traumatische Affekte hinterlassen? Wie können Sie, wenn Ihr Kind sich danebenbenimmt, unterscheiden, ob es einfach nur ungezogen ist oder mit seinem Verhalten etwas ausdrückt, das Bezug zu einem Trauma hat? Solchen Fragestellungen werden wir in diesem Kapitel nachgehen und zur Unterstützung Fallbeispiele heranziehen. Sie werden die Kernsymptome kennen lernen, die ein Trauma definieren, und auch jene Anzeichen, die sich häufig entwickeln, wenn keine emotionale Erste Hilfe zur Verfügung steht, um weiteren Stress zu verhindern.

Sie werden ebenfalls erfahren, warum bei manchen Kindern anhaltende, bedrängende Symptome wie schlechte Erinnerungen, Alpträume und Wutanfälle zurückbleiben, die ihre sozialen Beziehungen, ihre Schulleistungen und ihre Gesundheit beeinträchtigen, während andere relativ unbeschadet bleiben.

## Allgemeine Symptome eines Traumas

Sowohl bei Erwachsenen als auch bei Kindern beobachten wir kurz nach einem Erlebnis, das sie nicht verkraften konnten, die folgenden Symptome:

1. Übererregung
2. Kontraktion
3. Dissoziation
4. Empfindungen von Taubheit und Erstarren (oder »Einfrieren«), verbunden mit Gefühlen von Hilf- und Hoffnungslosigkeit.

Diese Reaktionen stellen universelle Symptome dar, die bei allen Menschen aller Altersstufen auftreten. Gemeinsam kennzeichnen sie das Kernstück einer Reaktion, die durch das Zusammenwirken von Geist und Körper entsteht. Sie sind die charakteristischen Erkennungsmerkmale eines Traumas.

Kinder, vor allem Säuglinge und Kleinkinder, zeigen jedoch Anzeichen, die sich von Erwachsenen unterscheiden. Das hängt mit mehreren Faktoren zusammen, unter anderem der Frage, wie weit das Urteilsvermögen, die Wahrnehmungsfähigkeit und die Persönlichkeit eines Kindes entwickelt sind, wie abhängig es von seinen Bezugspersonen und wie anhänglich es ist. Hinzu kommen seine eingeschränkten motorischen und sprachlichen Fähigkeiten, die ihm nur begrenzt erlauben, auf eine Situation zu reagieren und mit ihr zurechtzukommen. Erwachsene haben zusätzlich zu ihrem voll entwickelten Gehirn die Freiheit, sich Zugang zu Ressourcen zu verschaffen, die Stress und Angst reduzieren. Sie können sich zum Beispiel dafür entscheiden, spazieren zu gehen, sich mit Freunden zu treffen oder Sport zu treiben, sie können einen Zeitungsartikel schreiben, zur Therapie gehen oder an Kursen wie Yoga, Aikido oder Tai Chi teilnehmen; sie haben lauter gesunde Wahlmöglichkeiten, die ihnen dabei helfen, ihre Gefühle und Symptome zu »bewältigen«.

Kinder hingegen sind auf Erwachsene angewiesen, die ihre Bedürfnisse nach Sicherheit, Unterstützung, Nahrung, Selbstregulierung und Beruhigung erkennen und ihnen nachkommen. Wenn Erwachsene keine gesunden Ressourcen und Unterstützungssysteme entwickelt haben, auf die sie zurückgreifen können, »entladen« sie sich mitunter, indem sie diverse Suchtmittel oder ihre Familien missbrauchen, am Arbeitsplatz ein explosives Temperament an den Tag legen oder sich in gefährliche Situationen bringen. Auch unsere Kinder agieren Dinge aus. Manchmal ist das ihre einzige Möglichkeit, um *Hilfe* zu rufen. Wenn Kinder sich nicht »nach außen« entladen, tun sie es oft »nach innen« und teilen Erwachsenen auf subtilere Weise mit, dass etwas nicht stimmt.

Wir werden die Anzeichen und Symptome sowohl nach außen als auch nach innen gerichteter Gefühle und Verhaltensweisen beschreiben, sie erklären und mit Fallbeispielen illustrieren. Außerdem gehen wir darauf ein, welche Bedeutung sie für die Unterstützung des Heilungsprozesses bei Kindern haben.

## Warum treten Symptome auf?

Ehe wir uns im Detail damit beschäftigen, wie Kinder uns wissen lassen, dass sie leiden, wollen wir uns daran erinnern, dass viele Trauma-Symptome normale Reaktionen auf überwältigende Umstände sein können. Die vermehrte Erregungsenergie und das »Zumachen« (wenn kein Entkommen möglich ist) sind biologisch fest eingebaute Überlebensmechanismen, die in den primitivsten Teilen unseres Gehirns, dem so genannten »Reptiliengehirn«, organisiert werden. Dieses 260 Millionen Jahre alte Schutzsystem ist jedoch für einen zeitlich begrenzten Einsatz gedacht; unser Körper ist so angelegt, dass wir zu einem normalen Rhythmus zurückkehren, wenn die Gefahr vorüber ist.

Wird die intensive Überlebensenergie nicht »verbraucht«, die wir während einer wahrgenommenen Bedrohung zu unserer Verteidigung aufgebaut haben, erfahren wir das Leben fortlaufend so, als würde die Gefahr noch immer bestehen. Säuglinge und Kinder haben nur geringe Möglichkeiten, sich selbst zu verteidigen, und sind stärker gefährdet als Erwachsene, einen Überschuss an Erregungsenergie zurückzubehalten. Sie brauchen deshalb die spezifische und zielgerichtete Hilfe ihrer Bezugspersonen. Ohne sie besteht die Gefahr, dass sich die gestaute Energie in einem weiten Feld von Verhaltensweisen und Symptomen Ausdruck verschafft. Bedenken Sie bitte, dass Kinder nur ein sehr begrenztes Verhaltensrepertoire zur Verfügung haben, um mit Belastungen und Schwierigkeiten umzugehen.

Ein Beispiel: Der drei Jahre alte Jan erlebte tagsüber im Auto einen Zusammenstoß, der ihn sehr erschreckte, und erwachte nachts um zwei Uhr mit entsetzlicher Angst. Diese Schlafstörung, die durch untröstliches Weinen, heftige Bewegungen (Um-sich-Schlagen und Mit-den-Füßen-Treten) und Reaktionen des autonomen Nervensystems wie beschleunigte Atmung, rasenden Puls und Schweißausbrüche gekennzeichnet war, zeigt deutlich, wie sich Übererregung in einem Kind ausdrückt. Tatsächlich war der Unfall vorbei, die Fahrzeuge wurden abgeschleppt, niemand wurde verletzt. Die Wirklichkeit von Jan hingegen sah ganz anders aus; die Aktivierung, die zu einem früheren Zeitpunkt eingesetzt hatte, tauchte in der Nacht (sie hätte sich aber auch noch später zeigen können) in großer Heftigkeit wieder auf, weil der Erregungszustand in ihm fortdauerte. Jan erwachte in einer Panik, als ob das Quietschen von Bremsen, das Aufprallen von Metall, der Geruch von verbranntem Gummi und der Anblick von zersplittertem Glas noch immer stattfänden!

## Wenn Symptome als Metaphern ausgedrückt werden

Die anfänglichen, allgemeinen Reaktionen auf einen Schock sind häufig offensichtlich. Es gibt aber auch Fälle, wo sie subtiler sein können, vor allem dann, wenn Sie nicht wissen, wonach Sie suchen sollen. Eltern sind oftmals von der Angst vor dem Schlimmsten und von der Hoffnung, dass Ihr Kind durchkommen wird, gleichermaßen erfüllt. Weil sowohl Erwachsene als auch Kinder starke Emotionen haben können, geschieht es leicht, dass sie im Eifer des Gefechts wichtige Anhaltspunkte übersehen. Interessanterweise spiegeln viele allgemein bekannte Metaphern wider, welche Hinweise auf körperliche Erfahrungen wir beachten sollten. In jeder Sprache gibt es zahlreiche Ausdrücke wie »starr vor Schreck«, »sprachlos«, »vor Kummer zusammenbrechen«, »weiß wie ein Blatt Papier«, »weiß wie ein Gespenst«. Sie geben buchstäblich die physiologischen Reaktionen wieder, die in Körper und Gehirn stattfinden.

Die folgenden Seiten illustrieren alle auftretenden Symptome so, wie ein Kind sie erleben könnte. Wir beschreiben sie der Klarheit halber getrennt, obwohl die elementaren Kennzeichen einer traumatischen Reaktion häufig zusammen erlebt werden. Auch Temperaments- und Altersunterschiede, bereits bestehende Verletzlichkeiten und die Art des aktuellen Vorfalls lassen sich dadurch besser berücksichtigen, sodass Sie leichter erkennen können, ob die Symptome der einen oder anderen Kategorie überwiegen.

## Anzeichen von Traumata bei Kindern

Trauma-Symptome hängen sowohl vom Alter als auch vom Grad der kognitiven, sozialen und emotionalen Reife ab. Sie machen sich daher bei Erwachsenen anders bemerkbar als bei Kindern. Je nachdem, in welchem Entwicklungsstadium ein Kind sich befindet, zeigen sich auch hier Unterschiede. Wir ordnen daher die Beschreibung der Symptome nach folgenden Altersgruppen:

1. Säuglings- bis Vorschulalter
2. Kinder im Schulalter
3. Jugendliche

Bedenken Sie bitte, dass sich die Einteilungen überlappen können und abhängig von Alter, Reife und anderen individuellen Unterschieden variieren können. Die Symptome von Kindern und insbesondere von Jugendlichen ähneln mitunter denen von Erwachsenen. Manche Untersuchungsergebnisse weisen auf Unterschiede zwischen Jungen und Mädchen hin, auf die wir eingehen werden, wenn sie von Bedeutung sind.

## Symptome bei Säuglingen und Kleinkindern

Säuglinge und Kleinkinder haben begrenzte motorische und sprachliche Ausdrucksfähigkeiten. Sie können nicht sagen, was ihnen zugestoßen ist, und sie haben nicht die gleichen Möglichkeiten, sich zu schützen, wie ein älteres Kind oder ein Erwachsener. Kleinkinder entwickeln daher mit größerer Wahrscheinlichkeit neue Ängste und Vermeidungsverhalten, neigen zu Reizbarkeit, Rückzug/Sichverschließen und impulsivem Verhalten. Weil das Heranwachsen von Säuglingen und

Kleinkindern sehr schnell geschieht, können sich normale Entwicklungsschritte verzögern, wenn Trauma-Symptome bestehen bleiben. Symptome traumatischer Belastung können nach einem einzelnen Vorfall, nach einer Serie von Ereignissen und bei anhaltendem Stress auftreten.

Kleine Kinder teilen uns auf unterschiedliche Weise mit, dass sie traumatisiert sind: durch ihre Art zu spielen, ihre Schlafmuster, einen erhöhten Aktivitätsgrad, übersteigerte emotionale Reaktionen (Angst und Wut), körperliche Beschwerden wie Bauchweh und Rückfall in ein früheres Entwicklungsstadium, in dem sie sich sicherer fühlen. Zum Beispiel kann ein Kind, das früher vertrauensvoll bei der Babysitterin blieb, plötzlich ängstlich an seinen Eltern hängen, wenn sie sich zum Weggehen bereitmachen. Wenn es eine traumatische Erfahrung gemacht hat, kann es sich wie eine Krake um Papas Bein schlingen und sich buchstäblich an ihm festsaugen, anstatt ihn gehen zu lassen.

Selbst Kinder, die ausreichende sprachliche Fähigkeiten haben, um in ganzen Sätzen zu sprechen, sind höchstwahrscheinlich nicht in der Lage, ihren Kummer in Worte zu fassen. Die nachfolgenden Beispiele zeigen Ihnen, wie Kinder es zuwege bringen, Erwachsenen zu vermitteln, dass ihnen etwas wehtut.

## Säuglinge und Kleinkinder verschließen sich nach einer überwältigenden Erfahrung

Wenn Babys und Kleinkinder von einer Situation überwältigt werden, äußern sie unter Umständen verzweifelte Stressreaktionen wie jammern, schwer atmen und fahrige Bewegungen. Häufig jedoch verschließen sie sich, ziehen sich zusammen und »treten weg«. Besonders Säuglinge haben kaum eine andere Möglichkeit, als körperlich gefühllos zu werden (einzufrieren). Das ist nichts, wofür sie sich entscheiden können; es handelt sich dabei um eine Reaktion des Nervensystems, die automatisch einsetzt, wenn ihre Belastbarkeitsgrenze überschritten wird. Sie trennen sich einfach ab von der bewussten Erfahrung oder ziehen sich zurück (die kindliche Version von Dissoziation).

Was für einen Erwachsenen unbedeutend erscheint, kann ein Kind bereits überwältigen. Das gilt besonders für Säuglinge, die verletzlicher als andere Kinder auf die Welt kamen, weil sie im Mutterleib Stress ausgesetzt waren, ihre Geburt langwierig oder kompliziert verlief oder ihr Nervensystem nicht ausgereift ist. Ein Säugling zu sein bedeutet von Natur aus vollkommene Abhängigkeit und deshalb auch Wehrlosigkeit.

Ein Baby, das durch zu viel Aktivität oder Intensität überstimuliert wird und auf dessen Bedürfnisse niemand rechtzeitig eingeht, reagiert mit einem Zusammenbruch seiner Aufmerksamkeit. Da es weder gehen noch sprechen kann, beschränkt sich die Auswahl seiner Möglichkeiten darauf aufgeregt zu werden, auf Weinen und Protestieren. Wenn seine Anstrengungen erfolglos bleiben und es am Rande der Erschöpfung ist, verschließt es sich. Dieses Zumachen müssen Sie allerdings von einem »gutmütigen«, ruhigen Temperament unterscheiden!

Als Bezugsperson müssen Sie darauf achten, ob Ihr Baby diesen leeren Blick hat und ob der Ausdruck seines Gesichts und seine Affekte verarmt sind. Der glasige Blick eines Babys bedeutet, dass es nicht mehr in der Lage ist, seine internen Signale zu bewältigen, und dass es nach einem Erwachsenen verlangt, der ihm Trost und Erleichterung schenkt. Wenn Sie den Gesichtsausdruck Ihres Kindes zu deuten wissen und mit sanfter Stimme etwas Geeignetes zu ihm sagen, helfen Sie ihm, sich wieder zu verbinden, sobald es bereit dazu ist. Wurde das Baby durch laute Töne erschreckt, könnten Sie beispielsweise zu ihm sagen: »Der ganze Lärm war dir zu viel, nicht? Er muss dich wirklich erschreckt haben. Wir suchen uns jetzt ein nettes, stilles Plätzchen in der Ecke und wenn du magst, dann schaukle ich dich ein bisschen.« Dabei sind der Klang Ihrer Worte und die Aufrichtigkeit, mit der Sie zu dem Kind sprechen, wichtiger, als dass es die Bedeutung Ihrer Worte versteht.

Das Nervensystem eines Säuglings ist noch nicht ausgereift, deshalb kann er sich nicht selbst in einen ausgewogenen Zustand bringen. Das

Baby ist in allem von seinen Bezugspersonen abhängig, von der Temperaturregulierung bis zur Beschwichtigung seiner Gefühle. Wenn ein älteres Kind zu lange aufs Essen warten muss, wird es vielleicht ungeduldig und fängt an zu quengeln. Es weiß jedoch aufgrund früherer Erfahrung, dass es etwas zu essen bekommen wird. Ein Baby weiß das nicht. Lassen Sie es zu lange auf Nahrung warten, so kann es dies als lebensbedrohlich wahrnehmen. Wenn Sie sich als Eltern die Zeit nehmen, auf die Bedürfnisse Ihres Kindes nach Sicherheit, Geborgenheit und Nahrung zu achten und ihnen nachzukommen, werden sehr wahrscheinlich ein Band des Vertrauens und ein grundlegendes Gefühl entstehen, dass alles gut ist. Dann kann sich eine sichere Bindung gestalten, die Beziehungsmuster für das ganze Leben anregt.

## Eine sichere und nährende Umgebung bereitstellen

Eine sichere und nährende Umgebung entsteht durch Wärme, Schmusen, Essen, angenehme Lage, spielerische Interaktionen mit Blickkontakt, Schaukeln und Halten, Schutz vor den Elementen und als Gleichgewicht zwischen Ruhe und Anregung. Ein Baby gut zu umsorgen meint jedoch noch mehr. Es bedeutet zum Beispiel zu bemerken, wenn Ihr Baby sich windet oder versteift, weil Onkel oder Tante, die zu Besuch gekommen sind, es in die Wangen kneifen oder mit Küssen überhäufen, die es nicht möchte, und es dann behutsam aus der unangenehmen Situation zu befreien. Das zeigt Ihrem Kind, dass Sie es beschützen *und* dass es sich nicht in einer Weise berühren lassen muss, die es nicht möchte. Auch wenn Ihnen das weit hergeholt erscheint: Ihre Handlungen senden eine Botschaft an das sich entwickelnde Gehirn des Kindes, die dazu beitragen kann, sexuelle oder andere Übergriffe in seinem späteren Leben zu verhindern.

In dieser kritischen Entwicklungsperiode (vom Neugeborenen zum Kleinkind) entfaltet ein Kind das Vertrauen, dass seine Grundbedürfnisse gestillt und seine persönlichen Grenzen geachtet werden; es entwickelt außerdem ein Gefühl dafür, dass gesunde Beziehungen etwas

Lohnendes sind. Die Qualität der Beziehung zwischen einem Säugling und seiner Bezugsperson äußert sich in dieser feinen Einstimmung auf die Bedürfnisse des Kindes. Diese entscheidet letztlich über die Wege und Muster, die im Gehirn angelegt werden und ein Leben lang so bleiben.

## Wie äußern Klein- und Vorschulkinder Stress?

Klein- und Vorschulkinder äußern große Bedrängnis entweder durch »Hyperaktivität« oder Sichverschließen; sie ziehen sich von Mensch und Spiel zurück, werden lethargisch und/oder extrem scheu. Es kann auch sein, dass sich diese Verhaltensweisen mit Anfällen von untröstlichem Weinen und Wut abwechseln. Ein kleineres Kind kann traumatischen Stress auch äußern, indem es regrediert, also zu Verhaltensweisen aus einer früheren Entwicklungsstufe zurückkehrt. Dazu gehören Reaktionen wie Daumenlutschen, Bettnässen oder Einkoten, nach der Brust oder der Flasche verlangen, nachdem es bereits entwöhnt ist und das Benutzen der »Babysprache«.

Diese Anzeichen einer traumatischen Reaktion sind ein klares Signal, dass Ihr Kind mehr Zeit, Bestätigung und Unterstützung von Ihrer Seite braucht, um sein Vertrauen wiederzuerlangen. Es ist auch wichtig zu wissen, dass es sich dabei um normale Reaktionen auf ein stressreiches Ereignis handelt. Kinder unterscheiden sich hinsichtlich ihres Temperaments, ihrer Persönlichkeit und ihrer Verletzlichkeiten. Was beim einen Kind eine regressive Reaktion auslösen kann, berührt ein Geschwister- oder Nachbarskind nicht unbedingt in der gleichen Weise. Es ist in dieser Phase besonders wichtig, dass Sie Ihr Kind nicht beschämen, auch wenn Sie diese regressiven Verhaltensweisen als lästig empfinden. Verständnis und Geduld beschleunigen den Heilungsprozess. Gestehen Sie sich in dieser Zeit auch selber zu, gestresster und gereizter zu sein als sonst, und verurteilen Sie sich nicht dafür! Seien Sie freundlich und liebevoll im Umgang mit sich selbst, wenn Sie auf Unzulänglichkeiten stoßen; das wird sowohl Ihnen als auch Ihrem Kind gut tun! Und suchen Sie kompetente professionelle Hilfe auf, wenn die Symptome Ihres Kindes nicht nachlassen.

## Wie kleine Kinder im Spiel Symptome traumatischen »Wieder-Erlebens« äußern

Während Säuglinge abwechslungsweise protestieren und resignieren, steht Klein- und Vorschulkindern ein größeres Spektrum an Bewältigungsmechanismen zur Verfügung. Kinder erfahren ein Trauma häufig so, als ob es immer noch stattfindet. Um ein Gefühl dafür zu bekommen, wie betroffen Ihr Kind ist, können Sie darauf achten, wie es sich zu Hause oder in der Vorschule beim Spielen verhält.

Ein überwältigtes Kind kanalisiert seine Übererregung zum Beispiel durch Spiele, in denen es wiederholt einzelne Aspekte des traumatischen Ereignisses darstellt. Es ist eine Art Spiel ohne Fantasie und Abwechslung. Wenn Sie aufmerksam zusehen, können Sie erkennen, welche Aspekte des Erlebten Ihrem Kind noch immer zu schaffen machen. Sie werden zum Beispiel beobachten, dass es bestimmte Szenen oder Themen immer wieder darstellt. Das Spiel wirkt, als ob es von einer Hoffnungslosigkeit angetrieben wird und weder Befriedigung noch Erleichterung bringt. So kann ein Kind nach einem Autounfall immer wieder zwei Spielzeugautos zusammenstoßen lassen. Oder ein anderes, das beinahe ertrunken wäre, wird das Gesicht einer Puppe immer wieder unter Wasser drücken.

Es kommt durchaus vor, dass ein Kind, das Opfer schwerer physischer Gewalt wurde oder miterlebt hat, wie eines seiner Geschwister missbraucht wurde, diese Szenen mit Puppen oder Spielzeugfiguren wie Soldaten und Kriegern darstellt. Es kann dabei zwischen Täter- und Opferrollen hin und her wechseln. So ist es möglich, dass das Kind die Puppe erst ausschimpft und schlägt, danach die Position wechselt und sie mit beruhigendem Tätscheln und Worten wie »Ist ja gut, Schätzchen« tröstet.

## Kevin erzählt im Spiel seine Geschichte

Mitunter lässt sich nicht so deutlich erkennen, welche Problematik das Kind in seinem Spiel zum Ausdruck bringt. Das gilt vor allem dann, wenn die vorangegangene Situation nicht als traumatisches Ereignis angesehen wird.

Erinnern Sie sich noch an die Geschichte des drei Jahre alten Kevin (in Kapitel 2), dessen Eltern über sein »autistisch anmutendes« Spiel so befremdet waren? Er legte sich wiederholt auf den Boden, versteifte seinen Körper und gab vor, zu sterben und langsam wieder ins Leben zurückzukehren, wobei er »Rettet mich ... rettet mich!« rief. Niemand kam auf die Idee, dass frühere Operationen, die »erstaunlich gut« verlaufen waren, Kevin mit solcher Macht im Griff haben könnten. Da die Operationen, die in seiner frühesten Kindheit durchgeführt worden waren, sein Leben retteten, wurden sie nie mit seinem eigentümlichen Wiederholungsspiel in Verbindung gebracht. Seine Kreativität und seine Fähigkeit, Freude zu empfinden, blieben solange gedämpft, bis Kevin aktiv darin unterstützt wurde, seine Geschichte durch Spielen weiterzuentwickeln. Auch seine soziale Reife war verzögert: Kevin hatte mit seinen dreieinhalb Jahren bislang nur in der Nähe von Kindern gespielt, anstatt mit ihnen (paralleles Spielen ist typisch für Zweijährige).

Um Kevin zu helfen, wurde ihm ein Sortiment kleiner Spielzeugfiguren vorgelegt. Sogleich suchte er sich Ritter mit Schilden und Schwerten aus und stellte sie in einer Reihe auf, damit sie »die Bösen« (Plastiksoldaten) vernichten konnten. Aggressiv »erschlug« er alle »Soldaten« bis auf den letzten. Auf die Frage, wer »die Bösen« seien, die von den Rittern gerade getötet worden waren, antwortete er zum großen Erstaunen seiner Mutter ernsthaft: »Ärzte.« Die Verbindung zwischen seinem aggressiven Spiel und seinem medizinischen Trauma war nun offensichtlich.

Durch fortgesetzte Unterstützung begann Kevin, sein Spiel zu variieren. Er bewegte sich auf eine kreative Lösung zu und war schließlich so weit, seinen Ärzten zu danken! Dieses erfreuliche Ergebnis stellte sich von selbst ein, nachdem er seine Angst und seine Wut über die Erfahrung im Krankenhaus im Spiel ausgedrückt hatte.

## Weitere kindliche Ausdrucksmöglichkeiten

Ein Kind äußert nicht nur durch seine Art zu spielen, dass es ein traumatisches Ereignis wiedererlebt, sondern gibt uns auch auf anderem Wege Mitteilung davon. Es kann Alpträume haben, von Erinnerungen an die Situation geplagt werden, sich vorrangig mit dem Vorfall beschäftigen oder von diversen Aspekten des Ereignisses fasziniert sein. Es kann zum Beispiel immer wieder den Wunsch äußern, Videos über Waldbrände zu sehen, nachdem es beim Brand eines Hauses oder bei einem verheerenden Feuer dabei war. Kinder schreiben diesen mahnenden Erinnerungen häufig eine magische Bedeutung zu, wodurch sie noch angsterregender werden. Ist zum Beispiel das Haus, das gebrannt hat, ein altes Holzhaus, das vor kurzem gelb gestrichen wurde, denken Kinder mitunter, dass alle alten, gelb gestrichenen Holzhäuser gefährlich sind. Oder sie können befürchten, dass ein Haus zu brennen anfängt, wenn es gestrichen wird.

Mahnende Erinnerungen können unbewusst sein (oder von der Erfahrung des Kindes abgespalten) und ohne direkte Verbindung zum auslösenden Ereignis Nervosität oder schlechte Laune hervorrufen. So kann ein Kind seine Stimmung oder sein Verhalten ändern, wenn ein Flugzeug über seinen Kopf hinwegfliegt, nachdem es den Terrorangriff vom elften September im Fernsehen gesehen hat. Oder es kann nach den Sprengstoffanschlägen in Madrid im Jahr 2004 besonders anhänglich reagieren, wenn es einen Zug sieht oder hört.

## Übererregung als Ausdruck von Trauma-Symptomen

Wenn Sie jemals ungewollt gekitzelt wurden oder beobachtet haben, wie jemand gekitzelt wird, werden Sie das Konzept von Übererregung leicht verstehen. Die Metapher »zu Tode kitzeln« ist eine passende Beschreibung für diese Erfahrung. Ein Kind mag zwar lachen, wenn aber neckisches Kitzeln unerträglich wird, ist es nicht mehr komisch. Es kann im Gegenteil zur Tortur werden. Das Herz des Kleinen pocht, weil der ganze Körper dafür kämpft, das Kitzeln zum Aufhören zu bringen. Schnelles Atmen kann sich in Nach-Luft-Schnappen verwandeln, weil das Kind sowohl unter der Intensität der Erfahrung leidet als auch an der Angst, zu ersticken.

Wenn Ihr Kind in einem übererregten Zustand ist, befindet es sich innerlich auf Hochtouren, auch wenn es momentan nicht gekitzelt wird und auch keine andere äußere Stimulation gegeben ist. Denn die Stimulation kommt aus dem Inneren des Kindes: von einem Nervensystem, das es nicht zu drosseln vermag. Ein Kind kann Angst haben oder starkem Stress unterliegen, wenn es eine Situation als gefährlich wahrnimmt, auch wenn sie es nicht wirklich ist. Die beschleunigte Herzschlagrate und Atmung sorgen dafür, dass sich seine inneren »Motoren« innerhalb von Sekunden von Normal- auf Hochgeschwindigkeit steigern, obwohl das Kind möglicherweise ruhig wirkt! Es kann sehr leicht »völlig überdrehen« und nicht mehr in der Lage sein, das Tempo zu verlangsamen. Dieser aufgewühlte Zustand kann ein Kind nachts wach halten und/oder es am Tag nervös sein lassen. Solange die überschüssige Energie nicht freigesetzt werden kann, ist tiefe Entspannung unmöglich. Vielleicht haben Sie schon erlebt, wie es Kindern ergeht, die bereits übermüdet sind und dann direkt vor dem Schlafengehen herumtoben dürfen. Dieser Energieüberschuss in einem überlasteten Körper kann einem Kind den Schlaf rauben.

Auch die Belastung durch ein ungelöstes Trauma kann zu einem Energieüberschuss führen, doch halten in diesem Fall die Schlafstörungen und sonstigen Probleme an. Jans nächtlicher Terror, den wir weiter vorn in diesem Buch beschrieben haben, ist ein gutes Beispiel für ein Symptom von Übererregung. Weitere Schwierigkeiten sind Einschlaf- und Durchschlafprobleme, Schlaflosigkeit und übermäßige Schreckhaftigkeit. Wenn Symptome einer Übererregung chronisch werden, können sie Ähnlichkeit mit der Aufmerksamkeitsdefizit-/Hyperaktivitätsstörung (ADHS) entwickeln. Unglücklicherweise werden traumatisierte Kinder allzu oft mit dieser Störung fehldiagnostiziert und mit ungeeigneten Medikamenten behandelt. Eltern und Lehrer können Symptome von Übererregung am leichtesten erkennen, weil sie nicht zu übersehen sind. Die Energie dieser Kinder ist zeitweise so wild und unsteuerbar, dass die Geduld der Erwachsenen, die für sie sorgen, arg auf die Probe gestellt wird.

### Starke Emotionen: Zeichen kindlicher Hilflosigkeit

Das belastende Übermaß an Energie, das sich durch einen traumatischen Vorfall oder durch anhaltende Überwältigung in einem Kind anstaut, führt mitunter zu intensiven emotionalen Ausbrüchen, die Eltern völlig unerklärlich sind. Häufig brechen Beunruhigung, Angst, Wut und Aggression gleichermaßen hervor. Neue Ängste treten üblicherweise hinzu, wenn sie sich von einem Erwachsenen trennen, Fremden begegnen oder sich neuen Herausforderungen stellen müssen. Sowohl Anhänglichkeit als auch Wutanfälle sind typische Symptome, die für Erwachsene besonders dann verdrießlich sein können, wenn sie den Ursprung der Symptome nicht kennen oder nicht wissen, wie sie damit umgehen sollen. Kleinkinder können zum Beispiel ihre Angst zum Ausdruck bringen, indem sie immerzu getragen oder gehalten werden wollen und dadurch versuchen, den Schutz eines Erwachsenen zu spüren. Kinder im Vorschulalter fürchten sich vielleicht vor den schrecklichen »Monstern« und »Gespenstern«, die in der Toilette oder unter dem Bett lauern.

Ein typisches Anzeichen für emotionalen Aufruhr, das Eltern nicht nur auffällt, sondern sie auch ärgert, ist die Reaktion ihrer Kinder auf ganz normale Unternehmungen und Routineabläufe. Entweder sie äußern übertriebenen Protest oder überhäufen einen mit Fragen. Ihr Kind hat wirklich nicht die Absicht, Sie verrückt zu machen. Es versucht nur, seine Angst auf die beste ihm bekannte Weise in den Griff zu kriegen. Mit endlosen Fragen wie »Wer wird da sein?«, »Und wer noch?« und »Wie lange werden wir dableiben?« bemüht es sich, ein Gefühl von Sicherheit und Kontrolle aufrechtzuerhalten.

Aggressivität entwickelt sich häufig in Verbindung mit zu vielen Stressmomenten und überwältigenden Umständen. Wenn kleine Kinder mehr Gefühle in sich tragen, als sie verkraften können, zeigen sie dies im Allgemeinen, indem sie schlechte Laune oder Wutanfälle bekommen, Spielzeug herumschmeißen, Geschwister und Spielkameraden schlagen oder einschüchtern, beißen, stoßen und treten. Als Eltern fragen Sie sich vielleicht, ob das nun das prophezeite »schreckliche zweite (oder vierte) Jahr« ist. Sie können das herausfinden, indem Sie den Zeitpunkt betrachten, an dem die ungewohnte Aggressivität einsetzte. Wenn das Abweichen vom normalen Verhalten mit der Liste der potenziell traumatischen Ereignisse und Stressoren übereinstimmt, die wir im zweiten Kapitel benannt haben, besteht der Verdacht, dass diese Verhaltensänderung Bezug zu einem Trauma hat.

## Körperliche Symptome bei kleinen Kindern

Wenn das Nervensystem eines Körpers in Aufruhr versetzt wird, kommt es zu einer Adrenalinausschüttung in den Blutstrom, um die großen motorischen Muskeln auf Bewegung vorzubereiten. Bestimmte Muskeln müssen sich von Natur aus anspannen oder zusammenziehen, um eine Leistung erbringen zu können. In einer traumatischen Situation jedoch reagiert der gesamte Körper: Muskulatur, Gelenke und innere Organe werden angespannt. Auch die sensorischen und respiratorischen Systeme sind verspannt und zusammengezogen. In diesem Stadium ist »Zumachen« das primäre Symptom. Vielleicht beobachten Sie, dass Ihr Kind sich zurückzieht, sehr scheu ist und sich Ihnen gegenüber abhängiger verhält als vor dem Ereignis. Sie werden feststellen, dass es eher lethargisch und müde ist als übermäßig energiegeladen.

Möglich ist auch, dass es körperliche Beschwerden hat. Säuglinge und Kleinkinder werden mitunter einfach unruhig und quengelig wie beim Zahnen, weil sie nicht sagen können, was ihnen wehtut. Körperliche Symptome sind in jeder Altersstufe charakteristisch für Traumata. Kleine Kinder sind besonders empfänglich für Verdauungsbeschwerden wie Durchfall und Verstopfung mit häufigen Bauch- und Kopfschmerzen. Ein anderes Zeichen für Stress, das allerdings etwas seltener vorkommt, ist Fieber, das nicht auf eine Infektion oder auf eine andere bekannte medizinische Ursache zurückgeht. Flache Atmung, ein weiteres allgemeines Symptom für traumatischen Stress, schränkt die Sauerstoffzufuhr zu Gehirn und Körper ein und bewirkt eine Müdigkeit und Lethargie, die manchmal fälschlicherweise für »Faulheit« gehalten wird.

Auf ein akutes Trauma folgen bisweilen ernsthafte Störungen beim Füttern oder Essen. Doch kann auch eine plötzliche Trennung durch Umzug oder die Rückkehr eines Elternteils ins Arbeitsleben die normale Essroutine eines Kindes durcheinander bringen. Lassen Sie uns ein solches Beispiel betrachten:

### Das kleine Mädchen, das nicht essen konnte

Die knapp vier Jahre alte Sandra war ein lebhaftes und neugieriges Mädchen. Seit ihrer Geburt lebte sie gemeinsam mit der Großfamilie im Hause ihrer Großeltern. Obwohl sie ihren Eltern sehr verbunden war, hatte sie eine besonders innige Beziehung zu ihrer Oma, die ihr zusätzliche Sicherheit, Schutz und Geborgenheit gab. Sandras Vater Ricardo arbeitete hart, sodass er für seine wachsende Familie bald ein eigenes Haus erwerben konnte. Alle freuten sich sehr, als der Tag des Einzugs endlich gekommen war, mit Ausnahme von Sandra. Als sie in dem neuen Haus ankam, zeigte sich, dass die Trennung von ihrer Oma und von ihrem alten Zimmer mehr war, als sie ertragen konnte.

Anstatt ihr farbenfrohes neues Zimmer und den großen Garten zu beachten, hatte sie nur eins im Sinn: zurück zu Oma. Sandras Körper spannte sich so an, dass sie nicht mehr essen oder ohne Probleme einschlafen konnte. Sandras Eltern riefen mich in großer Sorge an. Nicht nur, dass sie nicht schlief, sie benahm sich auch völlig anders als sonst. Der einzige Rat des Kinderarztes war, Sandra flüssig zu ernähren, damit sie nicht verhungern würde. Ihre Mutter Stephanie hatte alle möglichen Tricks versucht, um sie zum Essen von fester Nahrung zu bewegen, doch Sandra hatte seit über drei Monaten nichts gegessen; sie aß noch nicht einmal ihre Lieblingsspeise!

Als Sandra in meine Praxis kam, zeigte sie keinerlei Interesse daran, mich kennen zu lernen, die Spielsachen und Puppen zu erkunden oder die Werkmaterialien zu berühren. Sie wirkte ängstlich, traurig und verschlossen – definitiv nicht das überschwängliche Mädchen, das sie wenige Monate zuvor noch gewesen war. Ihre Augen wanderten nie durch den Raum. Stattdessen hielt sie ihren vertrauten Teddybär fest. Sandra wollte über ihr neues Haus oder ihre Oma nicht sprechen. Sie nickte mit dem Kopf, um zu bestätigen, dass sie sehr traurig sei, es kamen jedoch keine Tränen ... anfangs. Auch ihre Gefühle waren verkrampft.

Ich holte eine Zeichenunterlage und Wachsmalkreiden und mit ein klein wenig Hilfe malte Sandra ihr Haus. Das Malen half ihr, sich ein wenig zu lockern, vor allem als sie merkte, dass ich ihr keine weiteren Fragen stellte.

Dann untersuchten wir gemeinsam »Teddys« trauriges Herz und sein Bäuchlein, das nicht essen konnte. Bald zeigte Sandra auf die Stelle in ihrem Bauch, an der das Essen nicht hinunterrutschen wollte. Ich ließ sie ihre Hand auf diese »verfestigte« Stelle legen, erst beim Teddy, dann auf ihrem eigenen Bauch. Mit ihrer Erlaubnis legte ich meine Hand sanft über ihre, während sie neben ihrem Vater saß. Die Anspannung in ihrem Bauch überraschte mich nicht im Geringsten. Die Organe ihres Körpers hielten sich fest, als ginge es um ihr Leben. Sandra war nicht in einem Hungerstreik. Ihre Verkrampfung erfolgte unfreiwillig. Es war nicht so, dass Sandra nicht essen wollte; Sandra *konnte* nicht essen!

Bereits nach zwei Sitzungen hatten Sandra und ihre Eltern gelernt, wie sie ihr mit Zeit und Geduld diese sanfte Berührung geben konnten, die es ihrem Bauch ermöglicht, seine Verkrampfung zu lösen. Sie malte all die »Gespenster«, die sich in ihrem Haus befanden, und begann, ihren Gefühlen und ihren Tränen freien Lauf zu lassen. Stephanie rief mich an, um mir zu erzählen, dass Sandra in kleinen Schritten wieder anfing, zu essen. Und dass sie von ihrer Lieblingsspeise nicht genug bekommen konnte: Omas *sopitas* (ein süßes mexikanisches Brot). Nach kurzer Zeit nahm Sandra wieder volle Mahlzeiten zu sich. Das ist jedoch nicht alles. Ricardo beschrieb den bemerkenswerten Wandel seiner Tochter mit den Worten: »Sie kommt mir vor wie eine Blume, die in der Mitte der Nacht aufgeblüht ist.«

## Dämpfen der kindlichen Freude

Weitere Anzeichen von Kontraktion, die Sie an Ihrem Kind möglicherweise beobachten, sind ein steifes oder unbeholfenes Erscheinungsbild, eine starre Körperhaltung mit schwacher Koordination sowie angespannte Nacken- und Schultermuskulatur; die Eingeweide können sich fest anfühlen. Seine Fähigkeit zu sehen, zu hören, zu fühlen, zu riechen und zu schmecken kann gedämpft sein, sodass es sich für Essen nicht interessiert. Ihr Kind neigt möglicherweise dazu, gehäuft Gefahren wahrzunehmen, selbst dort, wo keine sind! Diese Einschränkung des Bewusstseins dient dazu, beunruhigende Gefühle abzuschwächen. Das kann Ihr Kind davor bewahren, sich zu fühlen, als würde es buchstäblich auseinander fallen. Mit der Zeit kann diese Anspannung jedoch genau die Gefühle wiedererzeugen, die das Kind zu vermeiden suchte (dasselbe gilt auch für Erwachsene!).

Unglücklicherweise ist ein Kind in diesem Stadium ohne die Anleitung und den Schutz von Erwachsenen nicht entspannt genug, um die Möglichkeiten zu erkennen, die seine Umgebung bietet – selbst wenn sie lohnend sein könnten. Loszulassen würde bedeuten, den »Schutz« aufzugeben. Dieses Sichverschließen ist für begrenzte Zeit auch sinnvoll. Wenn es wie bei Sandra zum Dauerzustand wird, kann ein Kind sowohl körperliche Beschwerden entwickeln als auch den Spaß und die Begeisterung für die einfachen Dinge des Lebens verlieren. Es nimmt die Welt nun als einen gefährlichen Ort wahr und vermeidet leider auch gesunde Risikoübernahme wie zum Beispiel ausgelassenes Spielen.

## Trauma-Symptome bei Schulkindern

Kinder im Schulalter zeigen wie Kleinkinder und Jugendliche Variationen der typischen Trauma-Symptome, die bereits ausführlich beschrieben wurden: Übererregung, Dissoziation, Kontraktion und Erstarren (oder Einfrieren), begleitet von Gefühlen der Hilflosigkeit. Auch die Altersgruppe der ungefähr Fünf- bis Elfjährigen neigt zum Wiedererleben des Ereignisses, zu Schlafstörungen und zu körperlichen Beschwerden. Ihr Verhalten ist unbeständig und durch zusätzliche Ängste und Aggressionen geprägt. Die Kinder haben die Neigung, sich durch Befürchtungen zu beunruhigen, indem sie sich »das Schlimmste« ausmalen und dabei Vorstellungen entwickeln, die wenig Bezug zur Wirklichkeit haben. In dieser Altersgruppe sind abergläubische Sprichwörter verbreitet oder etwa die Sorge, es würde Unglück bringen, beim Laufen auf dem Gehweg auf die Ritzen zu treten.

Die älteren Kinder verfügen über Ressourcen wie eine höher entwickelte Sprach- und Denkfähigkeit, ein ausgeprägteres moralisches Bewusstsein und Altruismus. Sie müssen sich der zusätzlichen Beanspruchung durch die Schule stellen und es wird von ihnen erwartet, sich zu konzentrieren und intellektuelle Fähigkeiten auszubilden. Bei vielen Kindern, die ein Trauma erfahren haben, tauchen deshalb Anzeichen und Symptome im Rahmen der Schule auf (oder sind dort ausgeprägter), weil sie durch den Leistungs- und Sozialisationsdruck zusätzlichen Stressfaktoren ausgesetzt sind.

Vielfach sind die Lehrer die ersten, die auf Trauma-Symptome aufmerksam werden, weil sie während des Unterrichts oder auf dem Schulhof auffallen. Daraufhin werden bisweilen Diagnosen wie »Schulphobie«, ADHS, Depression und/oder Verhaltensauffälligkeit gestellt. Besonders im dritten Teil des Buches finden Lehrer, Schulberater, Psychologen und weitere Personengruppen mehr Informationen über die Hilfestellungen, die sie Kindern im Rahmen der Schule geben können. In einer Atmosphäre, in der schulische Gewalt bis hin zu Schießereien eskaliert, müssen Pädagogen unbedingt erkennen können, wann Schüler unter Symptomen leiden, mit denen sie nicht zurechtkommen. Sie müssen außerdem in der Lage sein, zielgerichtet und effektiv einzugreifen, bevor die Sicherungen durchbrennen oder es zu Gewalttätigkeiten kommt.

## Unterschiede bei den Symptomen von Schulkindern erkennen

Wie die ganz Kleinen, so stellen auch ältere Kinder die Details eines traumatischen Erlebnisses beim Spielen immer wieder dar. Da ihr Sprachvermögen besser entwickelt ist, inszenieren sie die Wiederholung der Geschichte auch, indem sie unaufhörlich erzählen, was sich zugetragen hat. Ihre Angst und Hilflosigkeit drücken sie häufig durch unorganisierte Verhaltensweisen und starke Aufregung aus. Sie mögen zwar den Vorfall wiedergeben, sind aber normalerweise nicht in der Lage, ihre Gefühle in Worte zu fassen oder sie anders als »Durcheinandersein«, »Aufgeregtsein«, »Völlig-fassungslos-Sein« zu begreifen.

Diese Kinder befassen sich unter Umständen nicht nur mit den Details des Vorfalls selbst. Eventuell ist nun ihre Hauptbeschäftigung, von ihren eigenen Handlungen oder ihrer Unfähigkeit, während des Vorfalls etwas zu tun, zu erzählen. Möglicherweise fühlen sie sich verantwortlich, verurteilen sich selbst und quälen sich mit Schamgefühlen, die sie als tiefes, dunkles Geheimnis in sich bewahren. Häufig entfremden sie sich dadurch von ihrer Familie und ihren Freunden. Sie denken, dass das »Schreckliche« nicht passiert wäre, wenn sie etwas anders gemacht hätten. Das gilt vor allem bei Trennungsthemen wie Tod oder Scheidung.

Dr. Lenore Terr, Psychiaterin, berühmte Trauma-Forscherin und Autorin des Buches *Too scared to cry*[16], berichtet, dass Kinder im Schulalter tendenziell weniger Symptome wie Vermeiden und Gefühlloswerden zeigen, sondern eher durch Erzählen und Spielen kommunizieren. Gleichzeitig zeigen sie eine wachsende Neigung, an »Omen« zu glauben. Sie sehen bestimmte Anzeichen als Warnungen vor dem traumatischen Vorfall an und denken auch, dass er sich wiederholen wird. Das liegt am magischen Denken von jüngeren Schulkindern.

## Überraschende neue Gefühle

Die moralische Entwicklung von Schulkindern befindet sich auf einem höheren Niveau, deshalb denken sie nicht nur an sich selbst, sondern auch an andere. Was den Opfern einer Tragödie und ihren Familien zugestoßen ist, bereitet auch ihnen Kummer. Wenn ein Elternteil verletzt wurde, können sie die Befürchtung entwickeln, dass dies auch dem anderen Elternteil widerfährt. Ängstlich überwachen sie die Reaktionen ihrer Eltern. Da sie ein stärker ausgebildetes Empfinden für die Zukunft haben, können sie nun zum ersten Mal Ängste bezüglich ihrer Sicherheit entwickeln. Sie befürchten vielleicht, dass ihre Zukunft ruiniert ist, dass es nichts mehr gibt, worauf sie sich freuen können, oder dass sie gar keine Zukunft mehr haben! Kinder dieser Altersgruppe sind mitunter erschrocken über ihren eigenen Kummer, den sie höchstwahrscheinlich zum ersten Mal in ihrem Leben erfahren.

Ein weiteres überraschend neues Gefühl, das auftauchen kann, ist das Verlangen nach Rache. Erinnern Sie sich an Kurt, den Mittelschüler, über den wir im zweiten Kapitel gesprochen haben? Er wollte

»jemanden treten ... irgendjemanden«, nachdem er Zeuge der Gewalttat an der Bushaltestelle geworden war. Diese neuen Gefühle können Kinder, deren Persönlichkeit sich gerade erst entfaltet, schmerzhaft verwirren. Sie brauchen Ihre Unterstützung, um all die Empfindungen, Gefühle, Gedanken und Bilder einordnen zu können, die sie Tag und Nacht beschäftigen.

## Symptome in der Schule

Symptome werden leichter stimuliert, wenn ein Kind sich in der Gemeinschaft anderer befindet, zum Beispiel während des Unterrichts oder auf dem Pausenhof. Anzeichen eines Traumas können sich als mangelnde Konzentrationsfähigkeit zeigen, als Schwierigkeit, Aufgaben zu Ende zu bringen oder neue Informationen effektiv zu verarbeiten, was das Lernen beeinträchtigt. Je nach Umfang können sich daraus Lernstörungen entwickeln.

Chronische Übererregung kann schnell zu übertriebener Wachsamkeit werden, die sich in der Schule durch Nervosität, Schreckhaftigkeit und einen unruhigen Blick äußert, der das geringste Geräusch und die leiseste Bewegung in der anderen Ecke des Raumes wahrnimmt. Die Lehrer werden sagen, dass Ihr Kind zwanghaft redet und nicht am Schreibtisch sitzen bleiben kann. Oder sie berichten, dass Ihr Kind »rastlose Beine« hat, leicht ablenkbar ist, andere tyrannisiert und ständig Streit sucht oder – bei Kindergartenkindern – dass es versucht, andere zu beißen.

Dass Ihr Kind sich zurückzieht (Dissoziation), mag als Unaufmerksamkeit wahrgenommen werden, als Müdigkeit oder als »Tagträumereien«. In sozialen Interaktionen lässt es sich als extreme Schüchternheit, als Rückzug oder gar Isolation von den anderen beobachten.

Forschungsergebnissen zufolge gibt es bei Kindern im Schulalter geringfügige geschlechtsspezifische Unterschiede bezüglich der Art, in der die Symptome zum Ausdruck kommen. Jungen richten sie bevorzugt nach außen, Mädchen eher nach innen. Jungen gehen mit ihrer

Wut so um, dass sie andere schlagen, drangsalieren oder hänseln, ihre Angst hingegen versuchen sie zu verbergen, indem sie sich in waghalsige Aktivitäten stürzen. Mädchen wenden ihre Wut eher gegen sich selbst. Sie werden depressiv, entwickeln körperliche Symptome und Ängste und werten sich selbst ab.

## Bewegungsunfähigkeit, Erstarren, Dissoziation und Hilflosigkeit

Unmittelbar nach einem furchterregenden Geschehen, egal, ob es sich dabei um eine Katastrophe wie eine Explosion handelt oder um ein gewöhnliches Ereignis, wie einen Fahrradunfall, kann ein Kind in eine Erstarrungsreaktion geraten. Dieser Mechanismus, der sich aus physiologischem Schock und Dissoziation zusammensetzt, verschont das Kind vor der ursprünglichen Wucht des Vorfalls. Es handelt sich um eine zeitlich begrenzte Betäubung und dient dazu, die schrecklichen körperlichen und emotionalen Schmerzen zu mildern, die das Ereignis verursacht hat. Sehen wir uns an, wie es Suse erging:

## Suses Schock

Die sieben Jahre alte Suse veranschaulicht den Zustand des Erstarrens (Einfrierens), der den Schock nach einem schweren Sturz begleitet. Suse fuhr mit ihrem Fahrrad zum ersten Mal einen sehr steilen Hügel hinab. Das bereitete ihr so viel Vergnügen, dass sie es ein zweites Mal versuchen wollte! Diesmal bewegten sich die Pedale viel schneller als ihre Füße, sodass sie die Kontrolle über das Fahrrad verlor. Es blieb schließlich an einer scharfen Kante des Gehsteigs hängen, wo es abrupt zum Stehen kam, während Suse über die Lenkstange hinweg mit dem Gesicht voran auf den harten Beton geschleudert wurde.

Das Mädchen blieb starr und reglos liegen. Suse hatte sich bei diesem Sturz am Gehsteig die Gesichtshaut abgeschürft und blieb zerkratzt und blutend liegen. Sie war benommen, fühlte jedoch nichts.

Ein Nachbar hob sie auf und trug sie über den steilen Hügel nach Hause. Suse hatte einen Schock. Alle Tränen waren irgendwo in ihr fest eingefroren. Sie konnten sich noch gar nicht bilden.

Als Suses Mutter sah, dass keine Knochen gebrochen waren und Suse stehen konnte, lobte sie ihre Tochter und sagte zu ihr: »Was für ein tapferes Mädchen du bist ... Du weinst noch nicht einmal!« Aber auch die Mutter war fassungslos über das blutverschmierte Gesicht ihrer Tochter. Sie war zwar irgendwie erleichtert darüber, dass Suse nicht »ernsthafter« verletzt war, hatte aber auch selbst einen Schock, sodass sie die Blässe, Schwäche und den Schrecken nicht bemerkte, der Suse ins Gesicht und auf den ganzen Leib geschrieben stand. Suse war wie gelähmt und tief in ihr waren viele Tränen, aber aufgrund ihres eingefrorenen, unverbundenen Zustands konnten sie sich nicht zeigen. Ihr Körper war zu gefühllos, um die Emotionen oder Verletzungen zu spüren, weil so viele Endorphine und Epinephrine ausgeschüttet wurden, dass dadurch die schmerzhafte Schürfung vorübergehend betäubt wurde.

Wenn Suse die Zeit und die Erlaubnis dafür gehabt hätte, wären ihre Tränen wahrscheinlich in den nächsten fünf bis dreißig Minuten gekommen und nicht erst Jahrzehnte später, wie es schließlich der Fall war! Suse fuhr wieder Fahrrad, aber sehr angespannt; sie fühlte sich weniger frei und hielt sich am Lenker fest, als ginge es um ihr Leben.

Sie berichtete als Erwachsene, dass sie sich seit diesem Fahrradunfall, den sie im Alter von sieben Jahren gehabt hatte, bis ins Erwachsenenalter hinein linkisch und plump fühlte. Sie hörte auf, Tanzstunden zu nehmen, und verlor das Vertrauen in die Beweglichkeit ihres Körpers. Sie fuhr als Erwachsene noch viele Jahre lang Rad, war aber immer »auf der Hut« und »konnte mit ihren Freunden nicht mithalten«. Sie stürzte mehrmals schwer und gab das Fahrrad schließlich weg, nachdem sie sich bei ihrem letzten Sturz eine Schulterverletzung zugezogen hatte.

Suse bearbeitete vor kurzem den Schock, der vor so vielen Jahren in ihren Körper eingeschlossen worden war und sich noch immer dort befand. Als ihr die Tränen über das Gesicht liefen, fühlte sie ein leichtes Brennen – das Brennen der Schürfung, das sie nie zuvor gefühlt hatte. Als diese Empfindungen zurückgingen, wurde ihr Gesicht sanft und weich. Nach und nach gewann Suse ihr Selbstvertrauen zurück. Mit einem breiten Lächeln verkündete sie, dass sie sich ein nagelneues Fahrrad gekauft hätte und mit einem neuen Gefühl von Freiheit und Leichtigkeit wieder anfange, zu fahren!

Die »Erstarrungsreaktion« ist ein unerlässlicher Überlebensmechanismus. Im zweiten Teil des Buches erfahren Sie, was Sie sagen und tun können, um ein Kind behutsam zu unterstützen, wenn es Anzeichen von Bewegungsunfähigkeit zeigt. Die Verwendung von Tiervergleichen (wie »Opossum spielen«) kann Kindern dabei helfen, sich zu entspannen und ihre Erstarrung als Teil eines natürlichen Heilungsprozesses anzusehen. Das wirkt in dieser besonders verletzlichen und hilflosen Phase stabilisierend. Es ist auch beruhigend zu wissen, dass sich diese Gefühle mit nur ein klein wenig Zeit und Geduld zu einem »Loslassen« abschwächen können, das sich anfangs wackelig anfühlen mag, jedoch bald darauf mit einem Lächeln endet – so wie es in der Geschichte von Suse geschah, jedoch ohne die Notwendigkeit, 20 Jahre lang darauf warten zu müssen!

## Trauma-Symptome bei Jugendlichen

Eine schockierende Anzahl von Erwachsenen hat Symptome durchlitten und/oder sich in medizinische oder psychologische Behandlung begeben. Dabei fanden die meisten der traumatischen Ereignisse, die zu den unangenehmen Beschwerden führten, nicht im Erwachsenenalter der Betroffenen statt, sondern in deren Kindheit oder Jugend. Dean Kilpatrick[17] berichtet von einer telefonischen Befragung, die er und seine Kollegen bei 4 023 Jungen und Mädchen im Alter von zwölf bis siebzehn Jahren durchgeführt hatten. Sie stellten den Jugendlichen behutsam formulierte Fragen über starke traumatische Erfahrungen in ihrem Leben, um Vorfälle von sexuellem Missbrauch und körperlicher Misshandlung sowie von persönlicher Anwesenheit bei Gewalthandlungen (nicht im Kino oder Fernsehen) aufzudecken. Die Studie zeigt, dass »ein hoher Prozentsatz der Jugendlichen – nahezu die Hälfte – bereits traumatische Erfahrungen hinter sich hat«. 40 Prozent von ihnen waren persönlich bei Gewalthandlungen zugegen.

Bezeichnenderweise haben Jugendliche, die Gewalthandlungen miterleben, mit dreifach höherer Wahrscheinlichkeit Alkohol- und Drogenprobleme! Dabei traten einige geschlechtsspezifische Unterschiede auf: Bei Mädchen, die nach innen (Rückzug, Depression, somatische Störungen) oder außen (Reizbarkeit, Widerstand, Ausagieren) gerichtete Trauma-Symptome zeigten, trat der Suchtmittelmissbrauch häufiger auf als bei Mädchen, die keine Symptome aufwiesen. Bei Jungen korrelierten nur nach außen gerichtete Verhaltensweisen mit Suchtmittelmissbrauch.

Jugendliche, die körperlich misshandelt worden waren, litten mit doppelt so hoher Wahrscheinlichkeit an klinischer Depression; Opfer von sexuellem Missbrauch hingegen litten im Vergleich zu anderen jungen Menschen mit 80 Prozent höherer Wahrscheinlichkeit an einem posttraumatischen Stresssyndrom. Es wird geschätzt, dass mindestens ein Fünftel der US-amerikanischen Jugendlichen an emotionalen Störungen leidet.

Das Jugendalter ist noch nicht einmal unter den besten Bedingungen eine einfache Zeit. All die Witze über die »schrecklichen Zweijährigen« lassen sich für die »schrecklichen Teenager« wiederholen. Nun herrscht hormonelles Chaos in einem groß gewordenen Körper und in Kürze werden die jungen Leute ausgehen und Auto fahren, wenn sie es nicht ohnehin schon tun! Die normale Entwicklung von Jugendlichen kann für sie selbst (die diese neuen Körper bewohnen) und deren Eltern chaotisch und verwirrend sein. Jugendliche müssen lernen, mit Leistungsdruck umzugehen, zu eigenständigen Persönlichkeiten heranzureifen, ihre Zukunft zu planen und ihre sexuelle Entwicklung zu bewältigen. Außerdem sind sie intensivem Gruppendruck ausgesetzt, der sie dazu verpflichtet, sich gegen die Ideale der Eltern zu stellen.

Selbst unter Berücksichtigung all der genannten Faktoren ähneln die Symptome von Jugendlichen immer noch denen von Erwachsenen. Sie neigen dazu, traumatische Ereignisse durch Rückblenden (flashbacks) wiederzuerleben und geben sich alle Mühe, Aktivitäten, Gedanken und Gefühle zu vermeiden, die Erinnerungen an die stressigen Ereignisse auslösen könnten. Wenn sie ihre Belastungen nicht ausblenden, greifen sie nach beliebigen Mitteln, um sich zu betäuben. Es ist unter traumatisierten Jugendlichen weit verbreitet, dass sie zur Selbstbehandlung und als Ersatz für eine Bewältigung ihrer Probleme Drogen nehmen, Alkohol trinken, rauchen oder sexuelle und andere gefährliche und aufregende Abenteuer suchen. Stärker als ihre jüngeren Geschwister neigen sie auch zu Schlaflosigkeit, Reizbarkeit, Depression, Angst und Unaufmerksamkeit. Häufig fangen diese Jugendlichen dann an, die Schule zu schwänzen, in ihren Schulleistungen nachzulassen und aufsässig zu werden, was gern als »Widerstand« missverstanden wird. Depressionen und Angst bei Jugendlichen sind häufig symptomatisch für traumatischen Stress. Leider werden sie, ebenso wie Hyperaktivität bei kleineren Kindern, eher medikamentös behandelt als durch die Auflösung der Probleme, die ihren Symptomen zugrunde liegen.

## Übererregung und Dissoziation bei Jugendlichen

*»Ich habe ein kleines Gehirn, gut verwahrt in meinem Kopf ... und ein zweites, das in der Luft herumschwirrt! Es gehorcht mir und spielt mit mir im Bett. Das andere, das in meinem Kopf, verwirrt mich.«*

13 Jahre altes Mädchen aus Uganda

Wie bereits an früherer Stelle erwähnt, scheuen Jugendliche keine Mühe und bringen sich selbst oft in unsichere Situationen, um Gedanken, Gefühle und Situationen zu vermeiden (oder wahlweise wieder herzustellen), die eine Erinnerung an das problematische Ereignis auslösen könnten. Wenn der Grad ihrer inneren Erregung den Toleranzbereich übersteigt, betäuben sie sich häufig durch Essen, Drogen, Sex und Musik. Allerdings gibt es unter diesen jungen Menschen auch einige, die sich nicht durch illegale Drogen oder gefährliche Aktivitäten »selbst behandeln«. Gerade bei sexuellem und körperlichem Missbrauch greifen die körpereigenen chemischen Mechanismen ein, um den Schmerz zu lindern und die schrecklichen Erinnerungen vorübergehend zu beseitigen. Manche Jugendliche fügen sich auch Schnittwunden oder andere Selbstverletzungen zu, um ihre Benommenheit und ihren Schmerz zu verringern und um so – paradoxerweise – Kontrolle über ihre Gefühle zu erlangen.

Wenn eine innere Erregung in Form von Angst oder Nervosität einen unerträglichen Grad erreicht, ist Dissoziation der störungssichere Mechanismus, der einen jungen Menschen davor bewahrt, verrückt zu werden. Dissoziation ermöglicht die Abspaltung erschreckender Erfahrungen vom Alltagsbewusstsein. Sie funktioniert wie eine Sicherung, die dafür sorgt, dass die Stromkabel in einem Gebäude nicht durchbrennen; dadurch verhindert sie den Ausbruch eines verheerenden Feuers. Körper und Verstand trennen Teile oder die Gesamtheit der Erinnerung an eine unangenehme Erfahrung ab, sodass keine Verbindung mehr zu ihr besteht. So werden schmerzvolle Erinnerungen daran gehindert, die Schwelle zum Bewusstsein zu überschreiten, als hätte es sie nie gegeben. Dieser Mechanismus tritt nicht aufgrund einer willentlichen Entscheidung in Kraft. Er ist eine unwillkürliche Reaktion, die dazu dient, Überwältigung und einen möglichen »Nervenzusammenbruch« zu verhindern.

Dissoziation kann so unauffällig sein, dass sie wie ein momentaner Aufmerksamkeitsabfall, wie Tagträumen oder »Weggetretensein« wirkt. In ihrer stärksten Ausprägung, die allerdings selten auftritt, kann Dissoziation lange Perioden von Gedächtnisverlust oder die Ansammlung verschiedener »Unterpersönlichkeiten« nach sich ziehen. So können zum Beispiel zwei unterschiedliche Teilpersönlichkeiten wiederholt zwischen Schlagen und Geschlagenwerden hin und her wechseln. Opfer und Täter erkennen einander nicht. Häufiger wird Dissoziation als »nicht im eigenen Körper sein« erlebt. Sie wird von Jugendlichen als ein Gefühl beschrieben, »als ob ich über mir im Raum schwebe und auf mich selbst herabblicke« oder »als ob ein Teil von mir sich in der anderen Ecke des Zimmers befindet« oder »wie nicht wirklich spüren, dass ich hier bin«. Manchen Jugendlichen entgeht, wie sie an einen Ort gekommen sind oder wo sie sich überhaupt befinden. Das wird Bewusstseinstrübung genannt. Dissoziation tritt häufig nach einem Flashback auf oder folgt dem Auftreten eines erschreckenden Gedankens, Bildes oder Gefühls, wie in dem folgenden Beispiel der fröhlichen Gymnasiastin Gloria.

## Gloria

Gloria ist Schülerin einer elften Klasse und beschreibt die Welt, die sie seit ihrem zweiten Lebensjahr bewohnt, als ihr Vater sich in einem angrenzenden Zimmer durch Erschießen das Leben nahm. Sie sagt: »Ich kann es nicht kontrollieren, meinen Körper zu verlassen. Ich kann nicht einschlafen und habe Flashbacks. Wenn sie zu stark werden, tauche ich weg.« Sie erlebt diesen Alptraum immer und immer wieder, als ob er noch immer stattfände. Glorias Sicherheitsempfinden wurde früh im Leben erschüttert. Diese Erinnerung grub sich in ihr ganzes Wesen ein und bewirkte, dass sie an dem Ereignis zeitlich hängen blieb, als ob es sich noch immer ereignete. Unfähig, in der Gegenwart zu leben, fühlt Gloria sich zunehmend isoliert und empfindet sich als anders als ihre Mitschüler. Ihr privates Leiden fiel im Rahmen der Schule nicht auf, bis die begabte Schülerin chronisch zu schwänzen begann, was einen rapiden Leistungsabfall zur Folge hatte.

### Dissoziation kann selbst von Ärzten und Psychologen übersehen werden

Verleugnung ist eine milde Ausprägung von Dissoziation. Sie verleitet sowohl Kinder als auch Erwachsene zu Aussprüchen wie »Mir geht's gut« oder »Alles in Ordnung«, wenn sie nach ihrem Befinden gefragt werden. Selbst untersuchende Ärzte und Psychologen wiederholen häufig den Refrain »Alles in Ordnung; sie wird schon wieder«. Achtung! Unter all dem Schutz, den Dissoziation und Verleugnung bieten, befindet sich ein stark traumatisierter junger Mensch. Obwohl diese Jugendlichen durch ein ruhiges Äußeres getarnt sind, müssen wir daran denken, dass sie sich in einem stark erregten Zustand befinden, der ihnen nicht bewusst ist. Es braucht nur einen kleinen Anstoß wie ein Geräusch, einen Geruch oder sogar die Jahreszeit des Ereignisses, um die zerbrechliche Hülle wegzublasen und die aufgestaute Welle an Empfindungen, Gedanken und Gefühlen sintflutartig losbrechen zu lassen, wie das folgende Beispiel von Elizabeth zeigt.

### Elisabeth

Elisabeth, eine fünfzehn Jahre alte Einserschülerin, wurde im Jahr 2002 von ihrem Zuhause in Salt Lake City entführt. Der geistesgestörte Mann und seine verwahrloste Frau missbrauchten sie sexuell und folterten sie systematisch. Nachdem sie gefunden und zu ihren Eltern zurückgebracht worden war, staunten alle, die an ihrem Genesungsprozess teilhatten, wie »stark« sie war und wie »gut« es ihr ging. Mittlerweile können Sie wahrscheinlich erkennen, dass hier Verleugnung und Dissoziation am Werk waren!

Ohne das geringste Einfühlungsvermögen für ihre tiefe Verwundung wurde von ihr verlangt, mit den Ermittlungsbeamten die entlegene Stelle aufzusuchen, an der das qualvolle Geschehen seinen Ausgang nahm. Das brachte ihr verstecktes Grauen natürlich an die Oberfläche! Eine Zeitung berichtete, dass sie jetzt an »Schlaflosigkeit, erschreckenden Flashbacks und Schuldgefühlen leide, weil sie nicht versucht habe, zu entkommen.« Und weiter heißt es in dem Artikel: »Elisabeth geht es in dem einen Moment gut, sie lacht mit ihren Freunden oder Geschwistern. Im nächsten scheint sie wegzutauchen und ihr Blick verschleiert sich.«

## Bewegungsunfähigkeit, Erstarren, Hilflosigkeit, Dissoziation

Es war Bewegungsunfähigkeit, die Elisabeth von dem Versuch abhielt, ihren Entführern zu entkommen. Sie berichtete, dass sie Schuldgefühle habe, weil sie nicht versucht hatte wegzulaufen. Diese Schuldgefühle liegen zum Teil daran, dass ihr nicht bewusst ist, dass sie gar nicht die Wahl hatte zu fliehen.

Bewegungsunfähigkeit, Erstarren (Einfrieren), Hilflosigkeit und Dissoziation sind unwillkürliche physiologische Reaktionen auf überwältigende Ereignisse. Sie sind nur für begrenzte Zeit vorgesehen. Es handelt sich dabei um die gleiche Verteidigungsreaktion wie die eines Opossums (Beutelratte), eines kleinen, langsamen, eher schutzlosen Tiers, das vor seinen Verfolgern nicht weglaufen kann, oder einer Maus, die sich tot stellt, wenn sie von einer Katze gefangen wird. Ist die Gefahr vorüber, schüttelt das Opossum sie einfach ab, und die Maus schlüpft durch ein Loch in der Wand und verschwindet. Menschen teilen diese Fähigkeit mit anderen Säugetieren, aber sie wissen es nicht. Es kann für einen jungen Menschen, dem diese Kenntnis fehlt, beängstigend sein, wenn die enorme Menge an erstarrter (eingefrorener) »Kampf-/Fluchtenergie« aufzutauen beginnt. Deshalb braucht er die Begleitung eines Erwachsenen, der ihm Sicherheit und Vertrauen gibt.

Es ist verständlich, dass Elisabeth stutzig wurde und es ihr unangenehm war, dass sie nicht versucht hatte zu entkommen. Als ihre Bewegungsunfähigkeit nachließ, war sie natürlich in der Lage, *jetzt* Fluchtimpulse wahrzunehmen, die sie zuvor (als sie noch in der Erstarrung war) nicht fühlen konnte. Scham und Schuld sind ganz normale Symptome, die einen Teil des Prozesses darstellen, aus dem Erstarrungsreflex wieder herauszukommen. Der Körper ist hilflos und der menschliche Verstand – anders als der anderer Säugetiere – verurteilt ihn dafür. Diese starken Gefühle der Hilflosigkeit und Verletzlichkeit können gerade für Jugendliche extrem schmerzhaft sein, da ihre Identität und ihr Ruf auf dem Spiel stehen. Im zweiten Teil des Buches werden Sie erfahren, wie wichtig die Rolle der Erwachsenen dabei ist, jungen Menschen in der kritischen Phase ihrer Wiederherstellung beizustehen.

Wenn sich das Erstarren (Einfrieren), die Bewegungsunfähigkeit und die begleitenden Gefühle der Hilflosigkeit nicht lösen, kommen sie in Kaskaden von körperlichen und psychischen Symptomen zum Ausdruck. Sie zeigen sich sowohl im Verhalten von Jugendlichen als auch von Schulkindern. Ein Kind, das in seiner Hilflosigkeit »feststeckt«, regt typischerweise keine Aktivitäten an, probiert nichts Neues aus und zeigt keine Kreativität. Weitere vorhersagbare Anzeichen sind Reizbarkeit, übertriebene Anhänglichkeit, Desinteresse und Depression. In der Schule stellen Lehrer möglicherweise fest, dass das Kind wenig motiviert ist, dass es keine Arbeit zu Ende bringen kann und Schwierigkeiten hat, sich auf neue Aufgaben einzustellen. Es kann gleichgültig wirken, eine kollabierte Körperhaltung haben (wie wenn eine Stoffpuppe quer über den Tisch hängt) und über anhaltende Müdigkeit klagen. Eventuell hat das Kind auch Mühe, an schwierigen Aufgabenstellungen dranzubleiben, und gibt leicht auf, wird als »Waschlappen« bezeichnet oder einfach als »faul« abgestempelt.

## Adoleszenz – eine schwierige Entwicklungsstufe

Die Symptome von Jugendlichen ähneln zwar denen von Erwachsenen in vielerlei Hinsicht, ihre langfristigen Auswirkungen sind jedoch aufgrund ihres Einflusses auf das Ich-Bewusstsein andere. Die Adoleszenz ist der Knotenpunkt, an dem die Autonomieentwicklung zum Abschluss kommt, die im zweiten Lebensjahr begonnen hat und mit der Eigenständigkeit enden soll. In dieser entscheidenden Phase befinden sich ethische Werte, Beziehungsfähigkeit und Persönlichkeit in einem Entfaltungsprozess. Ressourcen wie Kompetenz, Humor, Verbundenheit mit anderen und Intelligenz (das sind alles Eigenschaften einer Persönlichkeit) bilden einen schützenden Damm, der die Auswirkungen eines Traumas abmildert. Überwältigender Stress kann in dieser verletzlichen Phase die gesunde Persönlichkeitsentwicklung entgleisen lassen.

Wenn Jugendliche während der Adoleszenz regelmäßig dissoziieren, kann dies Identitäts- und Persönlichkeitsstörungen zur Folge haben. Das gilt vor allem dann, wenn sie zum Beispiel über längere Zeit hinweg von einem vertrauten Erwachsenen missbraucht wurden, der sie verraten hat.

Weil Jugendliche in dieser Lebensphase so besonders verletzlich sind, schließen ihre Symptome auch ein verzerrtes Ich-Bewusstsein mit ein, das mit Angst, Scham und Schuld befrachtet ist. So kann ein unbeschwerter junger Mensch einen vorzeitigen und grauenvollen Eintritt ins Erwachsenenalter erfahren. Im Anschluss listen wir problematische Verhaltensweisen auf, die Anzeichen für Traumata sind.

### Prüfliste für Trauma-Symptome bei Jugendlichen

- abrupte Veränderungen in Beziehungen wie plötzliches Desinteresse an Menschen, die sie zuvor sehr mochten
- Absonderung und Rückzug

- grundlegende Veränderungen bei Zensuren, Lebenseinstellungen und/oder im Erscheinungsbild
- plötzliche Verhaltensänderung wie lebensgefährliches Wiederholen der traumatischen Situation oder andere Arten von Ausagieren
- plötzliche Stimmungsschwankungen, vor allem Angst, Depression und Selbstmordgedanken
- Alkohol- und Drogenabhängigkeit
- plötzliches Desinteresse an bislang bevorzugten Hobbys oder Sportarten
- Reizbarkeit, Wut und Vergeltungswünsche
- häufig wechselnde Sexualpartner oder übermäßige sexuelle Aktivität

### Verzögerte traumatische Reaktionen

Wenn Erwachsene gelernt haben, die vier anfänglich auftretenden Symptome Übererregung, Kontraktion, Dissoziation und Erstarrung zu erkennen, ist es ziemlich einfach, ein Kind durch die notwendigen Schritte hindurchzuführen, die sein Nervensystem wieder in eine Balance bringen. Fehlt ihnen allerdings der Blick dafür, kann das Kind in einem teilweisen Schockzustand bleiben und Wochen, Monate oder sogar Jahre später »sekundäre« Symptome entwickeln. Erstaunlicherweise können Symptome sogar um Jahrzehnte verzögert zum Ausbruch kommen, wie die nachfolgende Geschichte zeigt.

### Die Geschichte von Johnny

Johnny war fünf Jahre alt, als er stolz mit seinem ersten Fahrrad fuhr, auf lockerem Kies ins Schleudern geriet und gegen einen Baum knallte. Durch den Aufprall verlor er für einen Moment das Bewusstsein. Als er wieder zu sich kam und weinend aufstand, fühlte er sich desorientiert und irgendwie anders. Seine Eltern nahmen ihn in die Arme, trösteten ihn und setzten ihn wieder auf sein Fahrrad, wobei sie die ganze Zeit seinen Mut lobten. Sie bemerkten nicht, wie entsetzt und verängstigt er war.

Der Vorfall war bald vergessen. Jahrzehnte später war John eines Tages mit Frau und Kindern im Auto unterwegs. Als er einem entgegenkommenden Fahrzeug ausweichen wollte, kam der Wagen ins Schleudern. John versuchte gegenzusteuern und erstarrte mitten in dieser Bewegung. Glücklicherweise gelang es dem Fahrer des anderen Autos, sich an ihm vorbeizumanövrieren und eine Katastrophe zu verhindern.

Kurze Zeit später verspürte John an einem Morgen auf dem Weg zur Arbeit eine Unruhe. Sein Herz begann zu hämmern und seine Hände waren schweißnass und kalt. Er fühlte sich bedroht, als sitze er in einer Falle, und hatte den dringenden Impuls, aus dem Fahrzeug zu springen und wegzulaufen. Er machte sich klar, dass seine Gefühle »verrückt« seien, worauf die Symptome allmählich nachließen. Eine unbestimmte und nagende Furcht blieb jedoch fast den ganzen Tag über in ihm bestehen. Als er an jenem Abend ohne weitere Zwischenfälle zu Hause ankam, fühlte er sich erleichtert.

Am nächsten Morgen fuhr John zeitig los, um die Hauptverkehrszeit zu umgehen, und blieb abends lange im Betrieb, um mit einigen Kollegen geschäftliche Dinge zu besprechen. Als er schließlich nach Hause kam, war er gereizt und nervös, stritt sich mit seiner Frau und schnauzte die Kinder an. Er ging früh zu Bett, erwachte jedoch mitten in der Nacht schweißgebadet und erinnerte sich dunkel an einen Traum, in dem sein Wagen außer Kontrolle geriet. Weitere unruhige Nächte folgten.

Was John erlebte, ist eine verzögerte Reaktion auf den Fahrradunfall, den er als Kind gehabt hatte. Verzögerte posttraumatische Reaktionen dieser Art kommen häufig vor. Wir arbeiten seit über 35 Jahren mit Menschen, die an Traumata leiden, und können mit Sicherheit sagen, dass bei mindestens 75 Prozent unserer Klienten posttraumatische Symptome auftreten, die eine bestimmte Zeit lang im Verborgenen bleiben, ehe sie an die Oberfläche kommen. Bei den meisten Menschen liegt zwischen dem Ereignis und dem Auftreten von Symptomen eine Zeitspanne von sechs bis achtzehn Monaten; bei manchen geht die Latenzperiode über Jahre oder sogar Jahrzehnte. In vielen Fällen werden die Reaktionen durch scheinbar bedeutungslose Ereignisse ausgelöst.

Natürlich verursacht nicht jeder Unfall in der Kindheit eine verzögerte traumatische Reaktion. Viele haben überhaupt keine bleibenden Folgen. Andere hingegen, einschließlich jene, die als »geringfügig« angesehen und vergessen werden, haben signifikante Nachwirkungen, vor allem dann, wenn sie sich durch die Verbindung mit anderen traumatischen Erfahrungen verkomplizieren. Abhängig davon, wie ein Kind eine bestimmte Situation in dem Moment erlebt, in dem sie geschieht, können ganz unterschiedliche Ereignisse eine traumatische Reaktion hervorrufen, die erst später im Leben aufbricht. Dazu gehören Stürze, scheinbar harmlose Operationen, der Verlust eines Elternteils durch Tod oder Scheidung, schwere Erkrankungen (vor allem, wenn sie von hohem Fieber oder einer Vergiftung begleitet sind), sogar Beschneidungen und andere medizinische Eingriffe.

## Trauma-Symptome nach sexuellem Missbrauch

Wenn ein Kind sexuell belästigt und missbraucht wurde, wird diese Erfahrung durch den Mantel von Geheimhaltung und Scham noch schrecklicher. Außerdem werden weniger als zehn Prozent dieser Vergehen durch Fremde verübt. Meist wird einem Kind von einer Person Gewalt angetan, die es kennt und der es vertraut. Die Symptome sind daher noch durch die Komplexität der weitreichenden Folgen von Verrat überlagert. In vielen Fällen wird von einem Kind verlangt, die Aktivitäten geheim zu halten; noch schlimmer ist es, wenn ihm für den Fall, dass es etwas erzählt, körperliche Bestrafung angedroht wird.

Häufig spricht ein Kind nicht in Worten zu uns. Wenn sein Angreifer eine Autoritätsperson ist, wie zum Beispiel ein Elternteil, Trainer, Lehrer oder Geistlicher, gibt es sich selbst die Schuld. Es übernimmt die Scham, die in Wahrheit zum Angreifer gehört. Häufig wagt es nicht, darüber zu sprechen, weil es Angst hat, bestraft zu werden oder dass man ihm nicht glaubt. Das ist leider allzu oft tatsächlich der Fall.

Wie also sprechen Kinder mit uns, und bei welchen Symptomen sollten wir Verdacht schöpfen? Sie können sich an folgenden Symptomen orientieren:

1. Achten Sie auf sexualisierte Aktivitäten, die nicht dem Alter entsprechen. Beispiele sind Zungenküsse, Berührung der Genitalien eines Erwachsenen, Nachahmung von Geschlechtsverkehr, Einsetzen von verführerischen oder sinnlichen Gesten im Kontakt mit einem Erwachsenen, öffentliches Masturbieren.
2. Werden Sie stutzig, wenn sich Ihr Kind plötzlich weigert oder Angst davor hat, mit einer bestimmten Person allein zu sein, die es zuvor mochte, oder an einen Ort gebracht zu werden, an dem es sich früher wohl fühlte.
3. Merken Sie auf, wenn Ihr Kind sich von anderen zurückzieht, wenn es ihm schwer fällt, Freundschaften zu schließen, und es dazu neigt, sich an sichere Personen wie Lehrer, Berater oder die Mama zu klammern.
4. Achten Sie ganz besonders auf Schmerzen, Brennen, Juckreiz oder Quetschungen im Genital- und/oder im Analbereich. Lassen Sie Ihr Kind ärztlich untersuchen, wenn es einen ungewöhnlichen Ausfluss oder Anzeichen einer sexuell übertragbaren Krankheit aufweist.
5. Hören Sie auf das, was Ihr Kind zu anderen Kindern oder zu Ihnen sagt. Häufig erzählt es Ihnen indirekt, was geschehen ist. Beispiele dafür sind: »Ich möchte kein Ministrant mehr sein.« »Angelinas Papa trägt Unterhosen mit Bärchen drauf.« »Was bedeutet es, wenn ... ein Mann jemand anderem seinen Penis in den Mund steckt?«

6. Achten Sie, wie bereits erwähnt, auf allgemeine Symptome wie Bettnässen, Rückkehr zu früheren Verhaltensweisen wie Daumenlutschen, Schlaf- und Essstörungen. Sehr verbreitet sind auch Konzentrationsstörungen, Verträumtheit, in einer Fantasiewelt leben und andere Variationen von Dissoziation.
7. Seien Sie argwöhnisch, wenn Sie an Ihrem Kind Persönlichkeitsveränderungen wie chronische Reizbarkeit, einen unvermittelten Stimmungswechsel und exzessive Scheu beobachten und auch, wenn seine Körperhaltung den Eindruck von Scham, Schuld oder Geheimhaltung erweckt.
8. Stellen Sie Fragen. Ein Kind wird Ihnen erzählen, was Sie wissen müssen, wenn es das Vertrauen hat, dass es auf Ihren Schutz zählen kann. Im zweiten Teil des Buches lernen Sie, wie Sie mit einem Kind am besten umgehen und welche Fragen Sie ihm stellen können.

Wir möchten Sie an dieser Stelle noch einmal eindringlich daran erinnern, dass körperliche Misshandlung oder sexueller Missbrauch in nahezu allen Fällen die zusätzliche Unterstützung eines professionellen Trauma-Therapeuten erfordert. Doch unabhängig davon, ob ein Kind einen Therapeuten braucht oder nicht, können Sie als Eltern, Erzieher und medizinisches Personal zur Verhinderung und Heilung eines Traumas eine Menge beitragen. Im zweiten Teil des Buches erfahren Sie die Einzelheiten darüber, wie Sie ein Kind durch ein Trauma hindurchführen können. Lesen Sie bitte weiter!

## Trauer als Symptom einer traumatischen Erfahrung

Wann immer es um Trauma geht, ist auch Trauer ein Thema. Trauer ist das Gefühl, das einen Verlust begleitet. Ungeachtet dessen, ob das Trauma von einer Katastrophe wie einem Brand herrührt oder von einem Verrat durch die sexuelle Belästigung eines Erwachsenen, dem das Kind vertraute: Immer ist etwas, das einen Wert besaß, verloren gegangen. Egal, ob es sich um etwas Materielles handelt wie das Haus einer Familie und um persönlichen Besitz oder um weniger Greifbares wie den Verlust der Unschuld – das Gefühl, dass die Welt ein sicherer Ort ist, besteht nicht mehr.

Es ist möglich, ohne ein Trauma zu trauern; es ist hingegen nicht möglich, ohne Trauer traumatisiert zu sein. Die Symptome von Trauer und Trauma unterscheiden sich ein wenig. Wenn ein Kind beispielsweise über den Tod eines geliebten alten Haustiers der Familie trauert, das krank war, fällt es ihm meist leichter, über das Geschehene zu sprechen; bei einem Trauma gibt es oft keine Worte. Wenn dasselbe Haustier ein junges, kraftvolles Tier ist, das vor den Augen des Kindes von einem Auto überfahren wurde, verkompliziert sich die Trauer durch das Trauma. Weil der Tod plötzlich, unerwartet und drastisch eintrat, ist es zu schwierig, alles auf einmal zu verdauen. Ein krankes Tier in seinen letzten Lebenstagen zu pflegen, ist eine Wirklichkeit, die Tag für Tag erlebt wird. Im Gegensatz dazu hat der tragische Tod eines lebhaften Tieres etwas Unwirkliches. *Trauer erleben wir als etwas Wirkliches, ein Schock fühlt sich unwirklich an.* Das ist der entscheidende Unterschied zwischen Trauer und Trauma, ungeachtet der Tatsache, dass in beiden Fällen der Verlust eines geliebten Tieres eine sehr schmerzliche Erfahrung sein kann.

Vielleicht fragen Sie sich, was so wichtig daran ist, den Unterschied zwischen Trauer und Trauma zu verstehen. Wenn Sie in der Lage sind, Schocksymptome zu erkennen (die zum Teil durch die Abruptheit des Vorfalls entstehen können) und dem Kind helfen, diese durchzuarbeiten, kann der Trauerprozess seinen normalen Verlauf nehmen. Bleibt der Schockzustand hingegen unbeachtet, besteht die Neigung zu einer nicht notwendigen Verlängerung der Trauerphase.

Die Lösung eines Traumas gibt einem Kind die Freiheit, sich wieder seinem Leben zuzuwenden. Andernfalls bleibt es leicht in der Vorstellung stecken, wie es damals war (bevor sich die schlimme Geschichte ereignete), anstatt wahrzunehmen, was heute ist, sodass es seine emotionale Entwicklung versäumt. Ich erlebe Scheidungskinder, die zehn Jahre, nachdem ihre Eltern neue Partner geheiratet haben, Familienportraits malen, auf denen ihre Eltern immer noch beisammen sind und auf denen Stiefeltern und Stiefgeschwister einfach fehlen!

Leider ist dieses Beispiel einer verlängerten Trauerphase eher die Regel als die Ausnahme. Der Trauerprozess wird durch die traumatische Reaktion auf einen Todesfall, eine Scheidung oder eine Trennung behindert. Deshalb ist es so wichtig, dass Eltern die Ähnlichkeiten und Unterschiede zwischen Trauma (Schock) und Trauer kennen.

Weil der Verlust durch Tod und Trennung für Kinder so furchtbar schmerzlich ist und weil er heutzutage aufgrund von Scheidungen häufiger vorkommt, werden wir die Symptome von Trauer und Trauma aufgrund eines Verlustes im 5. Kapitel ausführlicher diskutieren.

## Die Symptome beeinflussen das ganze Kind

Eines ist gewiss: Sekundärsymptome entwickeln sich mit der Zeit. Genauso wie ein Polaroid-Foto Zeit und Belichtung für die vollständige Entwicklung braucht, können Symptome von Kindheitstraumata noch in den Monaten, Jahren und mitunter Jahrzehnten nach dem Ereignis auftreten. Je schneller ein betroffenes Kind emotionale Erste Hilfe durch einen familiennahen Erwachsenen erhält (oder durch eine Fachkraft, falls dies angezeigt ist), desto geringer ist die Wahrscheinlichkeit, dass sich Sekundärsymptome entwickeln. Des Weiteren besteht Gewissheit darüber, dass anhaltende Symptome von ihrer Tendenz her alles durchdringen: Sie beeinflussen die körperliche, emotionale, spirituelle, kognitive und die Verhaltensentwicklung des Kindes.

Mit der folgenden Übung können Sie Ihre Wahrnehmung für mögliche Symptome des eigenen Kindes schulen. Um Ihnen den Anfang zu erleichtern, haben wir für jede Kategorie zwei typische Beispiele angegeben. In den freien Feldern haben Sie Platz für eigene Notizen.

| **Entwicklungsbereich** | **Typische Beispiele** |
| --- | --- |
| 1. Körper | Hat keinen Appetit und schläft schlecht |
| 2. Gefühle | Wütend und reizbar |
| 3. Stimmung | Fühlt sich einsam und schämt sich |
| 4. Kognitives | Ist verwirrt, kurze Aufmerksamkeitsspanne |
| 5. Verhalten | Spielt immer wieder dasselbe und ist aggressiv |

Diese kurzen Beispiele dienen als Ausgangsbasis, um Ihre Beobachtungsfähigkeit zu schulen. Falls Ihr Kind professionelle Hilfe benötigt, wird es hilfreich sein, die Punkte auf der Liste mit einem Therapeuten zu besprechen. Verzagen Sie nicht, wenn Ihr Kind die Sekundärsymptome durchmacht. Für Hilfe ist es nie zu spät.

Vielleicht wundern Sie sich darüber, dass manche Kinder an Trauma-Symptomen leiden, andere hingegen nicht. Zahlreiche Faktoren sind dafür verantwortlich, ob Kinder oder Erwachsene durch ein Ereignis traumatisiert werden oder nicht. Im 2. Kapitel haben wir erörtert, dass sich das Trauma im Nervensystem und nicht im Ereignis selbst befindet. Sie erinnern sich vielleicht an die Definition des Begriffs Trauma, derzufolge sich Symptome entwickeln, wenn die zum Zweck des Entkommens in Gang gesetzten physiologischen Kampf- und Fluchtreaktionen durchkreuzt werden. Das bedeutet mit anderen Worten, dass der Zyklus für eine Kampf-/Fluchtreaktion, bestehend aus

1. der Benutzung des chemischen und hormonellen Programms, das
2. die sensorisch-motorischen Aktivitäten Schutz, Orientierung und Verteidigung energetisiert,
3. aus der Entladung der damit verbundenen übermäßigen Erregung und schließlich
4. aus der Rückkehr zu entspannter Wachsamkeit (»Homöostase«),

nicht vollständig durchlebt werden konnte.

Ob ein Kind in der Lage ist, angemessen zu reagieren, den eben geschilderten Zyklus zu vollenden und siegreich daraus hervorzugehen, wird unter anderem durch folgende Faktoren bestimmt: die körperlichen Merkmale eines Kindes, seine externen Hilfsquellen, seine Fähigkeiten, seine Belastbarkeit und schließlich das Ereignis selbst. Entscheidend ist zum Beispiel der Entwicklungsstand eines Kindes und der Grad seiner Abhängigkeit. In einem kalten Raum allein gelassen zu werden, kann einen Säugling völlig überwältigen, für ein Kleinkind furchterregend sein, in einem zehn Jahre alten Kind Stress auslösen und für einen Jugendlichen oder Erwachsenen einfach nur ein wenig unangenehm sein. Jugendliche können starke Temperaturunterschiede nicht nur körperlich besser verkraften, sie sind auch in der Lage, die Umstände zu verändern. Sie können sich etwas überziehen, die Einstellung am Thermostat verändern, an einer anderen Stelle Platz nehmen, sich die Arme reiben oder auf und ab hüpfen.

Zu den körperlichen Merkmalen, die über die Reaktionsmöglichkeiten entscheiden, gehören Alter, Kraft, Beweglichkeit, Geschwindigkeit und allgemeine Fitness; außerdem die Konstitution, die eine Kombination aus genetischen Faktoren, Temperament und frühkindlicher Umgebung ist. Stress und Traumata, die zwischen dem Fötalstadium und dem dritten Lebensjahr eintreten und die nicht durch eine neutralisierende Erfahrung ausgeglichen werden, legen beim kleinen Kind die Grundlage für eine Neigung zu Verletzlichkeit im späteren Leben. Mit großer Wahrscheinlichkeit wird ein weniger widerstandsfähiges Nervensystem ausgebildet, da sich der »myelinisierte« (Anm. d. Ü.: Myelin: Oberbegriff für verschiedene Lipoproteide, welche die Umhüllung der Achsenzylinder von Nervenfasern bilden), parasympathische Ast des autonomen Nervensystems schon in der frühen Kindheit entwickelt. Es ist dieser Zweig, der Erregung deaktiviert und dafür verantwortlich ist, das Kind wieder in einen Zustand des Wohlbefindens zu bringen. Die Bahnen für die Funktionsweise des Nervensystems sind damit mehr oder weniger festgelegt.

Zu den äußeren Hilfsquellen eines Kindes gehören unterstützende und liebevolle Familienmitglieder, Lehrer und Freunde. Ebenso braucht es gesunde Kanäle für den Abbau von Stress, die dem Kind Spaß machen. Beispiele dafür sind Sportarten (die das Kind sich aussucht – und die nicht allzu leistungsorientiert sind), kooperative Spiele, Hobbys, darstellende Künste, Musik, Haustiere, Kampfsportarten, Zeichnen und Malen. Mitwirkung in organisierten Gruppen und Vereinen, die das Zugehörigkeitsgefühl stärken, und die Verbindung mit einer Gemeinschaft von Gleichaltrigen können ebenfalls zu einem stärkeren Selbstbewusstsein beitragen. Durch Mitwirkung in Gruppen, die zu freiwilligen Tätigkeiten anregen, wie Projekten zur Verschönerung von kommunalen Einrichtungen, zu Besuchsdiensten bei älteren Menschen oder Nachhilfeunterricht für Gleichaltrige, entsteht in Jugendlichen ein tiefes Gefühl von Zugehörigkeit und Kompetenz, das mithilft, den Einfluss eines traumatischen Ereignisses zu verringern.

Weitere Faktoren, die die Entwicklung von Symptomen nach traumatischen Ereignissen bestimmen, sind die Intensität des Geschehens, die Häufigkeit, mit der die Vorfälle auftreten, und die Dauer des traumatischen Stresses (Kindesmissbrauch und Krieg beispielsweise ziehen sich über einen längeren Zeitraum hin). Ob Symptome verhindert werden können oder sich verschlimmern, hängt ferner auch stark von der Qualität der Fürsorge ab, die ein Kind unmittelbar nach dem furchterregenden Vorfall erfährt, einschließlich der emotionalen Ersten Hilfe, die im zweiten Teil des Buches ausführlich besprochen wird.

Wenn ein Kind die Möglichkeit hat, sich aus der Erstarrung heraus in einen Zustand des Fließens zu begeben, bilden sich in seinem Körper Ressourcen, die das Selbstvertrauen, die innere Stärke und die Selbstachtung fördern.

## Wenn Symptome fortdauern

Sie werden besser verstehen, warum Symptome anhalten und das Verhalten Ihres Kindes beeinflussen, wenn Sie wissen, wie ein traumatisiertes Gehirn funktioniert. Sie werden sich dann auch erklären können, was die Unruhe in Ihrem Kind aufrechterhält, obwohl keine Gefahr mehr besteht.

Wenn überwältigende Ereignisse entweder außerordentlich intensiv sind, über längere Zeit anhalten oder wiederholt auftreten, verändert das Gehirn seine Funktionsweise, sodass es sich in einem Zustand erhöhter Wachsamkeit befindet. Vergleichbar den farbkodierten Warnungen im Vorfeld eines terroristischen Angriffs[18] wechselt das Gehirn von einem aufmerksamen Zustand zum Rot höchster Alarmbereitschaft.

Diese Veränderung beeinträchtigt das Sicherheitsempfinden eines Kindes nachhaltig und verursacht auch dort die Wahrnehmung von Gefahren, wo keine sind. Das ist auf die Aktivität der tieferen Strukturen des Reptilienhirns zurückzuführen, die auch dann weiterbesteht, wenn die Gefahr vorüber ist. Dass Ihrem Kind »der Boden unter den Füßen weggezogen wurde«, wird zu einem anhaltenden Zustand. Es bleibt in Zeit und Raum hängen, weil sich die physiologische Arbeitsweise des Gehirns durch das Trauma verändert hat.

NMR-Aufnahmen (Kernspinresonanz-Tomographie) bestätigen, dass Botschaften, die vom Frühwarnsystem der Amygdala kommen, über elektrische Aktivität direkt zum Kampf-, Flucht-, Erstarrungs-Überlebensmechanismus gelangen und den Neokortex, der denken, planen und entscheiden könnte, übergehen. Das Broca-Zentrum (motorische Sprachregion) ist gedämpft und sendet nur wenige oder keine Nervenimpulse. Kein Wunder, dass Kinder und Erwachsene nach einer schrecklichen Erfahrung »sprachlos« sind und nicht in Worte fassen können, was ihnen zugestoßen ist. Normalerweise sendet die Amygdala sowohl zu den höheren als auch zu den niedrigen Gehirnzentren Warnmeldungen. Der Neokortex bewertet den neuen Eindruck und entscheidet, ob eine echte Gefahr vorliegt. Ist das der Fall, setzen die Botschaften, die bereits unterwegs zu den Überlebenszentren sind, ihre Arbeit fort. Wenn keine Gefahr besteht, beruhigt sich die Aktivität und alles ist in Ordnung. Leidet ein Kind hingegen an einem Trauma, reagiert das Gehirn leider anders. Es sendet keine simultane duale Botschaft aus, die eine übertriebene und unangemessene Reaktion verhindern könnte, wenn keine Gefahr besteht, sondern registriert alles Neue und jede Aufregung als potenziell schädlich. Kaskaden von nicht notwendigen chemischen Stoffen marschieren wie Soldaten auf das Schlachtfeld, um einen Krieg zu führen, den es nicht gibt. Dieses anhaltende Muster überschüssiger Energiemobilisierung schafft Trauma-Symptome.

# Sekundäre Trauma-Symptome

Wir haben an früherer Stelle in diesem Buch erklärt, dass Trauma-Symptome entstehen, wenn uns nicht genügend Zeit, Kraft, Geschwindigkeit oder Körpergröße zur Verfügung stehen, um die Kräfte zu überwinden, die sich gegen uns richten. Unabhängig von Alter, Größe oder Gestalt sind wir von der physiologischen Ausstattung her so angelegt, dass wir uns selbst und die Menschen, die wir lieben, schützen und verteidigen können. In unserem Körper werden Hormone und chemische Stoffe produziert, welche die dafür erforderliche Energiemenge bereitstellen und die muskuläre Aktivität in Gang setzen. Das frühere Kapitel behandelte die anfänglichen Trauma-Symptome wie Übererregung, Kontraktion, Dissoziation/Sichzurückziehen und Bewegungsunfähigkeit mit Erstarrung/Hilflosigkeit. Wir haben auch ausführlich beschrieben, wie sich diese Symptome bei Säuglingen, Kindern und Jugendlichen manifestieren, und das Geschehen für jede Altersgruppe anhand von Fallbeispielen illustriert.

Werden die Kernsymptome nicht aufgelöst, gehen daraus mit der Zeit neue Symptome hervor. Weitere Anzeichen, die zuvor nicht da waren, können auftreten, weil Kinder sich in ihrem Heilungsprozess von einem Stadium zum nächsten bewegen. Kommt ein Kind beispielsweise zu schnell aus der Erstarrung heraus, tritt unter Umständen Angst an die Stelle der Kontraktion.

Wenn traumatische Symptome anhalten, können sie als dominante Muster in Erscheinung treten. Solche Muster oder Symptomanhäufungen werden im Folgenden der Einfachheit halber gruppiert.

## Anhäufungen und Muster von sekundären Symptomen

Bei Kindern mit einem anhaltenden Muster *chronischer Übererregung* beobachten wir im Allgemeinen folgende symptomatische Verhaltensweisen:

- Panikattacken, Ängste und Phobien
- Rückblenden (»flashbacks«)
- übertriebene Schreckreaktion
- extreme Licht- und Geräuschempfindlichkeit
- Überaktivität
- Ruhelosigkeit
- übertriebene gefühlsmäßige Reaktionen
- Alpträume und nächtliche Angstattacken
- Vermeidungsverhalten, »Klammern«
- sich von gefährlichen Situationen angezogen Fühlen
- häufiges Weinen und Reizbarkeit
- abrupte Stimmungswechsel, zum Beispiel Wutreaktionen
- Temperamentsausbrüche
- regressive Verhaltensweisen (nach der Flasche verlangen, Daumenlutschen, Bettnässen, Kindersprache u.Ä.)
- verstärktes »Risikoverhalten«

Die Kategorie der übersteigerten Wachsamkeit führt zu übertriebenen und vorschnellen Reaktionen, die außer Kontrolle geraten wie die Beschleunigung eines Rennwagens mit Turbo-Lader. Sie ist das Ergebnis einer viel zu hohen Energieladung, die in den sensorisch-motorischen Gedächtniszellen des Körpers gespeichert wurde. Übersteigerte Wachsamkeit und Überaktivität können auch unabhängig von einem bestimmten Ereignis auftreten, vor allem, wenn ein aktives Kind Umstände halber eine Zeit lang an seiner natürlichen motorischen Entwicklung gehindert werden muss.

### Karas Beinstützapparat

Kara ist ein gutes Beispiel dafür, wie Symptome ausufern können. Im Alter von zehn Monaten, zu einem Zeitpunkt, wo die aufgeweckte Kleine normalerweise die Welt erobert hätte, wurde sie zur Korrektur einer angeborenen Hüftabnormität in einen metallenen Beinstützapparat gesteckt. Kara trug diese Beinstützen mit Unterbrechungen bis zu ihrem 13. Lebensjahr. Später im Leben entwickelte sie sich zu einem Energiebündel, das seine Eltern völlig überwältigte und das, um deren Worte zu verwenden, »tagtäglich«. In der Schule wurde Kara als hyperaktiv bezeichnet.

Außerdem hatte sie ein Zahntrauma einschließlich einer Korrektur der Zahnstellung durchgemacht. Das führte dazu, dass sie als Erwachsene aufgrund von Gefühlen, die von starker Angst bis zu Panik reichten, Zahnarztbesuche vermied. Als Jugendliche kompensierte Kara ihren erhöhten Erregungszustand durch eine Karriere als Leistungssportlerin im Eiskunstlauf. Doch wurde sie von Panikgefühlen geplagt, sowie sie die Eisbahn verließ, hatte Schwierigkeiten mit Beziehungen und litt an chronischer Rastlosigkeit. Sie war nur dann glücklich, wenn sie in Bewegung sein konnte.

Während ihrer Sitzungen in ganzheitlichem körperlichem Erleben (Somatic Experiencing®) konnte Kara viel von dieser Übererregung entladen, die sich dann auf ein angenehmes Maß an Energie reduzierte, mit dem sie gut zurechtkam. Indem es ihr gelang, sich in ihrem Körper »niederzulassen«, beruhigte sich auch ihr Leben. An die Stelle des inneren Aufruhrs trat Zufriedenheit.

## Wenn Dissoziation im Vordergrund steht

Während einige der traumatisierten jungen Menschen in einem aufgeregten, rastlosen Zustand leben, können andere umnebelt sein. Kinder mit unaufgelösten Erfahrungen von körperlichem und/oder sexuellem Missbrauch, Opfer von starken Kopfverletzungen und Kinder, die unvorbereitet invasiven medizinischen Eingriffen und Anästhesien ausgesetzt waren, entwickeln typischerweise Sekundärsymptome, die aus dem Kernsymptom der Dissoziation hervorgehen.

Wenn *Dissoziation* überwiegt, können mit der Zeit folgende Symptome entstehen:

- Ablenkbarkeit und Unaufmerksamkeit
- Gedächtnisverlust und Vergesslichkeit
- reduzierte Fähigkeit zu planen und zu organisieren
- Gefühle von Isolation und Getrenntsein
- abgeschwächte oder verringerte emotionale Reaktionen, die es erschweren, sich an andere Menschen zu binden
- leicht und häufiges Angestrengtsein
- häufiges Tagträumen und Angst davor, verrückt zu werden
- wenig Energie und leichte Ermüdbarkeit
- exzessive Scheu, zeitweise in einer Fantasiewelt oder mit fantasierten Freunden leben

### »Miss America by Day«

Marilyn Vanderbur hat mit *Miss America by Day* ein Buch über Inzest geschrieben, das die Augen öffnet. Sie berichtet darin aus eigener erschütternder Erfahrung (und aus der von anderen), wie das Dissoziationsmuster, das sich in ihr festgesetzt hatte und ihr anfangs zu überleben half, sie auszuhöhlen begann. Frau Vanderbur hat während ihrer gesamten Kindheit mit zwei getrennten Identitäten gelebt. Ihr »Tagkind« und ihr »Nachtkind« weilten in zwei völlig unterschiedlichen Wirklichkeiten. Diese Fähigkeit, die eigene Persönlichkeit aufzuspalten, wird nicht willentlich eingesetzt. Sie ist ein Phänomen, das aus Selbstregulationsmechanismen besteht, die für begrenzte Zeit die Schmerzen abhalten und es einem traumatisierten Kind ermöglichen, zurechtzukommen und zu überleben. Wenn Dissoziation im Vordergrund steht, kann Ihr Kind zu Hause oder in der Schule verträumt wirken, ins Leere starren, unaufmerksam sein oder aussehen, als ob es »den Kopf in den Wolken hätte«. Es kann aufgrund dieser defensiven Leugnung der Wirklichkeit vorkommen, dass das, was Ihr Kind sagt, nicht mit dem übereinstimmt, was Sie sehen. Das Kind hat Schwierigkeiten, Kontakte zu knüpfen, was Eltern gern mit den Worten kommentieren: »Er/Sie ist in seiner/ihrer eigenen, kleinen Welt.« Einem traumatisierten Kind können die Anweisungen entgehen, die in der Schule gegeben werden. Es kann mit der Diagnose »Aufmerksamkeitsstörung« abgestempelt werden oder dafür bekannt sein, häufig »Wie bitte?« zu fragen, weil es immer wieder geistig abwesend ist.

## Kontraktion, Erstarren und Bewegungsunfähigkeit

Kontraktion, Erstarren (Einfrieren) und Bewegungsunfähigkeit liegen so eng beisammen, dass wir sie der Einfachheit halber in einer Gruppe zusammenfassen. Wenn sie über einen längeren Zeitraum andauern, können Eltern die nachfolgend aufgelisteten Symptome feststellen (oder das Kind kann darüber klagen). Diese Symptomgruppe kann zusätzlich zu den Symptomen Dissoziation und Übererregung auftreten, an deren Stelle oder auch abwechslungsweise.

Wenn *Kontraktion, Erstarren (Einfrieren)* und *Bewegungsunfähigkeit* vorherrschen, können die folgenden Symptome auftauchen:

- Kopfschmerzen
- Magenschmerzen, Darmkrämpfe, Verdauungsprobleme
- Gefühle und Verhaltensweisen, die Hilflosigkeit zum Ausdruck bringen
- Gefühle von Schuld und Scham
- stetige Wiederholung desselben Spiels
- verringerte Kapazität für Freude
- wenig Energie/leichtes Ermüden

- Asthma
- Bettnässen und Einkoten
- Vermeidungsverhalten
- verminderte Neugier
- Haltungs- und Koordinationsprobleme
- übertriebene Anhänglichkeit/Regression zu früheren Verhaltensweisen

Das Vorherrschen von körperlichen Problemen kann sowohl für Eltern als auch für medizinisches Personal sehr frustrierend sein. Und der Versuch, die gesundheitlichen Probleme zu lösen, kann alle Beteiligten reihum leicht in Verlegenheit bringen. Der nun folgende Bericht über die Erfahrung von Melissa verdeutlicht dieses allzu vertraute Dilemma:

### Melissa

Das niedliche, neun Jahre alte Mädchen mit den braunen Augen wurde von ihrem Stiefbruder belästigt. Da er bereits 19 Jahre alt war, wurde er festgenommen und inhaftiert. Verständlicherweise entwickelte Melissa eine Reihe von Symptomen, zog sich von anderen Kindern zurück und verhielt sich ihrem Schulberater und den Lehrern gegenüber sehr anhänglich. Ihr Hauptproblem waren jedoch chronische Magenschmerzen, die zu häufigen Besuchen bei der Schulkrankenschwester führten.

Melissas Mutter brachte sie zu einem Psychotherapeuten im örtlichen Krankenhaus in der Hoffnung, dass ihre Symptome dadurch gelindert würden. In Wirklichkeit geschah genau das Gegenteil! Der Therapeut wollte eine Verstopfung oder Erkrankung des Verdauungsapparats ausschließen und überwies sie zu einer medizinischen Untersuchung. Melissa wurde noch ein weiteres Mal traumatisiert – diesmal durch die invasiven Untersuchungen. Da der Arzt die Ursache ihrer Beschwerden nicht feststellen konnte, riet er zu einer explorativen

Operation. Melissa weigerte sich, erneut ins Krankenhaus zu gehen. Glücklicherweise bat Melissas Mutter die Schule um Hilfe, worauf der Direktor sie zu mir schickte.

Melissa benötigte vor allem eine Unterstützung, die ihr ermöglichte, die Anspannung loszulassen, die sich aufgrund des Schocks über den Vorfall in ihrem Bauch aufgebaut hatte. Nach zwei Sitzungen von 45 Minuten Dauer verschwanden ihre Bauchschmerzen. Nachdem sich ihre Verdauung normalisiert hatte, war sie in der Lage, ihre Erfahrung in Worte zu fassen und ihre widerstreitenden Gefühle sowohl mir als auch der Mutter und dem Therapeuten mitzuteilen. Das war genau die Unterstützung, die sie brauchte, um ihr Trauma aufzuarbeiten.

## Zusammenfassung

So viel zum ersten Teil des Buches. Hoffentlich ist es uns gelungen, Ihnen verständlich zu machen, was ein Trauma ist, die große Bandbreite potentieller Trauma-Auslöser aufzuzeigen, zu erklären, welche erkennbaren Symptome es gibt, welche Verhaltensweisen für die unterschiedlichen Altersgruppen sich daraus ergeben und auch, wie ein ungelöstes Trauma die Entwicklung des kindlichen Gehirns beeinflusst. Im zweiten Teil des Buches werden wir Sie Schritt für Schritt anleiten, die Fallen zu vermeiden, die nach einem überwältigenden Ereignis zur Entwicklung eines Traumas führen können. Diese praktischen Informationen geben Ihnen die Fähigkeiten und das Zutrauen, Traumata zu verhindern und zu heilen – sowohl bei Ihren eigenen Kindern als auch bei denen, die Ihrer Fürsorge anvertraut sind.

# TEIL II

# KINDHEITSTRAUMATA VERMEIDEN

*»Man erfährt mehr über einen Menschen während einer Stunde Spielen als im Laufe von Gesprächen über ein ganzes Jahr.«*

PLATO

Im ersten Teil des Buches erhielten Sie wertvolle Informationen über das Trauma im Allgemeinen und vor allem darüber, wie Sie Trauma-Symptome bei Kindern erkennen können. In diesem zweiten Teil werden Sie praktische »Werkzeuge« kennen lernen, mit deren Hilfe Sie dazu beitragen können, dass nach belastenden Ereignissen Trauma-Symptome vermieden oder reduziert werden. Für das vierte Kapitel haben wir verschiedene Übungen entworfen, die Erwachsene und Kinder dabei unterstützen sollen, die unterschiedlichsten Körperempfindungen wahrzunehmen. Anregungen und Vorschläge werden Ihnen helfen, einen Wortschatz für diese neue Sprache der Empfindung zu erwerben – jene Sprache, die in den tiefen Strukturen des Reptiliengehirns gesprochen wird. Sie werden die Fähigkeit erlangen, mit diesen inneren Signalen zusammenzuarbeiten und die Kluft zwischen bewussten und unbewussten körperlichen Prozessen zu heilen, eine Fähigkeit, die freilebenden Tieren so selbstverständlich zur Verfügung steht. Dieses auf Erfahrung beruhende Wissen wird Ihnen nicht nur das Werkzeug geben, das Sie brauchen, um einem Kind nach einer überwältigenden Erfahrung beistehen zu können; es wird Sie auch davor bewahren, überwältigt zu werden oder schlicht ein Burn-Out-Syndrom zu entwickeln.

Das vierte Kapitel wird Ihnen auch vermitteln, wie Sie sich auf die Bedürfnisse und Rhythmen Ihres Kindes einstellen. Wir zeigen Ihnen, wie Sie Ihr Kind besser wahrnehmen können, während Sie es ansehen, ihm zuhören und mit ihm in Resonanz treten. Das Kapitel enthält auch die Geschichte von Sammy, die Ihnen zeigen wird, wie Sie Ihr

Kind nach einem Unglücksfall dafür gewinnen können, seinen Stress durch Spielen zu verringern, unabhängig davon, ob es bereits Symptome entwickelt hat oder nicht. Sowohl für kleinere als auch für schulpflichtige Kinder ist Spielen ein einfaches Mittel, um wieder ins Gleichgewicht zu kommen und die natürliche Widerstandsfähigkeit zurückzugewinnen. Sie werden lernen, zwischen Spielen zu unterscheiden, die Ihr Kind in seinem Heilungsprozess voranbringen, im Gegensatz zu solchen, die nur eine Wiederholung des traumatischen Ereignisses darstellen, was wir im dritten Kapitel des ersten Teils als Symptom beschrieben haben. Sie lernen auch die Grundprinzipien eines Spiels kennen, das zu einer vollständigen Entladung der Energie führt, die in kindlichem Leiden oder später in Symptomen gebunden ist.

Im fünften Kapitel erfahren Sie, wie Sie Metaphern aus dem Tierreich, poetische Verse und Geschichten dafür einsetzen können, um Energie wieder verfügbar zu machen, zu transformieren und zu einer Ressource werden zu lassen, die durch ein traumatisches Ereignis blockiert wurde. Sie werden Übungen erlernen, die Ihrem Kind dabei helfen, seine Stärke, seine Fähigkeit, sich wieder zu erden, und die »Zauberkraft« seiner körperlichen Fähigkeiten zu entdecken, nach einem überstandenen »Sturm« Frieden und Ruhe herzustellen. Sie haben auch die Geschichte »Ein Mädchen namens Dory« gelesen, die Sie als Vorlage verwenden können, um Ihrem Kind dabei zu helfen, die Geschichte seiner persönlichen Wandlung zu schreiben. Während wir im ersten Teil des Buches erklärt haben, was ein Trauma ist, bieten wir Ihnen im zweiten Teil praktische Anleitungen und Hilfestellungen, damit Ihr Kind sich so anmutig und leicht wie möglich durch ein Trauma hindurchbewegen kann.

# 4
# EMOTIONALE ERSTE HILFE ODER: WIE SIE EIN »GUTES PFLASTER« SEIN KÖNNEN

## Geeignete Unterstützung für ein überwältigtes Kind

Um ein Trauma zu vermeiden oder seine Folgen möglichst gering zu halten, müssen Sie darauf achten, dass Sie nicht selbst durch das Unglück, das Ihrem Kind widerfahren ist, die Fassung verlieren. Das ist nicht immer einfach! Vielleicht ist es für Sie hilfreich zu wissen, dass Kinder sowohl widerstandsfähig als auch formbar sind. Wenn sie die angemessene Unterstützung erhalten, sind sie üblicherweise in der Lage, sich von belastenden Ereignissen zu erholen. Es ist sogar so, dass Kinder zu kompetenteren, lebendigeren Persönlichkeiten heranwachsen, wenn sie anfangen, die Schocks und Verluste zu überwinden, die das Leben mit sich bringt. Da die Fähigkeit zu gesunden angeboren ist, haben Sie als Erwachsene eine einfache Rolle: den Kleinen zu helfen, Zugang zu dieser Fähigkeit zu finden. Ihre Aufgabe ist in vielerlei Hinsicht mit der Funktion eines Pflasters oder einer Schiene vergleichbar. Beide heilen die Wunde nicht, aber sie schützen und unterstützen den Körper, während er sich selbst heilt. Die Empfehlungen, Übungen und Schritt-für-Schritt-Anleitungen, die wir Ihnen im vierten Kapitel anbieten, sollen Sie dazu befähigen, ein gutes »Pflaster« für Ihr Kind zu sein.

### Ihre Ruhe ist entscheidend!

Die Bedeutung der Ruhe des Erwachsenen kann nicht genug betont werden. Es ist normal, dass auch ein Erwachsener bis zu einem gewissen Grad erschrocken oder entsetzt ist, wenn einem Kind etwas Dramatisches zugestoßen ist. Aufgrund Ihrer eigenen Ängste und Schutzinstinkte ist es nicht ungewöhnlich, dass Sie anfänglich mit Wut reagieren, die das Kind noch zusätzlich erschrecken kann. Das Ziel besteht darin, Gefühle wie Angst, Scham, Peinlichkeit und Schuld, die das Kind möglicherweise bereits erlebt, zu verringern, und nicht darin, sie zu vermehren. Dafür ist es am besten, sich erst den eigenen Empfindungen zuzuwenden. Geben Sie Ihren eigenen körperlichen Reaktionen Zeit, sich zu beruhigen, anstatt zu schimpfen oder angsterfüllt auf Ihr Kind zuzulaufen. Die Erfahrung mit unseren Klienten in der Therapie bestätigt, dass für ein Kind die Reaktion seiner Eltern oftmals am beängstigsten war! Je kleiner das Kind ist, desto intensiver »liest« es vom Gesichtsausdruck seiner Bezugspersonen ab, wie ernsthaft die Gefahr oder Verletzung ist.

### Jedem »Auf« folgt ein »Ab«

Sie entwickeln eine ruhige, erwachsene Präsenz, wenn Sie Übungen machen, durch die Sie lernen, Ihr inneres Gleichgewicht schnell und natürlich wiederherzustellen. Dadurch werden Sie wahrscheinlich gelassener sein, wenn Sie unter Druck geraten. Sowie Ihr Körper einmal lernt, dass jedem »Auf« (Ladung/Aufregung) auch wieder ein »Ab« folgt (Entladung/Entspannung), sind Sie auf dem Weg zu einem widerstandsfähigeren Nervensystem, das mit den Höhen und Tiefen des Lebens umgehen kann. Sie entwickeln Ähnlichkeit mit einem hohen Bambus, der sich (manchmal bis zum Erdboden) neigt, aber nicht bricht, noch nicht einmal während eines Monsuns! Wenn Ihr Nervensystem das begriffen hat, stecken Sie andere an. Ihr Nervensystem kommuniziert durch Ihre Körpersprache, Ihren Gesichtsausdruck und den Klang Ihrer Stimme direkt mit dem Nervensystem Ihres Kindes. Das ist die Art und Weise, in der wir unsere Kinder ohne Worte »berühren«. Doch ehe wir uns auf die Empfindungen, Rhythmen und Emotionen von Kindern einstimmen, müssen wir lernen, mit unseren eigenen vertraut zu werden!

Bei diesem Einstimmungsprozess geht es als Erstes darum zu verstehen, dass sowohl die Erfahrung von angenehmen als auch von unangenehmen Empfindungen wichtig ist. Dann geht es darum, diese zunehmend auszuhalten und ihnen »nachzuspüren«, da sie sich durch einen natürlichen Zyklus zu mehr Wohlbefinden und Vollendung voranbewegen. Wenn Sie erfasst haben, *warum* das wichtig ist, besteht der zweite Schritt darin, das Bewusstsein für *Ihre* Empfindungen zu erweitern. Dadurch erlernen auch Ihre Kinder einen vertrauteren Umgang mit den *eigenen* Empfindungen.

Eine einfache Erläuterung unseres magischen, dreifältigen Gehirns veranschaulicht, warum es für Veränderung so wichtig ist, das Bewusstsein für unsere innere Empfindungslandschaft zu wecken. Diese tiefere Erfahrung von uns selbst, die häufig vernachlässigt wird, formt den Kern unseres Seins. Aus unserem eigenen Atem und Bauch heraus gestalten wir unser Ich-Bewusstsein; und von dieser Stelle aus wissen wir ganz genau, *was* wir von Augenblick zu Augenblick fühlen und auch, *wie* wir wissen, *dass* wir wissen, *was* wir wissen![19]

## Entwicklung einer ruhigen Präsenz

Jetzt, wo Sie wissen, wie wichtig es ist, eine ruhige, zentrierte, erwachsene Präsenz zu haben, fragen Sie sich vielleicht: »Wie in aller Welt soll ich dieses hohe Ziel erreichen?« Bei dem Stress heutzutage, die Verantwortung für Familie und Beruf unter einen Hut zu bringen, ganz zu schweigen von persönlichen Problemen oder eigenen ungelösten Traumata, wie soll da ein Elternteil ruhig und belastbar sein? Das gilt vor allem für Situationen, in denen Sie zum Beispiel zusehen, wie ein Kleinkind seinen ersten akrobatischen Sprungversuch unternimmt, der einen Moment lang aussieht, als könne er ihn Leib und Leben kosten.

Die Antwort ist nicht sehr schwierig, wenn Sie einmal ein grundlegendes Gefühl dafür bekommen haben. Wenn Erwachsene belastbarer und effektiver werden wollen – nicht nur im Umgang mit Notsituationen, sondern als Eltern im Allgemeinen –, müssen sie Erfahrungen damit machen, wie das Reptiliengehirn funktioniert, wenn es in Gefahr oder unter Stress gerät, und damit, wie Sie mit dieser »Kommandozentrale« des Gehirns kommunizieren können. Natürlich ist es dazu erforderlich, erst ihre Sprache zu erlernen.

## Vereinfachte Darstellung des dreifältigen Gehirns

Der Mensch besitzt ein dreifältiges Gehirn. Einfach gesagt ist es aus drei integralen Bestandteilen aufgebaut, die im Idealfall harmonisch zusammenwirken. Die Kompetenz des Neokortex (des stammesgeschichtlich »jüngsten« Teils des Gehirns) liegt im Bereich von Problemlösung, Planung und anderen komplexen, rationalen Denkfähigkeiten. Das Säugetierhirn (Mittelhirn), auch limbisches System genannt, ist für Gedächtnis und Emotionen verantwortlich. Das Reptiliengehirn (»unteres« oder »primitives« Gehirn) ist für das Überleben zuständig sowie für unzählige Funktionen, die mit Regulationsmechanismen für die Grundlagen des Daseins einhergehen. Jede dieser drei Regionen hat hochspezialisierte Funktionen und jede spricht ihre eigene Sprache. Das denkende Gehirn spricht in Worten; das emotionale Gehirn verwendet die Sprache der Gefühle, wie zum Beispiel Freude und Angst. (Kleinen Kindern fällt es leicht, sie zu benennen: wütend, traurig, froh, ängstlich.) Im Gegensatz zu den »neueren« und den fühlenden Gehirnsegmenten spricht das primitive Reptiliengehirn eine ganz eigene Sprache, nämlich die wenig vertraute, jedoch ungemein wichtige Sprache der körperlichen Empfindung.

## Die Sprache des Reptiliengehirns

Die Sprache der körperlichen Empfindung ist für viele Menschen eine Fremdsprache. Es gibt in unserem Innern eine Welt der Empfindung und des Fühlens, ob Sie sich dieser nun bewusst sind oder nicht. Die Sprache, um die es dabei geht, ist glücklicherweise leicht zu erlernen – und es ist ebenso wesentlich, mit ihr vertraut zu sein, wenn Sie einen »Heilungsweg« beschreiten wollen, wie es unumgänglich ist, die wichtigsten Redewendungen der Landessprache zu kennen, wenn Sie ins Ausland reisen. Es hat nur dann Sinn, einem Kind helfen zu wollen, wenn Sie sich zuerst mit *Ihrer eigenen* inneren Landschaft vertraut gemacht haben. Was Sie dazu brauchen ist ein wenig Zeit, in der Sie ohne abgelenkt zu werden darauf achten können, wie Ihr *Körper* sich fühlt. Die Reichweite von Empfindungen kann von Druck- oder Temperaturveränderungen auf der Haut bis zu Vibrationen, Darmgeräuschen, Muskelanspannung, Beklemmung, Zittern, Raumgefühl und tief in Ihrem Innern befindlicher Hitze reichen. *Das* ist die Sprache des primitiven Gehirns, das zu unseren Gunsten handelt, wenn wir in Gefahr sind. Sie hat einen ganz anderen Schwerpunkt als die meisten von uns es gewöhnt sind, weil sie weder dem Bereich noch der Ausdrucksweise des Denkens angehört; und ebenso wenig dem Territorium oder der Sprache der Emotion.

Weil unser Überleben und unser Gleichgewicht vom Reptiliengehirn sichergestellt werden, freundet sich der kluge Erwachsene mit diesen tiefen, instinktiven Ebenen des Bewusstseins an. Weder besonderes Material noch Kosten sind damit verbunden. Alles, was Sie brauchen, ist Zeit, Aufmerksamkeit und die gezielte Bereitschaft. Wenn Sie Zeit damit verbringen, in Stille und fokussiert zu sein, werden Sie diese Sprache bald beherrschen. Im Anschluss finden Sie ein paar Übungen, um ein »Gefühl« dafür sie zu bekommen. Denken Sie bitte daran, dass Sie diese Sprache nicht allein durch Lesen erlernen können, weil das Reptiliengehirn keine Worte zur Kenntnis nimmt. *Empfindungen müssen Sie erleben!*

## Mit den eigenen Empfindungen vertraut werden

Kinder sind womöglich nicht in der Lage, ihre Gefühle in Worte zu fassen, weil sie zu verängstigt oder/und zu klein sind, um sprechen zu können. Aber Kinder wissen, wie es sich anfühlt, schockiert und außer sich zu sein, und Sie wissen es auch! Es ist die unverkennbare Angst in der Magengrube, die Enge im Brustkorb oder der »Kloß im Hals«. Schalten Sie nach einer Naturkatastrophe die Nachrichten an oder hören Sie jemandem zu, der gerade Zeuge eines Unfalls war, und achten Sie darauf, wie die befragten Personen sich über ihre Erfahrung äußern. »Mir fehlen die Worte.« »Es fühlt sich so kalt an.« »Es war, als ob mir die Luft wegblieb.« »Ich fühle mich einfach nur benommen.« »Mein Herz raste ohne Ende, aber ich konnte mich nicht bewegen.«

Denken Sie darüber nach, wie Sie es erlebten, als plötzlich aus heiterem Himmel etwas Beunruhigendes passierte. Welche Empfindungen hatten Sie? Hat Ihr Herz schnell geklopft? Wurde Ihnen schwindlig? Haben Ihre Kehle oder Ihr Magen sich zu einem Knoten zusammengezogen? Und als die Gefahr vorüber war, wie veränderten sich Ihre Empfindungen nach und nach? Erinnern Sie sich daran, wie sich die ersten Anzeichen von Beruhigung anfühlten? Welcher Teil Ihres Körpers übermittelte Ihnen dieses kleine bisschen Information? Bemerkten Sie vielleicht, dass Sie leichter atmen konnten, oder fühlten Sie ein Zittern, als Ihre Muskeln zu entspannen begannen?

Achten Sie darauf, angenehme Empfindungen wahrzunehmen, die mit einem Gefühl des Wohlbefindens verbunden sind. Es ist leicht möglich, durch ein Trauma so überwältigt zu sein, dass nur noch schmerzhafte Empfindungen wahrgenommen werden. Ein Filmkritiker, dessen Namen wir vergessen haben, berichtet, dass ein Film von Martin Scorsese, den er kürzlich gesehen hatte, *»zu viel Karfreitag und nicht genug Ostersonntag«* enthielt, um ihn zufrieden zu stellen. In klassischen Meisterwerken besteht üblicherweise eine Art Gleichgewicht von Düsternis und Erhabenheit, das uns tief berührt.

### Übung: **Empfindungen wahrnehmen**

Beginnen Sie anhand eines kleinen Experiments, Ihr Gewahrsein zu vertiefen:

Finden Sie einen bequemen Platz zum Sitzen. Nehmen Sie sich Zeit, um zu spüren, wie Sie sich gerade fühlen. Achten Sie auf Ihre Atmung. Sitzen Sie bequem oder unbequem? An welcher Stelle im Körper bemerken Sie das? Was nehmen Sie wahr? Sind Sie sich Ihres Herzschlags oder Ihrer Atmung bewusst? Vielleicht spüren Sie eher Muskelanspannung oder -entspannung oder die Temperatur Ihrer Haut.

Wenn Sie die Ruhe haben, um weiter zu machen, versuchen Sie es mit folgender Übung:

Stellen Sie sich einen angenehmen Tag vor, an dem Sie auf der Autobahn fahren und Ihre Lieblingsmusik hören. Sie haben keine Eile, weil heute Ihr freier Tag ist. Nehmen Sie sich eine Minute Zeit, um wahrzunehmen, wie Sie sich fühlen, ehe Sie den nächsten Absatz lesen. Beobachten Sie die Empfindungen in unterschiedlichen Teilen Ihres Körpers: Bauch, Gliedmaßen, Atmung, Muskeln und Haut.

Plötzlich schert aus dem Nichts ein Raser mit einem frisierten Wagen vor Ihnen ein und verursacht dadurch beinahe einen verhängnisvollen Unfall auf der Autobahn. Dann wird er auch noch grob und beschimpft Sie, als hätten Sie die gefährliche Situation verursacht. Was fühlen Sie in Ihrem Körper?

Wie haben Sie sich gefühlt, als Sie mit der Übung begannen? Achten Sie auf Veränderungen seitdem. Was fühlt sich anders an? Wo fühlt es sich anders an? Ist Ihnen warm, heiß oder eiskalt? Gibt es Stellen, an denen Sie Anspannung oder Beklemmung spüren? Stellen Sie Veränderungen der Herzfrequenz oder der Atemtätigkeit fest? Wenn Sie die Aufmerksamkeit auf Ihren Körper richten, um Ihre Reaktionen und Empfindungen im gegenwärtigen Moment zu spüren, haben Sie den Bereich des Reptiliengehirns betreten.

Nehmen Sie sich nun ein wenig Zeit, um jedwede Aktivierung zur Ruhe kommen zu lassen. Sehen Sie sich im Raum um und machen Sie sich bewusst, dass Sie in Sicherheit sind und dass die Visualisierung nur eine Übung war. Stellen Sie beide Füße auf den Boden und richten Sie Ihre Aufmerksamkeit auf einen Gegenstand im Raum, der Ihnen angenehm ist, wie eine Blume, ein Foto oder ein Lieblingsstück. Stellen Sie fest, wie Sie sich gerade jetzt in Ihrem Körper fühlen!

Diese kurze Übung ist dafür gedacht, Sie damit vertraut zu machen, dass die Sprache der Empfindung in Wirklichkeit doch nicht so fremd ist. Sie ist insofern neu für Sie, als Sie wahrscheinlich nicht allzu sehr darauf achten, was in Ihrem Innern geschieht, wenn Sie nicht gerade mitten in einem traumatischen Ereignis stecken. Außerdem verwendet Ihre Familie während des Abendessens wahrscheinlich keine Worte der Empfindung, um zu beschreiben, wie der Tag verlief. Wenn Kinder Erwachsenen mitteilen, wie sie sich fühlen, tun sie das normalerweise in Form von Stimmungen oder Gefühlen wie glücklich, schlecht gelaunt, aufgeregt oder traurig. Empfindungen zu beobachten, war bisher möglicherweise nicht Ihr Steckenpferd, aber je mehr Sie über Ihr Körperbewusstsein lernen, desto intuitiver, instinktiver und vertrauensvoller werden Sie. Vielleicht ist es Ihnen nicht bekannt, aber ein harmonisches Ich-Bewusstsein basiert viel mehr auf der Fähigkeit Ihres Körpers, sich selbst zu regulieren, als darauf, außer Kontrolle zu geraten!

## Entwickeln Sie gemeinsam mit Ihrem Kind einen neuen Wortschatz

Es gehört zum Erlernen jeder neuen Sprache, sich einen Wortschatz anzueignen und ihn anzuwenden. Die nachfolgende Liste ist diesbezüglich eine Starthilfe. Achten Sie bitte auf die Ausgewogenheit des Vokabulars und berücksichtigen Sie sowohl Empfindungen, die angenehm oder neutral sind, als auch solche, die sich anfangs eher unangenehm anfühlen. Erfreuen Sie sich gemeinsam mit Ihrem Kind daran, die Liste zu ergänzen und zu sehen, wie sie wächst, während Sie mit dieser fremden und wundervollen Welt in Ihrem Innern vertraut werden.

**Ein Wortschatz für Empfindungen**

| | | |
|---|---|---|
| kalt/warm/heiß/ frostig | Nervenzucken/ Schmetterlingsgefühl | schneidend/gefühllos/ juckend |
| wackelig/zittrig/bebend | hart/weich/stecken geblieben | hibbelig/eisig/schwach |
| entspannt/ruhig/friedlich | fließend/sich ausweitend | stark/fest/angespannt |
| schwindlig/undeutlich/ verschwommen | betäubt/prickelnd/ kribbelig | »aua« (weh)/weinerlich/ Gänsehaut |
| leicht/schwer/offen | angenehm/kühl/seidig | belämmert, klebrig, locker |

*Achtung:* Empfindungen sind etwas anderes als Emotionen. Sie beschreiben, wie der Körper sich *physisch* anfühlt. Wenn ein Kind nicht sprechen kann, können Sie es einladen, auf die Körperstellen zu zeigen, die sich wackelig, gefühllos oder ruhig etc. anfühlen.

## Legen Sie eine Schatzkiste für Empfindungen an

Das sensorische Bewusstsein ist ein sehr wichtiger Teil der frühkindlichen Entwicklung. Es fördert nicht nur kognitive Fähigkeiten und das Selbstbewusstsein, Kinder haben auch Spaß daran, Gerüche, Geschmacksvarianten, Klänge und Berührungen auszuprobieren. Die folgenden beiden einfachen Aktionen sind ein Anfang in dieser Richtung.

### Aktion I:

1. Nehmen Sie eine leere Schachtel, Dose oder einen Beutel, um darin zehn bis zwölf Gegenstände zu verstecken.
2. Suchen Sie Dinge aus, die sich von ihrer Beschaffenheit her deutlich unterscheiden, zum Beispiel eine Feder, ein Stück Sandpapier, mehrere Steine unterschiedlicher Form, Größe und Struktur, einen Baumwollball, ein glitschiges Spielzeug,

ein Stück Stoff aus Satin oder Seide, Stahlwolle etc., und geben Sie diese in die Schachtel.

3. Sagen Sie Ihrem Kind, dass es die Augen schließen soll (oder verwenden Sie eine Augenbinde). Fordern Sie es dann auf, einen Gegenstand aus der Schachtel herauszunehmen und zu versuchen, durch das Befühlen herauszufinden, um welchen Gegenstand es sich handelt.
4. Wenn Ihr Kind alle Gegenstände identifiziert hat, bitten Sie es, jeden Gegenstand anzufassen und zu beschreiben, wie er sich auf der Haut anfühlt (kitzelig, kribbelnd, kühl, schwer etc.).
5. Lassen Sie Ihr Kind als Nächstes Steine unterschiedlichen Gewichts miteinander vergleichen, indem es sie in seinen Händen hält und feststellt, wie sich seine Muskeln anfühlen, wenn ein Stein sehr leicht, leicht, mittelschwer, schwer und sehr schwer ist.
6. Fragen Sie das Kind, welchen Unterschied es in seinem Körper spürt, wenn es etwas Schleimiges im Vergleich zu etwas Weichem anfasst etc. Bitten Sie das Kind, auf die Körperstelle zu zeigen, an der es den Unterschied bemerkt. Sind es die Arme, der Bauch, die Haut, der Hals?
7. Schlagen Sie dem Kind dann vor, ein paar Fragen an Sie zu richten und wechseln Sie sich ab, wobei Sie weiterhin Empfindungen vergleichen und einander gegenüberstellen.
8. Erstellen Sie eine Liste aller Empfindungen, die Sie gemeinsam entdeckt haben.

________________________________________

________________________________________

________________________________________

### Aktion II:

1. Versuchen Sie nun eine Variante des eben beschriebenen Spiels, indem Sie anstelle einer Schachtel ein »Geschmackstablett« verwenden. Füllen Sie kleine Schüsseln mit Nahrungsmitteln, die unterschiedlich schmecken, zum Beispiel süß, salzig, bitter, würzig, sauer, und die ungleich beschaffen sind, wie knusprig, weich etc.
2. Verwenden Sie eine Augenbinde, um visuelle Anhaltspunkte zu vermeiden, und laden Sie Ihr Kind ein, die verschiedenen Lebensmittel zu bestimmen. Sie kön-

nen ihm zwischen zwei Geschmacksrichtungen jeweils ein Stück Knäckebrot geben, um den Gaumen zu neutralisieren.
3. Bitten Sie Ihr Kind, von jeder Probe zu kosten, und lassen Sie es beschreiben, wie sie sich anfühlt (cremig, hart, glatt, klebrig etc.) und dann, wie sie schmeckt.
4. Fragen Sie es als Nächstes, welches Gefühl die jeweilige Probe auf der Zunge bewirkt (kribbelnd, prickelnd, kalt, glitschig, trocken, entspannt, kraus, gefühllos, heiß etc.).
5. Wiederholen Sie die Schritte sechs, sieben und acht der ersten Aktion.

Es gibt noch viele Möglichkeiten, sich weiter vorzubereiten. Es ist eine gute Sache, auch ohne gegebenen Anlass in zahlreichen Situationen mit den eigenen Empfindungen vertraut zu werden und Kinder zu lehren, sich der ihrigen bewusst zu werden. Sie können gemeinsam einen Wortschatz entwickeln und ihn zu dem Ihrer Familie hinzufügen. Es geht ganz leicht. Aber wie bei allen neuen Fertigkeiten, die wir erwerben, braucht es auch hier eine gewisse Übung, um eine bessere Selbstbeobachtung und eine Wahrnehmung dafür zu entwickeln, wie es sich anfühlt, wenn Sie nach einer aufregenden Situation Ihr Gleichgewicht zurückgewinnen. Es ist gerade dieses Üben, das eigene Gewahrsein zu vertiefen, das Sie darauf vorbereitet, Ihrem Kind unter nahezu allen Umständen eine Stütze zu sein!

## Pendeln zwischen angenehmen und unangenehmen Empfindungen, Emotionen und Bildern

In unseren Trainingsprogrammen für ganzheitliches körperliches Erleben (Somatic Experiencing®) bezieht sich das Pendeln auf einen natürlichen, uns angeborenen Rhythmus. Er führt uns hin und her zwischen unangenehmen Empfindungen, Emotionen und Bildern *aus der Vergangenheit* und dem *gegenwärtigen* Erleben im aktuellen Augenblick, welches das Auftauchen von neuen Erfahrungen und Bedeutungen erlaubt. Die vergangenen Gefühle sind üblicherweise mit belastenden oder traumatischen Ereignissen verbunden, in denen uns die Ressourcen fehlten, die wir gebraucht hätten, um eine Niederlage abzuwenden. Natürlich wird im Falle eines Traumas die Gegenwart von der Vergangenheit gefärbt. Sie überlagert sowohl das subjektive Bewusstsein als auch unsere Sicht der Welt. Wenn dieser natürliche Prozess stillgelegt ist, muss er wieder in Gang gebracht werden. Das Pendeln ist das, was den Impuls zur Veränderung über die Zeit hinweg aufrechterhält. Ist dieser Rhythmus wiederhergestellt, so besteht zumindest ein erträgliches Gleichgewicht zwischen dem Angenehmen und dem Unangenehmen.

Die nächste Übung haben wir zum einen ausgewählt, um Ihr Gewahrsein für Empfindungen weiter zu vertiefen, zum anderen, um Ihnen ein Gefühl für diesen natürlichen Rhythmus zu geben, den wir das Pendeln nennen. Diesmal könnte es vielleicht hilfreich sein, mit einem Partner zu arbeiten. Ein Zeuge kann Sie dabei unterstützen, fokussiert zu bleiben. Wenn ein vertrauter Freund »Wache hält«, so wie es Tiere in der Natur tun, kann ein tieferes Gefühl von Sicherheit entstehen.

Gehen Sie an die folgende Übung mit einer Haltung von Neugier heran und nutzen Sie sie zur Erforschung Ihrer veränderlichen, hin und her pendelnden, inneren Empfindungslandschaft. (Sie können sich von Ihrem Partner wünschen, dass er Ihnen den Text langsam und mit vielen Pausen vorliest, damit Sie die Möglichkeit haben, Ihr Gewahrsein zu erweitern. Sie können sich den Text auch auf Band sprechen, um ihn alleine oder gemeinsam mit jemand anderem abzuhören.)

### Übung: **Empfindung und Pendelschwung erforschen**

Nehmen Sie sich Zeit und machen Sie es sich in Ihrem Sessel gemütlich. Stellen Sie fest, an welchen Stellen Ihr Körper den Sessel berührt. Nehmen Sie wahr, wie der Sessel Ihren Körper unterstützt. Lassen Sie sich in den Sessel einsinken. Beobachten Sie Ihre Atmung, Ihre allgemeinen Empfindungen und wie Sie sich fühlen. Während Sie langsam der folgenden Geschichte nachgehen, nehmen Sie sich Zeit, die

Empfindungen, Gedanken und Bilder wahrzunehmen, die auftauchen. Manche werden subtil sein, andere offensichtlich. Je mehr Aufmerksamkeit und Zeit Sie darauf verwenden, desto mehr wird Ihr Gewahrsein wachsen.

Stellen Sie sich nun vor, dass heute Ihr Geburtstag ist. Obwohl es ein besonderer Tag ist, fühlen Sie sich einsam. Da Sie nicht allein sein wollen, beschließen Sie, ins Kino zu gehen. Sie machen sich zum Weggehen bereit, greifen nach Ihrer Brieftasche und bekommen ein miserables Gefühl, als Sie feststellen, dass sie nicht da ist. Was fühlen Sie? Nehmen Sie sich Zeit, um Gefühle, Empfindungen und Gedanken in Ihrem Innern wahrzunehmen.

Wie fühlt sich »scheußlich« an? Wo spüren Sie das in Ihrem Körper? Üblicherweise erfahren wir Empfindungen im Bereich des Solarplexus, des Brustkorbs und der Kehle. Spüren Sie eine Anspannung oder eher, dass Ihnen ganz anders wird ... vielleicht übel? Stellen Sie Temperaturveränderungen an Ihren Händen fest? Bricht Ihnen der Schweiß aus, ist Ihnen heiß oder kalt? Gibt es einen Bereich, in dem Sie sich unsicher oder wackelig fühlen? Nehmen Sie auch wahr, wie diese Empfindungen sich mit der Zeit verändern, während Sie sich ihnen widmen. Nimmt die Intensität zu oder ab? Löst sich die Spannung? Verändert sich die Temperatur Ihrer Hände?

Während Sie sich wieder beruhigen, kommt Ihnen der Gedanke: »Oh, vielleicht habe ich meine Brieftasche im anderen Zimmer liegen lassen.« Stellen Sie sich vor, dass Sie dorthin gehen und nachsehen. Sie suchen weitere Stellen ab, an denen Sie möglicherweise sein könnte. Sie finden sie nicht und werden allmählich ein bisschen hektisch. Richten Sie den Schwerpunkt Ihrer Aufmerksamkeit wieder nach innen und nehmen Sie sich Zeit, Ihre Körperempfindungen, Ihre Gefühle und Ihre Gedanken wahrzunehmen.

Jetzt werden Sie ein bisschen langsamer, Ihr Denken wird etwas klarer und Sie fangen an, methodischer vorzugehen. Ist sie in der Schublade? Vielleicht habe ich sie da drüben auf dem Tisch liegen gelassen, als ich zur Tür hereinkam. ... Aber dann ging ich ins Badezimmer ... ob ich sie wohl im Badezimmer gelassen habe? Während Sie nachsehen, werden Sie vom Klingeln des Telefons unterbrochen. Sie nehmen den Hörer ab. Es ist Ihre Freundin, die Ihnen mitteilt, dass Sie die Brieftasche bei ihr vergessen haben. Sie atmen erleichtert auf! Spüren Sie das und nehmen Sie Ihr Lächeln wahr, während Sie daran denken, wie hektisch Sie vorhin waren.

Ihre Freundin sagt, dass sie in Kürze weggeht, jedoch warten werde, wenn Sie gleich kommen. Sie gehen also sofort zu ihrem Haus. Spüren Sie das in Ihren Beinen, wie schnell Sie gehen. Sie klopfen an die Tür, es kommt keine Antwort. Sie klopfen ein zweites Mal, erneut keine Reaktion. Sie beginnen darüber nachzudenken, dass Sie sie verpasst haben müssen. Sie fangen an, ein bisschen irritiert zu sein. Sie hat doch gesagt, sie würde warten, wenn Sie so schnell wie möglich kommen. Wo spüren Sie die Empfindung der Irritation? Wie fühlt sie sich an? Nehmen Sie sich Zeit, die Spannweite der Empfindungen zu beobachten, wie Sie es vorhin bereits getan haben. Wie erleben Sie es, irritiert zu sein? Wo spüren Sie das? Womit lässt sich das Gefühl vergleichen?

Aus dem hinteren Teil des Hauses hören Sie die gedämpfte Stimme Ihrer Freundin. Sie sagt, dass Sie hereinkommen sollen. Sie öffnen die Tür, es ist völlig dunkel. Langsam finden Sie Ihren Weg durch die Finsternis. Sie gehen den Flur entlang. Stellen Sie fest, wie Ihr Körper sich anfühlt, während Sie durch die Dunkelheit tasten und versuchen, in den hinteren Teil des Hauses zu gelangen. Sie rufen noch einmal nach Ihrer Freundin, werden jedoch von einem Chor von Stimmen unterbrochen, die »Überraschung!« rufen.

Was spüren Sie jetzt in Ihrem Körper und was geht in Ihren Gedanken vor sich, da Ihnen klar wird, dass es sich hier um eine Überraschungsparty anlässlich Ihres Geburtstags handelt?

Die Übung war dafür vorgesehen, Sie mit Spielarten von Empfindungen vertraut zu machen, die mit Konflikten, Erwartungen, Entspannung, Frustration und Überraschung einhergehen, wie sie in verschiedenen

Situationen auftreten. Wenn Sie bei sich unterschiedliche Gefühlszustände beobachtet haben und in der Lage waren, sich fließend vom Angenehmen zum Unangenehmen und wieder zurück zu bewegen, dann haben Sie bereits eine Idee davon, wie sich der Pendelschwung anfühlt.

Die Drehungen und Wendungen der eben dargestellten Visualisierung enthielten einige Überraschungen. Überraschung aktiviert das Nervensystem. Ist sie angenehm, wird im Körper etwas abgespeichert, das zur Verbesserung Ihres subjektiven Bewusstseins führt. Andererseits können schlimme Überraschungen bewirken, dass belastende Empfindungen im Körper stecken bleiben, was zu einer Herabsetzung des Ich-Bewusstseins und zu Gefühlen von Hilflosigkeit führt. Wenn Sie mit Ihren Empfindungen in Kontakt sind, können Sie sich fließend aus einem Zustand heraus in einen anderen bewegen. Diese Bewegung, von der Fixierung zum Fluss, ist es, die uns aus dem Griff eines Traumas befreit.

Hoffentlich war es Ihnen möglich, dieses Fließen in Ihrem Innern zu spüren. Wenn es so ist, dann sind Sie auf dem besten Weg, die Fähigkeiten zu erwerben, mit denen Sie einem Kind dabei helfen können, fließend durch seine Empfindungen zu gleiten. Wenn Sie auf irgendeine Weise das Gefühl hatten, während der Übung bei einer unangenehmen Empfindung, einem Gefühl oder einem Bild »stecken zu bleiben« oder »einzufrieren«, dann nehmen Sie sich jetzt bitte Zeit; sehen Sie sich um, stehen Sie auf, bewegen Sie sich und besinnen Sie sich auf einen Gegenstand, eine Bewegung, einen Gedanken, einen Menschen, ein Haustier oder etwas Schönes in der Natur, das Ihnen hilft, sich besser zu fühlen. Kehren Sie dann zu der Stelle im Körper zurück, an der Sie stecken geblieben sind, und spüren Sie nach, wie sie sich jetzt anfühlt!

Falls Sie feststellen, dass in Ihnen immer wieder beunruhigende Empfindungen, Bilder oder Emotionen auftauchen, wenn Sie die Achtsamkeit auf Ihren Körper richten, sollten Sie unbedingt dafür sorgen, Hilfe für Ihre eigenen ungelösten Traumata zu bekommen.

## Seien Sie ein »gutes Pflaster«

Auf welche Weise können nun Erwachsene die angemessene Unterstützung geben? Zunächst ist es wichtig, Ihr Kind wissen zu lassen, dass all die mächtigen Emotionen, die bei ihm/ihr möglicherweise auftauchen (wie Traurigkeit, Zorn, Wut, Angst und Schmerz), nicht nur in Ordnung, sondern unter den gegebenen Umständen normal sind. (Es gibt dabei allerdings Ausnahmen, wie wir später sehen werden. So kann es zum Beispiel zur Vorbereitung auf einen medizinischen Eingriff notwendig sein, ein Kind zu beruhigen.)

Kinder fühlen sich getröstet und gestärkt, wenn sie erfahren, dass ihr Schmerz zeitlich begrenzt ist und dass sie *mit allem, was sie gerade fühlen*, angenommen werden. Paradoxerweise neigen Kinder dazu, sich eher schneller durch ihre Gefühle hindurchzubewegen, wenn sie nicht durch den Zeitplan oder die emotionale Tagesverfassung eines Erwachsenen angetrieben werden.

Wenn Sie die Geduld aufbringen, Ihre Geschwindigkeit auf den Rhythmus Ihres Kindes einzustimmen, erlauben Sie ihm dadurch, authentisch zu sein. Die Bedeutung dieser Akzeptanz und dieses Respekts darf nicht unterschätzt werden. Eine Schiene hält einen gebrochenen Arm gespreizt, das dient einer korrekten Einrichtung des Knochens. Auf dieselbe Weise schaffen Ihre ungeteilte Aufmerksamkeit und Ihr besänftigendes, nicht urteilendes Sprechen die Voraussetzungen für das Kind, in seinem Tempo ein gesundes Gefühl von Wohlbefinden wiederzuerlangen.

Kinder sind Meister darin, aus dem Gesichtsausdruck, der Körperhaltung und der Stimme ihrer Eltern zu lesen. Sie reagieren häufig so, wie sie glauben, dass Erwachsene es von ihnen erwarten, weil sie den Wunsch haben, zu gefallen, Kritik zu vermeiden oder »es richtig zu machen«. Aufgrund dessen verhalten sie sich »stark« und »tapfer« und setzen sich dabei über ihre Gefühle hinweg, nur um letztendlich Trauma-Symptome zu entwickeln, die sich hätten abwenden lassen. Zahllose Erwachsene berichten in der Therapie, dass sie als Kinder ihre Gefühle erstickt haben, um ihre Eltern davor zu bewahren, sich »schlecht« zu fühlen. Bisweilen erschien ihre Zurückhaltung eher als eine Art Reflexmechanismus, um die Angst eines durcheinander geratenen Elternteils nicht zu erhöhen.

## Vermeiden Sie den Fehler, die Bedürfnisse Ihres Kindes zu übergehen

Zuerst geht es darum, auf den eigenen Schrecken oder die eigene Verletzlichkeit aufmerksam zu werden, die auftreten können, wenn etwas Unerwartetes geschieht. Der nächste Schritt besteht darin, sich mit dem eigenen Körper zu verbinden! Wenn Sie im Moment »neben sich« stehen, ist es im wahrsten Sinne des Wortes wichtig, in sich selbst zurückzukehren.

Nehmen Sie bitte wahr, wie Ihre Füße den Boden berühren. Während Sie sich erden, indem Sie Ihren Empfindungen nachgehen, kann es sein, dass Sie zu Ihrer Überraschung einen spontanen Atemzug kommen spüren, der mit dem Gefühl verbunden ist, wieder bei sich zu sein. Sie werden staunen, wie diese beiden einfachen Schritte Ihnen das Gefühl geben können, dass Sie die Kraft und die Präsenz haben, um ganz für Ihr Kind da zu sein.

Indem Sie sich um sich selbst kümmern, sind Sie paradoxerweise besser dazu in der Lage, sich Ihrem Kind zuzuwenden. Wenn Sie Ihr inneres Zentrum spüren können, sich Ihre Atmung verlangsamt hat und Sie das Fließen sich verändernder Empfindungen erfahren konnten, haben Sie sich aus einem momentanen »Erstarren« herausbewegt. Jetzt steht Ihnen die Energie zur Verfügung, sich mit voller Aufmerksamkeit den Bedürfnissen und der Ausdrucksweise Ihres Kindes zu widmen. Dadurch vermeiden Sie auf natürlichem Weg, die Reaktionen Ihres Kindes durch Ihre eigenen zu verkomplizieren.

## Richtlinien, um einzuschätzen, ob sich ein Kind in einem überwältigten Zustand befindet

Wir schlagen Ihnen vor, sich an den folgenden Richtlinien zu orientieren, wenn Sie einschätzen wollen, ob Ihr Kind von einer Situation überwältigt wurde oder einen Schock hat:

1. *Beobachten Sie Ihr Kind genau:*
- Stellen Sie Veränderungen hinsichtlich der Hautfarbe, der Muskelspannung und der Körpertemperatur fest. Hat es eine blasse Gesichtsfarbe, sind seine Handflächen kalt und schweißnass, ist seine Haltung starr oder eingefallen?
- Sehen Sie sich seinen Gesichtsausdruck an, vor allem die Augen und den Mund. Sind sie weit geöffnet in einem Ausdruck der Verwunderung? Wirken die Augen glasig oder leer? Sind die Pupillen geweitet?
- Achten Sie auf Atmung und Herzschlag. Ist die Atmung rasch oder flach? Ist der Herzschlag beschleunigt?

2. *Stellen Sie fest, ob das Kind kognitive oder emotionale Reaktionen zeigt (oder ob sie fehlen):*
- Wirkt es benommen und verwirrt?
- Spricht es, als sei es woanders?
- Hat es einen leeren Gesichtsausdruck?
- Ist es übermäßig emotional? Weint es hysterisch? Schreit es vor Schreck?
- Ist es ungewöhnlich still und zeigt einen nichtssagenden Ausdruck, so als sei nichts geschehen?

Wenn Sie eine oder mehrere der obenstehenden Fragen mit »ja« beantworten, deutet das darauf hin, dass Ihr Kind Ihre Aufmerksamkeit benötigt. Sein Erleben kann sich zwischen chronischem Stress und akutem Schock bewegen. Falls sich das Kind in einer medizinischen Notsituation befindet, entscheiden Sie bitte mit Ihrem gesunden Menschenverstand, entweder medizinische Erste Hilfe zu leisten, einen Krankenwagen zu rufen oder beides. (Lesen Sie bitte im sechsten Kapitel des dritten Teils unter »Erste Hilfe bei Unfällen und Stürzen« nach, dort finden Sie eine Anleitung in acht Schritten für gewöhnliche Unfälle.)

## Welche Fürsorge braucht ein überwältigtes Kind?

Bei einem Schock ist es normal, anfangs nicht viel zu spüren, weil die chemischen Stoffe, die für die Kampf- oder Fluchtreaktion ausgeschüttet werden, auch als eine Art natürliches Betäubungsmittel wirken. Wenn Ihr Kind sich beispielsweise geschnitten hat, kann es sein, dass es nichts davon bemerkt, bis es tatsächlich Blut sieht. Der Schmerz kann sich bis zum Nachlassen des Schocks hinauszögern. Ihr Kind kann benommen wirken und blass sein, sich aber benehmen, als sei weiter nichts passiert. (Erinnern Sie sich an Suses Fahrradunfall?) Andererseits kann es auch sein, dass das Kind hysterisch schreit. Bestätigen Sie die emotionalen und körperlichen Reaktionen Ihres Kindes, indem Sie ihm mit ruhiger Stimme versichern, dass *Sie*:

1. verstehen, was es durchmacht, indem Sie seine Gefühle bestätigen
2. genau wissen, wie Sie ihm helfen können – indem Sie ihm vermitteln, dass für solche Situationen Erwachsene zuständig sind
3. sich voll und ganz dafür einsetzen werden, es zu schützen und für es zu sorgen
4. überzeugt davon sind, dass das Schlimmste vorbei ist (wenn das der Fall ist) und dass es bald besser wird
5. bei ihm bleiben, bis es ihm besser geht.

»Bei ihm zu bleiben« ist sowohl wörtlich als auch im übertragenen Sinne gemeint. Wörtlich insofern, als Ihre körperliche Anwesenheit für das Kind lebensnotwendig ist. Im übertragenen Sinne bedeutet es, die Fähigkeit zu entwickeln, emotional so verfügbar zu sein, dass das Kind Ihre ungeteilte Aufmerksamkeit die ganze Zeit über spüren kann, während Sie die Situation und ihre Erfordernisse einschätzen. Ihr Verhalten schafft die Sicherheitsbedingungen, unter denen der Heilungsprozess stattfindet. Es übermittelt dem Unbewussten des Kindes eine wichtige Botschaft: »Du bist jetzt in Sicherheit; ich kümmere mich um dich.«

Ist die Botschaft einmal angekommen, kann der Körper entspannen, die Kontrolle aufgeben und sich den unfreiwilligen Empfindungen hingeben (Wackeligsein, Weinen, Zittern, Schüttelfrost, Hitze etc.), die eine Entladung des mobilisierten Energieüberschuss und ein Nachlassen der starken Aktivierung bewirken. Sie erreichen keine Beruhigung, wenn Sie sagen: »Entspanne dich einfach« oder: »Hör auf zu weinen, ich kauf dir ein Eis.« Das kann die Abwehr des Kindes sogar verstärken und vermittelt ihm, dass der Erwachsene ungeduldig ist, es missversteht oder möchte, dass es sich nichts anmerken lässt. Auf diese Weise wird nicht das Auftreten von traumatischen Symptomen verhindert, sondern die Panzerung des Körpers vorangetrieben!

Wenn hingegen der Klang Ihrer Stimme, Ihr Verhalten und Ihre sorgfältig überlegten Worte Ihrem Kind Sicherheit vermitteln, kann es von diesem Zustand, »außerhalb des Körpers zu sein«, erstaunlich schnell zurückkehren. Das folgende Beispiel wird Ihnen zeigen, was wir meinen:

Ein Jugendlicher, der mit seinem Moped unterwegs war, kam ins Rutschen und stürzte. Er schlug mit dem Kopf auf, trug aber glücklicherweise einen Sturzhelm. Seine Arme und Beine waren aufgeschürft und er blutete stark. Am auffallendsten waren seine blasse Haut, seine weit geöffneten Augen und sein veränderter Zustand. Er kroch zur Bordsteinkante, an der ich stand, und wie Sie sich vorstellen können, hatte er einen Schock.

Schnell bat ich einen Passanten, einen Krankenwagen zu rufen, setzte mich neben den jungen Mann und sagte einfach: »Der Notarzt ist schon unterwegs.« Dann fügte ich mit bestimmter und selbstsicherer Stimme hinzu (denn ich kenne die Bedeutung von emotionaler Erster Hilfe und weiß, was zu tun ist, um den Heilungsprozess in Gang zu bringen): »Du hast einen Schock; ich bleibe bei dir, bis er vergangen ist.« Sowie ich den Satz beendet hatte, begann der junge Mann, am ganzen Körper zu beben. Ich legte meine Hand auf die Außenseite seines Oberarms (im Bereich des Musculus deltoideus) und ermutigte ihn, mehr zuzulassen: »Ja, das ist richtig ... lass das alles los ... du machst das großartig ... es wird dir gleich besser gehen.« *Drei Minuten* später kehrte die Farbe in sein Gesicht zurück. Bald darauf verwandelte sich sein Schütteln in ein sanftes Zittern und es lösten sich ein paar Tränen. Plötzlich kam ein spontaner Atemzug und er blickte sich um, um zu sehen, was gerade passiert war. Er kehrte zu sich selbst zurück!

Wenn wir am verletzlichsten sind, ist das, was uns am meisten hilft, die Gegenwart eines ruhigen, zentrierten Menschen, der die Führung über die Situation übernimmt. Das Entscheidende dabei: ein Mensch, der das Geschehen akzeptiert, der weiß, wie er helfen kann, und der in der Lage ist, sich selbst genügend Sicherheit zu verschaffen, um die enorme Energiemenge halten zu können, die gelöst werden muss. Das gelingt, wenn man die erste Priorität auf ausreichend Zeit und einen Raum der Stille setzt, in dem das geschehen kann! Indem die hoch aufgeladene Trauma-Physiologie in ihren Normalzustand zurückkehrt, verbinden sich Geist und Körper wieder in der Gegenwart. Der Zyklus ist vollständig, wenn ein Interesse an dem, was in der Umgebung passiert, auf natürliche Weise zu entstehen scheint, wie es bei dem Mopedfahrer der Fall war.

Einem Kind (sei es Ihr eigenes, das eines Nachbarn oder ein völlig fremdes), das die Fassung verloren hat, in einer Weise zu helfen, sodass es die erschreckende Vergangenheit einfach hinter sich lassen kann, ist die effektivste Trauma-Prävention, die wir kennen. Sie löst die Ursache für spätere Symptome an der Wurzel auf, indem sie die Kampf- oder Fluchtenergie deaktiviert, *ehe* sie die Möglichkeit hat, zu traumatischer Erinnerung zu werden und sich in Trauma-Symptomen zu binden. Wie können Sie nun die Sprache der Empfindung, mit der Sie jetzt vertraut sind und deren Bedeutung für den Deaktivierungsprozess Sie kennen, zur Vermeidung von Traumata einsetzen? In der folgenden Anleitung legen wir Schritt für Schritt dar, wie Sie dabei vorgehen können.

## Erste Hilfe zur Prävention von Traumata: Eine Anleitung in acht Schritten

*1. Überprüfen Sie als Erstes die Reaktion Ihres eigenen Körpers*

Nehmen Sie sich Zeit, um das Ausmaß Ihrer eigenen Angst oder Betroffenheit festzustellen. Nehmen Sie bitte als Nächstes einen tiefen Atemzug und spüren Sie, während Sie l-a-n-g-s-a-m ausatmen, die Empfindungen in Ihrem Körper. Wiederholen Sie das so lange, bis Sie sich beruhigt haben. Spüren Sie auch Ihre Füße, Knöchel und Beine und nehmen Sie wahr, wie sie den Boden berühren. Erinnern Sie sich daran, dass Sie wissen, was zu tun ist, und dass jeder Energieüberschuss Ihnen hilft, diese Herausforderung anzunehmen. Die Zeit, die Sie benötigen, um ein Gefühl der Ruhe einkehren zu lassen, ist eine gut verbrachte Zeit. Sie verbessern so Ihre Fähigkeit, gänzlich für Ihr Kind da zu sein. Nehmen Sie sich Zeit, um sich selbst zu sammeln. Ihre eigene Akzeptanz für das, was geschehen ist, wird Ihnen helfen, sich auf die Bedürfnisse des Kindes einzustellen. Ihre Ruhe wird die Wahrscheinlichkeit von weiterer Angst und Verwirrung bei Ihrem Kind stark herabsetzen. Denken Sie daran, dass Kinder auf den emotionalen Zustand Erwachsener sehr sensibel reagieren, insbesondere auf den ihrer Eltern.

*2. Schätzen Sie die Situation ein*

Wenn Ihr Kind Anzeichen eines Schocks zeigt (glasige Augen, blasse Haut, schnelle oder flache Atmung, Desorientierung, übermäßig emotionales oder ungewöhnlich ruhiges Verhalten oder ein Benehmen, als ob nichts geschehen sei), erlauben Sie ihm bitte nicht, aufzuspringen und weiterzuspielen. Sagen Sie zu ihm lieber so etwas wie: »Wir setzen (oder legen) uns jetzt noch ein bisschen zusammen hin und warten, bis der Schock vergeht.« Denken Sie daran, dass eine ruhige, vertrauensvolle Stimme Ihrem Kind vermittelt, dass Sie wissen, was jetzt am besten ist.

*3. Lenken Sie die Aufmerksamkeit Ihres Kindes zu seinen Empfindungen, wenn der Schock nachlässt*

Die Sprache der Gesundung ist die Sprache des Reptiliengehirns – d.h. die Sprache der Empfindung. Fragen Sie Ihr Kind sanft, wie es sich »in seinem Körper« fühlt. Wiederholen Sie seine Antwort als Frage: »Du fühlst dich wohl in deinem Körper?«, und warten Sie auf ein Nicken oder eine andere Reaktion. Werden Sie in der nächsten Frage genauer: »Wie geht es dir in deinem Bauch (Kopf, Arm, Bein etc.)?« Wenn das Kind eine deutliche Empfindung äußert, fragen Sie sanft nach der Stelle, der Größe, der Form, Farbe oder dem Gewicht. Sorgen Sie durch Ihre Anleitung dafür, dass es in Kontakt mit dem gegenwärtigen Moment bleibt, indem Sie ihm Fragen stellen wie: »Wie fühlt sich der Stein (die Schärfe, der Kloß, das »Aua«, das Stechen) jetzt an?« Wenn das Kind noch zu klein oder zu erschrocken ist, um sprechen zu können, bitten Sie es, auf die Stelle zu zeigen, an der es wehtut.

*4. Verlangsamen Sie und passen Sie sich der Geschwindigkeit Ihres Kindes an, indem Sie Veränderungen aufmerksam beobachten*

Timing ist alles! Für den Erwachsenen kann dies der *schwierigste* Teil sein; für das Kind hingegen ist es der *wichtigste* Teil. Zwischen Fragen eine oder zwei Minuten Stille zu gewähren, vermag tiefe physiologische Zyklen innerhalb des Körpers in Gang zu bringen. Wenn in zu kurzen Zeitabständen zu viele Fragen gestellt werden, wird der natürliche Verlauf unterbrochen. Ihre ruhige Gegenwart und Geduld reichen aus, um die Bewegung und Lösung überschüssiger Energie zu begünstigen. Dieser Prozess kann nicht beschleunigt werden. Achten Sie darauf, wann ein Zyklus zu Ende ist. Wenn Sie nicht sicher sind, ob ein Zyklus bereits abgeschlossen ist, halten Sie Ausschau nach Hinweisen, die darauf schließen lassen. Das können tiefe, entspannte, spontane Atemzüge des Kindes sein, es kann aufhören zu weinen oder zu zittern, sich strecken, gähnen und lächeln sowie einen Blickkontakt herstellen oder abbrechen. Die Vollendung eines Zyklus bedeutet nicht, dass der Heilungsprozess abgeschlossen ist. Es kann ein weiterer Zyklus folgen. Halten Sie die Aufmerksamkeit Ihres Kindes noch einige Minuten lang bei seinen Empfindungen, um sicher zu gehen, dass der Prozess beendet ist. Warten Sie ab, um zu sehen, ob ein weiterer Zyklus beginnt oder ob es dem Anschein nach genug ist für den Augenblick. Hören Sie auf, wenn Ihr Kind Anzeichen von Ermüdung zeigt. Es wird andere Gelegenheiten geben, um den Prozess zum Abschluss zu bringen.

*5. Bleiben Sie dabei, die körperlichen Reaktionen Ihres Kindes zu bestätigen*
Widerstehen Sie dem Impuls, das Weinen oder Zittern Ihres Kindes zu unterbrechen, indem Sie ihm ins Bewusstsein rufen, dass das Geschehene vorbei ist. Um zum Gleichgewicht zurückzukehren, braucht Ihr Kind Zeit, bis die Körpersensationen von selbst aufhören. Dieser Teil des natürlichen Ablaufs dauert eine bis mehrere Minuten. Studien haben ergeben, dass Kinder, die nach einem Unfall in der Lage sind, zu weinen und zu zittern, auf lange Sicht weniger Probleme haben, sich davon zu erholen. Ihre Aufgabe besteht darin, das Kind durch Ihre Worte und Berührungen davon zu überzeugen, dass Weinen und Zittern *normale, gesunde* Reaktionen sind. Eine unterstützende Hand auf dem Rücken, der Schulter oder dem Arm, einhergehend mit wenigen, sanft gesprochenen Worten, die so einfach sein können wie: »Das ist in Ordnung« oder: »So ist es richtig ... lass zu, dass sich dieses erschreckende Zeug aus dir rausschüttelt«, sind außerordentlich hilfreich.

*6. Vertrauen Sie auf die angeborene Selbstheilungskraft Ihres Kindes*
Indem Sie sich mit Ihren eigenen Empfindungen zunehmend wohler fühlen, wird es Ihnen auch leichter fallen, zu entspannen und Ihr Kind den Weg vorgeben zu lassen. Hat der Prozess einmal begonnen, besteht Ihre Hauptfunktion darin, nichts zu unternehmen, was ihn unterbrechen könnte! Vertrauen Sie der angeborenen Selbstheilungskraft Ihres Kindes. Vertrauen Sie Ihrer eigenen Fähigkeit zuzulassen, dass Heilung geschehen kann. Wenn es Ihnen hilft, besser loslassen zu können, nehmen Sie sich einen Augenblick Zeit, um sich die Anwesenheit einer höheren Macht bewusst zu machen oder die bemerkenswerte Vollkommenheit der Natur, die uns leitet. Sie haben die Aufgabe, »bei Ihrem Kind zu bleiben« und ein sicheres Gefäß

zu bilden. Setzen Sie eine ruhige Stimme und eine unterstützende Hand ein, um Ihr Kind wissen zu lassen, dass es auf dem richtigen Weg ist. Um eine unbeabsichtigte Unterbrechung des Prozesses zu vermeiden, sollten Sie die Position des Kindes nicht verändern, seine Aufmerksamkeit nicht ablenken, es nicht zu sehr festhalten und nicht zu nahe bei ihm, aber auch nicht zu weit entfernt sein, um es zu trösten. Stellen Sie fest, wann Ihr Kind wieder anfängt, sich in seiner Umgebung zu orientieren. Orientierung ist ein Zeichen für einen Abschluss.

*7. Ermutigen Sie Ihr Kind, auszuruhen, auch wenn es das nicht möchte*
Tiefe Entladungen gehen im Allgemeinen auch im Ruhezustand und im Schlaf weiter. Schüren Sie keine Gespräche über den Vorfall, indem Sie Fragen stellen. Vielleicht hat das Kind später aus sich heraus Lust, eine Geschichte über die Sache zu erzählen, ein Bild zu malen oder die Situation zu spielen. Wenn das Kind viel Energie mobilisiert hat, wird die Entladung fortdauern. Der nächste Zyklus kann so subtil sein, dass Sie ihn nicht bemerken. Doch leistet die Ruhepause einer umfassenderen Gesundung Vorschub, indem sie dem Körper erlaubt, sanft zu vibrieren, Hitze abzugeben, die Gesichtsfarbe zu verändern etc., wobei sich das Nervensystem erholt. Außerdem kann Traumaktivität dazu beitragen, den Körper durch die notwendigen physiologischen Veränderungen zu bewegen. Diese Veränderungen geschehen natürlicherweise. Sie müssen nichts weiter tun, als für eine ruhige und stille Umgebung zu sorgen! (Achtung: Wenn Ihr Kind eine Kopfverletzung hat, soll es zwar ruhen, jedoch *keinesfalls* einschlafen, bevor ein Arzt bestätigt hat, dass es außer Gefahr ist.)

*8. Der letzte Schritt besteht darin, die emotionalen Reaktionen Ihres Kindes zu begleiten*
Nehmen Sie sich später, wenn Ihr Kind ausgeruht ist und sich beruhigt hat – vielleicht sogar erst am nächsten Tag –, Zeit, um mit ihm über seine Gefühle und über das, was es erlebt hat, zu sprechen. Beginnen Sie damit, das Kind zu fragen, was passiert ist. Kinder spüren häufig Wut, Angst, Traurigkeit, Sorge, Verwirrung, Scham oder Schuld. Lassen Sie Ihr Kind wissen, dass diese Gefühle normal sind und dass Sie es verstehen. Erzählen Sie ihm von einer Situation, in der Sie oder jemand, den Sie kennen, eine ähnliche Erfahrung gemacht und/oder sich auch so gefühlt hat.

Das wird dem Kind helfen, seine Gefühle als »normal« anzusehen. Versichern Sie Ihrem Kind, dass all seine Gefühle völlig in Ordnung und Ihrer Zeit und Aufmerksamkeit wert sind. Planen Sie Zeit ein, um Geschichten zu erzählen oder den Vorfall nachzuspielen, um einschätzen zu können, ob noch Gefühlsreste vorhanden sind. Zeichnen, Malen und Modellieren mit Knete oder Ton können eine große Hilfe bei der Lösung starker Emotionen sein. Spielen, wie Sie in der Geschichte von Sammy erfahren werden, eignet sich besonders gut für Kinder, die noch nicht oder nur wenig sprechen. Außerdem können Sie sich spontan alberne Reime (mehr dazu im fünften Kapitel) einfallen lassen, die Ihr Kind mit Zeichnungen ergänzen kann. Das ist eine lustige Möglichkeit, um die Heilung der zahllosen emotionalen Wunden zu fördern, an denen Kinder leiden.

Nachdem Sie Ihre Aufgabe jetzt kennen, gilt es, die Fähigkeiten zu verbessern, um diese Aufgabe gut bewältigen zu können. Obwohl im Prozess der Deaktivierung von »Trauma-Ladung« wenig Worte zum Einsatz kommen, haben diejenigen, für die Sie sich letztlich entscheiden, ein großes Gewicht. Genauso wichtig wie Ihre Sprache sind Ihre Geschwindigkeit und der Klang Ihrer Stimme, die allesamt die Macht haben, entweder das Vertrauen einzuflößen, dass alles in Ordnung ist, oder stattdessen unnötige Angst zu machen. Was müssen Sie wissen, um Letzteres zu vermeiden und den instinktiven Teil des Gehirns auf den Plan zu rufen, der den Heilungsprozess in Bewegung setzt?

# Werben um das Reptiliengehirn

Worte haben einen mächtigen Einfluss auf unsere Fähigkeit, Heilung zu verzögern oder zu beschleunigen. Daher sind unsere *Worte* ebenso wie der *Tonfall*, mit dem wir sie einsetzen, und Achtsamkeit bei der *Geschwindigkeit* wesentliche Elemente bei der Unterstützung eines überwältigten Kindes. Eine Empfindung hat Zugang zu einem »wortlosen«, gefühlten Gewahrsein der Lebensenergie. Sie ist in der Lage, die Zeit von einer »stecken gebliebenen«, im Trauma fixierten Vergangenheit zu einem Fließen in der Gegenwart weiterzubewegen. Es ist deshalb besonders wichtig, Worte zu wählen, die das instinktive, und *nicht* solche, die das denkende Gehirn ansprechen, das ohne weiteres in der Lage ist, eine harte Abwehrfront aufzubauen.

Die Kunst dabei ist, das schlafende, primitive Gehirn aufzuwecken und auf Zehenspitzen um das »höhere« Gehirn, den Neokortex, herumzuschleichen, um die Anregung seiner Lieblingsbeschäftigungen zu verhindern, nämlich das Rationalisieren, Verleugnen, Urteilen und Schuldzuweisen! Wie erreichen wir dieses kleinere, tiefere, steinalte und weisere Gehirn, ohne den Riesen aufzuschrecken? Das Reptiliengehirn lässt sich leicht durch Spielen oder durch ein Gefühl für spielerische Neugier anlocken.

Um Informationen darüber zu erhalten, wie Sie Ihre Fertigkeiten verbessern können, lesen Sie erst die allgemeinen Richtlinien, die im Anschluss unter *Die Eidechsen-Trickkiste* aufgelistet sind. Führen Sie die Übungen dann mit einem Partner durch. Sie können sich mit einem Freund, Nachbarn, Ehepartner oder einem anderen Familienmitglied zusammentun. Sie können auch älteren Kindern vorschlagen, gemeinsam zu üben.

## Die Eidechsen-Trickkiste

Um Ihre »innere Eidechse« anzulocken, bemühen Sie sich während der Übungen bitte um Folgendes:

- Beobachten Sie mit *spielerischer Neugier*, welche Empfindungen sich entwickeln wollen.
  (Vielleicht hilft Ihnen die Vorstellung eines Polaroid-Fotos, das sich nach und nach entwickelt ... Erst sehen Sie nichts, dann erscheinen langsam ein paar verschwommene Flecken, bis es sich schließlich mit Farben füllt und die Umrisse deutlich und klar werden.)
- Bleiben Sie *neutral*! Sehen Sie davon ab, Ihre Wahrnehmungen als richtig/falsch oder gut/schlecht zu bewerten.
- Nehmen Sie eine Empfindung wahr und bleiben Sie mit Ihrer Achtsamkeit solange bei ihr, bis sie sich *verändert.*
- Entwickeln Sie ein fokussiertes Gewahrsein und eine Duldung dafür, Empfindungen zu erleben.
- Wenn Sie mit einem Partner üben, bestärken Sie ihn darin, dass er auf dem richtigen Weg ist, wenn er Empfindungen beschreibt. (Beispiel: »Das stimmt ... und während du das spürst, gibt es da noch etwas, das du bemerkst?)
- Nehmen Sie sich reichlich Zeit. Reptilien sind langsam, methodisch und lieben Gleichmäßigkeit! Sprechen Sie langsam und mit sanfter Stimme, um ein ungewöhnlich gemächliches Tempo einzuladen.
- Richten Sie einen »Sicherheitsbereich« für schwierige oder unerfreuliche Empfindungen ein. Damit ist gemeint, sich etwas anzusehen oder sich mit etwas zu verbinden, das tröstet. Das kann sein:
  a) eine Stelle im Körper wie die Füße, die mit dem Boden verbunden sind, oder die Hände oder das Herz
  b) ein Gegenstand wie ein Foto, ein Stein, eine Feder, ein Spielzeug, ein Stofftier, eine Decke, eine Erinnerung
  c) etwas Lebendiges wie Sie selbst es sind, zum Beispiel ein Haustier, eine Blume, ein Baum oder eine Pflanze
  d) etwas im Raum wie ein Kunstwerk an der Wand, Farben oder Stoffmuster
  e) ein Ort in Ihrer Fantasie, den Sie sich durch Ihr Vorstellungsvermögen errichten

## Übung: **Empfindungen in Begleitung eines Partners nachspüren**

Meist ist es einfacher, sich auf innere Empfindungen zu konzentrieren, wenn Sie einen Partner haben, der Sie beim Fokussieren unterstützt. Wählen Sie jemanden, mit dem Sie sich wohl fühlen und setzen Sie sich einander gegenüber. Für Sie geht es in dieser Übung darum, Empfindungen »nachzuspüren«; Ihr Partner hat die Aufgabe, ein »sicheres Gefäß« zu sein. Auf einen einfachen Nenner gebracht bedeutet das »Nachspüren«, ein Gewahrsein für die gegenwärtige Befindlichkeit zu entwickeln. Dabei liegt das Hauptaugenmerk darauf, zu beobachten, wie Ihre Empfindungen sich von Moment zu Moment verändern. Nehmen Sie wahr, wie Ihre Bilder, Gedanken und Gefühle kommen und gehen und welchen Einfluss sie auf Ihr Empfinden haben. Ihr Partner folgt Ihnen und unterstützt Sie dabei, auf die Details Ihrer Empfindungen einzugehen. Er sorgt durch ein paar sanfte, einladende Worte dafür, dass Sie dabeibleiben können, sich durch die Zeit voranzubewegen, wobei er seine Geschwindigkeit Ihrem Rhythmus angleicht – gerade so, wie Sie es für die Begleitung Ihres Kind erlernen. Dann tauschen Sie die Plätze. Nun spürt Ihr Partner seinen Empfindungen nach und Sie stellen Sicherheit, Achtsamkeit und eine Bewegung in Richtung zunehmenden Fließens und wachsender Flexibilität her. Geben Sie sich jeweils 10 bis 15 Minuten Zeit und tauschen Sie sich hinterher über Ihre Beobachtungen aus.

Lesen Sie die nachfolgende *Ideenbox für die Sprache der Empfindung* gemeinsam mit Ihrem Partner durch, ehe Sie mit der Übung beginnen. Die Box dient als Muster für Fragestellungen, die eher das Reptiliengehirn als das analytisch denkende Gehirn »ankurbeln«. Vermeiden Sie »Warum-Fragen«.

### Ideenbox für die Sprache der Empfindung

Offene Fragen

| | | |
|---|---|---|
| Was spürst du in deinem Körper? | NICHT | Fühlst du dich angespannt? |
| Wo spürst du das in deinem Körper? | NICHT | Spürst du es im Brustkorb? |
| Was erlebst du gerade? | NICHT | Fühlst du dich noch wackelig? |

**Einladende Fragen**

| | | |
|---|---|---|
| Was bemerkst du noch? | NICHT | Nimm wahr, dass deine Augen zwinkern |
| Möchtest du ...? | NICHT | Tue ... |
| oder | | oder |
| Würdest du bei dem Gefühl bleiben wollen und schauen, was passiert? | NICHT | Versuche ... |

**Einzelheiten von Empfindungen erforschen**

Welche Eigenschaften hat diese Empfindung?
Hat sie eine Größe? Form? Farbe? Gewicht?
Hat sie eine Richtung?
Geht der (Druck, Schmerz, Wärme etc.) von innen nach außen oder umgekehrt?
Kannst du einen Mittelpunkt feststellen? Eine Ecke?

**Das Gewahrsein für die Empfindung ausweiten**

Wenn du __________ spürst, was geschieht dabei in deinem übrigen Körper?
Wenn du dieses __________ in deinem __________ spürst,
welche Auswirkungen hat das im Moment auf dein __________?

**Sich durch die Zeit hindurchbewegen**

Was passiert als Nächstes?
Wo geht die Empfindung hin, während du ihr folgst? Wie verändert sie sich?
Worauf bewegt sie sich zu (oder: Worauf würde sie sich zubewegen, wenn sie könnte)?

**Empfindungen auskosten und vertiefen**

Erlaube dir, diese Empfindung (warm, weit, prickelnd etc.) zu genießen, solange du möchtest.

## Es muss nicht für immer wehtun!

Wenn Sie die Übungen durchgeführt haben, wissen Sie jetzt, dass sich unangenehme Empfindungen verändern, wenn Zeit, Sicherheit, Gewahrsein und das entsprechende Bestreben vorhanden sind. Ein Trauma kann nicht immer vermieden werden; es ist eine Tatsache des Lebens. Es kann jedoch transformiert werden. Die physiologische »Ereigniskette« innerhalb des Körpers wird nur aufgrund eines unterbrochenen Prozesses traumatisch. Erinnern Sie sich daran, dass dieser Prozess von Natur aus dazu neigt, sich wann immer möglich selbst zu vollenden. Die Erfahrungen, die Sie mit den Aktivitäten und Ideen zum Thema Empfindung gemacht haben, sollen Ihnen dabei helfen, Kinder darin zu unterstützen, diesen Prozess zur Vollendung zu bringen, um die schwächenden Auswirkungen eines Traumas zu vermeiden.

Eine Möglichkeit zu schaffen, in der Heilung geschehen kann, ist damit vergleichbar, die Gebräuche eines fremden Landes kennen zu lernen. Es ist nicht schwierig – nur anders. Es verlangt von Ihnen und Ihrem Kind, vom Bereich des Denkens oder der Emotion in den sehr viel grundlegenderen Bereich der körperlichen Empfindung überzuwechseln. Zur Wiederholung: Die primäre Aufgabenstellung lautet, darauf zu achten, wie Dinge sich anfühlen und wie der Körper darauf antwortet. Kurz gesagt: Im Umkreis von Empfindungen entstehen günstige Gelegenheiten.

Ein traumatisiertes Kind, das Kontakt zu seinen inneren Empfindungen hat, achtet auf Impulse aus dem Kern des Reptiliengehirns. In der Folge wird das Kind wahrscheinlich subtile Veränderungen und Reaktionen feststellen, die ihm allesamt dabei helfen, einen Energieüberschuss zu entladen und Gefühle und Reaktionen zu vollenden, die zuvor blockiert waren. Die Wahrnehmung dieser Veränderungen und Reaktionen übt eine verstärkende Wirkung auf sie aus.

Diese Veränderungen können ganz subtil sein: Etwas, das sich innerlich zum Beispiel wie ein Stein anfühlt, kann plötzlich den Anschein haben, zu einer warmen Flüssigkeit zusammenzuschmelzen. Diese Veränderungen entfalten ihre heilsamste Wirkung, wenn sie einfach nur beobachtet und erlebt werden ... und *nicht* unterbrochen oder interpretiert. Ihnen eine Bedeutung zuzuschreiben oder zu früh eine Geschichte über sie zu erzählen, kann die Wahrnehmung zu weiterentwickelten Teilen des Gehirns verschieben. Dadurch kann die direkte Verbindung, die das Kind zum Reptiliengehirn hergestellt hat, unterbrochen werden. Es ist daher wichtig, keine Gespräche über den Vorfall anzuregen, bis die Zyklen aller biologischen Prozesse abgeschlossen sind.

Zu den typischen körperlichen Reaktionen, die mit den Empfindungen zusammen auftreten, gehören unfreiwilliges Zittern, Schütteln und Weinen. Der Körper möchte sich möglicherweise langsam auf eine bestimmte Weise bewegen. Es mag eine Art »Zeichensprache« in Form von Gesten und Haltungen auftauchen. Das kann zum Beispiel ein Bein sein, das in eine Lage gebracht wird, als wolle es weglaufen, oder ein Arm, der sich hebt, um das Gesicht zu schützen, oder ein Oberkörper, der plötzlich zusammenzuckt, als wolle er sich ducken. Wenn diese Reaktionen unterdrückt oder unterbrochen werden, können sie die angehäufte Energie nicht effektiv entladen. Unterbrechungen können durch Glaubenssätze oder Handlungsweisen entstehen, die mit Erwartungshaltungen zusammenhängen, zum Beispiel wenn ein Kind meint, es müsse stark, erwachsen oder mutig sein.

Rhythmus und Zeitgestaltung sind weitere wesentliche Faktoren, die einen Einfluss auf das Erfahrungsniveau haben, das durch den Reptilienkern hervorgebracht wird. Denken Sie bitte einmal darüber nach: In der freien Natur unterliegt alles Zyklen. Die Jahreszeiten wechseln, der Mond nimmt zu und ab, die Gezeiten kommen und gehen, die Sonne geht auf und unter. Tiere folgen den natürlichen Rhythmen. Das zeigt sich in ihrem Paarungsverhalten, beim Gebären, Füttern, Jagen, Schlafen und in ihren Überwinterungsritualen, die eine direkte Reaktion auf den Pendelschwung der Natur sind. Das gilt auch für die Antworten des Körpers, die traumatische Reaktionen einer natürlichen Lösung zuführen wollen.

Für Menschen stellen diese Rhythmen eine zweifache Herausforderung dar. Zum einen bewegen sie sich in einer weit langsameren Zeit, als wir es gewöhnt sind. Zum anderen entziehen sie sich gänzlich unserer Kontrolle. Heilungszyklen kann man sich nur öffnen, man kann sie beobachten und bestätigen; es ist jedoch nicht möglich, sie zu beurteilen, zu manipulieren, zu beschleunigen oder zu verändern. Wenn sie die Zeit und Aufmerksamkeit erhalten, die sie benötigen, sind sie in der Lage, ihren Heilungsauftrag zu erfüllen.

Wenn Ihr Kind in das Reich instinktiver Reaktionen vertieft ist, wird es zumindest einen solchen Zyklus durchlaufen. Wie können Sie wissen, wann er vollendet ist? Stimmen Sie sich auf Ihr Kind ein. Traumatisierte Kinder, die in ihrem Empfindungsmodus bleiben, ohne sich mit ihren gedanklichen Prozessen zu befassen, spüren, dass sich etwas löst und öffnet; ihre Aufmerksamkeit kehrt danach zur äußeren Welt zurück. Sie werden in der Lage sein, diese Veränderung an Ihrem Kind wahrzunehmen, und wissen, dass Heilung stattgefunden hat.

Die Lösung einer traumatischen Reaktion bewirkt viel mehr, als nur die Wahrscheinlichkeit später auftretender Reaktionen auszuschließen. Es wird durch sie die Fähigkeit angeregt, sich durch bedrohliche Situationen mit größerer Leichtigkeit hindurchzubewegen. Sie erzeugt im Wesentlichen eine natürliche Widerstandskraft gegen Stress. Ein Nervensystem, das daran gewöhnt ist, sich in Stress hinein- und sich dann wieder aus ihm herauszubewegen, ist gesünder als ein Nervensystem, das die Last von anhaltendem, wenn nicht sogar sich anhäufendem Stress trägt. Kinder, die ermutigt werden, auf ihre instinktiven Reaktionen zu hören, erhalten zum Lohn das ein Leben lang andauernde Geschenk von Gesundheit und Kraft!

## Wie Sie erkennen, ob die natürlichen Zyklen der Trauma-Lösung vollendet sind

Nachdem Sie die in acht Schritten ausgeführte Anleitung zur emotionalen Ersten Hilfe angewandt haben, die dazu dient, ein Trauma zu vermeiden, fragen Sie sich vielleicht, ob Ihre Arbeit bereits erledigt ist, wenn Sie diese Schritte gemacht haben. In vielen Fällen ist das völlig ausreichend. Bei kleineren Unfällen, Stürzen und anderen gewöhnlichen Vorfällen ist im Allgemeinen nicht mehr nötig. Andererseits ist es aber auch möglich, dass ein intensiveres Durcharbeiten notwendig ist. Wenn kurz nach einem Vorfall neue Verhaltensweisen auftauchen, sollten Sie davon ausgehen.

Um herauszufinden, ob ein ungewöhnliches Verhalten tatsächlich eine traumatische Reaktion ist, versuchen Sie, das furchterregende Ereignis zu erwähnen, und beobachten Sie die Reaktionen. Ein traumatisiertes Kind will vielleicht an das spezielle Ereignis nicht erinnert werden. Es kann aber auch sein, dass es in Aufruhr oder Angst gerät, wenn ihm das Geschehen ins Gedächtnis gerufen wird, und nicht aufhören kann, darüber zu sprechen.

Über das Erinnern können auch rückwirkend Inhalte zutage treten. Kinder, die aus ungewöhnlichen Verhaltensmustern »herausgewachsen« sind, haben nicht zwangsläufig die Energie entladen, die zu deren Entstehung führte. Traumatische Reaktionen können über Jahre im Verborgenen bleiben, weil das heranreifende Nervensystem in der Lage ist, einen Energieüberschuss zu kontrollieren. Indem Sie Ihr Kind an einen furchterregenden Vorfall erinnern, der vor Jahren eine Verhaltensänderung hervorrief, kann es durchaus passieren, dass Sie dadurch Anzeichen von traumatischen Resten aufwühlen.

Ein traumatisches Symptom zu reaktivieren, muss kein Anlass zur Beunruhigung sein. Es ist eher eine günstige Gelegenheit, verbliebene traumatische Energie zu entladen und den Prozess zu vollenden. Die beteiligten physiologischen Vorgänge, so primitiv sie auch sein mögen, reagieren gut auf Interventionen, die einen natürlichen Heilungsweg einbeziehen und die ihnen erlauben, diesem zu folgen. Kinder sind erstaunlich offen dafür, die Seite der Heilung eines traumatischen Vorfalls zu erleben. Vertrauen Sie sich, wenn Sie die Schritte für emotionale Erste Hilfe anwenden. Denken Sie nicht zu viel darüber nach, ob Sie es »richtig« machen. Ihre Aufgabe lautet einfach, die Möglichkeit und die Bedingungen zu schaffen, damit die Energieumwandlung stattfinden kann.

Eine Methode, die Sie kennen gelernt haben, um diese Gelegenheiten zur Heilung anzubieten, war, durch das Mittel der Empfindung Steckengebliebenes aus der Vergangenheit in der Zeit weiterzubewegen. Eine andere Möglichkeit, Voraussetzungen für Heilung zu schaffen, besteht darin, Ihrem Kind zu helfen, schwierige Emotionen zu fühlen und mit ihnen umzugehen.

## Die Emotionen Ihres Kindes begleiten

Nachdem Sie Ihr Kind dabei unterstützt haben, sich von seinem anfänglichen Schock aufgrund eines beunruhigenden Ereignisses mithilfe der Sprache der Empfindung zu erholen, brauchen auch seine Emotionen Zuwendung. Emotionen sind Ihnen im Vergleich zu Empfindungen wahrscheinlich geläufiger und Sie können Ihre Kinder schon von klein auf anleiten, sie zu erwähnen und auf gesunde Weise auszudrücken. Kleine Kinder tun sich leicht damit, sie zu benennen: wütend, traurig, glücklich, ängstlich. Ekel ist eine weitere starke Emotion, die Kinder äußern. Sie verziehen das Gesicht und strecken die Zunge heraus, als wollten sie sich die Schrecklichkeit der Situation vom Hals schaffen.

Emotionen lassen sich schwer verbergen (so sehr manche das auch wollen), weil sie uns ins Gesicht geschrieben stehen und von unserer Körperhaltung und Körpersprache abgelesen werden können. Darwin lehrte uns, dass primäre Emotionen eine sofortige Kommunikation zwischen allen Säugetieren herstellen, die von unserer Physiologie herrührt – noch ein Überlebensmechanismus!

## Empfindungen und Emotionen sind nicht dasselbe

Empfindungen sind nicht dasselbe wie Emotionen. Obwohl wir uns bei beiden auf »Gefühle« beziehen, werden Empfindungen als »Wahrnehmung physiologischer Ereignisse in unserem Innern« am treffendsten beschrieben. Wenn wir ein Gewahrsein für sie entwickeln und unsere Achtsamkeit bewusst auf ihre Einzelheiten richten, erhalten sie dadurch die Möglichkeit, sich zu verändern und sich aus einem fixierten Zustand herauszubewegen, sodass wir uns lebendiger und wacher fühlen können. Empfindungen beschreiben einfach nur, wie der Körper sich physisch fühlt, frei von Interpretationen und Bewertungen. Einige Beispiele für Empfindungen sind: Wärme, Erstarrung, kalt, offen, zittrig, ruhig, »wie Wackelpudding«, steif, nervös, gespannt, Druck, »Schmetterlinge« und Vibration. Wie schon an früherer Stelle betont, ist das die einzige Sprache, in der das Reptiliengehirn kommuniziert; es ist infolgedessen für die inneren Veränderungen verantwortlich, die zur Transformation eines Traumas führen. Erinnern Sie sich daran, dass ein Trauma sich in unserer Biologie, nicht in unserer Psychologie befindet. Diese inneren Veränderungen werden nicht durch unsere Gedanken oder Emotionen hervorgebracht, obwohl sie uns viel vertrauter sind. Da die Kernsymptome eines Traumas, die wir an früherer Stelle besprochen haben, physiologischer Natur sind, müssen sie durch den Körper gelöst werden.

Emotionen haben ebenso wie Empfindungen eine physiologische Grundlage und enthalten als solche ebenfalls eine energetische Ladung. Deshalb kann ein Mensch, der auf körperliche Signale achtet, die beispielsweise Wut anmelden, deren Ursprung genau bestimmen. Er kann sie als ein Gefühl von »Blutaufwallung« erleben, als eine Anspannung der Schultern, als zu Fäusten geballte Hände, die sich auf einen Kampf vorbereiten, oder als Anspannung im Bauch.

Emotionale Schwierigkeiten beginnen im Allgemeinen als eine Kombination aus Gedanken und Empfindungen. Ein einfaches Beispiel dafür, das sowohl für Erwachsene als auch für Kinder zutreffen könnte, ist die folgende Szene:

»Während der Lehrer überraschend einen Test ankündigt (Ereignis), spüre ich ›Schmetterlinge‹ in meinem Magen (Empfindung) und habe die Vermutung, dass ich diesen Test nicht bestehen und das Klassenziel nicht erreichen werde (Gedanke), was dann in Angst umschlägt. Die Versagensangst (Emotion) kann eine beschleunigte Herzschlagrate bewirken (Empfindung), flache Atmung (Empfindung) und eine Schwere in der Magengrube (Empfindung), die zu einer Panikattacke führen kann.«

Stellen Sie sich vor, dass Sie in der eben genannten Situation und »geübt« darin sind, die ersten Anzeichen von Sorge wahrzunehmen (zum Beispiel die Empfindung der »Schmetterlinge« im Magen), und dass Sie sich dieser Empfindung lange genug annehmen, dass sie sich wandeln kann. In so einem Fall können die Empfindungen, die Sie erst als störend empfunden haben, sich höchstwahrscheinlich entweder beruhigen oder Ihnen sogar die Tatkraft zu schnellem Handeln geben; zum Beispiel, um fünf Minuten lang einen ganz konzentrierten Blick auf Ihre Unterlagen zu werfen. Vielleicht haben Sie immer noch den beunruhigenden Gedanken, zu versagen. Doch stellen Sie sich einmal vor, dass Sie ihn einen Moment lang geschickt beiseite stellen und mit geduldiger Achtsamkeit und Neugier zu der Erfahrung reiner Empfindung zurückkehren und darauf warten, dass eine Veränderung eintritt. Aller Wahrscheinlichkeit nach werden sich Ihre Empfindungen auf ein angenehmes Maß »entspannter Wachheit« verringern oder die Energie der »nervösen Schmetterlinge« wird produktiv in Arbeit umgesetzt werden. In beiden Fällen wird das Ergebnis höchstwahrscheinlich günstig sein, da die Emotion der Angst eher ab- als zunimmt und dadurch verhindert, was Sie am meisten befürchtet haben: nämlich während des Tests panisch zu werden oder einen Aussetzer zu haben!

Wenn die den Emotionen zugrundeliegenden Empfindungen nicht gefühlt, »nachgespürt« und angepasst werden können, besteht die Gefahr, dass sie außer Kontrolle geraten. Wut, Hysterie und Schrecken sind Beispiele für Emotionen, die Amok laufen. Der Körper ist einfach außerstande, die Energie zu halten. Wie ein heftiger Regenguss die

Dämme eines Flusses bricht oder wie eine Badewanne überläuft, wenn der Wasserhahn aufgedreht wird und niemand das Einlaufen des Wassers überwacht, so spült eine emotionale Flut ihren Inhalt über die Grenzen des Körpers hinaus. Menschen, die nicht in der Lage sind, Ihre Affekte abzuwandeln, stehen im wahrsten Sinn des Wortes »neben sich«, anstatt »bei sich« zu sein, ungeachtet der Tatsache, ob es sich dabei um ein zweijähriges Kind handelt, das einen Wutanfall hat, oder um einen Erwachsenen, der in Rage gerät.

Eltern, die Ihre physiologischen Reaktionen spüren und ein Vorbild für »verkörperte« Emotionen sind, haben wahrscheinlich Kinder, deren Verhalten nicht außer Kontrolle ist. Unserer Erfahrung nach scheint es so zu sein, dass Erwachsene, die von Eltern großgezogen wurden, die Wutausbrüche hatten, Schwierigkeiten damit haben, Affektnuancen zu spüren und ihre Emotionen anzupassen. Sie erfahren ihr Leben nicht so sehr in Schattierungen von Emotionen, sondern eher als schwarz oder weiß. Stellen Sie sich ein Kind oder einen Teenager vor, der gezwungen ist, die Anwesenheit eines erwachsenen Familienmitglieds auszuhalten, das sich in einem »emotionalen Rauschzustand« befindet.

Wenn das Nervensystem der Eltern die eigenen eskalierenden Emotionen nicht halten kann, was denken Sie, geschieht wohl mit dem zerbrechlichen Nervensystem eines Kindes, das Wut und Hysterie ausgesetzt ist? Es ist wichtig, sich klar zu machen, dass die Entwicklung des kindlichen Gehirns auf dem Spiel steht. Neuronen, die gemeinsam Impulse senden, haben gemeinsame Leitungsbahnen! Die Fähigkeit, affektive Zustände zu regulieren, wird durch die Interaktionen geformt, die ein Kind mit jeder seiner Bezugspersonen hat. Das letzte Jahrzehnt neurologischer Forschung hat uns gelehrt, dass sich Gehirn und Nervensystem eines Kindes nicht in Isolation entwickeln. Sie entwickeln sich als interaktive Dynamik innerhalb seiner unterschiedlichen Beziehungen.

## Kinder können ihre Emotionen verleugnen

Es ist nicht ungewöhnlich, dass Kinder und vor allem Jugendliche nicht mit ihren Gefühlen verbunden oder über ihre gemischten Gefühle verwirrt sind. Wenn ein Kind einen Schock erlitten hat, vor allem nach einem Verlust, kann es zeitweise von seinem Schmerz und seiner Trauer verschont werden. Dies geschieht durch Dissoziation, die einen wesentlichen Bestandteil einer traumatischen Reaktion bildet, wie Sie im ersten Teil des Buches gehört haben. Manchmal verbergen Kinder, was sie fühlen. Sie fürchten sich häufig vor den Reaktionen der Erwachsenen. Wenn Kinder sich öffnen sollen, müssen Erwachsene eine sichere Atmosphäre herstellen, indem sie Wärme zeigen, nicht urteilen und ihren Kindern Offenheit vorleben.

Ob ein Kind aufgrund von Trauer oder einer Schockreaktion seinen Gefühlen gegenüber taub ist, ob es sie in sich »begraben« hat oder sie absichtlich geheim hält, Sie haben immer die Möglichkeit, seinen Gesichtsausdruck und seine Körperhaltung zu überprüfen. Wie es das alte chinesische Sprichwort »Ein Blick sagt mehr als tausend Worte« besagt, zeigen visuelle Anhaltspunkte wie trübe Augen oder eine eingefallene Körperhaltung und Verhaltensauffälligkeiten wie Schreckhaftigkeit oder Anhänglichkeit die Wahrheit. Kinder können versuchen, ihre Gefühle durch Worte zu verbergen, die nicht mit dem übereinstimmen, was Sie beobachten. Trauen Sie Ihren Augen und dem, was der *Körperausdruck* enthüllt! Der Körper lügt nicht! Also: Wie helfen Sie nun einem jungen Menschen mit seinen vergrabenen Gefühlen?

# Kinder als Lehrer – lassen Sie sich von ihnen leiten

Wie können Sie nun einem Kind mitsamt seinen Emotionen weiterhelfen, wenn es sprachlos, »erstarrt« oder hysterisch ist oder sich in einem Zustand der Verleugnung befindet? Die beste Möglichkeit, um dem Kind beizustehen, ist abermals, sich respektvoll von ihm leiten zu lassen. Wenn Sie die Übungen durchgeführt haben, die Ihnen dabei helfen sollten, Ihre eigenen Empfindungen bewusst zu erleben und mit ihnen umzugehen, wird es Ihnen ziemlich leicht fallen, sich mit Ihrem Kind emotional zu verbinden. Ein wirksamer Anfang ist, mit Ihren Augen, Ohren und mit Ihrem Empfinden (»felt« sense) wahrzunehmen, was das Kind von einem Augenblick zum nächsten braucht. Es gibt kein »Standardrezept«. Ihrem Kind zu helfen ist vielmehr ein Prozess, der dem Jazz insofern ähnlicher ist als dem Ballett, als er einen Improvisationstanz zwischen Ihnen und Ihrem Kind darstellt. Obwohl es keine festen Regeln gibt, nach denen Sie diesen Tanz erlernen könnten, werden die folgenden anschaulichen Beispiele Sie beim Einüben der Grundschritte unterstützen.

## Beispiele

*Wenn sich das Reptiliengehirn Ihres Kleinkindes in einem »eingefrorenen« Zustand befindet, nachdem es von einem anderen Kind bedroht wurde:*

- »Deine Hände sind ganz kalt und deine Lippen zittern. Dieser riesige Kerl muss dich wirklich erschreckt haben!«
- »Gott sei Dank ist er weg und kann dir jetzt nichts mehr tun.«
- »Nimm Mamas Hände und spür, wie warm sie sind ... Während du meine Hände spürst, kannst du auch darauf achten, was dabei mit deinen Händen passiert!« (Geben Sie jeder eintretenden Veränderung Zeit, dadurch entwickelt das Kind ein stärkeres Gewahrsein für seinen Körper im gegenwärtigen Moment, zum Beispiel Wärme, Farbe, Schütteln, Entspannung und/oder Tränen).

- »So ist's gut ... lass die Tränen einfach fließen wie sanfte Regentropfen. Dein Körper weiß genau, was er tun muss, damit es dir besser geht.« Nachdem das Kind offensichtlich erleichtert ist und wieder normal aussieht und sich als sich selbst fühlt: »Gut, dass du um Hilfe gerufen hast! Lass uns einen Plan machen, was du tun kannst, falls du ihn jemals in der Nähe unseres Hauses (Schule, Nachbarschaft, Kirche, Park) wiedersehen solltest.«

*Wenn sich das Reptiliengehirn Ihres Teenagers nach der Trennung seiner Eltern im »Kampf« befindet:*

- »Ich weiß, du hast mir gesagt, dass du nicht wütend bist, aber du siehst angespannt aus und deine Hände sind zu Fäusten geballt, als wollest du jemandem einen Hieb versetzen!«

Beobachten Sie, wie Ihr/e Sohn/Tochter darauf anspricht. Seien Sie lieber einfühlsam und fangen Sie keinen Streit an. Einer der beiden Reaktionstypen ist ziemlich vorhersagbar:

1. »Ey! Mein ganzes Leben ist zerstört! Was hast du erwartet?«
2. Nur ein finsterer Blick oder »Warum kannst du mich nicht einfach in Ruhe lassen?«

»Sich leiten zu lassen« erfordert vom Erwachsenen offensichtlich eine ganz andere Erwiderung. Beim ersten Reaktionstyp ist Ihr Teenager zwar sehr wütend, aber trotz seiner »Kampfstimmung« zur Interaktion bereit. Um Zugang zu seinem kooperativeren System für soziale Teilnahme zu finden – dem höher entwickelten »denkenden« Gehirn, das zur Problemlösung fähig ist –, müssen Sie erst zu seinem aufgewühlten, weniger entwickelten »fühlenden« Gehirn eine Verbindung herstellen, damit es ein paar Stufen runterschalten kann. Beginnen Sie damit, indem Sie seine Gefühle bestärken:

- »Du hast recht, Schatz ... dein Leben ist jetzt anders. Es steht dir in vollem Umfang zu, wütend zu sein. Du kannst nichts dafür.«

Lassen Sie sich wieder von dem jungen Menschen den Weg zeigen. Wenn Sie sehr aufmerksam sind, sich intensiv auf ihn einstimmen und Ihre Erwartungen beiseite stellen (vielleicht, dass er/sie freundlicher sein soll ... oder zumindest nicht so wütend), werden Sie die Einzelheiten darüber erfahren, was ihn/sie am meisten schmerzt. Sie werden staunen!

(Sehen Sie davon ab, die Situation über Ihre Gefühle lösen zu wollen. Viele Eltern beginnen mit wundervollen Absichten, bringen dann jedoch Ihre *eigenen* Gefühle ein und heben dadurch den anfänglichen Fortschritt wieder auf.)

Beim zweiten Reaktionstyp befindet sich Ihr Teenager jenseits seiner/ihrer Erschütterung. Seine Stimmung ist ganz unten, sowohl in der denkenden als auch in den fühlenden Gehirnregion. Sein Stress kommt einem »Erstarren« oder einem Schockzustand nahe, und sein Verschließen erfolgt wahrscheinlich eher unfreiwillig, weil er überwältigt ist. Genau genommen fühlt er sich gefangen und hoffnungslos. »Sich von ihm leiten zu lassen« bedeutet in diesem Fall, ihm einen Ausweg aufzuzeigen! Es bedeutet auch, ihm zu zeigen, dass Sie ihn nicht aufgegeben haben, auch wenn er sich vielleicht selbst aufgegeben hat. Um an Boden zu gewinnen, lassen Sie ihn wissen, dass er nicht allein ist! Bestätigen Sie erneut seinen Zustand und spiegeln Sie ihn:

- »Du möchtest jetzt offensichtlich nichts dazu sagen. Ich möchte dich nur wissen lassen, dass ich merke, wie nahe dir das alles geht ... und dass ich für dich da bin, wann immer du es willst.«

*Wenn sich das Reptiliengehirn Ihres kleineren Kindes »auf der Flucht« befindet, nachdem es bei einem mit Blut verbundenen Vorfall zugegen war:*
Wenn Ihr Kind unruhig ist und im Kreis herum läuft, kann ihm »zu folgen« in etwa so klingen und aussehen:

- »Nicks Vater hat wirklich ein schlimmes ›Aua‹ an seinem Bein, nicht? ... Aber deine Beine sind groß und stark! ... Du kannst jetzt schon fast so schnell rennen wie Mami.« (Die Mutter stellt eine Verbindung zu dem Kind her, indem sie zu ihm hinläuft und ein Spiel daraus macht.) »Spür wie deine Beine rennen! Lauf, lauf weg ... du hast es geschafft! Du bist in Sicherheit!« Achten Sie darauf, ob das Kind schockiert aussieht oder sich fließend am Spiel beteiligt.

Wenn das Kind einen Schock hat, ändern Sie die Spielregeln dahingehend ab, dass das Kind jeweils auf Sie zuläuft und in Ihren Armen Sicherheit findet. Beobachten Sie seine Augen. Sind sie weit geöffnet vor Erstaunen? Bedeckt es mit seinen Händen die Augen, um das schlimme Geschehen nicht »sehen« zu müssen? Was drücken die Bewegungen seines Halses aus? Ist es in der Lage, überall im Raum herumzusehen und während des Laufens die Richtung zu wechseln, oder sieht es aus, als ob es immerzu wegläuft?

Lassen Sie sich weiterhin von Ihrem Kind den Weg zeigen und rücken Sie zugleich zeitlich vor, indem Sie feststellen, was das Kind als Nächstes braucht. Wenn seine Augen eine Schockreaktion zeigen, können Sie ein »Guck-da-Spiel« erfinden, bei dem es die Möglichkeit hat, in seinem eigenen Tempo abwechslungsweise »hinzusehen« und »nicht hinzusehen«. Unterstützen Sie es allmählich, zwischen aktiven »Fänger-Spielen« und eher ruhigem Kontakt mit Ihnen abzuwechseln. Je sicherer es sich aufgrund Ihrer Ruhe, dem Klang Ihrer Stimme und Ihrer Nähe fühlt, desto eher wird es in der Lage sein, zu verlangsamen.

Während seine »mächtige« Energie zur Ruhe kommt, beobachten Sie möglicherweise eine Entladung der Energie durch Seufzen, leichtes Zittern, Schütteln oder Emotionen. Wenn die Farbe in sein Gesicht zurückgekehrt ist und es sich aus dem Schock herauszubewegen scheint, können Sie sich um die Emotionen kümmern, indem Sie in etwa sagen:

- »Das ›Aua‹ von Nicks Papa hat dich so erschreckt, dass du dir die Augen zuhalten musstest!« Stellen Sie fest, wie das Kind reagiert und was es als Nächstes braucht. Fragen Sie sich selbst:
  1. Braucht mein Kind mehr Sicherheit?
  2. Braucht es die Beruhigung, dass Nicks Vater in Sicherheit ist?
  3. Muss es sich von dem festgefahrenen Bild des blutigen Schnittes zum nächsten Einzelbild der Geschichte weiterbewegen?
  4. Muss es seine Emotionen durch Tränen oder Wut entladen?

Wenn Ihr Kind nach wie vor das schreckliche Bild »sieht«, können Sie mit dem »Guck-da-Spiel« fortfahren und ein Stofftier oder eine Actionfigur hinzunehmen (und dabei so tun, als ob das Nicks Vater sei). Ermutigen Sie Ihr Kind, das Bein des Spielzeugsoldaten, Superhelden oder Teddybären jeweils für kurze Zeit spielerisch anzusehen ... Sie können ihm zum Beispiel vorführen, wie Sie sich die Augen zuhalten, dann einen Moment lang durch einen schmalen Spalt zwischen Ihren Fingern mit einem Auge durch- und dann wieder wegschauen. Die kleinen, allmählich wachsenden Schritte, durch die Sie sich von Ihrem Kind den Weg zeigen lassen, bis es soweit ist, das Spielzeug tatsächlich zu erforschen, geben seinem Nervensystem die Möglichkeit, wieder ins Gleichgewicht zu kommen.

Wenn ein kleineres Kind sich vor kurzem selbst eine üble Schnittwunde zugezogen hat, kann es, indem es die Verletzung eines anderen miterlebt, sein eigenes Missgeschick bewältigen. Sie können sich eine kleine Geschichte dazu ausdenken und die Momente betonen, von denen Sie wissen, dass sie für das Kind tröstlich waren: vielleicht die heiße Schokolade, die es mit dem Großvater zubereitet hat, als die Krankenhaustour vorbei war. Oder die Seifenblasen, die es bekommen hat, als die Fäden gezogen wurden und das »Aua« schon viel besser war. Wenn das Kind die Sicherheit der tröstlichen Anteile spürt, die mit dem Ereignis verbunden waren, kann es diesmal mit einer gewissen Wahrscheinlichkeit auch die unangenehmen »traumatischen« Seiten mit mehr Zutrauen wahrnehmen und die überschüssige Stressenergie entladen und loslassen, anstatt erstarren zu müssen. Die Tränen, Ängste oder Wutgefühle werden schließlich mit Ihnen als seinem Zeugen und Anker freigesetzt.

Je jünger ein Kind ist, desto anfälliger ist es für Fantasien über Schreckensszenarien. In einem Fall wie dem eben beschriebenen könnten Sie Ihrem Kind, nachdem es durch die anfängliche Reaktion hindurchgegangen ist, eine Geschichte darüber erzählen, wie das Blut die Wunde reinwäscht und ein Rollenspiel für Erste Hilfe anleiten. Der letzte Schritt bestünde darin, dem Kind anzubieten, Nicks Vater zu besuchen und zu sehen, wie es ihm jetzt geht, nachdem die Wunde genügend Zeit zum Verheilen gehabt hatte. Beobachten Sie wieder, wie das Kind sich verhält. Denn das ist der Test, der Ihnen zeigen wird, ob Ihr Kind sich in der Zeit voranbewegen konnte oder ob es noch immer in der Vergangenheit feststeckt. Im zweiten Fall lassen Sie sich wiederum von Ihrem Kind zu dem führen, was es als Nächstes braucht. Sie können es fragen, ob es sich vorstellen kann, wie die Wunde von Nicks Papa jetzt aussieht, nachdem sie Zeit gehabt hatte, sich zu schließen. Wenn es noch zu klein ist, um zu sprechen, können Sie es fragen, ob es immer noch entsetzt ist. Stellen Sie fest, ob es nickt oder den Kopf schüttelt, und spielen Sie, ihm folgend, solange mit ihm weiter, bis die letzten Reste von Schock und Angst verschwunden sind.

## Das Spiel als Hilfsmittel für traumatisierte Kinder

Wenn die Anleitung zur Ersten Hilfe eine traumatische Wirkung zwar verringern, aber nicht gänzlich verhindern konnte oder wenn Ihr Kind an Symptomen leidet, die durch ein früheres Ereignis ausgelöst wurden, können Sie ihm dennoch helfen, in Kontakt mit seinen Empfindungen zu bleiben, um sich durch das Geschehen hindurchzubewegen und den energetischen Kreislauf zu vollenden. Kinder zeigen Erwachsenen durch ihre Zeichnungen und durch ihre Art zu spielen, welche Anteile des überwältigenden Ereignisses ungelöst sind. Die Auswirkungen eines Traumas können unabhängig von der Ursache geheilt werden. Ein Trauma ist eine Tatsache, die zum Leben gehört, aber es muss nicht das ganze Leben lang andauern. Eltern und andere Menschen, die mit Kindern arbeiten, wie Lehrer und medizinisches Personal, sind regelmäßig damit konfrontiert, dass Kinder ihre traumatischen Erfahrungen wiedererleben. Sie treten häufig während des Spielens an die Oberfläche. Was können wir tun, um zur Lösung von Gefühlen wie Scham, Unrecht und Verrat beizutragen, die dem Zwang, ein Geschehen wiederzuerleben, üblicherweise zugrunde liegen? Sehen wir uns die Geschichte von Sammy an, um zu verdeutlichen, dass ein richtig eingefädeltes Spielszenarium mit angemessener Begleitung zu einem Wiedererleben mit erfolgreichem Ausgang führen kann. Das folgende

Beispiel veranschaulicht, was passieren kann, wenn bei einem relativ normalen Vorfall etwas schief geht:

### Die Geschichte von Sammy

Sammy verbringt das Wochenende bei seinen Großeltern, wo ich zu Gast bin. Er ist ein unmöglicher Tyrann, der aggressiv und ohne Unterlass versucht, seine neue Umgebung zu bestimmen. Nichts ist ihm recht und er hat ständig schlechte Laune. Wenn er schläft, wälzt er sich im Bett und wirft sich herum, als ob er mit seinem Bettzeug einen Ringkampf austragen würde. Dieses Verhalten kommt bei einem Zweieinhalbjährigen, dessen Eltern übers Wochenende weggefahren sind, nicht ganz unerwartet – Kinder reagieren Trennungsängste häufig aus. Sammy hat seine Großeltern jedoch immer gern besucht, deshalb kommt ihnen sein Verhalten sehr ungewöhnlich vor.

Sie erzählen mir, dass Sammy vor sechs Monaten von seinem Hochstuhl gefallen ist und sich dabei das Kinn aufgeschlagen hat. Da die Wunde stark blutete, ist er in die nächste Notfallambulanz gebracht worden. Als die Krankenschwester kam, um seine Temperatur und seinen Blutdruck zu messen, reagierte er so verängstigt, dass es ihr nicht möglich war, diese notwendigen Werte zu ermitteln. Das zweijährige Kind wurde daraufhin an Rumpf und Gliedmaßen auf einer speziellen Bahre mit Laschen und Klettverschluss festgeschnallt. Die einzigen Teile seines Körpers, die der Junge noch bewegen konnte, waren Kopf und Hals; und die bewegte er natürlich, so sehr er konnte. Die Ärzte reagierten darauf, indem sie ihn noch stärker festschnallten und ihm mit den Händen den Kopf festhielten, um sein Kinn nähen zu können.

Nach dieser aufregenden Erfahrung spendierten die Eltern Sammy einen Hamburger und gingen mit ihm auf den Spielplatz. Seine Mutter bestätigte mit großer Aufmerksamkeit sein Gefühl, erschreckt und verletzt worden zu sein; kurz darauf schien alles vergessen. Doch wenige Tage nach dem Vorfall begann das herrische Benehmen des

Jungen. Könnten Sammys Wutanfälle und sein überkontrollierendes Verhalten Bezug zu der Hilflosigkeit haben, die er während seiner traumatischen Erfahrung erlebt hatte?

Ich fand heraus, dass Sammy, obwohl er schon des Öfteren mit unterschiedlichen Verletzungen in der Notfallambulanz war, nie ein solches Maß an Schrecken und Panik zum Ausdruck gebracht hatte. Als seine Eltern zurückkehrten, vereinbarten wir daher zu überprüfen, ob es noch eine traumatische Ladung in ihm gibt, die mit der jüngst gemachten Erfahrung in Verbindung steht.

Wir trafen uns alle in dem Häuschen, in dem ich wohnte. Sammys Eltern, Großeltern und er selbst sahen zu, wie ich seinen Teddybären so auf die Kante eines Stuhls setzte, dass er sofort auf den Boden fiel. Wir entschieden, dass er verletzt sei und ins Krankenhaus gebracht werden müsse. Sammy schrie auf, rannte zur Tür, lief über eine Fußgängerbrücke und auf einem schmalen Weg hinunter zum Bach. Unser Verdacht hatte sich bestätigt. Sein Besuch im Krankenhaus, der vor kurzem stattgefunden hatte, war weder harmlos noch vergessen. Sammys Verhalten teilte uns mit, dass dieses Spiel irgendetwas enthielt, das eine überwältigende Wirkung auf ihn ausübte. Sammys Eltern holten ihn vom Bach zurück. Er klammerte sich verzweifelt an seine Mutter, als wir ein weiteres Spiel vorbereiteten. Wir versicherten ihm, dass wir alles in unserer Macht Stehende tun würden, um seinen Teddy zu beschützen. Er rannte erneut weg – diesmal jedoch nur bis ins nächste Zimmer. Wir folgten ihm und warteten ab, was als Nächstes geschehen würde. Sammy lief zum Bett und schlug mit beiden Armen darauf ein, während er mich erwartungsvoll ansah.

»Wütend, hm?«, sagte ich. Er warf mir einen Blick zu, der meine Frage bestätigte. Ich interpretierte seine Ausdrucksweise als Zeichen weiterzumachen, steckte den Bären unter eine Decke und setzte Sammy neben ihn ins Bett.

»Komm, Sammy, lass uns alle gemeinsam deinem Teddy helfen.«

Ich hielt den Teddy unter der Decke fest und bat alle, mitzuhelfen. Sammy sah interessiert zu, stand jedoch bald auf und lief zu seiner

Mutter. Er schlang seine Arme fest um ihre Beine und sagte: »Mami, ich habe Angst.«

Wir übten keinerlei Druck aus und warteten ab, bis Sammy bereit war, das Spiel zu wiederholen. Bei diesem Durchgang wurden die Großmutter und der Teddy zusammen unter der Decke festgehalten und Sammy beteiligte sich aktiv an ihrer Rettung. Nachdem er den Teddy befreit hatte, lief Sammy wieder zu seiner Mutter und klammerte sich erneut und noch fester als beim letzten Mal an sie. Er begann vor Angst zu zittern und sich zu schütteln und danach öffnete sich sein Brustkorb mit einem zunehmenden Gefühl von Aufregung, Triumph und Stolz. Als er sich das nächste Mal an seiner Mami festhielt, war es weniger ein Anklammern, sondern vielmehr ein aufgeregtes Hüpfen. Wir warteten ab, bis Sammy bereit war, das Spiel zu wiederholen. Alle außer Sammy waren einmal an der Reihe, mit dem Teddy zusammen gerettet zu werden. Mit jedem weiteren Durchgang zog Sammy die Decke energischer weg und flüchtete mit mehr Kraft in die sicheren Arme seiner Mutter.

Als Sammy an der Reihe war, zusammen mit dem Teddy unter der Decke festgehalten zu werden, wurde er sehr aufgeregt und hatte Angst. Er lief wiederholte Male in die Arme seiner Mutter zurück, ehe er in der Lage war, diese äußerste Herausforderung anzunehmen. Tapfer stieg er mit dem Teddy unter die Decke, während ich sie leicht niederdrückte. Ich sah, wie seine Augen sich angstvoll weiteten – doch nur einen Moment lang. Dann griff er nach dem Teddy, stieß die Decke weg und stürzte sich in die Arme seiner Mutter. Schluchzend und zitternd schrie er: »Mami, hol mich hier raus. Mami, mach dieses Ding ab von mir.« Sein Vater berichtete erstaunt, dass das genau die Worte waren, die Sammy brüllte, als er im Krankenhaus auf der Liege festgeschnallt war. Er erinnerte sich deutlich daran, weil er sich so gewundert hatte darüber, dass sein Sohn mit gut zwei Jahren in der Lage war, eine so direkte, klar formulierte Forderung auszudrücken.

Wir wiederholten den Durchgang mit der Befreiung mehrere Male. Mit jedem Mal legte Sammy mehr Kraft und Triumph an den Tag.

Anstatt weiterhin ängstlich zu seiner Mutter zu laufen, sprang er aufgeregt auf und ab. Jedes Mal, wenn es ihm gelang, sich zu befreien, klatschten wir alle in die Hände, tanzten und jubelten: »Ja, Sammy, ja, bravo. Sammy hat den Teddy gerettet.«

Der zweieinhalbjährige Sammy hat es geschafft, das Ereignis zu bewältigen, das ihn wenige Monate zuvor so sehr erschüttert hat.

Und was passiert mit Kindern, die keine Hilfe erhalten? Wäre Sammy ängstlicher, überaktiver, anhänglicher und noch bestimmender geworden, wenn er keine Hilfe bekommen hätte? Hätte er begonnen einzunässen oder hätte das Trauma Auswirkungen auf seine spätere Verhaltensentwicklung gehabt? Hätte er den Vorfall als Jugendlicher oder junger Erwachsener gewaltsam wiederholt? Oder hätte er Symptome wie Bauchschmerzen, Migräne und Angstattacken entwickelt, ohne zu wissen, warum? All diese Szenarien sind möglich; und doch ist es gleichzeitig unmöglich, sie mit Bestimmtheit vorauszusagen. Wir können nicht wissen, wie, wann und ob überhaupt die traumatische Erfahrung eines Kindes in anderer Form Auswirkungen auf sein Leben haben wird. Dennoch können wir unsere Kinder durch Prävention vor möglichen Folgen bewahren. Diese Vorsorge wird dazu beitragen, dass sie sich zu vertrauensvolleren und spontaneren Erwachsenen entwickeln.

Kinder wie Sammy erhalten unmittelbar nach einem Ereignis wie dem eben beschriebenen selten die Unterstützung, die sie benötigen würden. Dabei könnten Kinder in dieser kritischen Phase, in der sie sich durch Bewegungsunfähigkeit, Scham, Verlust und Wut buchstäblich hindurchschütteln und -zittern, leicht unterstützt werden. Dieser Prozess ermöglicht ihnen, auf sichere Weise die immense Energiemenge zu entladen, die sie in dem misslungenen Versuch, sich gegen furchterregende oder schmerzhafte Umstände zu verteidigen, mobilisiert haben. Die heilende Wirkung einer Therapie, die den Schwerpunkt nur auf die »Geschichte« des Ereignisses legt, ist stark eingeschränkt, wenn diese Entladung nicht erfolgt.

## Spiele, die retraumatisieren, und solche, die das Trauma heilen

Es ist wichtig, den Unterschied zwischen traumatischem Spiel, traumatischem Wiederholen und dem Durcharbeiten eines Traumas, das wir bei Sammy erleben durften, richtig einzuschätzen. Traumatisierte Erwachsene wiederholen häufig ein Ereignis, das in gewisser Hinsicht das ursprüngliche Trauma repräsentiert (zumindest für ihr Unbewusstes). So kann zum Beispiel ein Erwachsener, der als Kind Opfer von sexuellem Missbrauch war, häufig wechselnde Sexualpartner haben, ein Sexualstraftäter werden oder auch Sexualität insgesamt ablehnen.

In ähnlicher Weise stellen Kinder traumatische Ereignisse durch ihre Art zu spielen wieder her. Während sie sich der Bedeutung, die hinter ihrem Verhalten steht, vielleicht nicht bewusst sind, werden sie durch die Gefühle, die mit dem ursprünglichen Trauma in Verbindung stehen, zur Wiederholung angetrieben. Selbst wenn ein Kind über das Trauma nicht spricht, hat es über das traumatische Spiel zumindest eine Ausdrucksform gefunden, um die Geschichte seiner Erfahrung mitzuteilen. Es ist eine Form, die Sie wissen lässt, dass Ihr Kind durch das jeweilige Geschehen noch immer belastet ist.

In dem Buch *Too Scared to Cry* beschreibt Lenore Terr die Reaktionen der dreieinhalbjährigen Lauren, während sie mit zwei Autos spielt. »Die Autos gehen auf die Menschen los«, sagt Lauren und lässt zwei Rennautos auf einige Fingerpuppen zurasen. »Sie zeigen mit ihrer spitzen Vorderseite auf die Menschen. Die Menschen haben Angst. Eine spitze Seite wird in ihre Bäuche hineinfahren und in ihre Münder und in ihr ... (sie zeigt auf ihr Hemdchen). Mein Bauch tut weh. Ich will nicht mehr weiterspielen.«

Lauren stoppt sich selbst, als ihre körperliche Empfindung der Angst abrupt an die Oberfläche tritt. Das ist eine typische Reaktion. Es kann sein, dass sie wieder und wieder zum gleichen Spiel zurückkehrt; und jedes Mal aufhört, wenn die angsterfüllten Empfindungen in ihrem Bauch unangenehm werden. Einige Psychologen würden sagen, dass

Lauren durch ihr Spiel versucht, Kontrolle über die Situation zu erlangen, die sie traumatisierte. Ihr Spiel gleicht einer Konfrontationsbehandlung, die routinemäßig bei Erwachsenen zur Überwindung von Phobien eingesetzt wird. Terr gibt jedoch zu bedenken, dass diese Art Spiel normalerweise nicht viel Erfolg zeigt. Selbst wenn es dazu beiträgt, den Stress eines Kindes zu verringern, führt es nur sehr langsam zu Ergebnissen. Meist wird dieses Spiel ohne eine Lösung zwanghaft wiederholt. Wiederholtes traumatisches Spiel, das nicht mit einer Lösung verbunden ist, kann die Wirkung des Traumas auf dieselbe Weise verstärken, wie es das Reinszenieren und kathartische Wiedererleben der traumatischen Erfahrung bei Erwachsenen tut.

Das Durcharbeiten oder *Neuverhandeln* einer traumatischen Erfahrung, wie wir es bei Sammy erleben durften, stellt einen Prozess dar, der sich von traumatischem Spiel oder dem Reinszenieren grundsätzlich unterscheidet. Wenn sie sich selbst überlassen sind, werden die meisten Kinder versuchen, die traumatischen Gefühle zu vermeiden, die ihr Spiel in ihnen hervorruft. Unter Anleitung war Sammy in der Lage, seine Gefühle zu »durchleben«, indem er seine Angst in folgerichtigen Schritten meisterte. Durch das stufenweise Neuverhandeln des traumatischen Ereignisses und mit der Unterstützung seines Teddybären war Sammy in der Lage, als Sieger und Held hervorzugehen. Ein Gefühl von Triumph und Heldentum kennzeichnet fast immer den erfolgreichen Abschluss eines traumatischen Ereignisses, das neuverhandelt wurde. Indem wir Sammy folgten, nachdem wir eine Szene aufgebaut hatten, die das Trauma mit einer gewissen Wahrscheinlichkeit reaktivieren würde, und indem wir in sein Spiel einstiegen und den Verlauf des Spiels nach Sammy ausrichteten, gelang es ihm, seine Angst loszulassen. Es brauchte nur ganz wenig Anleitung und Unterstützung durch einen Erwachsenen, um das unausgesprochene Ziel zu erreichen, ihm zu der Erfahrung eines anderen Ausgangs der Situation zu verhelfen.

## Fünf hilfreiche Prinzipien, um das Spiel von Kindern einer Lösung zuzuführen

Die folgende Analyse von Sammys Spielerfahrung soll Ihnen dabei helfen, die fünf Prinzipien zu verstehen und anzuwenden, wenn Sie mit Ihren eigenen Kindern arbeiten:

*1. Lassen Sie das Kind die Geschwindigkeit des Spiels bestimmen*

An früherer Stelle in diesem Kapitel haben Sie erfahren, wie wichtig es ist, dass Sie sich auf die Bedürfnisse Ihres Kindes einstellen. Heilung findet von Moment zu Moment durch ein Verlangsamen der Zeit statt. Das gilt für jede/n! Die Geschwindigkeit Ihres Kindes mag sich von der Ihren unterscheiden. Helfen Sie Ihrem Kind, sich sicher zu fühlen, indem Sie sich an seine Geschwindigkeit und seinen Rhythmus anpassen und nicht umgekehrt! Wenn Sie sein Verhalten genau beobachten und sich in seine Lage versetzen, werden Sie schnell lernen, wie Sie zu Ihrem Kind in Resonanz treten können. Schauen wir uns Sammys Verhalten an:

*Sammys »Mitteilung« an uns:*

Indem er aus dem Zimmer rannte, als sein Teddy vom Stuhl fiel, teilte er uns in aller Deutlichkeit mit, dass er zur Teilnahme an diesem neuen, aufregenden Spiel nicht bereit war.

*Auf diese Weise haben wir Sammy geholfen, sich sicher zu fühlen:*

Sammy musste von seinen Eltern »gerettet«, getröstet und zum Ort der Handlung zurückgebracht werden, ehe er weitermachen konnte. Wir alle mussten Sammy versichern, dass wir da sind, um mit vereinten Kräften seinen Teddy zu beschützen. Indem wir Sammy diese Unterstützung zusicherten, halfen wir ihm, näher an das Spiel heranzurücken.

*Sammys »Mitteilung« an uns:*
Indem Sammy ins Schlafzimmer anstatt zur Tür hinaus lief, teilte er uns mit, dass er sich weniger bedroht fühlte und unserer Unterstützung mehr vertraute. Kinder bringen unter Umständen nicht durch Worte zum Ausdruck, ob sie weitermachen wollen; entnehmen Sie Hinweise daher ihrem Verhalten und ihren Reaktionen. Respektieren Sie ihre Wünsche und auch die Form, die sie gewählt haben, um sie zu kommunizieren. Sie sollten ein Kind niemals dazu zwingen, weiter zu gehen, als es will oder kann.

*Auf diese Weise können Sie Ihrem Kind helfen:*
Verlangsamen Sie den Prozess, wenn Sie Anzeichen von Angst, eingeschränkter Atmung, Steifwerden oder benommenem (dissoziiertem) Verhalten beobachten. Diese Reaktionen vergehen wieder, wenn Sie einfach still und geduldig warten und Ihrem Kind versichern, dass Sie bei ihm bleiben und auf seiner Seite sind. Normalerweise geben der Blick und die Atmung Ihres Kindes Auskunft darüber, wann es bereit ist, weiterzumachen.

### Übung:

Lesen Sie sich die Geschichte von Sammy noch einmal durch und achten Sie besonders auf Stellen, die seine Bereitschaft ankündigen, das Spiel fortzusetzen. Es gibt in der Geschichte zusätzlich zu dem bereits genannten drei explizite Beispiele.

### *2. Unterscheiden Sie zwischen Angst, Schrecken und Aufregung*

Es hilft einem Kind bei der Bewältigung seines Traumas nicht weiter, wenn es während des traumatischen Spiels Angst und Schrecken für länger als einen Moment erlebt. Die meisten Kinder werden etwas dagegen unternehmen, so etwas zu spüren. *Lassen Sie sie!* Vergewissern Sie sich gleichzeitig, sicher unterscheiden zu können, ob es sich dabei um Vermeidung oder Flucht handelt. Das nun folgende präzise Beispiel hilft Ihnen, die Fähigkeit zu entwickeln, vom Verhalten Ihres Kindes »ablesen« zu können, wann es eine Pause braucht und wann es an der Zeit ist, den Moment weiterzuführen:

*Sammys »Mitteilung« an uns:*
Als Sammy zum Bach hinunter lief, demonstrierte er Vermeidungsverhalten. Um seine traumatische Reaktion lösen zu können, musste er spüren, dass er sein Handeln im Griff hat und nicht von seinen Emotionen zum Handeln getrieben wird.

*»Lesen« Sie aus dem, was Ihr Kind erlebt:*
Vermeidungsverhalten tritt dann ein, wenn Angst und Schrecken ein Kind zu überwältigen drohen. Dieses Verhalten ist üblicherweise von Anzeichen emotionalen Stresses (Weinen, angsterfüllte Augen, Schreien) begleitet. Auf der anderen Seite ist aktive Flucht ermunternd. Kinder geraten über ihre kleinen Triumphe in Aufregung und zeigen ihre Freude oft durch strahlendes Lächeln, in die Hände Klatschen oder herzhaftes Lachen. Diese Reaktion unterscheidet sich insgesamt stark von Vermeidungsverhalten. In der Aufregung wird die erfolgreiche Entladung von Emotionen ersichtlich, welche die ursprüngliche Erfahrung begleiteten. Das ist positiv, wünschenswert und notwendig.

Ein Trauma wird transformiert, indem unerträgliche Gefühle und Empfindungen von erträglichen abgelöst werden. Diese Umwandlung kann nur bei einem Grad an Aktivierung geschehen, dessen Intensität mit derjenigen vergleichbar ist, die die traumatische Reaktion auslöste.

*Unterstützen Sie Ihr Kind:*
Ist Ihr Kind offensichtlich aufgeregt, können Sie es natürlich anspornen und klatschen und mit ihm tanzen, wie wir es bei Sammy gemacht haben.

Wenn es jedoch eher verängstigt oder eingeschüchtert wirkt, dann beruhigen Sie es und regen Sie zu diesem Zeitpunkt keine weitere Bewegung an. Seien Sie mit Ihrer vollen Aufmerksamkeit für Ihr Kind da, unterstützen Sie es und geben Sie ihm Sicherheit; warten Sie geduldig, während die Angst nachlässt. Wenn Ihr Kind Anzeichen von Müdigkeit zeigt, legen Sie eine Ruhepause ein.

*3. Machen Sie einen kleinen Schritt nach dem anderen*

Sie können sich beim Neuverhandeln eines traumatischen Ereignisses nie zu langsam bewegen. Traumatisches Spiel ist schon fast per Definition etwas sich Wiederholendes. Machen Sie Gebrauch von diesem zyklischen Charakteristikum. Der entscheidende Unterschied zwischen dem Neuverhandeln und traumatischem Spiel besteht darin, dass sich bei Ersterem kleine, stufenweise anwachsende Unterschiede in den Reaktionen und im Verhalten des Kindes zeigen.

*Sammys »Mitteilung« an uns:*

Als Sammy ins Schlafzimmer anstatt zur Tür hinaus lief, reagierte er mit einem anderen Verhalten; es zeigte an, dass ein Fortschritt stattgefunden hatte.

*Steuern Sie die Fortschritte Ihres Kindes:*

Ganz gleich, wie viele Wiederholungen notwendig sind: Wenn Ihr Kind eine Veränderung in seinen Reaktionen zeigt, zum Beispiel eine leichte Zunahme an Aufregung, mehr Worte, mehr spontane Bewegungen ..., ist es dabei, sich durch sein Trauma hindurchzubewegen. Bewegen sich die Reaktionen Ihres Kindes eher in Richtung Verkrampfung oder Wiederholung anstatt zu mehr Ausweitung und Abwechslung hin, kann es sein, dass Sie das Ereignis mit Szenarien neu verhandeln, die zu schnelle Schritte nach sich ziehen, als dass Ihr Kind sie auf einmal bewältigen könnte.

*Helfen Sie Ihrem Kind, einen kleinen Schritt nach dem anderen zu machen:*

- Erden Sie sich und richten Sie Ihre Aufmerksamkeit solange auf Ihre Empfindungen, bis Ihre eigene Atmung ein Gefühl von Ruhe und Vertrauen in Ihre Spontaneität bringt.
- Verlangsamen Sie die Veränderungsrate, indem Sie das Spiel in kleinere Schritte aufteilen. Das steht nur scheinbar im Widerspruch dazu, dass wir an einer früheren Stelle gesagt haben, Sie sollen der Geschwindigkeit Ihres Kindes folgen. Wenn Sie sich als weise, erwachsene Präsenz auf die Bedürfnisse Ihres Kindes einstimmen, bewahren Sie Ihr Kind davor, überwältigt zu werden. Um dem

gerecht zu werden, müssen Sie die Geschwindigkeit des Spiels möglicherweise verlangsamen.

- Wirkt Ihr Kind recht überdreht, ist es gut, einige heilende Schritte einzuladen. Wenn es zum Beispiel darum geht, ein medizinisches Trauma neu zu verhandeln, könnten Sie sagen: »Lass mal sehen ...Ich frage mich, was wir tun können, damit der Teddy (Dolly etc.) nicht so eine große Angst hat, bevor du (der Arzt/die Krankenschwester) ihm die Spritze gibst?« Häufig kommen Kinder dann mit kreativen Lösungen an, die zeigen, was ihrer Erfahrung nach gefehlt hat.
- Machen Sie sich keine Gedanken darüber, wenn Sie wiederholte Male durch etwas hindurchgehen müssen, was Ihnen immer wieder gleich vorkommt. (Wir haben Sammy in das Spiel mit dem Bären mindestens zehn Mal einbezogen. Dabei war Sammy ziemlich schnell in der Lage, seine traumatischen Reaktionen neu zu verhandeln. Ihr Kind wird möglicherweise mehr Zeit brauchen.)
- Sie müssen nicht alles an einem Tag schaffen! Ruhe und Zeit helfen Ihrem Kind, seine Erfahrung auf subtilen Ebenen innerlich umzubilden.
- Für den Fall, dass Ihnen diese Vorschläge nicht helfen, empfehlen wir Ihnen, das Kapitel noch einmal durchzulesen und genauer auf die Rolle zu achten, die Sie spielen. Achten Sie bitte noch sorgfältiger auf die Reaktionen Ihres Kindes; vielleicht haben Sie das eine oder andere Signal übersehen.
- Wenn das Kind eine ermutigende Reaktion zeigt, vergessen Sie Ihre Bedenken und genießen Sie das Spiel.

*4. Werden Sie ein sicheres Gefäß*

Denken Sie bitte daran, dass die Natur auf Ihrer Seite ist. Wenn ein Erwachsener ein traumatisches Ereignis mit einem Kind neu verhandelt, ist dabei der vielleicht schwierigste, jedoch wichtigste Aspekt, den eigenen Glauben an einen guten Ausgang der Geschichte aufrechtzuerhalten. Dieses Gefühl kommt aus Ihrem Innern und Sie projizieren es auf Ihr Kind. Es wird zu einem Gefäß, das Ihr Kind mit einem Gefühl des Vertrauens umgibt. Das mag besonders schwierig sein, wenn das Kind Ihren Versuchen, das Trauma neu zu verhandeln, Widerstand entgegenbringt.

Bleiben Sie geduldig und beruhigen Sie Ihr Kind, wenn es sich widersetzt. Der instinktive Teil Ihres Kindes will diese Erfahrung durcharbeiten. Sie müssen nur abwarten, bis dieser Teil Vertrauen entwickelt hat und sich sicher genug fühlt, um sich durchzusetzen. Wenn Sie sich große Sorgen darüber machen, ob die traumatische Reaktion Ihres Kindes umgewandelt werden kann, besteht die Möglichkeit, dass Sie unabsichtlich eine widersprüchliche Botschaft an Ihr Kind senden. Erwachsene, die eigene, ungelöste Traumata haben, können für diese Falle besonders anfällig sein. Sorgen Sie dafür, dass nicht Ihr Kind aufgrund Ihrer eigenen ungelösten Erfahrungen leiden muss. Bitten Sie jemand anderen darum, Ihrem Kind zu helfen, und schieben Sie es nicht auf, sich um Unterstützung für Ihre eigenen Schwierigkeiten zu kümmern!

*5. Beenden Sie das Spiel, wenn Sie das Gefühl haben, dass Ihr Kind wirklich nicht davon profitieren kann*

Sammy war in der Lage, seine Erfahrung in einer Sitzung neu zu verhandeln, das wird nicht bei allen Kindern so sein. Manche werden mehrere Sitzungen brauchen. Wenn Ihr Kind nach wiederholten Versuchen in seiner Anspannung bleibt und sich nicht zu Freude und Triumph weiterbewegt, erzwingen Sie die Angelegenheit nicht. Ziehen Sie qualifizierte, professionelle Hilfe zu Rate. Es ist eine ungemein wichtige Aufgabe, Traumata bei Kindern zu heilen und sie kann mitunter komplex sein. Das gilt vor allem, wenn dem Trauma Ereignisketten zugrunde liegen, wenn die Belastung über einen längeren Zeitraum andauerte und/oder wenn das Kind aufgrund der Umstände keine Unterstützung hatte. Ein Trauma wird zunehmend komplizierter, wenn das Kind von einem Erwachsenen verraten wurde, dem es vertraut hat.

## Zusammenfassung

Vielleicht fanden Sie die Idee recht ungewöhnlich, einen Wortschatz für Empfindungen zu entwickeln. Wenn Sie sich nicht mit Focusing befassen (das ist eine therapeutische Methode, die von Eugene Gendlin entwickelt wurde und die mit dem inneren gesamthaften Empfinden, dem »felt sense«, einer Situation arbeitet) oder eine bestimmte Meditationsform wie Vipassana üben, die dazu dient, ein tieferes Gewahrsein für körperliche Reaktionen herbeizuführen, mag Ihnen das ziemlich fremd vorgekommen sein. (Die Sprache der Empfindung steht ja leider nicht im Lehrplan von Schulen, obwohl wir das gerne hätten – sehen Sie sich bitte auch die Empfehlungen für Erzieher im vierten Teil an). Sollte Ihnen dieser neuartige körperliche Ansatz nicht vertraut sein, so hoffen wir, dass Sie in Ihrer eigenen Geschwindigkeit Stück für Stück so viel davon verwenden werden, wie Ihnen angenehm ist. Das vierte Kapitel war für ein besseres Verständnis des dreifältigen Gehirns gedacht und dafür, Ihnen sowohl die Sprache der Empfindung, die von seinen »niedrigen« oder Reptiliensegmenten gesprochen wird, als auch die Rolle, die sie für unser Überleben spielt, nahe zu bringen.

Sie haben dabei auch erfahren, was diese Empfindungen im Wesentlichen sind, woher sie kommen und wie Sie ein detaillierteres Gewahrsein für sie entwickeln können. Vor allem aber, welche Möglichkeiten Ihnen zur Verfügung stehen, um die Entfaltung von Empfindungen zu fördern, wenn Sie Ihre Kinder begleiten. Das ist das *Herzstück* der Trauma-Prävention und Trauma-Heilung bei Kindern. Sie haben gelernt, wie Sie eine »geschützte« Zeit und einen »geschützten« Raum herstellen und wie Sie ein sicheres Gefäß sein können. Sie haben auch erfahren, wie Sie die Voraussetzungen dafür schaffen können, ein »gutes Pflaster« zu sein, sodass die Natur ihren Lauf nehmen und das scheinbar »Wunderbare« geschehen kann! Das vierte Kapitel enthielt auch eine Anleitung in acht Schritten zur Prävention von Traumata, die Sie kopieren und an Ihren Kühlschrank kleben können. In der Geschichte von Sammy haben Sie erfahren, wie man ein Kind mit Hilfe von traumatischem Spiel begleiten kann.

Wir kommen nun zum Abschluss des vierten Kapitels und können nicht genug betonen, wie wichtig es ist, sich wohl und im Fluss zu fühlen. Führen Sie die Übungen bitte vollständig durch, die wir für Sie und Ihre Familie zusammengestellt haben, und wiederholen Sie sie, wenn es notwendig ist. Indem Sie Ihre eigenen, sich verändernden Empfindungen in alltäglichen Situationen beobachten, werden Sie in der Lage sein, Ihren Stress zu verringern. Sie werden auch Ihre Fähigkeit verbessern, sich zentriert zu fühlen, und schneller und automatischer zu einem Gefühl der Ruhe zurückkehren. Denken Sie daran, dass die Sprache der Empfindung die einzige Sprache ist, die unser »altes« Gehirn versteht. Da die Energie des Traumas die Energie des Überlebens ist, das in den tiefen Strukturen unseres Gehirns reguliert wird, *müssen* wir seine Sprache sprechen, um die Verwundung durch Traumata in uns und unseren Kindern zu heilen und zu vermeiden. Im fünften Kapitel werden Sie lernen, wie Sie sich einfache Verse ausdenken und künstlerische Tätigkeiten dafür einsetzen können, um Ihrem Kind dabei zu helfen, nach einer überwältigenden Erfahrung wieder Ressourcen, Eigenkompetenz und Freude in sich aufzubauen.

# 5 EMPFINDUNGEN, BILDER UND GEFÜHLE

## Metaphern aus dem Tierreich und Reime als Ressourcen

Im vierten Kapitel haben wir Sie mit den Grundlagen der emotionalen Ersten Hilfe vertraut gemacht. Die Betonung lag darauf, die Sprache der Empfindung zu erlernen. Sie wird vom Reptiliengehirn verstanden, welches für unser Überleben verantwortlich ist. Wenn Sie die Übungen bereits ausgeführt haben, ist das »Basistraining« abgeschlossen, in dem es darum ging, den eigenen Empfindungen nachzuspüren. Sie lernten außerdem, unterstützende Bedingungen für Kinder herzustellen, die sich selbst in einer überwältigenden Situation befanden oder Zeuge davon wurden und deshalb mit starken Empfindungen belastet sind.

Sie haben auch erfahren, dass Heilung möglich wird, wenn Erwachsene ein Gefühl der Sicherheit erzeugen können. Eine solche Atmosphäre fordert das Reptiliengehirn auf, »in den Vordergrund zu treten«, statt sich vom Neocortex – das ist der stammesgeschichtlich jüngste und für das Denken zuständige Teil des Gehirns – zurückdrängen zu lassen. Das vierte Kapitel enthielt Anleitungen, Übungen und Ideen, die Ihnen dabei helfen, mit gutem Gefühl einen Schritt beiseite zu treten und dem Erleben Ihres Kind zu folgen, indem Sie es mit ruhiger Stimme und einladenden Worten begleiten.

Sie haben auch die Fähigkeit erworben, während der »Notfallphase« unmittelbar nach einem überwältigenden Ereignis mit Ihren Augen und Ohren sowie Ihrem Gespür »zuzuhören«. Sie wissen jetzt, wie Sie durch Ihre Anwesenheit Sicherheit geben oder ein »Gefäß« sein können, das ein Kind dabei unterstützt, durch seinen unfreiwilligen »Deaktivierungsprozess« hindurchzugehen. Es ist diese Deaktivierung, die über die Verhütung eines Traumas entscheidet, weil sie den Energieüberschuss freisetzt, der durch Verteidigungsbewegungen wie Kampf oder Flucht nicht aufgebraucht werden konnte. Die beruhigende und vertrauenserweckende Gegenwart eines Erwachsenen gibt einem Kind den Mut, sich durch Schütteln, Zittern, in Schweiß ausbrechen oder Weinen zu entladen. Ein Kind, das überwältigt wurde, braucht die Rückversicherung eines Erwachsenen, dass seine starken Empfindungen »in Ordnung« sind. Bleibt diese Bestätigung aus, können sie das Kind noch zusätzlich ängstigen.

Das fünfte Kapitel wird Ihnen zeigen, wie Sie Ihrem Kind dabei helfen können, sich seiner körperlichen Ressourcen bewusst zu werden und sie zu stärken. Es wird Ihnen auch zeigen, wie Sie Metaphern aus dem Tierreich und Reime für Kinder verwenden können. Es steht Ihnen frei, sie als Vorlage für eigene Verse zu benutzen, die zu der Geschichte Ihres Kindes passen. Es kann sie mit Buntstiften, Filzstiften oder Wasserfarben illustrieren. Wenn es alt genug ist, kann es seine eigenen Verse und Geschichten erfinden.

## Die heilende Kraft von Ressourcen

Jeder Mensch hat Ressourcen. Man kann auch sagen, jeder Körper hat Ressourcen. Der *Oxford Thesaurus* bietet nicht weniger als 25 Synonyme für den Begriff an. Darunter werden Eigenschaften wie Initiative, Einfallsreichtum, Begabung, Vorstellungsvermögen, Klugheit, Eignung, Qualifikation und Stärke aufgelistet. In der umgangssprachlichen Verwendung des Begriffs im Englischen findet sich auch der Ausdruck »Grips« und das Slangwort für Ressource ist »Mumm«. Zusätzlich zu persönlichen Eigenschaften einschließlich »innerer Stärke« werden mit dem Begriff auch Vermögenswerte wie Kapital, Besitz und Eigentum bezeichnet.

Unsere Definition von »Ressource« enthält all die oben genannten Eigenschaften, ist aber noch umfassender. Ressourcen sind alles, was ein Gefühl von geistigem, körperlichem und spirituellem Wohlbefinden unterstützt und fördert. Sie können offensichtlich oder versteckt, aktiv oder vergessen sein. Sie können äußerlich, innerlich oder beides sein. Kinder werden mit inneren Ressourcen geboren. Sie sind jedoch auf Erwachsene (eine äußere Ressource) angewiesen, die ihnen diese Kraftquellen spiegeln und sie auch fördern. Dadurch werden sie zu realen Reserven in einem leicht zugänglichen Reservoir, auf das Kinder nach Bedarf zurückgreifen können.

Beispiele für **äußere Ressourcen** eines Kindes sind:

- liebevolle, verlässliche Bezugspersonen, die die Bedürfnisse erfüllen, die seinem Entwicklungsstand entsprechen
- andere unterstützende Familienmitglieder, Freunde und Haustiere
- Zugang zu natürlicher Umgebung (Wiesen, Parks, Sandstrände, Berge, Wälder, Meer etc.)
- Gegenstände und andere Faktoren, die seine Sinne anregen und/ oder beruhigen wie Farbe, Licht, Raum, weiche Decken und Kleidung, Musik, verschiedene Gewebestrukturen, Kuscheltiere und andere Spielsachen zum Umarmen, unterschiedliche Aromen und

Gerüche, unbehandelte Nahrungsmittel und Dinge, auf denen es herumkauen oder an denen es saugen kann
- ein Umfeld, das mit Spielzeug, Musik, Büchern, Bau- und Werkmaterialien etc. ausgestattet ist, die seinem Entwicklungsstand entsprechen
- eine fürsorgliche, entwicklungsfördernde Gemeinschaft mit kulturellen, sozialen, sportlichen und religiösen Einrichtungen, die einem Kind auf gesunde Weise Spiegelung ermöglichen. Dazu gehören die Pfadfinder, Sportvereine, Mädchen- und Jungengruppen, Einrichtungen mit Freizeitangeboten für Kinder sowie Hobbyclubs und Theatertruppen. Für kleinere Kinder eignen sich Spielgruppen oder die Vorschule, für Teenager ehrenamtliches Engagement, wo sie sich für die Verbesserung ihrer Umgebung einsetzen oder den Alltag älterer und schwacher Menschen mit Besuchsdiensten aufheitern; ebenso Vereine, die auf Gemeininteressen gründen, die von interkulturellem Austausch bis hin zu politischen Aktivitäten reichen.

Beispiele für **innere Ressourcen** eines Kindes sind:
- natürliche Begabungen wie ein besonderes Talent für Musik oder Kunst, für Bewegung, Sport und Turnen, für die Mathematik und wissenschaftliche Themenstellungen, für handwerkliche Tätigkeiten, für intellektuelle Bereiche und Führungspositionen, für Tierhaltung oder Bautätigkeit, für sprachliche Gewandtheit oder eine gute Auffassungsgabe etc.
- energetische und kinästhetische Eigenschaften wie mehr oder weniger ausgeprägte motorische Beweglichkeit, gesunde Konstitution, Energie, Sinn für Humor, Leichtigkeit beim Schließen von Freundschaften, Beliebtheit, Gerechtigkeitssinn etc.
- charakteristische Persönlichkeitsmerkmale wie Witz und Weisheit, Initiative, Einfallsreichtum, Zuverlässigkeit, Integrität, Großzügigkeit, Nachdenklichkeit etc.
- ein inneres spirituelles Zentrum, das durch die Verbundenheit mit etwas, das größer ist als wir selbst, ein Gefühl von Ganzheit und Frieden schenkt

In den eben genannten Beispielen haben wir in gewisser Weise eine künstliche Trennung zwischen den inneren und äußeren Ressourcen durchgeführt. Sie dient als Ausgangspunkt für die nun folgende Erläuterung des Ressourcenkonzepts. Ein Kind nimmt Musik, die man ihm vorsingt oder vorspielt, nur dann als Ressource auf, wenn es sie als angenehm empfindet. Dringen solche Geräusche durch das Medium der Vibration an seine Ohren, seine Knochen oder an andere Stellen des Körpers, verzeichnet das Kind sie als innere Ressource. Störende Geräusche sind jedoch keine Ressource.

Diese Regel gilt für alles, was wir Erwachsenen uns ausdenken, um unsere Kinder zu unterstützen und zu fördern. Wenn der Körper ein Angebot nicht als heilsam, beruhigend und angenehm empfindet, ist es keine Ressource, egal mit wie viel gutem Willen wir es unterbreiten. Ein Kind mag aus der Möglichkeit zur Teilnahme an sportlicher Aktivität Selbstvertrauen, körperliches Wohlbefinden und/oder Teamgeist beziehen, ein Geschwisterkind hingegen will vielleicht nichts damit zu tun haben. Während der Großvater bei dem kleinen Billy freudiges Lachen hervorrufen mag, kann seine Anwesenheit für den älteren Bruder kaum zu ertragen sein.

In anderen Worten: Ressourcen sind etwas ganz Persönliches. Wenn eine »Unterstützung« als Ressource erachtet werden soll, muss sie innerlich als etwas wahrgenommen werden, das Freude und gesunde Entwicklung bringt. Wird sie vom Körpergedächtnis als Ressource registriert, kann die »Prägung« oder der Eindruck der Empfindung in Zeiten von emotionalem Aufruhr, Stress und Überwältigung abgerufen werden, um Schmerz zu lindern. So kann zum Beispiel ein Gegenstand oder eine Fotografie noch Jahre nach dem Tod des geliebten Großvaters in Billy die Erinnerung an tiefe Verbindung wachrufen und warme Empfindungen in seinem Herzen bewirken, die ihm in turbulenten Zeiten Kraft geben. Das ist eine Ressource!

### Übung: **Äußere und innere Ressourcen**

Für diese Übung brauchen Sie zwei Blatt Papier und einen Stift.

1. Nehmen Sie ein unliniertes Blatt Papier und falten Sie es längs in der Mitte. Erstellen Sie auf der einen Hälfte des Blattes eine Liste Ihrer äußeren Ressourcen; schreiben Sie auf die zweite Hälfte des Blattes Ihre inneren Ressourcen. Wenn Sie bei einer Ressource nicht sicher sind, auf welche Seite sie gehört, schreiben Sie sie auf beide Seiten.

| Äußere Ressourcen | Innere Ressourcen |
|---|---|

2. Notieren Sie, welche Ressourcen auf Ihrer Liste Ihnen als stärkste Stützen in stressreichen Zeiten ins Auge springen. Konzentrieren Sie sich auf jeweils eine und nehmen Sie sich Zeit zu erspüren, welche Empfindungen und Gefühle dabei auftauchen und an welcher Stelle im Körper dies der Fall ist. Stellen Sie fest, ob sie sich als Muskelkraft ausdrücken, als Wärme im Bereich des Herzens, als Energie im Bauch, als ein Geerdetsein im Unterleib oder Becken etc. Notieren Sie Ihre Empfindungen oder schreiben Sie darüber in Ihr Tagebuch, um sie in Ihrem sensorischen Gedächtnis zu verankern.

3. Stellen Sie fest, ob es Bereiche gibt, in denen Sie keine oder nur schwach ausgeprägte Ressourcen haben. Sind beispielsweise Ihre Beziehungen wenig zufriedenstellend oder fehlt Ihnen ein spirituelles Zentrum? Schreiben Sie Möglichkeiten auf, mit denen Sie anfangen können, Ihr Leben zu bereichern. Schließen Sie Ihre Lücken, indem Sie Ressourcen hinzufügen. Wenn Sie sich zum Beispiel körperlich unzulänglich empfinden und wenig Gesellschaft haben, könnten Sie in eine Tai-Chi-Gruppe gehen oder jemanden in Ihrem Bekanntenkreis fragen, ob er/sie Ihr/e »WanderfreundIn« werden möchte. Erweisen sich diese Aktivitäten als eine Quelle, die Ihnen mehr Verbindung zu sich selbst und anderen gibt, setzen Sie sie auf Ihre Liste.

4. Nehmen Sie nun das andere Blatt Papier und erstellen Sie eine Liste der äußeren und inneren Ressourcen Ihres Kindes. Wenn es schon älter ist, helfen Sie ihm

dabei, den Punkten eins bis drei folgend eine eigene Liste anzulegen. Setzen Sie ein Sternchen neben jene Möglichkeiten, die dem Kind in Stressphasen am meisten Entlastung bringen. Unterstützen Sie Ihr Kind darin, sich der Empfindungen bewusst zu werden, die seine Ressourcen begleiten. Achten Sie darauf, nicht Ihre Ideen auf das Kind zu übertragen, sondern offen und empfänglich für seine Ideen und Bedürfnisse zu sein.

## Der Körper als beste Ressource

Wenn Sie sich Zeit dafür genommen haben, den Empfindungen nachzuspüren, die einige oder all die Ressourcen auf Ihrer Liste begleiten, haben Sie wahrscheinlich schon bemerkt, dass die beste aller Ressourcen die Fähigkeit Ihrer körperlichen Empfindungen ist, sich zu verändern. So löst sich zum Beispiel Anspannung in den Schultern unter Umständen ganz von selbst, wenn Sie Ihre Aufmerksamkeit lange genug darauf richten. Es kann auch sein, dass Sie feststellen, dass Ihre Arme ebenfalls angespannt und Ihre Hände zu Fäusten geballt und kampfbereit sind. Als Nächstes tauchen möglicherweise Empfindungen von Wut auf, die mit Erinnerungen an einen zurückliegenden Vorfall verbunden sind. Während Sie mit Ihren Empfindungen dasitzen und feststellen, dass es im Moment niemanden gibt, der diese Gefühle provoziert, fällt Ihnen vielleicht auf, dass sich in Ihrer Muskulatur ein Wechsel vollzieht von Starre hin zu mehr Fluss. Es kann eine Idee auftauchen, welche Schritte sinnvoll sind, wenn etwas Unerledigtes zum Abschluss kommen soll.

Ein anderes Beispiel für wechselnde Empfindungen könnte Ihre Beobachtung sein, dass Sie sich aufgewühlt fühlen und dass Knie und Beine zittern. Oder dass Sie Einschlafschwierigkeiten haben und Sie von »restless legs« (»unruhigen Beinen«) geplagt werden, die sich anfühlen, als würden Sie laufen. Während Sie sich wiederum Zeit nehmen, diesen Empfindungen nachzuspüren, und sich dabei vorstellen, dass Ihre Beine, Knie, Knöchel und Füße an einen Ort laufen, an dem Sie sich wohl fühlen (vielleicht zu einer Wiese, einem Park, zum Haus

Ihres besten Freundes oder zu dem eines Verwandten), kann es sein, dass Sie erneut einen Umschwung erleben – diesmal von einem Gefühl der Verletzlichkeit in den Gliedmaßen hin zu einem Gefühl der Kraft. Wenn Sie vor einer Feier oder einem öffentlichen Vortrag, den Sie halten müssen, furchtbar nervös sind und sich die Zeit nehmen, sich zu erden, d.h. Sie nehmen wahr, wie Ihre Füße den Boden berühren und wie Ihr Atem sich anfühlt, dann geben Sie dem Bibbern nach (anstatt es zu blockieren) und orientieren sich auf den Raum hin. Schon bald werden Sie den Wechsel von Nervosität zu freudiger Erregung erleben.

Es ist diese Fähigkeit, zwischen körperlichen Empfindungen der Hilflosigkeit und der Eigenkompetenz hin und her zu pendeln, die eine Ressourcenfülle erzeugt. Ein Kind, das dazu ermutigt wird, seine zahlreichen Empfindungen zu erleben und ihnen nachzuspüren, wird mit der Zeit geschickter. Die Fähigkeit, nach einer Erfahrung von Verletzlichkeit zu Stärke und Kompetenz zurückzukehren, schafft ein Gefühl von Vertrauen, das die Grundlage für ein gesundes Selbstbewusstsein ist. Es führt zu einer inneren Stabilität, weil es vom Auf und Ab des Lebens (äußeren Ereignissen) unabhängig ist und auf einem widerstandsfähigen und in Aktion befindlichen Nervensystem (inneren Ereignissen) beruht. Diese Fähigkeit des Körpers, aus Sichverschließen, Verdrossenheit, Angst, Hilflosigkeit und Entfremdungsgefühlen heraus in ein Erleben von Vitalität, Freude, Sicherheit, Hoffnung, Initiative und Verbindung wechseln zu können, ist die *beste Ressource* von allen!

## Verschiedene Empfindungen können Ihrem Kind helfen, gesund zu werden

Kinder brauchen Betreuungspersonen, die Ihnen viel Zeit einräumen, durch körperliche Empfindungen spezifische Grundtatsachen zu erfahren, die Bezug zu ihrer Heilung von überwältigenden Erlebnissen haben. Dazu gehören Empfindungen, die mit »Ermächtigung« in Verbindung stehen wie Kraft, Erdung und Zentrierung. Kraft erfahren

Kinder meist in den Muskeln, in den Knochen, im Magen und im Bauch (innere Stärke). Wenn sie laufen, wegrennen, springen, hüpfen, tanzen, Purzelbäume schlagen und anderweitig in Bewegung sind, erfahren sie die Kraft und Beweglichkeit ihrer Füße. Ein Kind kann seine Kraft durch die Fähigkeit, sich selbst zu verteidigen, erleben und indem es bei Bedrohung die Energie seiner natürlichen Aggression spürt. Das lässt sich beobachten, wenn ein Kind zum Beispiel seine Wirbelsäule aufrichtet, um größer zu wirken. Ebenso, wenn es die Armmuskulatur spielen lässt, um zu signalisieren, dass es jemanden wegstoßen kann, und die Muskeln in den Beinen, um zu zeigen, dass es zutreten kann.

Geerdet zu sein bedeutet, eine feste Verbindung zum Boden zu haben. Ein Kind, das gut geerdet ist, hat auch eine direkte Verbindung zu seinen körperlichen Empfindungen. Das ist das Gegenteil von »Flatterigsein«, Dumpfheit, Unverbundenheit oder dem Gesamtgefühl, außerhalb des Körpers zu sein. Zentriertheit ist das Erleben, in einer ausgewogenen Beziehung zur Schwerkraft mit sich selbst verbunden zu sein. Es ist das Gefühl, dass einen niemand ablenken kann, weder im wörtlichen noch im übertragenen Sinn. Man fühlt sich so gefestigt in seinem Körper, dass einen nichts aus dem Gleichgewicht bringen kann und falls es doch einmal dazu kommen sollte, prallt man zurück wie ein Stehaufmännchen. Im Allgemeinen befindet sich das Gleichgewichtszentrum, dieser innere Ruhepunkt, im Bauch unterhalb des Nabels.

# Reime und Geschichten zur Verhütung und Heilung von Traumata

Die Natur- und Tierreime und die Geschichten im folgenden Abschnitt eignen sich für Kinder im Alter von ungefähr drei bis elf Jahren. Sie können auch etwas ältere oder jüngere Kinder damit ansprechen und sie beliebig an deren Bedürfnisse anpassen. Wir werden unterschiedliche Verse für verschiedene Situationen vorstellen. Vor den Versen finden Sie immer eine Einführung. Beachten Sie bitte die Empfehlungen im Anschluss an den Text, um die Verse so gewinnbringend wie möglich nutzen zu können. Viel Vergnügen!

Tipps zur Anwendung der nachfolgenden Verse:

1. Lesen Sie die Verse erst still für sich.
2. Lesen Sie dann die nach den Versen aufgeführten Notizen mit den Ideen zur interaktiven Nutzung mit Ihrem Kind, um die besten Ergebnisse zu erzielen.
3. Lesen Sie Ihrem Kind die Verse langsam vor und achten Sie auf seine Reaktionen.
4. Achten Sie auf Zeichen von Ihrem Kind und probieren Sie die vorgeschlagenen Übungen aus. Nehmen Sie sich Zeit und helfen Sie Ihrem Kind, seine Empfindungen zu verarbeiten, oder sprechen Sie mit ihm seine Antworten und Fragen durch, je nachdem, was geeigneter erscheint.
5. Übereilen Sie nichts! Lesen Sie dem Kind pro Tag nur ein bis zwei Absätze vor. Verstehen Sie die Verse bitte als Starthilfe und verwenden Sie nur die Teile, die für das Alter, das Entwicklungsstadium und die Situation Ihres Kindes von Bedeutung sind.

Die nachfolgenden Reime und Bilder wollen Sie darin unterstützen, die Entwicklung von Eigenkompetenz bei Ihrem Kind zu fördern. Das erste Gedicht möchte Ihrem Kind durch eine erdende und zentrierende Übung dabei helfen, sich mit seinem Körper zu verbinden.

## *Die Zauberkraft in mir*

Gleich gehen wir spielen,
doch erst noch zeigst du mir,
wie du entdeckst die Zauberkraft in dir.

Nimm dir Zeit, um zu spüren,
und schau dir einmal an,
was dein Körper alles sein kann.

Er kann sich weiten zu einem hohen Baum,
mit Ästen, die zum Himmel reichen,
und Zweigen, die die Wolken streicheln.

Mit Wurzeln an den Füßen und mit Blättern, die im Winde wehen.
Sag mir, wie fühlt sich das an,
eine große Eiche zu sein, mit einem starken Stamm?

*Vorschlag:* Wenn Sie Ihrem Kind den obenstehenden Vers vorgelesen haben, können Sie es auffordern, sich hinzustellen und so zu tun, als ob es selbst die »große Eiche« oder sein Lieblingsbaum sei, falls es einen hat. Geben Sie ihm Zeit zu stampfen und seine Verbindung zum Boden zu erkunden. Es kann so tun, als ob es lange Wurzeln hat, die aus seinen Fußsohlen heraus tief in die Mutter Erde hinein wachsen. Fragen Sie nach, wie es sich anfühlt, Wurzeln zu haben, die so tief in den Grund hinein reichen.

Fortsetzung der Verse:

Du kannst rauschen und sprudeln wie ein reißender Bach.
Hoch von den Bergen kommt das Wasser daher,
es plätschert durch Wiesen und fließt zum Meer.

Wie Wasser strömt Atemluft überall in dir hin.
Ihre Quelle ist im Kopf und sie fließt bis zu den Zehen.
Wenn du zitterst und bebst, so darf das geschehen.

Du bist jetzt mit Erde und Himmel verbunden,
deine Äste hoch oben, deine Wurzeln tief unten.
Geh mit dem Fluss, ob du weinst oder lachst.

Spür deinen Atem und horch, was er macht:
Klingt es nicht beinahe, als ob er singt?
Jetzt bist du bereit, was immer das Leben dir bringt!

*Vorschlag:* Nachdem Ihr Kind seine Verbindung mit dem Boden erforscht hat, lassen Sie es so tun, als ob der Wind durch seine Blätter und Zweige weht. Ermutigen Sie es, seine Arme nach oben zu strecken, sie hin und her zu schwingen, um seine Mitte zu finden, und die Arme zu bewegen, um ihre Widerstandskraft zu spüren. Sie können Ihr Kind auffordern, seine »Äste« von einer Seite zur anderen zu biegen und dabei zu beobachten, wie nahe es sie an den Boden heranbringen kann, ehe es das Gleichgewicht verliert. Laden Sie es wieder und wieder ein, sein inneres Zentrum zu finden. Sie können ihm auch Musik mit unterschiedlicher Geschwindigkeit vorspielen. Es kann verschiedene Tempi und Rhythmen erfahren und sich dabei sanfte Brisen und tropische Stürme vorstellen. Nachdem Sie ihm erst einige Möglichkeiten vorgegeben haben, können Sie das Kind dazu ermutigen, sich eigene Varianten auszudenken. Die Übung kann mit einem einzelnen Kind oder mit einer ganzen Gruppe durchgeführt werden.

Die nächste Reihe von Versen verwendet Metaphern aus dem Tierreich, um ein Kind mit den Ressourcen Energie und Kraft zu versorgen. Ein Kind braucht diese Ressourcen, um ein Trauma in eine positive Erfahrung umwandeln zu können. Wenn es sich zum Beispiel vorstellt, dass es den Furcht einflößenden Säbelzahntiger mit seinem Speer vertreibt, spürt es in seinem Körper die Kraft, sich gegen eine Bedrohung zu verteidigen.

### *Haarige, schaurige Geschichten*

Vor langer Zeit, als wir Menschen weder Autos noch Fernseher hatten,
mussten wir zum Schlafen Höhlen mit Laub ausstatten.
Wir drängten uns eng aneinander, das gab uns die nötige Wärme,
und nachts beobachteten wir die Sterne.
Wir mussten *mutig* sein (tiefe Stimme).

Wir blieben in unserem sicheren Versteck,
von unserer Familie lief damals niemand weg.
Draußen war es unheimlich, dunkel und kalt,
denn es gab Säbelzahntiger und andere wilde Tiere im Wald.

Sie spürten uns auf, wenn wir es wagten, uns ins Freie zu begeben,
denn sie konnten sich schnell, wir uns nur langsam bewegen.
Wir wollten sie vertreiben mit Schreien und Klagen,
dennoch stürzten sie sich auf uns mit hungrigem Magen (Uah!).

Wir entdeckten das Feuer, jetzt konnten wir heizen und kochen.
Doch Essbares fanden wir nur alle paar Wochen.
So schmiedeten wir Waffen und Werkzeug für alle,
von nun an gingen uns die wilden Tiere in die Falle.
Wir konnten unser Leben jetzt besser bestimmen,
und es fiel uns leichter, Gefahren zu entrinnen.

Mit Waffen und Werkzeug zogen wir hinaus in die Sonne,
wir jagten Tiere und wir sammelten – es war eine Wonne!

Wenn der Säbelzahntiger uns zu nahe kam,
griffen wir ihn mit unseren Speeren an.

Jetzt bist *du* dran, den Speer zu erheben:
Stell dir vor, mit Familie und Freunden in der Wildnis zu leben.
Spür *die Kraft* in den Beinen und den Speer in der Hand
und jage den Säbelzahntiger weit übers Land.

Kannst du ihn *spüren*, den Speer in deiner Hand?
Wenn du ihn wirfst, landet er in der Erde oder an der Wand?
Wirf' ihn genau jetzt, *mit all deiner Kraft*
dein *Arm* ist eine Schleuder, zeig mir, was er schafft.

Spür die Kraft in deinen *Beinen*; beim Laufen nimmt sie zu.
Deine Beine sind stark und wollen keine Ruh.
Kannst du fühlen, dass sie wie Sprungfedern schnellen,
während du Tiger jagst und andere wilde Gesellen?

Wie fühlt es sich drinnen an, *groß* und *stark* zu sein?
Den ganzen Tag lang auf die Jagd zu gehen, findest du das fein?
Das macht doch viel mehr Spaß, als wenn sie dich jagen.
Oder würde dir das vielleicht auch behagen?

*Vorschlag:* Legen Sie nach jedem Vers eine Pause ein, um mit Ihrem Kind (oder der Kindergruppe) »so tun, als ob« zu spielen. Achten Sie unbedingt darauf, dass Ihr Kind genügend Zeit hat, um die kraftvollen Gefühle in seinen Armen und Beinen zu spüren, während es vorgibt, den Tiger zu jagen. Sie können es anregen zu hüpfen oder auf der Stelle zu laufen und sich dabei eine Situation vorzustellen, in der es die Stärke und Kraft seines Körpers erfährt. Ermutigen Sie es, seine Gefühle zu beschreiben. Die Idee ist dabei nicht so sehr, dass Ihr Kind läuft oder das Laufen visualisiert, sondern eher, dass es reichlich Zeit erhält, die Empfindungen in seinen Muskeln, seinem Herzen, seinen Lungen etc. zu bemerken. Kinder lieben es, sich zu produzieren, indem sie ihre Armmuskeln spielen lassen. Geben Sie Ihrem Kind die Möglichkeit, seine Stärke zu übertreiben und Ihnen eine Geschichte über eine Situation zu erzählen, in der es sich siegreich gefühlt hat.

Die nächsten Verse über »Hoppel Rasant« werden Kinder darin unterstützen, ihre angeborenen »Flucht«-Ressourcen einzusetzen. Sie machen es ihnen möglich, die Kraft, Lebendigkeit und insbesondere die Energieentladung nach einer erfolgreichen Flucht zu spüren.

### *Wie schnell kannst du laufen?*

Karl Koyotes Magen knurrt, doch er lacht,
denn er hat einen ziemlichen Verdacht.
Deshalb duckt er sich leise ins hohe Gras,
und wartet, dass der Hase vorbeikommt – das wird ein Spaß!

Hoppel Rasant hüpft den Weg entlang,
hält schließlich an einer sonnigen Lichtung an,
um ein wenig Klee zu rupfen
und um sich das Schwänzchen zu putzen.

Koyote springt mit einem großen Satz
auf von seinem geheimen Platz.
Er glaubt, dass Rasant eingeschlafen ist
und dass er ihn mit Leichtigkeit erwischt.

Rasant jedoch hoppelt blitzeschnelle
im Zickzack von der Stelle
und versteckt sich alsodann
in eines hohlen Baumes Stamm.

Koyote setzt fieberhaft hinter ihm her,
doch plötzlich sieht er ihn nicht mehr.
Er denkt: Das gibt es nicht, ich bin doch schlau!
Und zudem gucke ich ganz genau –

doch der Hase bleibt verschwunden.

Bist auch *du* schon einmal weggerannt
und hast dich versteckt, sodass keiner dich fand?
Kannst du sie *spüren*, die Form deiner Beine
und die Kraft darin – du, das ist deine!
Du hast einen Körper, stark und gesund.
Du kannst hochspringen und in die Weite laufen, vorwärts,
rückwärts und rund.

Du sausest dahin und deine Arme schwingen,
während sie mit dem Gegenwind ringen.
Spürst du in der Brust deines Herzens Schlag?
Und dass die Sonne dein Gesicht wärmen mag?
Du sausest dahin – Haare, Hände und Knie fliegen,
dein Verfolger ist weit schon zurückgeblieben.

Jetzt bist du in einem sicheren Versteck,
du hast das Rennen gewonnen, deshalb guckst du so keck.
Hol tief Luft und sage mir dann,
wie fühlt es sich in deinem Bauch und Brustkorb an?
Nun, da du ein sicheres Plätzchen erobert hast
und ausruhen kannst, ohne dass du was verpasst.

Jetzt, nach deinem Sieg, bewegt sich bestimmt viel in dir.
Kannst du es fühlen, sagst du es mir?
Achte auf deinen Atem, wie er kommt und wie er geht.
Du kannst auch schreien, wenn dir der Sinn danach steht.

*Vorschlag:* Sie können die oben stehenden Verse verwenden, um das Bewusstsein für zwei Elemente zu vertiefen, die für die Überwindung eines Traumas bedeutungsvoll sind: das körperliche Bewusstsein für das Entkommen und für die Sicherheit. Geben Sie Kindern im ersten Teil des Reims Zeit, das Empfinden für ihre Kraft zu vertiefen, während sie die instinktiven Kräfte des Laufens und des Springens spüren (und alle weiteren, die auftauchen, wie Ducken, Drehen, Treten, im Zickzack Laufen). Wenn Kinder ihre Bewegung mit Kraft und mit der Fähigkeit verbinden, eine Bedrohung abwenden zu können, entwickeln sie ein Selbstwertgefühl, das aus dem inneren Kern kommt. Das dadurch entstehende Vertrauen bleibt auch erhalten, wenn sie unter Stress stehen, weil es zu einer automatischen »motorischen Erinnerung« geworden ist wie beispielsweise das Fahrradfahren. Im zweiten Teil des Reimes erhalten die Kinder Gelegenheit innezuhalten und zu spüren, wie es sich anfühlt, im eigenen Körper sicher zu sein.

Der Reim fordert die Kinder nun auf, weitere Empfindungen und Orte von Sicherheitsgefühlen in ihrem Körper zu erforschen:

Fühlst du die prickelnde und warme Energie?
Kannst du sie mir zeigen? ... Wo spürst du sie?
Wenn du dich sehr freust und glücklich bist,
weißt du dann, wo dieses Gefühl in dir zu Hause ist?

Und packt dich mal die Angst, wie fühlt sie sich an?
Wo sitzt das Gefühl: Ich will mich verstecken,
damit sie mich nicht erwischen kann?
Wird dein Hals eng, fällt dir das Atmen schwer?
Spürst du Schmerzen? Und dein Bauch, was sagt der?

*Vorschlag:* Legen Sie eine Pause ein und geben Sie Ihrem Kind (oder den Kindern) Gelegenheit, seinen körperlichen Empfindungen nachzuspüren. Regen Sie es an, auf die Körperstellen zu zeigen oder sie zu benennen, wo es Sicherheit und Angst verspürt. Wenn das Kind alt genug ist, um zu malen, können Sie ihm die Umrisse eines Körpers im Stil eines Pfefferkuchenmanns auf ein großes Blatt Papier aufzeichnen. Lassen Sie es dann einige Buntstifte auswählen, mit denen es Wellenlinien und Formen an verschiedenen Stellen dieser Umrisszeichnung anbringen kann, um Gefühle der Sicherheit und der Angst zu markieren. Finden Sie heraus, wie Sie Ihrem Kind helfen können, sich sicherer zu fühlen, falls die Angst überwiegt. Nehmen Sie sich Zeit, ihm beizustehen, in sich »Inseln der Sicherheit« aufzubauen. Sie können ihm zum Beispiel eine Zeit in Erinnerung rufen, wo es sich sicher fühlte oder ihm ein Foto von einem geliebten Familienmitglied zeigen, bei dem es sich geborgen weiß. Das Kind kann auch ein Lieblingsspielzeug oder ein Stofftier halten. Auch Sie können es halten, schaukeln, umarmen etc. oder ihm durch andere Formen sicherer Berührung Zuwendung schenken, auf die es positiv reagiert. Sie können es auch ermutigen, sich mit Kissen und Tüchern oder mit Pappschachteln eine Kuschelecke einzurichten und Verstecken zu spielen.

Der letzte Teil des Reims hilft, Bewegung in Situationen zu bringen, in denen ein Kind in beunruhigenden Empfindungen »stecken geblieben« ist. Die Verse bieten Ihrem Kind spezifische Ratschläge für Situationen an, in denen dies wieder geschieht:

Wenn du zu den Stellen hinspürst, die du benennst und
die du mir zeigst,
fühlen sie sich dann anders an oder bleiben sie gleich?
Ändern sie sich nicht, so zeig ich dir jetzt,
wie du die Gefühle in Bewegung setzt,
die in dir stecken geblieben sind.
Denn so etwas kann ein Kind.

(Du kannst auch für eine Minute oder zwei die Augen schließen.)

Haben sie eine Farbe oder Form, die du erkennst?
Es braucht nicht viel,
wenn du dranbleibst mit dem Schauen, ist es wie ein Spiel.
Deine Gefühle bewegen sich von einem Ort zum andern,
sieh deine Gefühle, sieh wie sie wandern.
Schau, wie die Angst plötzlich spurlos verschwindet,
sodass kein Mensch sie mehr findet.

Stell dir vor, an deinem Lieblingsplatz zu sein.
Dein besonderer Ort ist ruhig und sicher und gehört dir ganz allein.
Wie gefiele es dir, wenn jemand bei dir wär?
Deine Mama, dein Papa, die Puppe, der Bär?
Dein Bruder, deine Schwester, deine Katze oder dein Hund?
Vielleicht sogar Pippi aus der Villa Kunterbunt?
Möchtest du genau jetzt in jemandes Armen liegen?
Du kannst entspannen und leicht atmen, während sie dich wiegen!

Oder hättest du gern einen Menschen bei dir,
der dir ein Taschentuch reicht aus Papier,
falls du weinen musst oder wütend wirst
und einfach mal die Geduld verlierst?
Manchmal tut es gut, wenn man weinen kann,
es ist eigentlich wie lachen, fühlt sich nur ein bisschen nasser an.

*Vorschlag:* Verwenden Sie die Verse zusammen mit den nachfolgenden Empfehlungen, wenn Sie Ihr Kind dabei unterstützen wollen, unangenehme Gefühle wie Bauchschmerzen oder eine Schwere in der Brust aufzulösen. Regen Sie es dazu an, sich eine oder zwei Minuten lang bei offenen oder geschlossenen Augen auf seine Empfindungen zu konzentrieren. Fragen Sie es sanft, ob das »Aua«, »der Schmerz«, »der Stein« oder was immer es erfährt, eine Größe, Form, Farbe oder ein Gewicht haben. Lassen Sie zwischen den Fragen, die Sie an Ihr Kind richten, ausreichend Zeit verstreichen, damit es seine Bilder und Empfindungen in Ruhe spüren und verarbeiten kann. Geleiten Sie es dann zum gegenwärtigen Augenblick und fragen Sie es, wie sich das »Aua« *jetzt* anfühlt. Fahren Sie langsam fort, bis Sie merken, dass die »stecken gebliebene Energie« anfängt, sich zu öffnen, und beobachten Sie genau, ob sich in der Körpersprache Ihres Kindes subtile Veränderungen zeigen (vor allem eine entspanntere Atmung und Körperhaltung). Achten Sie bitte auch auf das, was es sagt.

Nehmen Sie die Antworten Ihres Kindes ernst, wenn es gegen Ende des Abschnitts in den Reimen gefragt wird, wen oder was es bei sich haben möchte. Nehmen Sie sich Zeit, seine Wünsche auszuwerten, und erkunden Sie seine Emotionen. Geben Sie Ihrem Kind Gelegenheit, seine Bedürfnisse herauszufinden, und unterstützen Sie diese, welcher Art sie auch sein mögen. Verstärken Sie vor allem sein Gefühl für Sicherheit und Geborgenheit, indem Sie so etwas wie ein Gefäß sind, das alle Tränen, alle Wut, alle Traurigkeit und Angst aufnehmen kann, die auftauchen mögen. Das bedeutet einfach, ruhig zuzuhören und anzuerkennen, dass Sie für Ihr Kind da sind, was auch immer es fühlen mag. Ihre Aufgabe besteht nicht darin, seine Gefühle wieder »einzurenken«, sondern mit voller Aufmerksamkeit anwesend zu sein, damit es spüren und verarbeiten kann, was bei ihm los ist, sodass sich seine Empfindungen und Gefühle von selbst weiterbewegen, wie es von der Natur vorgesehen ist!

In der nächsten Reihe von Versen zeigt Oskar Opossum, dass die Reaktion des »Einfrierens« (»Sich-tot-Stellen«) ein sehr wichtiger Überlebensmechanismus ist. Wenn Kinder aus einer Situation nicht entfliehen oder weglaufen können, schützt sie diese Reaktion. Menschen werten dieses instinktive Verhalten unglücklicherweise häufig als feige oder schwach. Die Oskar-Opossum-Verse haben den Zweck, Ihr Kind wissen zu lassen, dass sein »Einfrieren« nicht nur normal, sondern sogar pfiffig ist. Wenn es hört, dass Oskar in der Geschichte Karl Koyote überlistet, indem er vorgibt, tot zu sein, wird dadurch zweierlei erreicht: Erstens wird es die Reaktion des »Einfrierens« als etwas Positives und Stärkendes ansehen; zweitens kann ihm die Identifikation mit der Fähigkeit des Opossums, seinen eingefrorenen Zustand ohne Angst vor körperlichen Reaktionen wieder zu verlassen, dabei helfen, sich auch ohne Furcht oder Scham durch die eigenen eingefrorenen Zustände hindurchzubewegen. Dieses Verständnis kann einem Kind, das unfreiwillig solche hilflosen und bedrückenden Seinszustände erfahren hat, ein besseres Gefühl für sich selbst geben. Es ist auch beruhigend, dass diese Gefühle mit ein klein wenig Zeit und Geduld einem »Loslassen« weichen, das sich anfangs zittrig anfühlen mag, bald darauf jedoch zu Erleichterung und vielleicht sogar zu einem Lächeln führt!

Der untenstehende Reim »Oskar Opossum« zeigt Kindern, wie dieser vorübergehend einfriert, um sich selbst zu schützen. Er verdeutlicht ihnen, wie er diesen natürlichen, geschützten Zustand wieder verlässt, wenn »die Luft rein ist«, indem er die gesamte »brodelnde Energie«, die er in sich festhielt, einfach abschüttelt und wegzittert:

### *Oskar Opossum*

Oskar Opossum trottet ganz gemächlich dahin,
während alle anderen an ihm vorüberzieh'n.
Kommt Karl Koyote, hüpft er nicht wie der Hase weg,
nein, er rührt sich nicht vom Fleck
und liegt mucksmäuschenstill,
weil er von Koyote nicht bemerkt werden will.

Einmal noch holt er tief Luft und hält dann
mit *brodelnder* Kraft seinen Atem an,
damit Karl Koyote nun meinen kann,
er sei tot – und der Trick funktioniert!

Willst du mal ausprobieren,
wie Oskar Opossum zu sein?
Roll dich zu einer Kugel zusammen, dann bist du ganz klein.

Du atmest kaum und dich friert.
Du hältst dich fest in dir und wartest darauf,
dass Karl Koyote nichts merkt und fortgeht von hier.

*Vorschlag:* Tun Sie so mit Ihrem Kind, als würden Sie von etwas gejagt, das größer und schneller ist als Sie beide. Fragen Sie Ihr Kind, wovon es »gejagt« werden möchte. Es könnte ein Tiger sein, ein Bär, ein anderes Tier oder ein Monster. Hören Sie beide auf zu laufen und rollen Sie sich stattdessen zu einem festen Ball zusammen. Halten Sie still und seien Sie so leise wie möglich, um das Tier dazu zu bringen, an Ihnen vorbeizulaufen, weil Sie so gut versteckt sind oder wie tot aussehen! Nehmen Sie sich Zeit, die Empfindungen zu erforschen, die Sie beide haben. Sprechen Sie nicht und halten Sie so lange still, wie Sie können, sodass Sie ein Gefühl von Entspannung und Erleichterung haben, wenn Sie schließlich loslassen, weiteratmen und all Ihre Muskeln entspannen.

Die Verse fahren mit Fragen fort, die dazu beitragen, normale gefühlsmäßige Reaktionen zu erforschen, die vor und nach dem Herauskommen aus dem »Einfrieren« entstehen können:

Fühltest du dich schon mal wie von dir selber genarrt?
Wolltest weglaufen und konntest nicht, sondern warst wie erstarrt?
Hast du dich erschreckt, warst traurig oder außer dir?
Kannst du Mama oder Papa erzählen, was du fühltest in dir?

*Vorschlag:* Möglicherweise »eröffnet« Ihr Kind seine wahren Gefühle und Gedanken, nachdem Sie ihm die obenstehenden Verse vorgelesen haben. Räumen Sie ihm genügend Zeit ein, in der es seine Gefühle mitteilen kann. Legen Sie eine Pause ein, beobachten Sie Ihr Kind und hören Sie ihm aufmerksam zu. Heißen Sie alle Varianten von emotionalem Ausdruck willkommen, die auftauchen. Würdigen Sie die Gefühle Ihres Kindes und stellen Sie eine Situation her, in der es sich sicher fühlt. Unterlassen Sie es bitte, seine Gefühle zu bewerten oder sie zu »reparieren«. Dann helfen Sie ihm, sich selbst tiefer zu erforschen. Stellen Sie offene Fragen wie zum Beispiel: »Gibt es noch etwas, das du fühlst?«, oder treffen Sie Aussagen wie: »Erzähle mir bitte, was dich noch daran erschreckt hat«, oder einfach: »Erzähle mir bitte mehr davon.«

Die Verse von Karl Koyote und Oskar Opossum gehen weiter:

### *Du musst keine Angst haben*

Oskar muss sich auf diese Art verstecken,
sonst würde Karl Koyote entdecken,
dass er noch lebt, und ihn vielleicht beißen.

Doch innen drin will Oskar sich dehnen und strecken,
die Lungen entfalten, die Pfoten recken
und eine Höhle graben mitten im Garten.

Er muss nur den kleinen Moment noch warten,
bis Karl Koyote sich trollt.
Jetzt ist er fort! – Oskar Opossum rollt
sich auf, steht auf und fängt an zu zittern.

Er bebt wie die Erde bei starken Gewittern
und schüttelt sich, bis es ihm reicht.
Jetzt fühlt er sich wieder ganz leicht;
er pfeift ein Lied und geht vergnügt seiner Wege.

Der Koyote ist fort! – Steh nun auch du auf und bewege
dich wieder ganz frei. (flüstern)
Schüttle dich in der Sonne und zittere dabei,
ehe du losläufst, hüpfst und stampfst,
ausgelassen herumtollst oder auf der Wiese tanzt.

Spür dein Herz im Brustkorb schlagen –
jetzt bist du in Sicherheit und niemand will dich mehr jagen.

*Vorschlag:* Ermutigen Sie Ihr Kind, so zu tun, als ob es sich schüttelt und zittert. Es soll die Bewegungen anfangs übertreiben, indem es sie dramatisiert. Nachdem es eine Zeit lang Spaß an der aktiven Bewegung hatte, darf es sich hinlegen und ausruhen. Dabei kann es die Energie und das Fließen im Körper wahrnehmen. Das wird ihm helfen, subtilere Empfindungen in sich wahrzunehmen, die höchstwahrscheinlich angenehm und warm sind.

Die nächste Gruppe von Versen mit dem Namen »Die Wackelpudding-Schüssel« ist albern und dafür gedacht, das Gespür für die inneren Empfindungslandschaften spielerisch zu erweitern:

### *Die Wackelpudding-Schüssel*

Wir spielen mal, wir tun als ob
wir Wackelpudding seien.
Die Oma hat uns frisch gekocht
und gießt uns nun in Schüsseln ein.

In rot und grün und mandarin
steh'n wir am Küchentisch
und dampfen leise vor uns hin,
am Herd brät Oma Fisch.

Wir sind schon etwas abgekühlt und machen keinen Mucks,
nun muss der Waldi grad andackeln
und gibt uns mit dem Schwanz 'nen Schubs,
worauf wir alle wackeln.

Es zittern die Hände, es schüttelt der Arm,
laut klopft das Herz und in der Brust wird es warm.
Es wabbelt der Körper, als wär da nichts Festes,
streng dich nicht an, du tust schon dein Bestes!
Das Schütteln geht bis in den Boden hinunter
und alle Schüsseln sind plötzlich ganz munter!

Spür die Vibration in Beinen und Bauch,
sie strömt wie ein Fluss, findest du nicht auch?
Spür die Energie, die deinen Körper bewegt,
sie fließt bis zu den Füßen, auf denen er steht.
Ist es ein gutes Gefühl, Wackelpudding zu sein?
Wer es wieder mal spielen will, hebe ein Bein.

*Vorschlag:* Dichten Sie nun eigene Verse, die für die Situation und die Bedürfnisse Ihrer Kindergruppe passen. Wenn sie alt genug sind, können Sie gemeinsam dichten. Verse wie die obenstehenden können Kindern helfen, körperliche Empfindungen zu erleben, ohne übermäßig geängstigt zu werden. Durch das erhöhte Körperbewusstsein kann die Energieentladung, die erforderlich ist, um wieder ins Gleichgewicht zu kommen, sicher und spielerisch erfolgen.

In dem nun folgenden letzten Abschnitt listen wir sechs Verse über Ereignisse auf, die in jedem Kinderleben auftreten und es in bedeutender Weise ängstigen können. Es ist wichtig, die Reaktionen Ihres Kindes zu überwachen und eine Pause einzulegen, wenn es starke Reaktionen in Form von Erregung, Durcheinandergeraten oder stillem Rückzug zeigt. Geben Sie ihm die Zeit, die es braucht, um zu sprechen, zu fühlen, Bilder zu malen, gehalten oder geschaukelt zu werden, sich frei zu bewegen oder zu spielen.

### *Dinge, die dich erschrecken können*

Es geschieht mit großer Geschwindigkeit
und es bleibt dir keine Zeit,
um wegzulaufen, dich zu verstecken oder um dich zu treten.

Du krampfst dich zusammen und frierst ein wie Eis.
Es kann sein, dass außer dir niemand das weiß.
Was lässt dich erstarren?

Hier eine Liste von einigen Sachen:

1. Du bist mit Opa in der Stadt, ihr kauft ein,
   plötzlich ist er weg und du bist ganz allein,
   du bist noch ziemlich jung und klein.

2. Ihr fahrt in die Ferien an einen See,
   du sitzt im Kindersitz und isst Toffifee.
   Mama vorne singt »Hänschen klein ...« –
   plötzlich fährt ein Auto in eures rein.

3. Du fühlst dich schwach und du bist sehr krank,
   in der Nähe gibt's ein Spital, Gott sei Dank.
   Die Schwester bringt Medizin und eine Spritze hat sie auch,
   da wird es dir ganz schlecht im Bauch.

4. Ihr spielt zusammen mit der Eisenbahn,
   plötzlich kommt ein Erdbeben und der Boden fängt zu zittern an.

5. Das Match während der Pause war echt superheiß,
doch dann mischte sich der Schulschläger in euren Kreis.

6. Nach dem Sturz mit dem Rad war dein Knie voller Blut.
Es wurde genäht und verheilte ganz gut.
Heute sieht man davon fast gar nichts mehr,
doch damals tat es weh und der Arzt erschreckte dich sehr.

Im ersten Teil des Buches bezieht sich ein Kapitel speziell auf Unfälle und Stürze. Darin finden sich auch Reime, welche die Geschichte von einem »Mädchen namens Dory« erzählen, dem ein Missgeschick passierte, als es mit seinem glänzenden neuen Fahrrad unterwegs war. Der Text verwendet keine Metaphern aus dem Tierreich, sondern erzählt eine Geschichte, die ein Kind wirklich erlebt hat. Was die Tierverse für Kinder im zweiten Abschnitt des Buches anbelangt, so hoffen wir, dass sie nur der Ausgangspunkt für Ihre eigenen Reime und Geschichten sind, die Sie mit Ihren Kindern gemeinsam erfinden!

Vielleicht haben Sie sich beim Lesen der letzten Serie von Reimen darüber gewundert, wie geringfügig manche der beschriebenen Szenen Ihnen als Erwachsenen vorkamen. Sollte diese Reaktion bei Ihnen aufgetreten sein, tun Sie sie bitte nicht als unbedeutend ab, sondern lesen Sie die nächsten Absätze und versetzen Sie sich in die Lage eines kleinen Kindes.

## Ein Wort zum Thema Sorgen

Kinder haben ein magisches Vorstellungsvermögen. Wenn etwas Schlimmes geschieht, haben sie durch diese Eigenschaft einen Nachteil. Da sie nicht wie Erwachsene die Möglichkeit haben, sich die nötigen Fakten zu beschaffen, um eine Situation realistisch einzuschätzen, überbordet ihre Fantasie. Kinder malen sich häufig zahlreiche

Szenarien vom Schlimmsten aus, was passieren kann. Van der Kolk (1996) erkannte, dass nach einem Zwischenfall die Sorge um die Sicherheit eines Familienmitgliedes oder Freundes einer der sechs Faktoren ist, die an der komplexen Reaktion eines Kindes auf ein traumatisches Ereignis beteiligt sind. Insbesondere nach einem Unfall oder bei einer Krankheit sind sie über die Leiden und Schmerzen anderer beunruhigt. Kinder fürchten auch um ihre eigene Sicherheit und haben Angst, dass das schlimme Ereignis wiederkehrt. Mitunter entwickeln sie falsche Annahmen, die ihr Sicherheitsempfinden beeinträchtigen. So brachte ein Kind die irrtümliche Überzeugung zum Ausdruck, dass Krebs ansteckend ist.

Kinder werden von ihrem Kummer völlig beherrscht. Deshalb ist es wichtig, dass Sie als beteiligte Erwachsene genau herausfinden, was das Kind quält. Ob Sie Ihr Kind auf einen bevorstehenden chirurgischen Eingriff vorbereiten oder auf eine lange Trennung, es macht sich mit Sicherheit Sorgen, die Sie ansprechen müssen. Manche werden begründet sein, andere vielleicht übertrieben. Erwachsene nehmen üblicherweise mit Verwunderung zur Kenntnis, dass sich die Sorgen Ihrer Kinder recht leicht beruhigen lassen, was daran liegt, dass sie häufig so weit hergeholt sind. So dachte zum Beispiel ein kleiner Junge, als seine Eltern sich scheiden lassen wollten, dass er sein Zuhause verlieren werde. Als seine Eltern ihm schließlich erklärten, dass er nicht sein Zuhause verlieren, sondern ganz im Gegenteil zwei Zuhause haben werde, löste sich sein Kummer in Nichts auf. Wenn Sie Ihrem Kind keine Fragen über seine Kümmernisse stellen, werden Sie nie erfahren, welche unnötige Last es womöglich trägt.

## Zusammenfassung

Im vierten und fünften Kapitel haben wir Ihnen die wesentlichen Werkzeuge an die Hand gegeben, mit denen Sie ein Kind sanft durch seine überwältigenden Empfindungen und Gefühle hindurchgeleiten können. Sie sind die beste Vorsorgemaßnahme und Behandlung eines Traumas, die wir kennen, weil sie an der Wurzel des Problems arbeiten. Sie bewegen ein Kind aus dem Schock heraus und geben ihm sein Gefühl für Lebendigkeit, Kraft und Übereinstimmung mit sich selbst zurück.

Der zweite Teil des Buches vermittelte Ihnen die Grundlagen, wie Sie einem Kind anhand seiner Empfindungen dabei helfen können, ein Trauma durchzuarbeiten. Sie können das, was Sie gelernt haben, in allen Situationen anwenden, die mit Überwältigung verbunden sind. In diesem Teil haben wir auch verschiedene Reime und Verse mit Metaphern aus dem Tierreich zusammengetragen, um Eltern und Kindern zu zeigen, wie sie äußere Ressourcen entwickeln und erweitern können. Was noch wichtiger ist: Wir haben uns die Tiergeschichten ausgedacht, um Kinder darin zu unterstützen, Zugang zu ihren inneren Ressourcen zu finden und sie in ihrem Körper zu vertiefen. Die Geschichten sind zur interaktiven Verwendung gedacht und sollen eine Quelle für Abenteuer, Spaß und Verbundenheit zwischen Eltern und Kindern darstellen.

Im dritten Teil werden wir dieses Grundlagenwissen ausbauen und Anleitungen vorstellen für spezifische, häufig auftretende Situationen, die fast allen Kindern irgendwann im Laufe ihres Heranwachsens begegnen.

Die einzelnen Kapitel im dritten Teil behandeln unterschiedliche Kategorien von potenziell traumatischen Ereignissen und enthalten jeweils vollständige und in sich geschlossene Anleitungen. Sie können Sie daher auch in anderer Reihenfolge lesen. Wir empfehlen Ihnen, erst die Überschriften durchzugehen und die Kapitel dann entsprechend ihrer Relevanz für Ihre derzeitige familiäre Situation zu lesen.

# TEIL III

# LEITFADEN FÜR HÄUFIG AUFTRETENDE SITUATIONEN

Im zweiten Teil des Buches lernten Sie praktische Werkzeuge kennen, mit deren Hilfe Sie die Entstehung von Trauma-Symptomen nach einem überwältigenden Ereignis vermeiden oder gering halten können. Er enthielt sowohl Basisinformation als auch aus praktische Übungen, mit denen wir Ihnen vermitteln wollten, wie Sie eine ruhige Präsenz bewahren, mit der Sie einem Kind in beliebigen Stresssituationen hilfreich beistehen können. Wir haben Ihnen gezeigt, wie Sie ein »gutes Pflaster« sind, Sie lernten die Sprache der Empfindung kennen und erfuhren, dass Sie Kinder durch die Verwendung von Metaphern aus dem Tierreich stärken können. Während der zweite Teil Sie in die Grundlagen einführte, wird Ihnen der dritte Teil Schritt-für-Schritt-Verfahrensweisen zur Deaktivierung von besonderen, eventuell traumatisierenden Situationen zeigen. Da wir im Rahmen dieses Buches nicht alle Arten von Situationen abdecken können, haben wir uns für jene Ereignistypen entschieden, die am häufigsten auftreten und die fast jedem Menschen irgendwann im Laufe der Kindheit begegnen.

Das sechste Kapitel wird Sie über spezielle Erste Hilfe bei Unfällen und Stürzen unterrichten, die ein unvermeidlicher Teil jeder Kindheit sind. Das siebte Kapitel dient der Unterstützung von Eltern und Beratern, die Kindern zur Seite stehen, die mit der schmerzhaften Erfahrung von Trennung und Verlust durch Scheidung, Tod oder Verlassenwerden konfrontiert sind. Das achte Kapitel befasst sich mit Traumata nach sexuellen Übergriffen und Präventionsmöglichkeiten. Das neunte Kapitel schließlich ist ein Leitfaden, um Kinder auf medizinische und operative Eingriffe so vorzubereiten, dass traumatische Reaktionen verringert oder verhindert werden.

# 6
# ERSTE HILFE BEI UNFÄLLEN UND STÜRZEN

Unfälle und Stürze sind wahrscheinlich die häufigste Ursache für eine möglicherweise traumatische Reaktion. Sie sind ein natürlicher Teil des Heranwachsens. Wenn Säuglinge zu Kleinkindern werden, *müssen* sie geradezu fallen, damit sie laufen lernen. Es ist tatsächlich das Gefühl dafür, sich vom Gleichgewicht ins Ungleichgewicht und wieder zurück ins Gleichgewicht zu bewegen, was das Wachstum anspornt. Obwohl Stürze und Unfälle unvermeidliche Gefahrenquellen sind, können wir leicht verhindern, anschließend mit Trauma-Symptomen leben zu müssen. Erinnern Sie sich bitte daran, dass eine Situation, die ein Erwachsener vielleicht als geringfügig ansieht, bei einem Kind auch ohne körperliche Verletzung einen Schock hervorrufen kann. Es kommt durchaus vor, dass Kinder in dem Glauben, es mache ihre Eltern glücklich, wenn sie »nicht verletzt sind« oder »ein großes Mädchen« oder »ein großer Junge« sind und nicht weinen, traumatische Ladung verbergen.

Natürlich haben nicht alle Stürze eine überwältigende Wirkung. Dennoch mobilisieren wir auch bei einem kleineren Sturz unmittelbar »bevor es zu spät ist« zusätzliche Energie und versuchen uns abzufangen. Sowie der Körper spürt, das er das Gleichgewicht verliert, beginnt er mit akrobatischen Übungen, um eine unter Umständen schmerzhafte Landung zu vermeiden. Kleinere Missgeschicke sind auch ohne Verletzung oder Schrecken ein Geschenk, weil sie Ihrem Kind die Gelegenheit geben, sein sensorisches Bewusstsein zu verbessern und »Erste Hilfe« einzuüben. Dies erzeugt eine natürliche Widerstandskraft, eine Art Gerüstetsein für Notfälle, was auch immer das Leben bringen mag.

Auf jeden Fall wird Ihnen der im Anschluss folgende Leitfaden für »Erste Hilfe bei Unfällen und Stürzen« schon etwas vertraut vorkommen, da er sich mit den Grundlagen überschneidet, die Sie im vierten Kapitel unter »Erste Hilfe zur Prävention von Traumata: eine Anleitung in acht Schritten« kennen gelernt haben. Das »alte« Material dient zur Wiederholung der praktischen Details der Trauma-Prävention, die unabhängig vom Ereignis sind; das neue hingegen betrifft insbesondere Unfälle und Stürze. Sie können die folgenden Richtlinien anwenden, wie auch immer Ihre Wahrnehmung von der Schwere des Ereignisses ist. Es steht außer Zweifel, dass Vorsicht besser ist als Nachsicht.

## Unfälle und Stürze

*1. Wenden Sie sich erst Ihren eigenen Reaktionen zu*
*(Wie bereits im vierten Kapitel dargelegt, kann dieser Schritt nicht genug betont werden!)*

Nehmen Sie sich bitte Zeit, um Ihr eigenes Ausmaß an Angst oder Betroffenheit festzustellen. Atmen Sie als Nächstes tief ein und spüren Sie die Gefühle in Ihrem Körper, während Sie langsam ausatmen. Wiederholen Sie das so lange, bis Sie sich gefasst haben und ruhig reagieren können. Ein übermäßig emotionaler oder erdrückender Erwachsener kann ein Kind ebenso oder noch mehr ängstigen wie der Sturz oder Unfall selbst. Denken Sie an die Analogie, »erst die eigene Sauerstoffmaske aufzusetzen«, wenn Sie im Flugzeug neben einem Kind sitzen.

*2. Sorgen Sie dafür, dass das Kind sich nicht bewegt und ruhig ist*

Stellen Sie bitte sicher, dass Ihr Kind angemessen unterstützt wird, wenn es aus Sicherheitsgründen oder wegen der Art seiner Verletzung aufgehoben oder bewegt werden muss. Tragen Sie das Kind und erlauben Sie ihm nicht, sich selbst zu bewegen, auch wenn es das könnte. Denken Sie daran, dass es möglicherweise einen Schock hat und das Ausmaß seiner Verletzung nicht erkennt. Das kann schwierig sein, weil der Körper Ihres Kindes wahrscheinlich einen Adrenalinanschub hat. Setzen Sie Ihre Stimme dezidiert, selbstsicher und mit dem Ton von Autorität ein und überzeugen Sie das Kind auf liebevolle Weise davon, dass Sie für seinen Schutz verantwortlich sind und genau wissen, was zu tun ist. Halten Sie das Kind gut warm, indem Sie ihm einen Pullover oder eine Decke über die Schultern und den Rumpf legen. Wenn das Kind dem Anschein nach eine Kopfverletzung hat, erlauben Sie ihm nicht einzuschlafen, bis ein Arzt sein Einverständnis gegeben hat.

*3. Helfen Sie Ihrem Kind, sich viel Zeit für Sicherheit und Ruhe zu geben*

Das gilt vor allem, wenn das Kind Anzeichen eines Schocks zeigt (trübe Augen, blasse Haut, schnelle oder flache Atmung, Desorientierung, übermäßig emotionales oder allzu ruhiges Affektgeschehen sowie ein Verhalten, als sei nichts geschehen). Erlauben Sie ihm nicht, herumzuspringen und weiterzuspielen. Zeigen Sie sich Ihrem Kind entspannt, ruhig und still, damit es sich danach richten kann und weiß, wie es sich verhalten soll. Sie können ihm auch erklären: »Nach einem Sturz ist es wichtig, eine Zeit lang stillzusitzen oder sich hinzulegen und zu warten, bis der Schock vergangen ist. Mami bleibt solange bei dir, bis das geschehen ist.« Ihre ruhige, selbstsichere Stimme übermittelt dem Kind, dass Sie wissen, was am besten ist, wenn solche Situationen auftreten.

*4. Halten Sie Ihr Kind*

Wenn es sich bei dem Kind um einen Säugling oder ein Kleinkind handelt, werden Sie es vermutlich tragen. Achten Sie unbedingt darauf, dies auf eine sanfte und nicht einschränkende Weise zu tun. Vermeiden Sie starkes Festhalten sowie übermäßiges Tätscheln oder Schaukeln. Es könnte die natürlichen körperlichen Reaktionen und dadurch den Heilungsprozess beeinträchtigen. Wenn Sie ein älteres Kind unterstützen und beruhigen wollen, ohne seinen Prozess zu stören, empfehlen wir Ihnen, Ihre Hand mitten auf den Rücken hinter den Herzbereich oder auf die Außenseite des Oberarms (Musculus deltoideus) nahe der Schulter zu legen. Diese Art von heilender Berührung kann Erdung vermitteln, weil *Ihre* Ruhe sich auf taktilem Weg auf den Körper des Kindes überträgt.

*5. Sowie der Schock abgeklungen ist, lenken Sie die Aufmerksamkeit Ihres Kindes auf seine Empfindungen*
*(Die Schritte fünf und sechs dienen zur Wiederholung des vierten Kapitels und sind das Herzstück der Trauma-Prävention und Trauma-Heilung)*
Die Sprache der Heilung ist die Sprache des Reptiliengehirns – d.h. die Sprache der Empfindung. Fragen Sie Ihr Kind behutsam, wie es sich »in seinem Körper« fühlt. Wiederholen Sie seine Antwort als Frage: »Fühlst du dich gut in deinem Körper?«, und warten Sie auf ein Nicken oder eine andere Reaktion. Werden Sie dann mit der nächsten Frage genauer: »Wie fühlt es sich in deinem Bauch (Kopf, Arm, Bein etc.) an?« Wenn es eine deutliche Empfindung erwähnt, fragen Sie sanft nach der Stelle, an der sie sich befindet, nach ihrer Größe, Form, Farbe und ihrem Gewicht. Halten Sie die Aufmerksamkeit Ihres Kindes beim gegenwärtigen Augenblick, indem Sie es fragen: »Wie fühlt sich der Stein (die Schärfe, der Klumpen, das ›Aua‹, der Stachel) jetzt an?« Wenn es noch zu klein oder zu erschrocken ist, um zu sprechen, bitten Sie das Kind, auf die Stelle zu zeigen, die ihm wehtut.

*6. Sehen Sie zwischen den Fragen eine Stille von ein bis zwei Minuten vor*
Für den Erwachsenen ist dies möglicherweise der schwierigste Teil; für das Kind ist es jedoch der wichtigste. Stille erlaubt, dass ein Zyklus sich vollendet, der vielleicht gerade durch den Körper des Kindes geht, um

einen Energieüberschuss zu entladen. Achten Sie auf Hinweise, die Ihnen zeigen, dass ein Zyklus beendet ist. Das können tiefe, entspannte, spontane Atemzüge sein, das Kind kann aufhören zu weinen oder zu zittern, sich strecken oder gähnen, lächeln, Blickkontakt herstellen oder abbrechen. Halten Sie inne, um festzustellen, ob ein neuer Zyklus beginnt oder ob Sie den Eindruck haben, dass es für den Augenblick genug ist.

7. *Beginnen Sie während der anfänglichen Ersten Hilfe keine Diskussionen über den Unfall oder Sturz*

Fangen Sie keine Diskussionen über das Missgeschick an, indem Sie Fragen stellen, um Ihre eigene Neugier zu stillen, weil Sie Angst haben oder meinen, »es wissen zu müssen« ... Die »Geschichte« ist nämlich in der Lage, die Ruhe zu stören, die das Kind braucht, um durch unwillkürliche Empfindungen seinen Energieüberschuss zu entladen. Später hat das Kind vielleicht Lust, eine Geschichte darüber zu erzählen, ein Bild zu malen oder den Vorfall durchzuspielen. Wenn das Kind viel Energie mobilisiert hat, wird die Lösung fortdauern. Der nächste Zyklus ist womöglich so subtil, dass Sie ihn kaum wahrnehmen können, doch fördert Ruhe die vollständige Heilung eher als sprechen oder spielen. Sie erlaubt dem Körper, sanft zu vibrieren, Hitze abzugeben, die Gesichtsfarbe zu ändern etc., während das Nervensystem in den Entspannungszustand zurückkehrt. Diese Veränderungen geschehen auf natürliche Weise. Sie müssen nur für eine ruhige, stille Atmosphäre sorgen! Das kann eine Herausforderung sein, wenn sich Familienmitglieder um das Kind scharen und fragen, was passiert ist. Daraufhin können Sie einfach und freundlich antworten: »Nicht jetzt ... Wir werden später darüber sprechen, wenn deine Schwester sich ein wenig ausgeruht hat.« Mit dem Kind (oder in seinem Beisein) über die Details des Unfalls zu sprechen, kann die bereits bestehende Aktivierung des Nervensystems durch eine zusätzliche Schicht unnötiger Angst verschlimmern. Das kann den Heilungsprozess zum Scheitern bringen! Wenn Geschwister ihrer Fürsorge Ausdruck geben wollen, können sie genauso etwas Beruhigendes sagen, zum Beispiel: »Bleib ganz ruhig, dann bist du bald wieder okay« oder: »Es ist in Ordnung, dass du weinst, kleiner Bruder ... das hilft dir, dich wieder besser zu fühlen.« Unterlassen Sie es, das Kind durch Äußerungen wie »Ich habe dir gesagt, dass du dir wehtun wirst, wenn du auf der Treppe spielst!« zu beschämen. Vermeiden Sie auch Bewertungen wie zum Beispiel: »Was bist du für ein ungeschicktes Kind!«

*8. Bestätigen Sie weiterhin die körperlichen Reaktionen Ihres Kindes*
Widerstehen Sie dem Impuls, die Tränen oder das Zittern Ihres Kindes stoppen zu wollen. Bleiben Sie jedoch in Kontakt damit und erinnern Sie Ihr Kind daran, dass der Vorfall jetzt vorüber ist. Um ins Gleichgewicht zurückzukehren, müssen die Stressempfindungen des Kindes so lange andauern, bis sie von selbst aufhören. Das dauert üblicherweise eine bis mehrere Minuten. Studien haben ergeben, dass Kinder, die nach einem Unfall in der Lage sind, zu weinen und zu zittern, weniger Probleme haben, sich davon zu erholen. Ihre Aufgabe besteht darin, das Kind mit ruhiger Stimme und sicherer Hand wissen zu lassen, dass es »gut ist, all das abzuschütteln, was so viel Angst gemacht hat«. Entscheidend ist, dass Sie es weder unterbrechen noch ablenken, indem Sie es zu sehr festhalten oder sich zu weit von ihm entfernen.

Bei kleineren Unfällen und Stürzen dürften die eben beschriebenen Schritte ausreichen. Sie können diese relativ einfache Anleitung zur emotionalen Ersten Hilfe direkt am Unfallort durchführen. Hat sich Ihr Kind zum Beispiel beim Skaten auf dem Gehsteig vor dem Haus den Knöchel verrenkt, so schnappen Sie sich einfach Eisbeutel und Decke und versorgen das Kind an der Stelle (wenn sie sicher ist), an der es gestürzt ist.

Es kann zwischen fünf und zwanzig Minuten dauern, bis die gesamten physiologischen Zyklen vollendet sind. Dabei ist es nicht ungewöhnlich, dass das Kind zu zittern anfängt, *nachdem* es Eisbeutel und

Decke erhielt, weil es sich nun versorgt und sicher fühlt. Nach einer Pause von wenigen Minuten klappert das Kind vielleicht mit den Zähnen und/oder Tränen der Befreiung laufen ihm über die Wangen, ehe ein Seufzer der Erleichterung den Zyklus vollendet.

Wenn durch den Sturz oder Unfall ein medizinischer Notfall entsteht, kann ein Elternteil die Erste Hilfe leisten, während das Kind zu einer medizinischen Einrichtung oder ins Krankenhaus gefahren wird. Hat das Kind seine überschüssige Energie erst einmal entladen, können Sie es darauf vorbereiten, was es in der Arztpraxis zu erwarten hat.

Seien Sie achtsam bei der Wahl Ihrer Worte, wenn Sie das Kind auf die medizinische Behandlung vorbereiten. Verwenden Sie einfache und ehrliche Formulierungen, die sich auf das Kind positiv auswirken. Eine Möglichkeit ist, dem Kind die therapeutische Wirkung der Maßnahmen zu erklären. Wenn es zum Beispiel genäht werden muss, können Sie ihm sagen, dass die Stiche das »Aua« schneller heilen lassen. Sprechen Sie darüber, was Sie tun werden, um seine Aufmerksamkeit vom Schmerz abzulenken, und üben Sie es gemeinsam ein. Lassen Sie das Kind zum Beispiel Ihren Arm drücken und sich dabei vorstellen, dass mit jedem Druck eine spezielle »Betäubungscreme« den Schmerz wie einen Ballon wegfliegen lässt.

### Achtsame Wortwahl

Sprechen Sie mit einem Kind, dem etwas zugestoßen ist, in einfachen, aufrichtigen Worten, die es versteht. Sagen Sie ihm als Erstes, was Sie sehen, und erwähnen Sie nachdrücklich, dass Sie sich in seine Lage einfühlen können.

Helfen Sie dann vermittels Ihrer Worte

- eine Beziehung herzustellen, indem Sie den Vorfall voller Mitgefühl bestätigen,
- sicherzustellen, dass das Kind sich geborgen und mit anderen verbunden fühlt und nicht allein ist,

- dem Kind die Sicherheit zu geben, dass das Unglück vorbei ist (wenn es das ist!),
- die Zeit von der Vergangenheit in die Gegenwart »weiterzubewegen«, indem Sie das Kind anleiten, seine Empfindungen wahrzunehmen, bis Entladung und Veränderung eintreten,
- dem Kind, sich an seine Ressourcen zu erinnern.

Wenn ein Kind von einem Sturz eine kleine, aber stark blutende Wunde davongetragen hat, können Sie in etwa sagen: »Der Sturz kam ja wirklich plötzlich, hm? Diese kleine Wunde blutet ganz schön stark! Lass sie uns gut reinigen und dann halte ich dir einen kühlen Lappen drauf, damit sie aufhört zu bluten und sich besser anfühlt. Dann kannst du dir ein Pflaster in deiner Lieblingsfarbe aussuchen. Ich weiß, wie man mit Wunden umgehen muss, deshalb bist du auch bald wieder heil.«

Nachdem Sie die unmittelbaren Verletzungsfolgen versorgt haben, achten Sie bitte auf körperliche Hinweise wie blasse Haut, kalte, schweißnasse Handflächen, beschleunigte Atmung und weitgeöffnete Augen. Ihr Kind ist wahrscheinlich noch etwas benommen und sollte sich setzen oder hinlegen. Sie könnten sagen: »Das Schlimmste ist vorbei; deine Wunde fängt schon an zu heilen! Aber du bist noch ein bisschen durcheinander, Liebes ... Papa bleibt hier bei dir, bis das (zittrige oder taube etc.) Gefühl vorbei ist. Es kann sein, dass dir ein bisschen kalt wird; vielleicht bist du auch aufgeregt oder fühlst dich wackelig ... oder sogar ein bisschen albern. Es kann auch sein, dass noch mehr Tränen kommen. Ich bleibe bei dir (oder du kannst auf meinem Schoß sitzen bleiben), bis die allerletzte Träne (oder das Zittern oder Frösteln) versiegt (oder vorbei) ist. Dann denken wir uns eine alberne Geschichte aus (oder malen ein Bild, falls Ihr Kind das lieber mag) und erzählen sie der Mama, damit sie auch erfährt, was dir zugestoßen ist.«

## Die Bedeutung von Berührung bei der Unterstützung eines Kindes mit Schock

Sie unterstützen die auftauchenden körperlichen Reaktionen Ihres Kindes am wirkungsvollsten, wenn Sie vor allem darauf achten, den natürlichen Rhythmus, mit dem es sich aus dem Schock herausbewegt, nicht zu unterbrechen. Wenn Sie einen Säugling oder ein Kleinkind haben, halten Sie es sicher auf Ihrem Schoß. Wenn das Kind schon größer ist, können Sie ihm eine Hand auf die Schulter, den Arm oder die Mitte des Rückens legen. Die körperliche Nähe eines fürsorglichen Erwachsenen kann einem Kind helfen, sich sicherer zu fühlen. Achten Sie jedoch darauf, das Kind nicht zu fest oder auf eine Weise zu halten, die seine natürliche Entladung behindert. Bei einer Berührung besteht die Absicht vor allem darin, dem Kind

- Sicherheit und Wärme zu vermitteln, damit es weiß, dass es nicht allein ist,
- Verbindung zu einer geerdeten, zentrierten und erwachsenen Präsenz zu ermöglichen,
- das Vertrauen zu vermitteln, dass Sie dazu fähig sind, ihm bei der Hingabe an seine Empfindungen, Emotionen und unfreiwilligen Reaktionen eine Stütze zu sein, und dass Sie seinen Prozess, in dem es sich auf Lösung und Entspannung zubewegt, nicht aufgrund eigener Ängste unterbrechen werden,
- das Vertrauen in seine angeborene Weisheit zu vermitteln. Das erlaubt seinem Körper, sich zu entspannen, während er sich auf seine Art und in seiner eigenen Geschwindigkeit auf Lösung und Heilung zubewegt.

Machen Sie sich bewusst, dass Ihrem Kind in jeder Altersstufe der Vorteil von Millionen Jahren an Evolution zugute kommt. Die Überlebensmechanismen seines Reptiliengehirns sind am Werk; sie verlangen keine Worte, Gedanken oder Vorbereitung. Diese Mechanismen brauchen einfach nur einen Erwachsenen, der die Sprache dieser alten

Weisheit versteht, um sie dann zu unterstützen anstatt sie zu unterbrechen, während die Empfindungen sich mit der Zeit verändern und das Nervensystem in seinen gesunden Zustand zurückkehrt.

## Keine Überraschungen

Da wir soziale Lebewesen sind, achten wir auf unsere gegenseitigen Hinweise, um insbesondere im Notfall den Ernst der Situation einschätzen zu können. Ihre Kinder lesen nicht nur Ihre Hinweise, sondern beziehen ihr Sicherheitsgefühl daraus. Nach Schätzung der jüngsten neurobiologischen Forschung im Bereich Trauma und posttraumatische Belastungsstörung erfolgen 38 Prozent unserer Kommunikation vom Hals aufwärts. Was bedeutet das für unsere Kinder? Auf die praktische Anwendung bezogen heißt das, dass der Blick ins Gesicht eines Erwachsenen entweder zur Sicherheit oder zum Entsetzen beiträgt.

Um unnötige Aufregung durch Ihre eigenen weit aufgerissenen Augen zu vermeiden (wenn Sie eigentlich ein zuverlässiger Anker sein wollen), sollten Sie sich mit dem vertraut machen, was Sie zu erwarten haben. Werden Sie auf Ihre eigenen unfreiwilligen Reaktionen aufmerksam. Im modernen Leben wimmelt es geradezu vor Gelegenheiten, Erste Hilfe an sich selbst auszuprobieren. Sie können zum Beispiel, wenn es beinahe zu einem Zusammenstoß gekommen wäre, Ihr Fahrzeug an eine sichere Stelle am Straßenrand fahren und Ihren Empfindungen nachspüren, bis Sie ein Gefühl von Erleichterung und Beendigung haben. Dasselbe können Sie auch tun, wenn Sie in den Medien Gewalt miterlebt haben, gestürzt sind, sich verletzt haben, eine schockierende Nachricht erhalten oder mit einem anderen stressigen Ereignis konfrontiert sind. Sogar während eines gruseligen Kinofilms können Sie Ihren Empfindungen nachspüren.

Ob Sie Ihre eigenen Reaktionen oder die eines Kindes beobachten, Sie werden in den allermeisten Fällen Schütteln, Zittern, Tränen, Vibrationen, Kälte oder Hitze feststellen. Schaffen Sie eine ruhige Atmosphäre, sprechen Sie mit beruhigender Stimme und verwenden Sie nur wenige Worte wie: »Das ist in Ordnung«, »Es ist ganz normal ... zu fühlen«, »Lass das Schütteln einfach geschehen.« Wenn das Zittern, Weinen etc. aufhört, bestätigen Sie bitte die emotionalen Reaktionen Ihres Kindes. Lassen Sie das Kind wissen, dass alles, was es fühlt, in Ordnung ist und dass Sie bei ihm bleiben, um ihm zuzuhören. Widerstehen Sie der Versuchung, ihm/ihr die Angst, Traurigkeit, Wut, Verwirrung, Schuld oder Scham »auszureden«, um eigene Unannehmlichkeiten zu vermeiden. Vertrauen Sie darauf, dass Ihr Kind sich durch diese Gefühle hindurchbewegen wird, wenn es Unterstützung erhält. Davon ausgenommen sind Situationen, in denen Eltern Ihr Kind aktiv beruhigen und ablenken müssen, um es auf einen medizinischen Eingriff wie eine Operation vorzubereiten. In so einem Fall hat der Einfallsreichtum der Eltern Vorrang, um dem Kind zur Entspannung zu verhelfen.

## Die Kraft der Sprache

Dramatische Ereignisse, die aus heiterem Himmel geschehen, sind so geartet, dass sie Menschen in einen veränderten Zustand versetzen, in dem sie besonders empfänglich sind für therapeutische Suggestionen. Kleinkinder, Vorschul- und Grundschulkinder haben diese Neigung einfach aufgrund der Natur ihres Kindseins. Und natürlich befinden sie sich bei medizinischen Eingriffen, die eine Betäubung erfordern, in einem herbeigeführten veränderten Zustand. Klug gewählte Worte sowie die Wahl des richtigen Zeitpunkts und der Klang der Stimme beim Sprechen haben die Fähigkeit, den Heilungsprozess zu beschleunigen oder zu erschweren und zu gefährden. Das gilt für jede Art von beängstigendem Ereignis.

In dem von Judith Acosta und Judith Prager geschriebenen Buch *The Worst is Over ... What to Say When Every Moment Counts* zitieren die

Autorinnen zahllose Beispiele von verbaler Erster Hilfe, die sich als Rettung in hoffnungslosen Situationen erwiesen. Sie vermochten es sogar, ernsthafte Blutungen zum Stillstand zu bringen und die Bildung von Narbengewebe bei Brandopfern zu verhindern! Wir wissen, wie leicht uns Worte beruhigen oder in Anspannung versetzen können. Worte können ein gewöhnliches Ereignis in ein romantisches verwandeln, den Blutdruck erhöhen oder senken und Lachen oder Weinen hervorrufen.

## Übung: **Die Heilkraft von Worten erfahren**

Worte sind nicht nur in dem Moment mächtig, in dem sie ausgesprochen werden; in Zeiten, in denen wir offen und verletzlich sind, graben sie sich in unser Gedächtnis ein. Nehmen Sie sich einen Augenblick Zeit, um sich Worte in Erinnerung zu rufen, die die Höhen und Tiefen Ihres Lebens geformt haben. Das vermittelt Ihnen ein auf Erfahrung beruhendes Verständnis davon, wie durchdringend Worte sind und wie sehr sie Ihr Leben geprägt haben.

### Teil I

A) Gebrauchen Sie all Ihre Sinne und schreiben Sie in einem oder zwei Absätzen Ihre gesamten Erinnerungen an einen netten Menschen nieder, der Sie durch Worte, Berührungen, Gesten und/oder Handlungen tröstete oder beruhigte, nachdem sich etwas Schreckliches zugetragen hatte. Rufen Sie sich bitte so genau wie möglich in Erinnerung, was es war, das zur Besserung Ihres Befindens beitrug und dazu führte, dass Heilung möglich wurde.

B) Finden Sie einen bequemen Ruheplatz. Erinnern Sie sich an das, was Sie gerade aufgeschrieben haben, und nehmen Sie wahr, wie Sie sich in Ihrem Körper fühlen. Nehmen Sie sich Zeit, um sich auf Ihre Empfindungen, Emotionen, Gedanken und Bilder zu konzentrieren. Stellen Sie fest, was mit Ihrem Körperausdruck und Ihrer Körperhaltung geschieht, während Sie sich in diese Erfahrung sinken lassen. Stellen Sie fest, aufgrund welcher Empfindungen Sie wissen, dass diese Erinnerung angenehm war!

Es ist durchaus möglich, dass auch eine unangenehme Erfahrung auftauchte, während Sie die Übung durchführten. Das liegt daran, dass die Amygdala, das ist der Teil des Gehirns, der sich solche Erinnerungen einprägt, keine Unterscheidungen trifft. Intensive emotionale Erfahrungen werden erfasst, gleichgültig, ob sie angenehm oder unangenehm sind. Es kann sein, dass Sie sich an eine unsensible Behandlung in einer Situation erinnern, in der es nötig gewesen wäre, dass Sie genährt werden. Das kann besonders schmerzlich sein, wenn es ein Elternteil oder ein nahestehendes Familienmitglied war, das nicht verstand, was Sie gebraucht hätten.

Wenn das der Fall ist, laden wir Sie ein, die folgende Übung auszuprobieren, um eine stärkende Erfahrung zu machen. Indem Sie Ihre eigenen Wunden heilen, verringert sich die Wahrscheinlichkeit, dass Sie auf Ihr Kind blind reagieren und Familienmuster wiederholen. Vielleicht lesen Sie genau aus diesem Grund dieses Buch!

### Teil II

A) Gebrauchen Sie all Ihre Sinne und schreiben Sie in einem oder zwei Absätzen Ihre gesamten Erinnerungen an einen unsensiblen Menschen nieder, durch dessen Worte, Berührungen, Gesten und/oder Handlungen Ihr Befinden sich noch verschlimmerte, anstatt sich zu beruhigen, nachdem sich etwas Schreckliches ereignet hatte.

B) Erlauben Sie nun einem neuen Bild, das zuvor beschriebene Bild und die damit verbundenen Worte, Empfindungen, Gefühle etc. auszulöschen, ohne dass Sie einen weiteren Gedanken darauf verwenden. Bitte bewerten Sie das auftauchende Bild nicht. Erlauben Sie der neuen Szene, so viele heilende Details wie möglich für Sie bereitzustellen. Gestatten Sie sich, all die Worte zu hören und all die Handlungen zu sehen, die Sie damals gebraucht hätten und die jetzt da sind – in diesem Augenblick, genau so, wie Sie es jetzt für Ihr Kind tun würden. Welche Worte, Berührungen, Gesten und Handlungen bringen Ihnen Erleichterung? Was genau vermag Sie zu trösten und Ihr Befinden zu bessern und die Wunden der Vergangenheit zu lindern?

C) Finden Sie einen bequemen Ruheplatz. Erinnern Sie sich an Ihr stärkendes Bild und nehmen Sie wahr, wie Sie sich in Ihrem Körper fühlen. Nehmen Sie sich Zeit, um sich auf Ihre Empfindungen, Emotionen, Gedanken und Bilder zu konzentrieren. Stellen Sie fest, was mit Ihrem Körperausdruck und Ihrer Körperhaltung geschieht, während Sie sich in diese Erfahrung sinken lassen. Stellen Sie fest, aufgrund welcher Empfindungen Sie wissen, dass diese neue Erinnerung, die sich Ressourcen zunutze macht, die Ihnen als erwachsenem Menschen zur Verfügung stehen, angenehm ist!

### Emotionale Reaktionen

In ernsthafteren oder komplexen Situationen kann Ihr Kind länger anhaltende emotionale Reaktionen zeigen, die Zuwendung brauchten. Ebenso wie Erwachsene empfinden Kinder es häufig als peinlich, wenn sie stürzen, insbesondere vor Gleichaltrigen. Sie schämen sich vielleicht oder fühlen sich schuldig, vor allem dann, wenn durch den Unfall ein Schaden an Eigentum oder Kleidung entstanden ist. Womöglich haben sie so ein Gefühl auch wegen medizinischer oder anderweitig anfallender Kosten.

Die emotionale Erste Hilfe löst Ihr Kind auf sanfte Weise aus dem Schock heraus. Wenn sie beendet ist und das Kind sich erholt und beruhigt hat, setzen Sie sich eine Weile mit ihm hin, um über seine Gefühle zu sprechen. Das kann noch am gleichen Tag sein, am darauffolgenden Tag oder wann immer neue Emotionen auftauchen. Zusätzlich zu Scham und Schuld fühlen Kinder häufig Wut, Traurigkeit und Angst. Helfen Sie Ihrem Kind zu begreifen, dass diese Gefühle normal sind. Hören Sie genau zu und spiegeln Sie Ihrem Kind, was es gesagt hat, damit es weiß, dass Sie es gehört und verstanden haben. Sehen Sie davon ab, es auf seine Gefühle festlegen oder sie verändern zu wollen. Vertrauen Sie darauf, dass die Gefühle sich von selbst verändern, wenn Sie sich gemeinsam mit Ihrem Kind »eine Auszeit nehmen«. Dadurch wird das Unbehagen erträglicher.

Wenn sich Ihr Kind durch die Verbindung, die Sie zu ihm hergestellt haben, wirklich verstanden fühlt, wird es empfänglich sein für Inspiration und Führung. Jetzt könnte es hilfreich sein, ihm von einem ähnlichen Ereignis zu erzählen, das Sie selbst oder Leute, die Sie kennen, erlebt haben. Es gibt auch die Möglichkeit, sich Geschichten und Reime auszudenken, wie wir sie Ihnen bereits vorgestellt haben. Die folgende Geschichte von Dory, die mit ihrem Fahrrad schlimm gestürzt ist, haben Sie bereits im zweiten Kapitel gelesen. Sie können diese Geschichte gemeinsam mit dem Kind als Ausgangspunkt für eigene Geschichten verwenden. Es steht Ihnen frei, sie an das Alter Ihres Kindes, seine Bedürfnisse und die jeweilige Situation beliebig anzupassen. Sie können die Geschichte auch als Werkzeug für die »Einschätzung« einer Situation verwenden. Lesen Sie dem Kind die Geschichte langsam vor und achten Sie auf seine Reaktionen und auch darauf, was es dazu zu sagen hat. Werden seine Augen groß wie Untertassen? Versteift sich sein Körper? Sagt es: »Ich mag diese Geschichte nicht«, und versucht das Buch zuzuklappen? Wird es unruhig und nervös? Wenn das Kind sich an manchen Stellen damit identifiziert, wie Dory auf den Sturz reagiert hat, besteht die Wahrscheinlichkeit, dass es einen ähnlichen Vorfall erlebt hat. Wenn Sie eine Reaktion beobachten, helfen Sie Ihrem Kind, die Empfindungen und Emotionen zu fühlen, mit denen es ringt, indem Sie als ruhiger, unvoreingenommener, nicht urteilender Zeuge bei ihm bleiben, bis sie sich zu verändern beginnen.

Nachdem Sie dem Kind die Geschichte vorgelesen haben, kann es Bilder dazu malen und eine eigene Bildergeschichte entwerfen. Wenn es dafür noch zu klein ist, lassen Sie das Kind Farben aussuchen und auf ein Blatt Papier kritzeln, wie es sich fühlt. Bieten Sie ihm eine Auswahl an Farben an und malen Sie ihm unterschiedliche Arten von Linien wie Kringel, Kreise, Zacken, Wellenlinien und Geraden vor. Es wird automatisch auf eine Weise malen, die seine Gefühle reflektiert. Weitere Tipps, um Ihr Kind bei der Bearbeitung von Stürzen und Unfällen zu unterstützen, folgen. Aber lassen Sie uns erst einmal ansehen, wie es einem Mädchen bei der ersten Fahrt auf seinem neuen Fahrrad erging:

### *Ein Mädchen namens Dory*

Zu den vielen Geschichten auf dieser Welt
gehört auch jene, die von Dory erzählt.
Willst du sie hören, so lehn dich gut an
und mach's dir bequem, sodass es losgehen kann.

Dory war ein Mädchen, das hatte einen Traum,
der größer noch war als ein Apfelbaum.
Ein knallblaues Fahrrad wünschte sie sich so sehr,
sie dachte an gar nichts anderes mehr.

Am Geburtstag endlich war es so weit,
Dory stand am Fenster im Festtagskleid.
Sie sah im Garten ihr neues Fahrrad stehen,
es leuchtete, es glänzte und es war wunderschön.

Hinauf auf das Rad, hinab die Straße, in der sie wohnte,
Dory trat in die Pedale, so fest sie nur konnte.
Noch schneller als der Wind wollte sie heute sein
und übersah dabei am Wegrand den Stein.

Die Räder verloren den Halt auf der Straße,
mit einem Knall fiel Dory auf Knie und Nase.
Auf dem Kleid, dem feinen, war ein staubiger Fleck,
ihre Knie waren beide mit Blut bedeckt.

Wenn ein Kind sich so wehtut, möchte man meinen,
dass es gleich anfängt, ganz heftig zu weinen.
Doch Dorys Atem blieb stecken und ihre Stimme blieb stumm,
ihr Körper wurde steif wie der von Oskar Opossum.

Später am Tag fühlte Dory sich schlecht,
sie war auch ganz traurig und nichts war ihr recht.
Das Rad fuhr so schnell, sie konnte gar nichts mehr tun
als hinzufallen mit einem mächtigen »Bumm«.

»Ich habe nichts falsch gemacht«, dachte Dory sich noch,
aber irgendwie schuldig fühlte sie sich doch.
Würde *dir* einmal so etwas wie Dory geschehen,
was würdest *du* machen, kommen dir Ideen?

*Vorschlag:* Nehmen Sie sich Zeit dafür, sich mit Ihrem Kind darüber zu unterhalten, wie es mit einer ähnlichen Situation umgehen würde. Rufen Sie ihm die Lektionen in Erinnerung, die es an früherer Stelle durch Karl Koyote und Oskar Opossum gelernt hat, unseren Freunden aus dem Tierreich, und wiederholen Sie, wie wichtig es ist, Empfindungen und Gefühle frei durch den Körper fließen zu lassen.

Schüttel dich, rüttel dich, dann kannst du springen,
dich verstecken wie ein Hase, in der Sonne dich schwingen.
Du kannst weinen und lachen, singen und fühlen,
tanzen, ein Rad schlagen oder Fußball spielen.

## Mit Geschichten arbeiten

An früherer Stelle in diesem Kapitel erhielten Sie eine Anleitung in acht Schritten, die Ihnen dabei hilft, die Entstehung von Trauma-

Symptomen im Anschluss an einen Unfall zu vermeiden. In vielen Fällen ist das ausreichend. Wenn das Ereignis für Ihr Kind jedoch besonders bedrohlich war, können sich trotz Ihrer besten Bemühungen Symptome entwickeln. Das kann vor allem dann der Fall sein, wenn das aktuelle Ereignis Erinnerungen an eine frühere Situation wachruft, in der das Kind aufgrund seines Alters noch verletzlicher war. Denken Sie bitte daran, dass der Körper Dinge aufzeichnet und speichert, obwohl Säuglinge und Kleinkinder keine bewusste Erinnerung daran haben mögen, die sich in Worte fassen lässt. Für Erfahrungen aus der vorsprachlichen Phase der frühkindlichen Entwicklung gibt es keine zugehörigen Worte. Deshalb sind Erwachsene über intensive Reaktionen häufig verwirrt, weil sie scheinbar in keinem Verhältnis zur Natur des Ereignisses stehen. Es ist wichtig, dass Sie die Reaktionen Ihres Kindes ernst nehmen. Sie übermitteln möglicherweise eine frühere ungelöste Begebenheit, für die gerade jetzt eine günstige Gelegenheit zur Bewältigung entstanden ist!

Wenn Sie mit Geschichten arbeiten, gilt allgemein, dass Sie als Erwachsener die Geschichte zuerst so erzählen müssen, wie sie sich aus Ihrer Perspektive zugetragen hat. Im nächsten Schritt können Sie das Kind einladen, die Geschichte zu ergänzen oder seine Version zu erzählen. Ein Kind, das sich anfangs nur widerwillig am Gespräch beteiligt, schaltet sich üblicherweise gern ein, um den Erwachsenen zu korrigieren und zu sagen: »Nein, es stimmt nicht, dass ...; ... so war es in Wirklichkeit!«

Manchmal ist es besser, für das Kind in der Geschichte einen anderen Namen zu verwenden, vor allem, wenn es noch sehr klein ist. Das kann anfangs dazu verhelfen, den notwendigen Abstand zum Ereignis herzustellen. Achten Sie darauf, in der Geschichte einige der Komponenten, die Ihr Kind erschreckt haben, nacheinander zu benennen. Ist Ihr Kind zum Beispiel die Treppe hinuntergefallen, sorgen Sie dafür, die Treppe einzubeziehen, wenn das Kind sie auslässt. Achten Sie auf die Reaktionen Ihres Kindes und unterbrechen Sie die Geschichte, um es bei Empfindungen und Emotionen zu unterstützen, die ausgelöst werden. Wenn es ängstlich reagiert, richten Sie sich nach den Schritten, die wir für die Erste Hilfe empfohlen haben. Erkundigen Sie sich beispielsweise nach der Körperstelle, an der es die beängstigenden Gefühle spürt, und fragen Sie es nach deren Farbe, Größe oder Form. Erinnern Sie Ihr Kind daran, dass Sie da sind und bei ihm bleiben werden, um seinen Empfindungen zu folgen, bis sie ihre Form und Größe verändern und schließlich verschwinden! Es folgen nun Hinweise, wie Sie Ihr Kind besonders nach Unfällen und Stürzen durch Spielen begleiten können.

## Anregungen für spezielle Situationen

### Die Arbeit mit Stürzen, wenn noch Trauma-Symptome vorliegen

Beim Durcharbeiten von Stürzen können große, weiche Kissen eine Hilfe sein, die Ihrem Kind Gelegenheit geben, sicheres Fallen zu üben. Unterstützen Sie das Kind zuverlässig mit Ihren Händen und geleiten Sie es sanft zu einem langsamen Fallen; legen Sie eine Pause ein, wenn das Kind sich versteift oder Angst bekommt. Häufig ist es am besten, im Sitzen zu beginnen und das Kind erst sachte von Seite zu Seite zu schaukeln und dann vor und zurück. Danach kann es sich erst ein wenig in Ihre unterstützenden Arme »fallen« lassen und schließlich aus dem Stand in die Kissen.

Diese Art »Spiel«, die mit einem geführten Fallen mit sicherer Landung einhergeht, trägt zur Entwicklung guter Schutzreflexe bei und baut Vertrauen auf. Es gehört zum Heilungsprozess nach einem Sturz, Gleichgewichtsreaktionen wiederherzustellen. Sie können einen Fitnessball für Kinder verwenden, um mit dem Kind zu üben, sich ins und aus dem Gleichgewicht zu begeben und wieder ins Gleichgewicht zurückzukehren. Legen Sie wieder rund um den Ball weiche Kissen auf den Boden, damit es sicher landet. Lassen Sie das Kind zu Beginn die Augen offen halten und die Beine spreizen, damit es eine solide Grundlage hat. Schaukeln Sie das Kind sachte von einer Seite zur anderen und sehen Sie sich an, was dabei entsteht. Falls das Kind eine größere Herausforderung braucht, kann es beim nächsten Durchgang die Augen schließen. Wenn sich erst einmal ein Gefühl für das Fallen entwickelt hat, setzen sich alle Teile des Körpers dafür ein, den Sturz zu verhindern. Lässt er sich dennoch nicht umgehen, werden Arme, Ellbogen, Handgelenke, Hände, Knie, Beine, Knöchel und Füße alle möglichen Verrenkungen ausführen in dem Versuch, den Aufprall zu dämpfen. Wundern Sie sich nicht, wenn Sie durch dieses »Kissenspiel« die reinste Ballettaufführung zu sehen bekommen, während Sie den freien Fall Ihres Kindes abfangen.

Wenn Ihr Kind mehr Abstand vom Fallen braucht, weil seine Angst zu groß ist, können Sie zu Beginn eine Puppe oder das Lieblingsstofftier nehmen, um die Szene zu simulieren, die das Kind erlebt hat. Ein Beispiel wäre, dass Babar, der Elefant rückwärts vom Hochstuhl des Kindes herunterfällt. Lesen Sie zur Unterstützung für den Szenenaufbau noch einmal die Geschichte von Sammy im vierten Kapitel nach. Achten Sie während des Rollenspiels sorgfältig auf die Reaktionen Ihres Kindes. Ermöglichen Sie ihm immer ein Erfolgserlebnis und geben Sie ihm nur so viel Unterstützung, wie es braucht. Lassen Sie nach und nach die Idee einfließen, mit dem Stofftier und/oder mit Ihnen oder einem Geschwister abzuwechseln.

## Die Arbeit mit Autounfällen

Wenn Ihr Kind in irgendeine Art von Unfall verwickelt war (Verbrennung, Autounfall, Sportverletzung etc.), müssen Sie es eines Tages an die gewöhnlichen Gegenstände und Erfahrungen heranführen, die noch »aufgeladen« sind. Sowie Sie dem Kind den verletzenden Gegenstand zeigen oder das bedrohliche Erlebnis ihm gegenüber erwähnen, werden Sie an seiner Reaktion ablesen können, welche Komponenten des Unfalls die schmerzliche oder überwältigende Erinnerung auslösen. Manchmal ist die Verbindung offensichtlich, manchmal aber auch nicht. Es kommt vor, dass sich die »Ladung« nicht zu voll ausgebildeten Symptomen entwickelt, solange die Periode des Schocks und der Leugnung nicht vollständig überwunden ist. Deshalb ist es wichtig, die »Aktivatoren« langsam einzuführen, um das Kind nicht ein weiteres Mal zu überwältigen. In dem folgenden Beispiel, das Sie auf zahlreiche Altersgruppen und Situationen übertragen können, geht es um das Durcharbeiten eines Autounfalls:

Stellen Sie bitte den Kindersitz des Säuglings oder Kleinkinds nach dem Unfall ins Wohnzimmer. Bewegen Sie sich mit dem Baby auf dem Arm oder mit dem Kleinkind sachte an der Hand allmählich auf den Sitz zu und setzen Sie das Kind schließlich hinein. Der Schlüssel ist hierbei, wirklich »Babyschritte« zu machen und Reaktionen wie Versteifen, Wegdrehen, den Atem Anhalten oder eine Veränderung der Herzschlagfrequenz wahrzunehmen und abzuwarten. Sie können bei jeder behutsamen Annäherung an die vermiedene oder Angst hervorrufende Begegnung so vorgehen, wie wir es in Schritt vier bis acht zu Beginn dieses Kapitels ausgeführt haben. Die Idee ist dabei, dass Sie darauf achten, Ihre Geschwindigkeit an die Bedürfnisse des Kindes anzupassen, damit nicht zu viel Energie oder zu starke Emotionen auf einmal freigesetzt werden. Sie wissen, ob das eingetreten ist, wenn Ihr Kind wirkt, als würde es sich in etwas »verbeißen«. In so einem Fall beruhigen Sie das Kind bitte, indem Sie ihm behutsam Sicherheit anbieten, es berühren, halten oder schaukeln. Unterbrechen Sie, wenn das Kind Anzeichen von Müdigkeit zeigt. Sie müssen nicht alles auf einmal erledigen!

## Spielzeug und handwerklich-künstlerische Techniken

Wenn Ihr Kind im Vorschul- oder Schulalter ist, kann es eine Zeichnung anfertigen oder mit Spielsachen darstellen, wie zum Beispiel Autos ineinander krachen. Manchen Kindern tut es gut, mit Ton zu modellieren. Es hilft ihnen, mit ihrer Aggression und mit ihrem Körper im Allgemeinen in Verbindung zu sein, wenn sie die Kontrolle über dieses weiche Material übernehmen und es formen. (Es gibt heutzutage auch alle möglichen Arten von ungiftigem Tonersatz, der sich leicht saubermachen lässt.) Ein kleineres Kind wird seine Gefühle wahrscheinlich eher durch Farben und unreife Formen oder »Kleckse« zum Ausdruck bringen als durch gezielte Bilder oder Gegenstände.

Vielleicht erinnern Sie sich an die Geschichte von Sandra im dritten Kapitel, dem Mädchen, das nicht mehr essen konnte, nachdem es vom Haus der Oma weg in das neue Haus der Eltern umgezogen war. Es gelang Sandra noch nicht einmal, ein Viereck zu zeichnen. Sie malte statt dessen einen geraden Strich, um ihr neues Haus darzustellen. Mit Unterstützung fügte sie allmählich die anderen Linien hinzu. Als Nächstes deutete sie auf ihren Bauch, um mir zu zeigen, an welcher Stelle er ihr wehtut, wenn sie in ihrem neuen Zuhause ist. Sandra nahm Papier mit nach Hause und erhielt die »Aufgabe«, Bilder zu zeichnen, wenn sie Angst bekam. Das führte dazu, dass sie wellige Gestalten malte, die sie »Gespenster« nannte. Sandras Mutter legte daraufhin die Hand auf ihren Bauch und tröstete sie mit beruhigenden Worten, bis ihre Bauchschmerzen vergingen. So hatte ich es ihr in der vorangegangenen Woche während der Sitzung in meiner Praxis vorgeführt. Nach nur zwei Praxisbesuchen und durch die Unterstützung, die Sandra zu Hause von ihrer Mutter erhielt, kehrte ihr Appetit zurück und sie begann im Handumdrehen, wieder feste Nahrung zu sich zu nehmen! Der Trick dabei war, mit der Aufmerksamkeit zwischen ihren »Zeichnungen« und ihren inneren Empfindungen hin und her zu wechseln, bis ihr Schrecken nachließ.

Einerlei, ob Sie Werkstoffe oder Spielsachen verwenden – es ist wichtig, dass Sie auf Verhaltensweisen achten, die das Kind häufig wiederholt, und dass Sie ihm helfen, diese zu verringern. Wiederholung führt eher zur Verstärkung von Gefühlen und Symptomen als zu deren Lösung. Wenn Ihr Kind in einer ständig wiederkehrenden Routine »festzustecken« scheint und zum Beispiel wieder und wieder Autos wild aufeinander prallen lässt, soll es ein wenig pausieren. Lassen Sie es behutsam herausfinden, was es fühlt und in seinem Körper empfindet. Unser Ziel ist, der Energie in diesen Gefühlen nach und nach die Möglichkeit zu geben, sich zu lösen, um das Kind zu einem besseren Ergebnis zu führen. Ein Beispiel wäre, gemeinsam mit Ihrem Kind die Autos zu verlangsamen. Sie könnten sagen: »Zeig dem Papa doch mal, wie die Autos fahren würden, wenn sie langsam genug wären, um genau im richtigen Moment einen Zusammenstoß zu verhindern.« Oder: »Was würde passieren, wenn der Fahrer schneller ausweichen könnte?« Lassen Sie sich etwas einfallen und beobachten Sie, wie auch die Fantasie Ihres Kindes bei der Auflösung unvollständiger Reaktionen zu blühen beginnt.

Anstelle von kleinen Spielzeugautos können Sie auch Pappkartons nehmen, in die Sie selbst hineinpassen. Sie können sie dekorieren und eine Variante von »Autoscooter« spielen, bei der es darum geht, sich auszuweichen, um den »Zusammenstoß« zu vermeiden. Wichtig ist dabei, dass das Kind Spaß hat, während seine Fantasie sich austobt.

Dieselben Techniken können Sie auch bei künstlerischen Darstellungen einsetzen. Bitten Sie Ihr Kind, seine Empfindungen zu beschreiben, während es Sie an seinen Zeichnungen oder Skulpturen teilhaben lässt. Hier ist die Zielrichtung nicht so sehr, dem Kind eine Geschichte zu entlocken, sondern es mit Resten traumatischer Energie in Kontakt zu bringen, um sie zu entladen oder um beunruhigende Emotionen auszudrücken, die durch das Kunstwerk spontan hervorgerufen werden. Häufig wissen Kinder (oder Erwachsene) nicht, warum sie sich so fühlen, wie sie es tun, bis ihre Sorge, Wut oder Traurigkeit in ihrem Kunstwerk auftaucht. Für Aktivitäten wie Spielen, Werken,

Zeichnen und Malen benutzen wir »die andere Hälfte des Gehirns« anstelle der denkenden, berechnenden, »vernünftigen« Seite. Deshalb tauchen Bilder, die den Heilungsprozess einleiten, aus dem Unbewussten auf – wie es auch beim Träumen geschieht.

Handpuppen, Puppen oder kleine Spielzeugfiguren lassen sich ebenfalls gut verwenden, wenn Sie einschätzen wollen, ob Anzeichen eines Traumas vorliegen, und Sie Ihrem Kind helfen wollen, sich durch ein Trauma hindurchzubewegen. Wenn zum Beispiel nach einem chirurgischen Eingriff die Operationswunden verheilt sind, können Sie ihm ein Miniaturbett, eine Beatmungsmaske, medizinische Instrumente, Verbandmull, Pflaster, Wattebällchen etc. zum Spielen geben. Sorgen Sie dafür, dass auch Spielzeugfiguren dabei sind, die das Kind, die Eltern, die Ärzte und Krankenschwestern darstellen. Achten Sie während des Rollenspiels aufmerksam auf die Reaktionen Ihres Kindes. Führen Sie es mit den Anregungen, die Sie bereits kennen gelernt haben, sanft dahin, seine körperlichen Reaktionen zu spüren und aufgestaute Energie durch Bewegung oder Entladung zu befreien. Wurde Ihr Kind festgeschnallt, lassen Sie es erzählen, auf welche Weise der Körper sich bewegen wollte, es aber nicht konnte. Ermutigen Sie das Kind, Ihnen zu zeigen, wie es diese Bewegung jetzt durchführt, da es in Sicherheit ist und die Möglichkeit dazu hat!

## Die Verwendung von Musik zur Trauma-Heilung

Musik ist ein wundervolles Heilmittel. Sie können von beruhigenden Wiegenliedern bis zu kraftvollen Rhythmen Musik erwerben, die unterschiedliche Wirkungen und Stimmungen erzeugt. Wenn Sie eine stimulierende und anregende Musik aussuchen, sollten Sie im Anschluss daran Musik hören, die alle entspannen und das Nervensystem zur Ruhe kommen lässt. Zwischen einem Zustand erhöhter Aktivität und Ruhe abzuwechseln oder zu »pendeln« ist ein gutes Training für das kindliche Nervensystem, durch das es mit der Zeit lernt, sich zu deaktivieren und selbst zu regulieren.

Kinder machen von Natur aus gern Musik. Sie können Musik hören, sie aber auch selbst erzeugen. Zum Beispiel lassen sich aus leeren Blechdosen, die man mit Linsen oder anderen Hülsenfrüchten oder Samen füllt, selbstgemachte Rasseln basteln. Kinder können Stöcke aneinander schlagen und aus alten Haferflockenschachteln oder Kaffeedosen ein Schlagzeug bauen. Die Musikfirma Remo[20] stellt runde, flache und leichte Schlagzeuge her, die sie »Klanggestalten« nennt. Sie brauchen nur ganz wenig Platz, wodurch sie leicht zu transportieren sind. Ein Satz enthält sechs unterschiedliche Größen und Farben mit einem Durchmesser von fünfzehn bis sechsundvierzig Zentimetern. Sie können für Ihren jüngsten Musikanten auch mehrere kleinere »Klanggestalten« extra beziehen. Musizieren macht vor allem in Gruppen Spaß. Wenn Kinder tanzen, sich schütteln, wandern oder trommeln, beginnen sie, ihren eigenen Rhythmus, ihre Geschwindigkeit, ihre Ausdrucksbewegungen und ihre Erdung zu finden.

## Die Arbeit mit Teenagern

Kunst und Musik eignen sich auch gut für Jugendliche. Sie können zum Beispiel mit Bildern und Zeitungsausschnitten aus Magazinen, die sie interessieren, Collagen gestalten und haben damit ein aussagekräftiges Medium für ihre Identitätsbildung. Sie können Musikstücke nehmen, die ihnen gefallen, und den Liedtext so verändern, dass er zu ihrer Lebenssituation passt. Sie können rappen und Gedichte verfassen. Führen Sie als Elternteil, Lehrer oder Schulberater junge Menschen behutsam an das Entwickeln von Lösungen heran. Fragen Sie sie nach Bildern, Aktivitäten oder Gedanken, die sie aus ihrer Dunkelheit herausholen können, wenn jede Zeile immer wieder »schwarz« und hoffnungslos ist und der Text in diesem Modus stecken bleibt. Ermutigen Sie die jungen Menschen, in ihre Texte Ressourcen einzubauen, damit ein Ausgleich zwischen »Freud« und »Leid« entsteht.

Für die meisten Jugendlichen, die nicht mit Lernbehinderungen ringen, ist es ganz natürlich, Gedichte, Liedtexte und kreative Geschichten zu schreiben. Sie können ihnen Tagebücher anbieten und sie dazu ermutigen, sich über tägliche Eintragungen ein ausdrucksstarkes Ventil zu verschaffen.

## Zusammenfassung

Am Ende dieses Kapitels auf der nächsten Seite finden Sie eine »Kurzanleitung«, die Sie kopieren und an einem günstigen Ort wie der Kühlschranktür oder dem Erste-Hilfe-Kasten anbringen können. Sie ist in acht Schritte unterteilt und soll als emotionale Erste Hilfe nach Unfällen und Stürzen verwendet werden, nachdem das Kind in Sicherheit gebracht und medizinisch versorgt worden ist (sofern diese zusätzlichen Schritte erforderlich sind). In den meisten Fällen werden diese einfachen Werkzeuge die Entstehung unnötiger Symptome verhindern. Sollten sich dennoch kleinere Symptome entwickeln, können Sie gemeinsam dieselben Schritte durchlaufen, um einem traumatisierten Kind zu helfen, indem Sie einfach die Komponenten Spielen, Zeichnen, Werken, Puppenspiel, Rollenspiel und/oder Musik ergänzen.

Falls jedoch ernsthafte oder komplexe Symptome entstehen oder die kleineren Symptome andauern, empfehlen wir Ihnen dringend, einen kompetenten Kindertherapeuten aufzusuchen, der auf die Behandlung von Traumata spezialisiert ist. Es gibt keine bessere Investition für das Wohlbefinden Ihres Kindes!

## Erste Hilfe bei Unfällen und Stürzen

### Kurzanleitung mit Hinweisen

1. Wenden Sie sich Ihren Reaktionen zu, bis Sie sich einigermaßen beruhigt haben.
2. Halten Sie Ihr Kind ruhig und warm.
3. Unterstützen Sie Ihr Kind darin, sich viel Zeit für Sicherheit und Ruhe zu nehmen.
4. Wenn der Schock vergangen ist, lenken Sie die Aufmerksamkeit auf seine körperlichen Empfindungen.
5. Erlauben Sie ein bis zwei Minuten Stille und achten Sie dabei auf Hinweise.
6. Empfehlen Sie Ihrem Kind, erst auszuruhen, ehe es über das Ereignis spricht.
7. Fahren Sie fort darin, die körperlichen Reaktionen Ihres Kindes verbal zu bestätigen.
8. Wenden Sie sich schließlich den emotionalen Reaktionen Ihres Kindes zu.

# 7 SCHEIDUNG, TOD UND TRENNUNG

Unser bisheriger Schwerpunkt lag darauf, die notwendigen Werkzeuge zur Verfügung zu stellen, um Überwältigung nach Ereignissen vermeiden zu helfen, die von gewöhnlichen Missgeschicken in der Kindheit bis zu außergewöhnlichen Umständen wie Horror und Miterleben von Gewalt reichen. Die Betonung lag darauf, Kindern bei der Wahrnehmung ihrer Körperempfindungen, Bilder und Emotionen zu helfen, während sie mit Ihrer Unterstützung und Ermutigung in der Zeit vorrücken und aus einem erstarrten Zustand herauskommen.

Wir »begleiten« die Empfindungen, die nach einem stressreichen Ereignis bei einem Kind entstehen, um Bedingungen zu schaffen, unter denen die unwillkürliche Entladung der mächtigen Überlebensenergie erfolgen kann, die durch ein schreckliches Ereignis aufgewühlt und bereitgestellt wurde. Sie haben erfahren, dass das Loslassen dieser Energien und Gefühle ein unverzichtbarer Katalysator ist, der den Schockzustand in einen Normalzustand verwandelt. Außerdem haben Sie gelernt, einen Schock zu erkennen, der Ihr Kind aus seiner Mitte werfen und seine Fähigkeit zur Selbstregulierung zum Erliegen bringen kann. Und schließlich hörten Sie, wie Sie ihm helfen können, seinen Schock durchzuarbeiten, *ehe* aus dem Überschuss an »Notfall-Energie« chronische Symptome entstehen.

Im vorliegenden Kapitel konzentrieren wir uns darauf, wie Sie einem Kind helfen können, mit der Trauer umzugehen, die einen plötzlichen oder einen erwarteten Verlust begleitet. Bisweilen ist der

Verlust durch Trennung zeitlich begrenzt und beabsichtigt, weil beispielsweise ein Elternteil weite Strecken zur Arbeit zurücklegt oder seinen Wehrdienst ableistet. Häufig mag sich das Ereignis über mehrere Jahre vorbereitet haben, wie bei einer Scheidung oder dem Todesfall eines älteren oder kranken Familienmitglieds. Mitunter tritt es unerwartet und plötzlich ein wie im Fall von Enrique, dessen Vater bei einem Frontalzusammenstoß ums Leben kam, während er in einem Fußballcamp war. Ein anderes Beispiel liegt vor, so schwer es auch zu ergründen sein mag, wenn ein Elternteil aus dem Leben eines Kindes verschwindet, ohne jemals wieder zu ihm zurückzukehren und für es zu sorgen. In diesen Fällen sind Schock und Verlust untrennbar miteinander verbunden. Mit diesem Kapitel wollen wir Ihnen dabei behilflich sein, Ihr Kind durch solche schmerzvollen Bereiche hindurchzugeleiten.

## Symptome von Trauer im Unterschied zu Trauma

Wir haben es im dritten Kapitel, als es um die Symptome und Anzeichen von Traumata bei Kindern ging, schon einmal angesprochen: Trauer spielt immer eine Rolle, wenn wir es mit einem Trauma zu tun haben. Trauer empfinden wir, wenn wir einen Verlust erleiden. Und während eines Traumas geht immer etwas verloren – ob ein Wirbelsturm oder eine Flutkatastrophe das eigene Zuhause zerstört oder eine dem Kind vertraute Person einen sexuellen Übergriff begeht: etwas Wertvolles, etwas, das einen Wert hatte, ist verloren gegangen. Manchmal ist das etwas Materielles, manchmal etwas weniger Greifbares wie das Vertrauen in einen anderen Menschen oder das Zutrauen in die eigene Kraft und die Fähigkeit, sich selbst zu schützen. Das Gefühl, dass die Welt ein sicherer Ort ist, besteht nicht mehr. Daher lässt sich zusammenfassend sagen: Es ist möglich, ohne ein Trauma zu trauern; es ist hingegen nicht möglich, ohne Trauer traumatisiert zu sein.

Ein wichtiger Bereich, in dem sich Trauer und Trauma unterscheiden, ist die Art und Weise, wie wir das Erlebnis wahrnehmen. Ein traumatischer Schock fühlt sich oft *unwirklich* an – anders als Trauer, die nicht von einem Trauma begleitet ist. Die erleben wir zwar auch als sehr schmerzhaft, jedoch in dem Bewusstsein, dass etwas auf dem Boden der Realität geschieht. Nehmen wir an, die Großmutter der kleinen Martha ist gestorben. War die Großmutter mehrere Wochen krank und konnte Martha sie in dieser Zeit besuchen und den Veränderungsprozess miterleben, ist Martha sicher sehr traurig. Doch diese Trauer wird sie als etwas Wirkliches erleben. Anders wenn die Oma plötzlich stirbt: Gestern hat Martha noch mit ihr telefoniert, heute sagt die Mutter plötzlich, dass Großmutter an einem Schlaganfall verstorben ist. Dieser Schock kann sich sehr unwirklich anfühlen.

Ein Unterschied zeigt sich auch darin, ob es möglich ist, über das Geschehene zu sprechen. Bei einem Trauma gibt es oft kaum Worte. Je unerwarteter, plötzlicher und drastischer das Ereignis ein Kind überfällt, desto schwerer ist es, all die Gefühle und Bilder auf einmal zu verdauen. Der Schrecken selbst muss durchgearbeitet werden, sodass der damit einhergehende Schock gelöst werden kann.

Im ersten Teil der *Mellen Studies in Social Work Series: Structured Sensory Intervention for Traumatized Children, Adolescents and Parents* geben die Autoren William Steele und Melvyn Raider einen leicht verständlichen Überblick über die zehn wesentlichen Kennzeichen, die eine Trauma-Reaktion von einer Trauerreaktion unterscheiden. Ihre Gegenüberstellung ist in der nachfolgenden Tabelle aufgelistet:

| Trauer | Trauma |
|---|---|
| 1. allgemeine Reaktion: *Traurigkeit* | allgemeine Reaktion: *Schrecken* |
| 2. Trauerreaktionen stehen für sich. | Zu Trauma-Reaktionen gehören im Allgemeinen auch Trauerreaktionen. |
| 3. Trauerreaktionen sind in der Öffentlichkeit und in der Fachwelt weitgehend bekannt. | Vor allem bei Kindern sind Trauma-Reaktionen in der Öffentlichkeit und häufig auch in der Fachwelt nicht bekannt. |
| 4. Wenn jemand trauert, kann er über das, was passiert ist, meist sprechen. | Wenn jemand traumatisiert ist, will (oder kann) er über das, was passiert ist, meist nicht sprechen. |
| 5. Wenn jemand trauert, bedeutet Schmerz die Anerkennung des Verlustes. | Wenn jemand traumatisiert ist, löst Schmerz ungeheuren Schrecken und überwältigende Ohnmachtsgefühle sowie den Verlust von Sicherheit aus. |
| 6. Wut, die mit Trauer in Verbindung steht, ist im Allgemeinen nicht destruktiv und macht nicht tätlich. | Wut, die mit einem Trauma in Verbindung steht, macht häufig tätlich, selbst bei Traumata ohne Gewalt. |
| 7. Wenn jemand trauert, sagt die Schuld: »Ich wünschte, ich hätte/hätte nicht …« | Wenn jemand traumatisiert ist, sagt die Schuld: »Es ist meine Schuld. Ich hätte es verhindern können« und »Es hätte mich statt ihn treffen sollen.« |
| 8. Trauer greift unser Selbstbild im Allgemeinen nicht an und »entstellt« es nicht. | Trauma greift unser Selbstbild im Allgemeinen an, verzerrt und »entstellt« es. |
| 9. Wenn jemand trauert, träumt er tendenziell von dem Verstorbenen. | Wenn jemand traumatisiert ist, sieht er sich selbst im Traum als potenzielles Opfer. |
| 10. Trauer geht im Allgemeinen nicht mit Trauma-Reaktionen wie Rückblenden, Schreckreaktionen, übertriebener Wachsamkeit, Betäubtsein etc. einher. | Bei einem Trauma kommen zusätzlich zu den besprochenen spezifischen Reaktionen Trauerreaktionen hinzu. |

Vielleicht fragen Sie sich, was so wichtig daran ist, den Unterschied zwischen Trauer und Trauma zu kennen. Es gibt verschiedene Gründe dafür. Wenn ein Kind einem Ereignis ausgesetzt war, das sein Nervensystem in einen Schockzustand versetzt hat, kommt es zu physiologischen Folgen. Diese bleiben typischerweise entweder unentdeckt oder werden zum Beispiel als Depression (nach innen gerichtete Entladung) oder als Verhaltensprobleme (nach außen gerichtete Entladung) fehldiagnostiziert. Hat dieses Kind das Glück, von Eltern, Pädagogen und medizinischen Fachkräften umgeben zu sein, die in der Lage sind, den Unterschied zu erkennen, so muss es wahrscheinlich nicht unter Missverständnissen und falschen Behandlungsmethoden leiden.

Der wichtigste Grund für die Notwendigkeit, zwischen Trauer und Trauma unterscheiden zu können, ist jedoch folgender: Wenn Sie ein Kind durch die traumatische (Schock-)Reaktion hindurchführen können, die durch die Plötzlichkeit und den Schrecken des Ereignisses verursacht wurde, kann der Trauerprozess seinen normalen Verlauf nehmen. Wird der Schockzustand hingegen übersehen, bleibt die Trauer ungelöst. Zudem bleibt bei einem Kind mit einem verlängerten Schockzustand ein anhaltendes Gefühl von Ohnmacht bestehen, welches seine Empfänglichkeit für posttraumatische Belastungsstörungen erhöht. Diese Diagnose wird gestellt, wenn Symptome entweder fortbestehen oder sich ungefähr einen Monat nach dem Ereignis entwickeln, das sie verursachte (oder noch später).

Wenn das Trauma aufgelöst ist, kann das Kind sich sowohl seiner Trauer *als auch* dem Leben zuwenden. Andernfalls bleibt es leicht in der Vorstellung stecken, wie es *damals war* (bevor sich die »schlimme Geschichte« ereignete), anstatt wahrzunehmen, *was heute ist.* Das Ergebnis ist eine Störung in seiner emotionalen Entwicklung. Auf diese Weise entsteht buchstäblich ein Bruch im Leben des Kindes, als würde es in der Zeit einfrieren. Es geschieht dann zum Beispiel, dass Scheidungskinder Familienbilder malen, auf denen ihre biologischen Eltern noch beisammen sind, als lebten »sie glücklich und zufrieden bis an ihr seliges Ende«; während ihre Stiefeltern und Stiefgeschwister einfach fehlten! Und das zehn Jahre, nachdem ein oder beide Elternteile wieder geheiratet hatten! Wie traurig ist das doch!

Leider ist dieses Beispiel von Verleugnung und fehlender Akzeptanz des Verlustes und der damit einhergehenden Veränderungen der Lebensumstände eher die Regel als die Ausnahme. Der Trauerprozess als solcher wird durch die traumatische Reaktion auf die Scheidung, den Tod oder die Trennung behindert. Deshalb ist es so wichtig, dass Eltern die Ähnlichkeiten und Unterschiede zwischen Trauma (Schock) und Trauer kennen. Wir können den Schmerz über einen Todesfall, eine Trennung oder Scheidung zwar nicht verhindern, aber wir können ihn erleichtern. Kindern dabei zu helfen, Schock und Trauer voneinander zu lösen und ihr Schiff durch die unruhigen Gewässer des Umgangs mit Scheidung und Tod zu steuern, wird das Hauptthema sein, mit dem wir uns bis zum Ende dieses Kapitels befassen.

## Eine Scheidung überstehen

Tammy Wynette, eine berühmte Interpretin amerikanischer Country- und Westernmusik, singt mit schmachtender Stimme ein Lied zum Thema Scheidung, in dem sie sie als »schmutziges kleines Wort« bezeichnet; während Kenny Loggins, ein amerikanischer Popsänger, für seine Tochter Amanda zum selben Thema ein ergreifendes Lied mit dem Titel *Real Thing* (»das Eigentliche«) schreibt, in dem er seiner Hoffnung Ausdruck verleiht, sie möge ihm verzeihen, dass er ihre Mutter verlässt. Er möchte nicht, dass sie die Eheprobleme zwischen ihrer Mutter und ihm als »das Eigentliche« missversteht. Und er singt von seiner Angst, sein kleines Mädchen könnte das, was sich zwischen ihren Eltern abspielt, mit Liebe verwechseln. Wir alle wissen, dass uns eine schmerzhafte Reise bevorsteht, wenn eine Familie auseinander bricht. Wissenschaftler haben an erwachsenen Scheidungskindern eine

Untersuchung zu den Langzeitwirkungen von Scheidung im Hinblick auf Glück und Erfolg in der Ehe, in Beruf und Leben insgesamt durchgeführt und widersprüchliche Ergebnisse veröffentlicht. Momentan gehen die Meinungen in zwei Richtungen auseinander:

1. Eltern *sollen* »zum Wohl der Kinder« zusammenbleiben, weil eine Scheidung bleibende Narben hinterlässt, die sich bis in ihre erwachsenen Beziehungen hinein auswirken und
2. Eltern *sollten nicht* nur der Kinder wegen zusammenbleiben, weil – wie es auch in dem Lied »das Eigentliche« gesungen wird, von dem wir vorhin gesprochen haben – eine unglückliche Ehe ein armseliges Beispiel für eine Beziehung ist und die Kinder noch zusätzlich durch die darin enthaltene Lüge ungünstig beeinflusst werden. Was noch schlimmer ist: Wenn die Kinder selbst einmal heiraten, werden sie dieses Muster wiederholen, indem sie fast hypnotisch von dem angezogen sein werden, was sich »vertraut« anfühlt, so klingt und aussieht.

Mary Duenwald begutachtet in ihrem Buch *Two Portraits of Children of Divorce: Rosy and Dark* Ergebnisse von Untersuchungen, die zur Erwachsenenprognose von Scheidungskindern beider Lager durchgeführt worden sind, und entwickelt für beide Seiten interessante Überlegungen.

Das Buch *The Unexpected Legacy of Divorce: A 25-Year Landmark Study* präsentiert die Forschungstätigkeit von Dr. Judith Wallerstein und den Co-Autorinnen Dr. Julia M. Lewis und Sandra Blakeslee. Ihre Ergebnisse zeigen, dass Scheidungskinder auf eigene intime Beziehungen üblicherweise schlecht vorbereitet sind. Dr. Wallerstein: »Ich sage nicht, dass diese jungen Menschen sich nicht wieder erholen. Ich sage, dass sie belastet, erschrocken und bekümmert im Erwachsenenalter ankommen, weil sie etwas vermissen.« In diesem Sinne haben einige Paare in ihren Zwanzigern einen ganz neuen Trend angefangen, weil sie ihre zukünftigen Nachkommen vor den Schmerzen bewahren wollen, die sie selbst als Folge der Scheidung ihrer Eltern erlitten haben. Um ihrem

Verständnis von Schutz Gestalt zu geben, entscheiden sich viele für ein »Verbindlichkeitsabkommen«, wenn sie heiraten. *Zusätzlich* zum Ehegelübde unterzeichnet das Paar einen selbst aufgestellten Vertrag, *ehe* es Kinder in die Welt setzt. Im Wesentlichen »gewährleistet« diese Vereinbarung, dass das Paar (auch wenn die Partner unglücklich miteinander sind) zusammenbleiben wird, bis die Kinder erwachsen und von zu Hause ausgezogen sind, und dass es versuchen wird, seine Probleme zu lösen!

Auf einer eher optimistischen Seite sind die Ergebnisse angesiedelt, die Dr. Mavis Hetherington in ihrem Buch *For Better or Worse … Divorce Reconsidered* veröffentlicht. Ihren Untersuchungen zufolge ist eine Scheidung für Kinder immer traumatisch und ruft tiefes Leid und Schmerzen hervor. Sie beobachtet jedoch ebenfalls, dass es im dritten Jahr im Allgemeinen zu einer recht guten Anpassung kommt, obwohl 20 bis 25 Prozent der Kinder aus getrennten Familien psychische Probleme und Schulschwierigkeiten haben. Zehn Prozent von Kindern aus nicht getrennten (intakten) Familien geht es jedoch ebenso. In Fällen von häuslicher Gewalt und Kindesmissbrauch ist Scheidung ohnehin die beste Wahl.

Dr. Hetherington fand etwas noch Wichtigeres heraus: Die beste Prognose für eine positive Entwicklung eines Kindes ist dann gegeben, wenn es einen kompetenten, fürsorglichen Erwachsenen an seiner Seite hat, der ihm Interesse entgegenbringt, sich an seinem Leben beteiligt und einen hohen Verhaltensstandard aufweist. Auf der anderen Seite haben Kinder, die »dazwischenstehen« und sich im Kreuzfeuer zwischen ihren beiden Elternteilen befinden, die schlechteste Prognose für späteren Erfolg. Mädchen, die zu dieser Gruppe gehören, sind häufig depressiv und ängstlich. Jungen sind hingegen eher aggressiv und entwickeln unsoziale Verhaltensweisen. Wenn ein Elternteil den anderen abwertet und der Konflikt auch nach der Trennung aufrechterhalten bleibt, entsteht eine extreme Belastungssituation.

Trotz ungleicher Auffassungen zum Thema sehen beide Seiten übereinstimmend die eine Sache als wahr an: Scheidung tut weh! Ob die

Trennung im Streit oder in gegenseitigem Einverständnis erfolgt, die Beziehungen der Kinder, ihre Lebensumstände, ihre finanzielle Situation und ihr Leben insgesamt sind für immer verändert. Die Erwachsenen leiden; aber die Kinder leiden mehr. Das klingt einfach, wird aber nicht so gut verstanden. Kinder sind aufgrund ihrer Abhängigkeit und ihrer Entwicklungsbedürfnisse am verletzlichsten und ihre emotionalen Bedürfnisse müssen die erste Priorität haben, auch wenn einer oder beide Elternteile von ihrer eigenen vernichtenden Trauer beansprucht sein mögen. Kinder erleben das Auseinandergehen der Familie als »ihre Scheidung«. Sie werden Fragen stellen, die das verdeutlichen, wie beispielsweise: »Müssen wir uns scheiden lassen?«, als ob das Kind sich von den Eltern trennt! Was auch immer die Erwachsenen durchmachen, Sie können sich sicher sein, dass die Kinder entweder offen oder im Verborgenen stärker leiden.

## Wie Kinder das Trauma einer Scheidung verarbeiten können

Wir sind glücklicherweise nicht der Ansicht, dass Sie sich zwischen zwei extremen Ergebnissen entscheiden müssen. Zwischen den »schwarzen und weißen« Schlussfolgerungen, die aus den Untersuchungsergebnissen gezogen werden, gibt es zahlreiche »Graustufen« aufgrund von Faktoren, die sich innerhalb *Ihrer* Kontrolle befinden. Obwohl einige der Studien Kinder erfassten, die sich mithilfe einer Trauerberatung an ihre neue familiäre Situation anpassten, gab es *keine einzige*, die Kinder berücksichtigte, denen dabei geholfen wurde, das Schocktrauma in ihrem Körper durchzuarbeiten! Mit anderen Worten, die meisten professionellen Berater sind noch nicht darin ausgebildet, traumatische Schockmuster im Körper zu lösen. Vielleicht liegt es daran, dass Eltern üblicherweise nur pharmazeutische Behandlung in Verbindung mit kognitiver Verhaltenstherapie für sich und ihre leidenden Kinder angeboten bekommen. Die gute Nachricht ist, dass wir eine andere Lösung anbieten: Erstens können *Sie* Ihrem Kind durch sorgfältige Vorbereitung tatsächlich dabei helfen, die Intensität seines Schocks herabzusetzen. Des Weiteren können Sie Ihr Kind dabei unterstützen, sich durch die traumatischen Reaktionen hindurchzubewegen, die Sie beobachten, weil Sie einige der Unterschiede zwischen Schock und Trauer bereits kennen.

Bei den Untersuchungen wurde zwar keine Therapieform erwähnt, die mit dem Körper arbeitet, doch gibt es sehr wohl Menschen, die die Empfindungen kennen, die sich jenseits der emotionalen Schmerzen in ihrem Körper abspielen, während sie durch eine Scheidung gehen. Vicky Lansky schreibt in ihrem Artikel *Divorce: 10 Things I Learned* über ihre eigene Erfahrung: »Durch eine Scheidung zu gehen ist eine körperliche Erfahrung, die mich überrascht hat. Mein Körper schien einen Strudel zu erleben, in dem es um Tod oder Leben ging. Ich hasse Geschwindigkeit, Achterbahnen und das flaue Gefühl in der Magengrube bei einem turbulenten Flug. Aber ich erinnere mich, dass ich all diese Gefühle gehabt habe ... gleichzeitig ... während ich einfach nur auf einem Stuhl saß, nachdem wir uns getrennt hatten. Igitt! Zum Glück geht das nach drei bis neun Monaten vorbei.«[21]

Nachdem die eben zitierte Passage von einem Erwachsenen stammt, der seine persönliche Geschichte mitteilt, können Sie sich dann in etwa vorstellen, welche *körperlichen Erfahrungen* ein Kind durchmacht, das keinerlei Kontrolle darüber hat, was die Eltern tun und was mit ihm geschieht? Wir sind der Überzeugung, dass die vernichtenden Auswirkungen einer Scheidung maßgeblich verringert werden können, wenn Eltern sich bei ihrer Trennung darauf konzentrieren, bewusste Co-Eltern zu werden, die ihren Kindern durch die physiologische Schock- und Trauerreaktion hindurchhelfen. Es bedeutet für die Familie zwar Stress, wenn Eltern für die Kontinuität und Sicherheit ihrer Kinder sorgen, indem sie ihre emotionalen Bedürfnisse wahrnehmen und anerkennen, auf lange Sicht fahren jedoch alle Beteiligten besser damit.

## Den Schock abpuffern: Was sagen Sie Ihren Kindern?

Ob Sie sich vor Ihren Kindern gestritten haben, Ihre Probleme diskret vor ihnen versteckt oder sie »unter den Teppich gekehrt haben«, während Ihre Ehe leise vor sich hinstarb, Scheidung bedeutet für ein Kind einen Schock. Obwohl er sich nicht insgesamt vermeiden lässt, können Sie ihn abpuffern, indem Sie Ihre Kinder als Co-Eltern auf die Trennung vorbereiten, aufrichtig mit ihnen umgehen und bewusst planen, was Sie sagen, um die Schockwirkung zu verringern. Kinder brauchen während des gesamten Prozesses Begleitung. Seien Sie sich jedoch dessen bewusst, dass es vorhersagbare Zeiten gibt, in denen Kinder durch die Möglichkeit einer traumatischen Ladung am verwundbarsten sind.

**Die acht Zeitpunkte, zu denen Kinder in Zusammenhang mit der Scheidung ihrer Eltern am verwundbarsten sind:**

1. wenn sie zum ersten Mal davon erfahren
2. wenn ein Elternteil auszieht
3. wenn Vereinbarungen zur Sorgepflicht getroffen werden
4. wenn der Ehevertrag/finanzielle Regelungen ausgehandelt werden
5. wenn die Kinder anfangen, in zwei verschiedenen Welten zu leben: Mamas Wohnung/Papas Wohnung
6. wenn einer oder beide Elternteile eine neue Beziehung anfangen
7. wenn ein Elternteil beschließt, wegzuziehen
8. wenn Eltern beschließen, wieder zu heiraten, und eine Stieffamilie entsteht

## Lieber, todunglücklicher Joseph

Die Ehe von Josephs Eltern ging vor einiger Zeit auseinander. Seine Mutter und sein Vater waren mit Karriere und Aufbaustudium sehr beschäftigt. Sie verbrachten wenig Zeit miteinander und besprachen selten etwas. Beide hingen an ihrem Sohn; ihre gemeinsamen Aktivitäten fanden immer zu dritt statt. Während ihr Berufsleben den Höhepunkt erreichte, starb ihre Ehe leise dahin. Weil sie mit ihrem individuellen Leben, ihren außerfamiliären Freundschaften und ihrem finanziellen Erfolg so glücklich waren, hatte niemand einen plötzlichen Bruch erwartet! Josephs Familie war nach 15 Ehejahren sogar Gegenstand des Neids ihrer Freunde.

Josephs Vater hatte eine Affäre. Seine Mutter bemerkte es sofort und konfrontierte ihn. Wut und Traurigkeit erfüllten das Haus. Joseph wusste nicht weshalb. Seine Mutter »schützte« ihn und wollte über seinen Vater nichts Schlechtes sagen. Obwohl sie zur psychologischen Beratung ging, konnte sie ihre hysterischen Ausbrüche nicht kontrollieren. Ihr Ehemann beendete die Affäre nach einem Monat. Josephs Mutter hatte ihm in ihrem Herzen vergeben, obwohl er sich nicht entschuldigte und sich nur zu Lippenbekenntnissen hinreißen ließ, um die Ehe zu retten. Er versprach, »Paarzeit« einzuräumen, und sie einigten sich darauf, einmal pro Monat gemeinsam etwas Besonderes zu unternehmen. Joseph war inzwischen fast dreizehn Jahre alt, nahm an Pfadfinderausflügen teil und übernachtete bei Freunden, sodass dies ein Weg zu sein schien, die Ehe neu zu beleben. Das weckte Hoffnung in Josephs Mutter. Das Paar verbrachte ein vielversprechendes Wochenende. Der Ehemann gab zu, noch nie so viel Vergnügen empfunden zu haben. Eine Woche danach kündigte er jedoch an, dass ihn das »Vergnügen überwältigte«. Er zog sich zurück und bat seine Frau, die nächste gemeinsame Verabredung rückgängig zu machen.

Für Josephs Mutter war klar, dass diese Ehe vorbei war, wenn ihr Mann nicht zur Eheberatung ging. Sie liebte ihn noch immer und schöpfte neue Hoffnung, als er sich dazu bereit erklärte. Der Eheberater fragte Josephs Vater, ob er seine Frau liebe und von der Ehe überzeugt sei. Zu ihrer großen Überraschung antwortete er: »Ich weiß es nicht.« Der Therapeut sah dann die Frau an und sagte: »Wie viel Zeit wollen Sie ihm geben, um sich zu entscheiden?« Ein Licht erlosch. Josephs Mutter kamen schmerzliche Erinnerungen daran, dass ihr Mann nie in der Lage war zu sagen: »Ich liebe dich.« Er hielt das für »Hollywoodkram«, den sie aus Kinofilmen aufgeschnappt habe. Wenn sie ihn im Laufe ihrer Ehe hin und wieder fragte, wie er sich fühlte, kam die Standardantwort: »Ich weiß es nicht.« Josephs Mama gab die Hoffnung auf. Nachdem sie einen Moment lang überlegt hatte, sah sie auf ihre Uhr, um zu sehen, wie viel Zeit noch für die Sitzung bliebe und zur Überraschung aller einschließlich ihrer selbst antwortete sie: »Ich gebe ihm 50 Minuten!«

Am Ende der Sitzung wusste Josephs Vater noch immer nicht, wie er sich fühlte. Widerstrebend sah seine Mutter ein, dass sie ihn gehen lassen musste. Sie sagte, wenn er wolle, dass sie das alleinige Sorgerecht für Joseph habe, gebe sie ihm zwei Wochen Zeit, um seine Sachen zu packen und auszuziehen. Er sagte, dass er gehen wollte, damit Joseph in seiner alten Schule bleiben, seine Freunde in der Nachbarschaft und seinen gewohnten Tagesablauf beibehalten könne. Sie sprachen *nie* wieder über ihre Ehe! Ohne sich darüber auszutauschen oder Überlegungen anzustellen, wie sie es Joseph sagen würden, fuhren sie in betretenem Schweigen nach Hause. Als Joseph sich fertig machte, um ins Bett zu gehen, sahen sie sich an und beschlossen, die Sache hinter sich zu bringen. Sie gingen in sein Zimmer und berichteten Joseph, ohne um den heißen Brei herumzureden, dass sie sich scheiden lassen würden und dass sein Vater innerhalb der nächsten zwei Wochen ausziehen werde.

Joseph bekam natürlich einen Schock. Er weinte nicht. Er lag auf seinem Bett, vor Überwältigung über die neuen Nachrichten erstarrt. Beide Elternteile, die selbst einen Schock hatten, hielten ihn in ihren Armen. Mama und Papa weinten zusammen. Der junge Joseph lag still in seinem Bett und hielt seine sanften braunen Augen weit geöffnet, als hätte er gerade ein Gespenst gesehen. Seine Haut war blass. Seine

Mutter versuchte, ihn zu trösten, und ließ ihn wissen, dass was immer er fühlte in Ordnung sei. Aber Joseph spürte seine Emotionen nicht. Er war gelähmt von der physiologischen Schockreaktion, die seine Eltern nicht verstanden und für die sie kein Bewusstsein hatten – sie waren außerstande, sich selbst oder Joseph zu helfen.

Fünf bis zehn Minuten, nachdem die Eltern Joseph mitgeteilt hatten, dass sein Vater weggehen würde, berichtete Joseph, dass er einen scharfen Schmerz in der Brust spüre. Er bat seine Eltern, einen Krankenwagen zu rufen, weil er »eine Herzattacke habe«. Er bestand darauf, dass es nichts mit den Neuigkeiten wegen der Scheidung zu tun habe. Er blieb dabei, zu wiederholen: »Ihr versteht mich nicht ... ich bin körperlich krank ... das ist etwas anderes.«

Unglücklicherweise wussten sie nicht, dass Joseph einen Schock hatte. Sie wussten auch nicht, was ein Schock ist oder wie sie damit arbeiten könnten. Hätte er in den Armen seiner Eltern weinen und mit dem Trauerprozess beginnen können, hätte sein Leiden wahrscheinlich nicht über zehn Jahre angehalten und nicht seine soziale und emotionale Entwicklung in der Adoleszenz behindert.

## Ein glücklicheres Szenarium für Joseph

Josephs anfängliche Schock- und Verleugnungsreaktion verdeckte seine tiefe Trauer. Er fühlte sich von seinen Eltern missverstanden ... und er war es auch! Er ging zweimal zur psychologischen Beratung, ehe er es ablehnte, und fühlte sich erneut missverstanden ... und er war es! Joseph brauchte jemanden, der seine physiologischen Reaktionen verstand. Er hätte dann durch die tiefe Verkrampfung geführt werden können, die er spürte und die sich als scharfer Schmerz in seiner Brust äußerte und später in Form von Kopfschmerzen und Übelkeit. Diese Empfindungen hätten sich zweifelsohne von einem erstarrten, erschrockenen Schockzustand zu einem Weichwerden in der Brust verwandelt, das den fest eingeschlossenen Tränen erlaubt hätte, viel früher zu fließen, nämlich zu dem Zeitpunkt, als seine Eltern ihn in den Armen hielten.

Wenn Sie noch einmal Bezug nehmen auf den Vergleich zwischen Trauer- und Trauma-Reaktion zu Beginn dieses Kapitels, werden Sie feststellen, dass Josephs Symptome durch die ersten fünf Punkte der Trauma-Checkliste sofort beschrieben werden:

1. Seine erste Reaktion war eher Schrecken als Traurigkeit.
2. Seine Trauer wurde durch den traumatischen Schock überdeckt.
3. Weder Eltern noch Fachleute verstanden seine traumatische Reaktion.
4. Joseph wollte nicht darüber sprechen; Scheidung war kein Thema, für das er Worte hatte oder dem sein Interesse galt.
5. Er hatte eine sofortige Schreckreaktion, begleitet von einem Gefühl der Ohnmacht sowie des Sicherheitsverlustes.

Die restlichen Trauma-Symptome auf der Liste traten im Laufe der Jahre eins ums andere in Erscheinung. Und erst Mitte zwanzig begann dieser junge Mann damit, seine Trauer wirklich zum Ausdruck zu bringen.

Glücklicherweise können Sie das eben beschriebene Szenario bei Ihren Kindern verhindern, falls Ihnen eine Scheidung oder Trennung bevorsteht. Trauer ist *unvermeidlich*; Trauma hingegen ist vermeidbar! Hinweise, wie Sie Kinder durch ihren Trauerprozess begleiten können, folgen im nächsten Abschnitt. Mindestens zwei Dinge hätten im Interesse von Joseph mit Leichtigkeit getan werden können:

*Erstens:* Auf der Liste der acht vorhersagbaren Zeitpunkte, wo Kinder in Zusammenhang mit der Scheidung ihrer Eltern am verletzlichsten sind, ist »wenn sie zum ersten Mal davon erfahren« die Nummer eins.

Joseph war betäubt von der plötzlichen, vernichtenden Ankündigung der abrupten Scheidung und der bevorstehenden Trennung von seinem Vater. Die Eltern hätten Joseph vorbereiten können, anstatt die Scheidung anzukündigen, während *sie selbst* noch in einem Schockzustand waren und als Joseph gerade zu Bett gehen wollte. Seine Eltern hätten sich ein bis zwei Tage erholen und dann mit einem Plan an Joseph herantreten können, der sein Bedürfnis nach Stabilität und Kontinuität berücksichtigt hätte. Sein Vater hätte zum Beispiel für eine Übergangszeit von ein bis zwei Monaten eine Wohnung in der Nähe mieten und weiterhin einige Zeit zu Hause mit Joseph verbringen können, dann hätte dieser die Möglichkeit gehabt, sich an die Veränderung zu gewöhnen. Details der Besuchszeiten beim Vater, die auch besagen, wie oft und wie lange er bei ihm bleibt, hätten ausgearbeitet werden können, sodass Josephs enge Beziehung zum Vater erhalten geblieben wäre. Später hätte man Joseph in manche Vereinbarungen miteinbeziehen können. Dadurch hätte er gewusst, dass er wichtig ist und nicht machtlos und dass er die Umstände, die ihm aufgezwungen wurden und für die er nicht verantwortlich ist, zumindest in einigen Punkten mitbestimmen könnte. Eltern können in dieser Zeit großer Verwundbarkeit viel von dem Schock abpuffern, indem sie *ganz besonders* darauf achten, *wie* sie ihren Kindern die bevorstehende Scheidung mitteilen. Kinder brauchen sofort genaue Angaben darüber, auf welche Weise sie durch die Situation beeinträchtigt werden. Ihre Sorgen lauten: »Wer wird mich zum Fußball oder zu den Pfadfindern bringen?«, »Werde ich nach wie vor meine Freunde sehen können?«, »Werde ich pünktlich zur Schule kommen? Wer wird mich abholen?«, »Bei wem wird Bello bleiben, der Hund der Familie?«

Es sind ganz einfache Dinge, die Ihrem Kind helfen können, sich sicherer zu fühlen, und ihm die Gewissheit geben, dass beide Elternteile weiterhin für es sorgen. Sie können zum Beispiel einen Kalender führen, in dem die Besuchszeiten farbig markiert sind, sodass das Kind nachvollziehen kann, mit welchem Elternteil es wann zusammen ist und wer es zu seinen unterschiedlichen Aktivitäten bringt. Das gibt ihm auch Anlass zu freudiger Erwartung, die auf der Wirklichkeit basiert anstatt auf Wunschträumen.

*Zweitens:* Ungeachtet des Feingefühls, mit dem Sie die Neuigkeiten Ihrem Kind mitteilen, bleiben sie doch immer noch mit einigen Schockreaktionen befrachtet. Und *Sie* wissen bereits, was Sie tun können! Indem Sie dieselben Prinzipien anwenden, die Sie bereits an früherer Stelle kennen gelernt haben, wo es darum ging, Empfindungen, Bildern und Gefühlen nachzuspüren, geleiten Sie Ihr Kind sanft durch etwaige erstarrte oder schwierige Bereiche hindurch. Sie können sogar die handliche Liste für emotionale »Erste Hilfe« als »Spickzettel« verwenden, die in dem Kapitel über Unfälle und Stürze enthalten ist, weil die Prinzipien im Wesentlichen dieselben sind. Die Organisation des anfänglichen Schocks im Körper ist ähnlich, egal, welche Ursache das Trauma hat. Sie haben auch bereits gelernt, den körperlichen Ausdruck des Schocks bei Ihrem Kind durch schnelle Beobachtung einzuschätzen. Unterschiede ergeben sich erst später bei den Details der Trauerreaktion. Im Fall von Joseph sind seine blasse Haut, seine weit geöffneten Augen, seine flache Atmung und sein stark verkrampfter Brustkorb (um sein Herz vor dem Gefühl überwältigender Trauer zu schützen) sichere Anzeichen eines Traumas. Ihre Hand sanft auf die Brust des Kindes zu legen und so *präsent* wie nur irgend möglich für Ihr Kind zu sein, würde die Art von Erleichterung mit sich bringen, die Joseph gebraucht hätte, aber nicht bekommen hat.

Das geschah viele Jahre, bevor Joseph tatsächlich durch seine Trauer ging: Er gelangte von der Verleugnung zu einer Mischung aus intensiven Gefühlen und schließlich zu einer Akzeptanz der Scheidung seiner Eltern, während er deren Einfluss auf sein Leben in den Griff bekam. Das Beispiel zeigt, dass sich die Emotionen, die eine Scheidung begleiten, nicht vermeiden lassen; die Komplikationen, die von einem traumatischen Schock herrühren, können jedoch zumindest verringert werden. Die nötige Sensibilität, die wir in dem eben genannten Beispiel geschildert haben, können Sie bei all den Punkten gut anwenden, die wir in der Liste der »acht Zeitpunkte« aufgezeigt haben, während derer Kinder besonders verletzlich sind, wenn ihre Eltern sich trennen.

## Kindliche Entwicklung und Scheidung

Es ist von höchster Wichtigkeit, dass die Entscheidungen, die bei einer Trennung oder Scheidung hinsichtlich der Sorgerechtsvereinbarungen getroffen werden, sich nach den Entwicklungsbedürfnissen und der Mentalität des Kindes richten und nicht einfach nur nach dem, was für die Eltern am vorteilhaftesten ist. Alle Kinder brauchen einen engen Kontakt zu beiden Elternteilen. Neueste Forschungsergebnisse zeigen, das dies in noch stärkerem Maß für Säuglinge und Kleinkinder gilt. Sicherheit steht bei Babys und ganz kleinen Kindern an oberster Stelle. Sie müssen sich sicher fühlen, um gesunde Bindungen entwickeln zu können. Kleine Kinder haben die Aufgabe, darauf zu vertrauen, dass die Welt ein guter Ort ist und dass sie willkommen sind.

Stetigkeit im Tagesablauf, sensible Übergänge und regelmäßiger Kontakt zu *allen* Bezugspersonen (einschließlich der erweiterten Familie) sind am besten für sie. Babys erleben Sicherheit durch ihre Sinne. Wenn sie täglich von beiden Elternteilen getragen, geschaukelt, gefüttert, angelächelt und anderweitig genährt werden, wissen sie, dass sie von beiden geliebt werden. Sie können einem Baby nicht in Worten *erklären*, dass der Papa nächste Woche zurück sein wird. Ein Baby braucht Papas *körperliche Anwesenheit*, um zu wissen, dass es ihn noch gibt!

Wenn Kinder größer werden und anfangen, sich von ihren Eltern zu trennen, bildet sich ihre einzigartige Identität durch die Spiegelung, die sie von beiden Elternteilen erhalten. Verlieren sie den Kontakt zu einem Elternteil, so ist es, als ob ein Teil von ihnen selbst schlecht, gestorben oder beides ist. Achten Sie darauf, den anderen Elternteil nicht herabzuwürdigen, weil das gleichzeitig auch das Selbstwertgefühl Ihres Kindes verringert. Denn *beide* Elternteile leben im Inneren des Kindes, auch wenn Sie sich vielleicht wünschen, dass es nicht so wäre: Es ist so.

Säuglinge und Kleinkinder haben das Konzept der Objektkonstanz (dass etwas weiterbesteht, auch wenn sie es nicht sehen können) noch nicht entwickelt. Es leuchtet daher ein, dass sie den abwesenden Elternteil täglich sehen müssen, damit eine stabile Bindung zu ihm wachsen kann. Auf der anderen Seite kommen Jugendliche mit weniger häufigen Besuchen gut aus. Sie brauchen wiederum starke Elternfiguren, die in der Lage sind, Grenzen zu setzen, wenn sie anfangen, sich in die Welt hinauszuwagen, und zunehmend unabhängiger werden. Gerade wie Kleinkinder die Stabilität eines Elternteils benötigen, der in der Nähe ist, wenn er gebraucht wird, brauchen Jugendliche während der oft als verwirrend erlebten Zeit einer Scheidung den Stützpunkt eines starken Zuhauses, wenn sie sich in die abweichenden Wertesysteme der Gleichaltrigen hinauswagen. Stiefeltern zu sein kann mit Jugendlichen, die sich in ihren körperlichen Reifungsprozessen befinden, besonders schwierig sein. Stieftochter und Stiefvater können Schwierigkeiten damit haben, ihre gegenseitige Zuneigung auszudrücken. Das kann bei biologischen Vätern natürlich auch passieren. Untersuchungsergebnisse verdeutlichen, dass Kinder im Alter von zehn bis fünfzehn Jahren die geringste Bereitschaft haben, einen Stiefelternteil zu akzeptieren.

*Alle* Kinder brauchen das Gefühl, Kind bleiben zu können, auch wenn ihre Familie dauerhaft neu geordnet wurde. Vor allem in Familien mit nur einem Elternteil kommt es häufig vor, dass Kinder gezwungen sind, zu schnell erwachsen zu werden. Wenn sie die Verantwortung von Erwachsenen und deren emotionale Bürden übernehmen, werden die Entwicklung ihrer einzigartigen Identität und ihr Selbstwertgefühl aufs Spiel gesetzt.

Sie können diese Verzerrung des Selbst glücklicherweise vermeiden, indem Sie für Beständigkeit im Tagesablauf sorgen, Zerwürfnisse in Gegenwart der Kinder vermeiden (vor allem, wenn es um finanzielle und Sorgerechtsangelegenheiten geht, die sie betreffen) und die Bedürfnisse von Kindern nicht mit dem Schmerz des Erwachsenen überlagern und mit der eigenen Unfähigkeit, mit Veränderungen zurechtzukommen. Wenn die Scheidung für Sie *selbst* mit unerträglichem Schmerz verbunden ist, helfen Sie ihrem Kind am besten, indem Sie selbst professionelle Hilfe in Anspruch nehmen. Es kann Ihrem Kind auch gut tun, einer Selbsthilfegruppe zur Unterstützung bei Scheidungen beizutreten, falls in Ihrer Nähe ein solches Angebot besteht. Fast alle Kinder halten zweierlei Arten von Fantasien in sich aufrecht: Die eine ist, dass die Eltern eines Tages wieder beisammen sein werden, und die andere, dass sie an der Scheidung zumindest mitschuldig sind. Das wird »magisches Denken« genannt und tritt besonders bei Kindern im Alter zwischen vier und elf Jahren auf. Wenn sie davon überzeugt sind, dass sie etwas mit dem Bruch zu tun haben, glauben sie auch, dass sie ihn wieder reparieren können. Dieses magische Denken muss aufgelöst werden. Wenn ein Elternteil dauerhaft an falschen Hoffnungen über eine Wiederverheiratung mit dem Expartner festhält, wird es für Kinder zu einer nahezu unlösbaren Aufgabe, ihr Heranwachsen und ihre Entwicklungsaufgaben zu verfolgen.

Eine weitere durchgängige Überzeugung von Kindern – und zwar eine, die sie vor Angst schlottern lässt – ist die Befürchtung, dass sie wahrscheinlich auch der zweite Elternteil verlassen wird, nachdem der erste weggegangen ist. Das gilt vor allem für Kinder im Schulalter, die sich sicher sind, den Weggang der Mutter oder des Vaters durch ihr Verhalten verschuldet zu haben. Diese Altersgruppe ist auch anfällig für eine Vielzahl von Ängsten, weil sie die Fähigkeit dieses lebhaften Vorstellungsvermögens hat. Dagegen hilft am besten, die Situation für Ihre Kinder so einzurichten – ja, auch wenn Sie Ihren Expartner verachten –, dass sie den nicht sorgeberechtigten Elternteil so oft wie möglich sehen können. Kinder machen sich häufig Sorgen wie: »Wer wird sich um mich kümmern?« und »Wo gehöre ich hin?« Für die Gewissheit, einen sicheren Platz im Herzen beider Elternteile zu haben, ist es von großem Nutzen, wenn Kinder sowohl in Mamas als auch in Papas Wohnung einen gemütlichen eigenen Bereich mit Spielzeug, Kleidung, Büchern, Kassetten, Stofftieren und anderen Sachen haben, die ihnen wichtig sind und die in der jeweiligen Wohnung bleiben. Es ist für Kinder wichtig zu wissen, dass sie in den Wohnungen beider Elternteile leben; dass sie nicht bei dem einen leben und den anderen nur »besuchen«, als seien sie Fremde in einem fremden Land. Das gilt auch, wenn sie mit dem einen Elternteil tatsächlich weniger Zeit verbringen als mit dem anderen. Und was das Wichtigste ist: *Versichern, versichern, versichern* Sie Ihrem Kind, dass Eltern sich nicht von Kindern scheiden, sondern dass Erwachsene sich von Erwachsenen scheiden lassen.

Selbst im günstigsten Fall, wenn zwei reife Erwachsene einvernehmlich anerkennen, dass sie einfach nicht mehr zueinander passen und beide von einer Trennung profitieren würden, ist eine Scheidung für Kinder nicht schön. Zu wissen, dass die Eltern sich nicht mehr lieben, ist sowohl schmerzhaft als auch unerklärlich. Lehrern, Nachbarn und Spielkameraden erklären zu müssen, dass sie an zwei Orten leben und zwei Familien haben, kann beschämend und verwirrend sein. An späterer Stelle in diesem Kapitel erfahren Sie, wie Sie Ihrem Kind zuhören und ihm helfen können, mit den schwierigen Emotionen umzugehen, die diesen Übergang begleiten.

Es übersteigt den Rahmen dieses Buches, Ihnen im Einzelnen zu erklären, worin sich die Bedürfnisse von Kindern in verschiedenen Alters- und Entwicklungsstufen unterscheiden, während sie die Trennung ihrer Eltern durchmachen. Die eben genannten Informationen fassen die entscheidenden Punkte zusammen, auf die Sie achten sollten, wenn Sie vorhaben, sich von Ihrem Partner zu trennen oder es bereits getan haben. Es gibt zum Thema Scheidung Dutzende von ausgezeichneten Büchern für Erwachsene wie zum Beispiel *Glückliche Scheidungskinder* von Remo Largo und Monika Czernin, außerdem gibt es auch schöne Bücher für Kinder, wie das berühmte *Scheidung auf dinosaurisch* von Laurene Krasny Brown und Marc Brown. (Weitere empfehlenswerte Bücher für den deutschsprachigen Raum finden Sie in der Literaturliste.)

Nach diesen Ausführungen wird es Ihnen leichter gelingen, den Unterschied zwischen traumatischem Schock und Trauer zu erkennen, sodass Sie Ihrem Kind helfen können, den Schmerz beider Erfahrungen zu verarbeiten und daran zu wachsen. Sie sollten außerdem wissen, dass sich die Reaktionen von Kindern je nach ihrem Entwicklungsstand, ihrer Mentalität und der Bindung, die sie an ihre Eltern haben, unterscheiden. Umso wichtiger ist daher eine tatkräftige Zusammenarbeit der Erwachsenen bei der Begleitung der Kinder in den unterschiedlichen Stadien ihrer Verletzlichkeit und die Weiterführung der Co-Elternschaft, auch wenn sie mit neuen Partnern zusammen sind. Ihre Fürsorge und Planung entscheiden darüber, wie gut Ihre Kinder sich langfristig anpassen.

Wir haben uns bislang damit befasst, wie die traumatischen Aspekte einer Scheidung verringert werden können. Als Nächstes wollen wir die Trauer Ihres Kindes ansprechen. Sie können so viel tun, um Kindern dabei zu helfen, mit schmerzvollen Emotionen umzugehen, seien sie auf Scheidung, Tod oder einen anderen Verlust zurückzuführen. Wenn Kinder durch ungewollte Veränderungen und Risse in ihrem Leben gehen, können sie verschiedene und widersprüchliche Gefühle haben. Sie können zum Beispiel Wut, Schmerz und Angst fühlen; und gleichzeitig erleichtert sein. Andere Gefühle, die sie ausdrücken (oder unterdrücken) können Leere, Zorn, Enttäuschung, Einsamkeit, Traurigkeit, Verwirrung und Schuld sein. Wenn Ihr Kind mit Ihrer Hilfe lernt, durch seinen Trauerprozess hindurchzugehen, hat es die wichtigste Vorbereitung dafür erhalten, mit den unangenehmen Drehungen und Wendungen zurechtzukommen, die ein unvermeidlicher Bestandteil des Heranwachsens sind. Kinder verwandeln sich nicht in reife Erwachsene, indem sie vor Frustration und Schmerz bewahrt werden, sondern durch fähige Eltern, die ihren Kindern durch ihr Beispiel, ihre Freundlichkeit, ihr Mitgefühl und ihre Unterstützung dabei helfen, Frustrationen ins Gesicht zu sehen, während sie sich in ihrer eigenen Geschwindigkeit und auf ihre eigene einzigartige Weise durch ihre unangenehmen Emotionen hindurchbewegen.

## Helfen Sie Ihrem Kind zu trauern

Trauer tritt nicht nur dann ein, wenn ein Mensch stirbt. Trauer ist ein Gefühl von Verlust und Schmerz, wenn jemand oder etwas, das wir geliebt haben, nicht mehr da ist. John W. James und Russell Friedman, vom *Grief Recovery Institute*, geben in dem Buch *When Children Grieve* eine Definition, die alle Verlusterfahrungen umfasst: »Trauer setzt sich aus widersprüchlichen Gefühlen zusammen, die durch die Veränderung oder die Beendigung eines vertrauten Verhaltensmusters hervorgerufen werden.«

Trauer ist ein Teil des Lebens. Freude und Trauer gehen Hand in Hand. Wir können das eine nicht ohne das andere haben. Wenn Kinder trauern, sind die Anlässe dafür meist Scheidung, Tod von Großeltern, Eltern oder anderen Verwandten, der Verlust von Freunden, die aus der Nachbarschaft wegziehen, der Verlust von persönlichem Besitz und der Verlust eines Haustiers.

Der Trauerprozess erfolgt nicht linear. Dennoch sind die Trauerstadien, die Elisabeth Kübler-Ross schon vor Jahrzehnten weise beschrieb, nach wie vor eine gute Richtlinie. Ihr Kind wird diese Stadien zu verschiedenen Zeiten durchlaufen, sie aufsuchen und wieder aufsuchen. Gerade dann, wenn Sie meinen, dass das Kind nun nicht mehr traurig ist, tauchen die Gefühle plötzlich wieder auf. Das kann vor allem an Geburtstagen vorkommen, in den Ferien und bei anderen Gelegenheiten, die die Erinnerung an den Verlust wachrufen.

Das erste Stadium der Trauer ist *Verleugnung* oder *Unglaube*. Wie Sie jedoch in dem Abschnitt über Scheidung erfahren haben, tritt in diesem ersten Stadium häufig eine tiefere Schockreaktion ein. Wenn das der Fall ist, wird das Kind Ihre Unterstützung brauchen. Helfen Sie ihm dabei, seine Empfindungen zu erkennen und wahrzunehmen, bis diese sich ändern und es sich so aus seinem erstarrten Zustand herausbewegen kann. Das ist wichtig, damit es nicht in der Fantasie stecken bleibt, dass der Todesfall nicht eingetreten ist oder dass die Eltern wieder heiraten werden.

Die nächsten beiden Stadien sind mit emotionalen Zuständen verbunden. Im zweiten Stadium werden *Traurigkeit* und *Trauer* auftreten. Zum dritten Stadium gehören die Gefühle *Wut* und *Groll*. Besonders diese beiden Stadien treten gern eine Zeit lang im Wechsel auf. Sie enthalten auch nuanciertere Emotionen wie Reizbarkeit, Frustration, Leere, Enttäuschung und Kummer. Nichts ist schwerer, als von jemandem getrennt zu sein, den wir lieben. Wütend zu sein ist ein normaler Teil des Trauerprozesses. Es wird Ihrem Kind helfen, sich aus seiner Bewegungsunfähigkeit, seiner Hilflosigkeit und seinen Fantasien herauszubewegen, wenn es in der Lage ist, seine Gefühle auszudrücken. Sie haben die Aufgabe, ein unterstützendes und sicheres »Gefäß« zu sein, das den Schmerz und die Wut Ihres Kindes hält. Über die Arbeit mit Emotionen haben wir bereits an früherer Stelle gesprochen. Da sie für die Rückkehr Ihres Kindes zu seiner Ganzheit jedoch unabdingbar ist, werden wir sie hier noch einmal wiederholen, wobei wir den Schwerpunkt auf die Trauer legen.

Im vierten Stadium des Trauerns geht es um das *Verhandeln*. In diesem Stadium braucht das Kind ein starkes Ich-Bewusstsein. Es hilft ihm, darauf zu vertrauen, dass es mit seinem Schmerz im Hier und Jetzt umgehen kann, und wirkt dem zwecklosen Versuch entgegen, vergangene Umstände durch gedankliche Manipulationen zu verändern, um die Vergangenheit zurückzuholen. Das ist das Stadium des »Wenn ich nur ... hätte, würde, könnte, sollte, wäre diese ›schlimme‹ Sache vielleicht nie passiert«. Dieses Stadium ähnelt dem ersten Stadium, der Verleugnung. Es ist ein Verleugnen, in dem ein paar zusätzliche Gedanken sowie Scham- und Schuldgefühle hin und her bewegt werden. Auch in diesem Stadium ist es wiederum wichtig, das Kind bei den Empfindungen, die diese Gedanken begleiten, zu unterstützen, damit es in seiner Scham und Schuld nicht einfach stecken bleibt. Sie können das Kind stattdessen ermutigen, aufrichtige Reue über all das zum Ausdruck zu bringen, was es gern getan hätte oder wünschte, nicht getan zu haben, bevor die Person gestorben ist. An einer späteren Stelle in diesem Kapitel werden Sie andere Wege kennen lernen, um Ihr Kind bei der Erfahrung, Emotionen zu Ende zu erleben, zu unterstützen. Sie ist der Auftakt für das »Abschied nehmen«, sei es von einem Menschen, einem Tier, einer vertrauten Familienstruktur oder persönlichem Besitz, der ihm etwas bedeutet hat.

Das letzte Stadium des Trauerprozesses ist die *Akzeptanz*. Damit ist gemeint, die Wirklichkeit dessen anzunehmen, was geschehen ist, und die Bereitschaft aufzubringen, so vollumfänglich wie nur möglich weiterzuleben; mitunter sogar mit noch größerer Vitalität und Zielgerichtetheit. Das unterscheidet sich grundlegend von Haltungen wie »Man muss eben darüber hinwegkommen« oder »Das Leben muss weitergehen« oder »Man muss seine Gefühle begraben«. Den Verlust zu akzeptieren bedeutet nicht, dass Ihr Kind niemals mehr traurig darüber sein wird. Es bedeutet, dass Energie freigesetzt worden ist, die in einer Mischung aus Schock- und Trauerreaktionen gebunden war, sodass Ihr Kind ein authentisches Gefühl von Vollendung erlebt. Es kann seine Energie nun wieder für die Angelegenheiten seiner Kindheit und für die Herausforderungen seiner zahlreichen Entwicklungsaufgaben verwenden, die ihm auf seinem Weg, zu einem jungen Erwachsenen heranzureifen, begegnen.

## Mit dem Tod eines Haustiers umgehen

Für viele Kinder ist der Verlust eines geliebten Tieres ihre erste Erfahrung mit wirklich tiefer Trauer. Wie bereits erwähnt, hat Trauer keinen linearen Verlauf. Obwohl es verschiedene Stadien gibt, trauert jedes Kind auf seine einzigartige Weise. Manche dieser Verhaltensweisen können Erwachsenen unlogisch vorkommen. Die meisten Kinder, die alt genug sind, um zu sprechen und ihre Gefühle auszudrücken, brauchen nichts weiter, als dass Sie ihnen folgen und je nach den Hinweisen, die sie Ihnen geben, mitfühlende Unterstützung gewähren und

Ihr Bestes tun, um ihnen den Raum und die Zeit zu geben, die sie benötigen.

Die folgende Geschichte handelt von einem Trauerprozess, den ein kleinen Mädchens nach dem Verlust seines Haustiers durchgemacht hat. Die Eltern schrieben die Geschichte in Form eines Briefes, um damit ihrer Tochter Rachel ihren tiefen Respekt und ihre Ehrfurcht vor ihrem einzigartigen, wenngleich ungewöhnlichen Trauerprozess zu bezeugen. Der Brief beschreibt, wie Rachel sowohl mit dem Schock- als auch dem Trauerstadium umging. Ihre Eltern unterstützten sie mit vielen Umarmungen, während sie ihrem Prozess folgten, ohne ihn zu unterbrechen:

Für Rachel
Am 15. November 2003 wurde deine Katze Briar Rose von Hunden aus der Nachbarschaft getötet. Wie du im Alter von nicht ganz sechseinhalb Jahren mit diesem Ereignis umgegangen bist, hat Rob und mich sehr beeindruckt – deshalb habe ich es für dich aufgeschrieben, damit du es lesen kannst, wenn du älter bist.

Wir kamen gerade von einem Fußballspiel nach Hause. Rob (Rachels Papa) war schon zurück. Als wir die Auffahrt hinauffuhren, flüsterte er mir zu, dass mit Briar etwas passiert sei. Du und ich gingen ins Haus und spielten. Als dein Vater wiederkam, ging er auf dich zu, kniete sich vor dich hin und sagte, dass er schlechte Neuigkeiten habe: »Briar ist tot.« Du weintest und klagtest lange in seinen Armen. Ryan (Rachels Bruder) und ich saßen neben dir. Plötzlich hörtest du auf zu weinen und fragtest, ob Rob Briar da habe. Er sagte, er würde sie hereinbringen. Wir saßen alle bei der Eingangstür. Du hieltest Briar auf deinem Schoß. Sie war noch warm. Während du sie streicheltest, sagtest du viele Dinge über sie: was für eine großartige Katze sie war, dass sie viel zu jung war, um zu sterben (erst anderthalb Jahre), wie sehr du sie lieb hattest etc. Du wolltest auch wissen, wie sie starb. Ihre Zunge hing heraus, ihre Augen wollten sich nicht schließen. Warum nicht? Bist du sicher, dass sie nicht einfach nur schläft? Es gab keine offensichtliche Wunde, nur ein bisschen Blut floss aus ihrer Nase. Was ist ihr zugestoßen? Wir beantworteten deine Fragen, so gut wir konnten, aber das Wichtigste war, dass wir alle dich und einander dabei unterstützten, unsere Traurigkeit zuzulassen. Rob wischte das Blut von ihrem Maul. Wir weinten alle. Dann sagtest du plötzlich, dass du sie jetzt genug gehalten hättest und dass Rob sie wieder hinausbringen könne, bis wir sie am nächsten Morgen beerdigen würden.

Am Abend hattest du keinen Appetit, setztest dich aber zu uns. Während des Essens sagtest du, dass dein Kopf ganz heiß sei und dass du ihn mit Wasser kühlen möchtest. Ich fragte, ob du ein Bad nehmen möchtest ... »nein«, ... duschen ... »nein«. Statt dessen sagtest du: »Ich möchte die Küchenspüle mit kaltem Wasser füllen und meinen Kopf hineintauchen.« Du zogst einen Stuhl an die Spüle heran, fülltest sie, zogst dein Hemdchen aus und tauchtest deinen Kopf ein. Du hobst deinen Kopf wieder aus dem Wasser heraus und wolltest, dass ich stoppe, wie lange du unter Wasser die Luft anhalten kannst, was ich auch gemacht habe. Du hattest Spaß dabei. Dann wolltest du einige deiner Freunde anrufen. Wir trockneten also deine Haare und du riefst zwei Freunde und einen Erwachsenen an. Du hattest ihnen zwei Botschaften zu übermitteln ... »Hallo, hier ist Rachel. Ich rufe an, um dir zu sagen, dass ich todtraurig bin, weil meine Katze heute Abend gestorben ist.«

Als Nächstes sagtest du, dass du etwas tun müssest, was dich zum Lachen bringt. Du erklärtest das mit den Worten: »Als Papa mir sagte, dass Briar tot ist, war ich gerade beim Spielen. Dann kam diese ganze Traurigkeit in mich hinein und drückte mir all mein Lachen in die Füße und jetzt fühlen sie sich nicht gut an. Deshalb muss ich etwas tun, das mich zum Lachen bringt.« Ich sagte, ich würde versuchen, mir etwas einfallen zu lassen.

Augenblicke später sagte Rachel, dass alle zusammen in die heiße Wanne gehen sollen. Ich erwiderte, dass ich in wenigen Minuten da sein würde. Als ich soweit war, sagte sie: »Mami, das Lachen ist aus meinen Füßen hinausgegangen!!« Ich fragte, wie, und du antwortetest:

»Ryan hat meine Füße gekitzelt!« Ich fragte, wo die Traurigkeit jetzt ist, und du sagtest: »Jetzt ist nur noch Liebe da.« In der Badewanne wolltest du abwechslungsweise gehalten werden oder spielen, spritzen, untertauchen und dich treiben lassen.

Bevor du einschläfst, singen wir üblicherweise Schlaflieder, massieren die Hände und kuscheln miteinander. Heute schien dich dies an Briar zu erinnern und traurig zu machen. »Mami, ich kann nicht mehr darüber sprechen. Ich will nur noch meine Entspannungs-CD.« Du setztest deine Kopfhörer auf und warst binnen weniger Minuten eingeschlafen.

Am Morgen erzähltest du mir, dass du einen Traum hattest: »Ich träumte, dass es zwei Briars gibt ... eine gute und eine böse. Die böse Katze wollte uns auffressen, aber die gute Briar sagte, dass sie uns helfen werde. Ich hielt eine ihrer Pfoten und du, Papi und Ryan die anderen. Dann nahmen wir uns auch alle an den Händen und Briar flog uns mit ihren Flügeln in den Himmel hinauf. Es war wirklich Briar. Ihr Körper kam zu mir zurück und rettete uns.«

Später am Morgen wolltest du in allen Punkten an Briars Begräbnis teilhaben. Du suchtest die Stelle aus und halfst, die Erde auszuheben. Als Rob Briars Körper herausbrachte, warst du sehr überrascht, als du merktest, dass sie kalt und steif ist. Wir erklärten dir, dass ihr Geist und ihre Lebenskraft nun nicht mehr in ihrem Körper sind. Du suchtest mehrere Kristalle aus, die Opa Pete dir vor seinem Tod gegeben hatte. Du legtest sie zu Briar in den Kissenbezug und sagtest, dass sie nicht allein sein werde, sondern dass Opi Pete ihren Geist im Himmel herumführen werde. Cloudy, Briars Bruder, schnupperte ein klein wenig an ihrem Körper herum. Er wurde nach ihrem Tod zutraulicher uns gegenüber. Er schien zu begreifen, dass sie gegangen ist.

Als die Grube fertig war, halfst du Rob, ihren Körper hineinzulegen und hast als Erste Erde darauf geworfen. Jeder sagte etwas über sie ... wir alle weinten. Du wolltest beten und knietest dich nieder, wie diese kleinen Kinder auf Bildchen: die Hände gefaltet, den Kopf geneigt. Du wusstest nicht recht, was du sagen solltest. Du fülltest mit Ryan zusammen die Grube mit Erde auf. Danach wolltest du *Home, Home On the Range* singen, was wir gemacht haben. Am Nachmittag half dir Rob, ein Kreuz für ihr Grab anzufertigen. Du schriebst: »Briar Rose ... Rachels Katze ... ich liebe dich so sehr«, mit vielen Herzen.

Seither gab es immer wieder Momente, wo du über Briar weinen musstest und traurig warst. Wenn du eine Katze siehst oder etwas hörst, das dich an sie erinnert, musst du deine Traurigkeit verarbeiten. Es löst auch Traurigkeit in dir aus, dass du nicht die Gelegenheit hattest, all deinen Vorfahren zu begegnen. Es scheint, dass du das Thema Tod stärker zur Sprache bringst, wenn du davon hörst: Jesus starb am Kreuz ... Kinder sterben an Grippe etc. Wir hören deinen Worten nur zu und halten dich, wenn du es möchtest.

Mit dem Tod zurechtzukommen dauert lange, aber du machst es bislang so wunderbar. An jenem ersten Tag hat uns so besonders beeindruckt, dass du *genau* wusstest, was du brauchst, um dir selbst zu helfen ... verrückte Dinge wie den Kopf unter Wasser zu tauchen oder an den Füßen gekitzelt zu werden. Wir unterstützten dich nur in deinem Prozess und du sorgtest auf eine ganz wunderbare Weise für dich selbst. Wir lieben dich so sehr, Rachel!

Wenige Monate nach Briars Tod schaute ich bei Rachels Mutter vorbei. Sie erzählte mir, dass Rachel ihre Katze immer noch vermisst, sich jedoch ganz gut durch ihre Trauer hindurchbewegt. Als der erste Jahrestag von Briars Tod näherrückte, besuchte ich Rachel, um zu sehen, wie es ihr geht. Ohne den Jahrestag auch nur mit einem Wort zu erwähnen, sagte dieses siebenjährige Mädchen zu mir, dass sie Briar immer noch vermisse und dass es »schlimmer werde«, weil es auf das Datum zugehe, an dem sie gestorben ist; es sei ihr auch »unangenehm« zu sehen, wie Ryan (ihr Bruder) mit Cloudy (Briars Bruder) spielt. Ich fand heraus, dass Rachel um eine neue Katze gebeten und sie auch bekommen hatte. Sie heißt Misty. Aber Misty ist nicht wie Briar.

Den Verlust von Briar zu ersetzen, vermochte ihren Trauerprozess natürlich nicht zu vollenden. Es gibt nicht zwei Tiere oder Menschen, die gleich sind. Kinder passen sich üblicherweise an ein neues Haustier, einen neuen Freund, Stiefeltern etc. leichter an, wenn sie den Trauerprozess vollendet haben und auf organische Weise zu einer Akzeptanz des Verlustes kommen (eher als in einem früheren Stadium). Der Versuch, den Verlust eines Tieres oder eines Menschen, zu dem das Kind eine tiefe Bindung eingegangen ist, *vorzeitig* zu ersetzen, ist üblicherweise nichts weiter als ein leerer Versuch, den Schmerz zu verringern, der den Verlust begleitet. Ich gewann diesen Eindruck, obwohl dieses kluge Mädchen viel getan hatte, um ihre Trauer aufzulösen. Sie »pendelte« sogar zwischen Schmerz und Freude, indem sie zwischen Weinen und Spielen abwechselte. Dennoch war noch ziemlich viel schmerzvolle emotionale Energie vorhanden, die sie gefangen nahm. Ich fragte mich, was die Ursache dafür sein könnte und mir fiel ein, dass ein Bestandteil in ihrem Trauerprozess ganz offensichtlich fehlte. Sie erwähnte kein Wort im Hinblick auf Bedauern oder Gewissensbisse. Und es gibt nichts, was leichter Bedauern hervorbringt – begleitet von Schuldgefühlen – als der Tod. Schuld und Reue können einen Großteil der mentalen und körperlichen Gefühle eines Kindes in Beschlag nehmen.

## Allgemein verbreitete Mythen

Viele Erwachsene glauben an den weit verbreiteten Mythos, dass sie für den *Verlust eines geliebten Wesens* schnell *Ersatz* schaffen müssen, um ihre Trauer aufzulösen. Ein weiterer, in unserer Kultur bekannter Mythos lautet, dass *die Zeit alle Wunden von selbst heilt.* Das stimmt einfach nicht. Sicherlich können Zeit und Abstand dem Schmerz »die Spitze nehmen«; sie können den Schmerz auch tiefer *vergraben.* Das ist ein weiterer Mythos, dem viele Erwachsene aufsitzen. Den Schmerz zu begraben ist aus folgenden Gründen keine wirksame Methode zur Trauerbewältigung:

a) Er kann wiederkommen, um Sie heimzusuchen, wenn Sie am wenigsten damit rechnen.

b) Die Angst davor, ihn zu spüren, kann zu Schwierigkeiten im Bereich von Bindung und Intimität führen.
c) Es braucht eine »Wagenladung« voll Energie, um begrabene Gefühle unter der Erde zu halten.

In anderen Worten: Diese Methode löst gar nichts und bringt Menschen bei, jegliches Leid um jeden Preis zu vermeiden.

Jede spirituelle Praxis und jede religiöse Philosophie lehrt, dass Schmerz ein Teil des Lebens auf diesem Erdenplaneten ist. Wenn Kinder lernen, emotionalen Schmerz in kleinen Dosen zu ertragen, und die Erfahrung machen, dass er nicht für immer dableibt, wenn sie das tun, haben sie schon frühzeitig eine der wertvollsten Lektionen des Lebens gelernt. Sie können in das Erwachsenenalter mit solider emotionaler und körperlicher Gesundheit eintreten.

Die Zeit hat Rachels Traurigkeit nicht geheilt. Jahrestage bieten eine zweite Chance, um »unfertige« Angelegenheiten abzuschließen, weil sie die unterdrückte emotionale Energie unverzüglich an die Oberfläche bringen. Im Wissen, dass Rachel nicht verhandelt (viertes Stadium) oder Bedauern für irgendetwas gezeigt hat, das sie vor Briars Tod vielleicht getan oder vernachlässigt hatte, fragte ich sie: »Hast du dich um Briar gekümmert?« Sie sagte, sie habe sie gestreichelt, mit ihr gespielt, sie gefüttert und ihr Wasser gegeben. Als Nächstes wollte ich wissen: »Gibt es irgendetwas, das du gern anders gemacht hättest?« Rachel erwiderte ohne zu zögern: »Da ist eine Sache ... ich wollte, dass sie das Gefühl hat, ein gutes Zuhause zu haben.« Sie fuhr dann fort, dass sie sich nicht sicher ist, ob Briar das wusste, weil sie sie manchmal festgehalten habe, wenn sie das absolut nicht wollte. Diese Sätze sprudelten aus ihr heraus. Rachel klang erleichtert darüber, diese »Katze aus dem Sack« gelassen zu haben, als sie in meinen und ihrer Mutter Beisein eingestand, was sie bislang für sich behalten hatte. Ich habe das Gefühl, dass Rachel nun, nach ihrer geplanten »Jahrestagszeremonie« für Briar, in der Lage sein wird, sich zum letzten Stadium des Trauerprozesses weiterzubewegen: der Akzeptanz.

Nebenbei gesagt gibt es in modernen Kulturen im Unterschied zu sowohl traditionellen als auch primitiven Kulturen einen weiteren Mythos über das Trauern, nämlich den, dass wir unsere Gefühle für uns behalten sollen. Dieser Mythos besteht in anderen Worten darin, dass wir nach der Beerdigung, wenn wir über unsere Trauer schon nicht hinweg sind, so doch wenigstens *alleine trauern sollen.* Das Gegenteil davon ist wahr. Deshalb sind Trauergruppen so wichtig, damit sowohl Erwachsene als auch Kinder zusammenkommen können, um sich diese menschliche Erfahrung, die sie teilen, gegenseitig zu bezeugen. Diese Art Gemeinschaft kann den Prozess weiterbewegen, sodass die Trauernden einen verlängerten Leidensprozess vermeiden können, der andere Entwicklungsaufgaben behindert. Am Ende dieses Kapitels erhalten Sie weitere Informationen zum Thema »Schritte zur Lösung von Trauer«, doch erst kehren wir noch einmal zu Rachel zurück.

Wenn die Trauer von einem Schock begleitet wird, wird die Sache komplexer. Bei Rachel gab es zweierlei Anzeichen, die auf einen Schock hinwiesen:

1. die Plötzlichkeit des Todes ihrer Katze,
2. das ungewöhnliche Verhalten, den »Kopf unterzutauchen«, das folgte.

Ich bat sie daher, mir zu erzählen, weshalb sie den Kopf ins Wasser eintauchen wollte und auf welche Weise das geholfen habe. Rachel antwortete erneut ohne zu zögern: »Ich hatte Briar auf dem Schoß gehabt und danach war ein Blutfleck auf meiner Hose. Ich wurde ganz aufgeregt, als ich das sah, und mir wurde übel. Mein Kopf war heiß. Das Eintauchen des Kopfes machte, dass ich weniger aufgeregt war, ich war auch nicht mehr so angespannt und musste nicht brechen.«

Ein traumatischer Schock führt häufig zu Übelkeit. Blut zu sehen kann für jeden schrecklich sein, vor allem aber für kleinere Kinder. Es ist offensichtlich, dass Rachels blutbefleckte Hose eine weitere traumatische Reaktion auslöste. Den Kopf ins Wasser zu tauchen schien ihre Nerven zu beruhigen, wodurch der Aufruhr in ihrem Bauch nachließ.

Das ergibt für Sie vielleicht keinen Sinn, naturwissenschaftlich betrachtet ist er jedoch absolut gegeben.

Ohne allzu fachspezifisch zu werden: Es könnte für Sie hilfreich sein zu erfahren, dass der Nervus vagus, das ist der längste Nerv im Körper, sowohl das Gesicht innerviert (Augen, Mund, Nase etc.) als auch den ganzen Weg bis zum Darm hinuntergeht und diesen ebenfalls versorgt. Das erzeugt eine Rückkopplungsschleife. Erinnern Sie sich daran, dass Rachel Briars Blut sah; danach hatte sie das Gefühl, sich übergeben zu müssen. Wenn der Darm aufgewühlt ist, ist es für den überraschten Gesichtsausdruck (weit geöffnete Augen) und die begleitenden unerfreulichen Gedanken nahezu unmöglich, sich zu beruhigen, was bewirkt, dass die Aufregung anhält. Indem Sie Ihre Hand auf den Bauch des Kindes legen, bis er anfängt, sich zu beruhigen, kann die negative Rückmeldung aufhören und unnötige Beschwerden können vermieden werden, während der Körper Ihres Kindes weicher wird und aus dem Schock herauskommt. Offensichtlich spürte die kleine Rachel intuitiv die Verbindung zwischen ihrem Kopf und ihrem Darm und benutzte die »Tauchtechnik« mit dem kalten Wasser, um sich selbst zu beruhigen, während ihre mitfühlenden Eltern bei ihr standen und sie den Weg vorgeben ließen.

## Schritte, die Kindern bei der Auflösung ihrer Trauer helfen

Ehe ein Kind von einem geliebten Wesen Abschied nehmen kann, muss es einige Prozesse vollenden. Zu diesen gehört, dass es sich mit Ihrer Unterstützung durch seine traumatischen Empfindungen und Gefühle der Trauer hindurchbewegt, aber das ist noch nicht alles. Erinnern Sie sich daran, wie sehr Rachel es bedauerte, dass sie Briar festgehalten hatte, wenn sie es nicht wollte, und dass sie befürchtete, Briar könnte deswegen das Gefühl gehabt haben, nicht an einem »guten Ort zu Hause zu sein«? Es gehört zur Loslösung von dem geliebten Menschen oder Wesen dazu, dass das Kind ausspricht, was es gern anders gemacht hätte. Ob es sich dabei um ein Haustier oder einen Menschen handelt, ist unerheblich; der Prozess bleibt derselbe.

Es folgt nun eine fünfteilige Übung mit einer Reihe von Vorschlägen, die Ihrem Kind helfen sollen, alles zur Vollendung zu bringen, was einen Auftakt zur Loslösung bedeutet:

### Teil A

1) Fertigen Sie eine Zeitachse an, die mit dem Zeitpunkt der ersten Begegnung mit dem geliebten Menschen oder Tier beginnt und bis zu seinem Tod reicht.

2) Schreiben Sie oberhalb der Linie glückliche Erinnerungen in chronologischer Reihenfolge auf.
3) Schreiben Sie die Dinge, die Sie schätzten und die Sie gern vor dem Tod ausgesprochen hätten, oberhalb der Linie auf.
4) Schreiben Sie Dinge, die Sie verärgert haben, unterhalb der Linie auf.
5) Schreiben Sie Dinge, die Sie getan haben und die geliebte Person oder das geliebte Wesen verärgert haben, unterhalb der Linie auf.

## Teil B

Ordnen Sie bitte die Erinnerungen, die Sie aufgeschrieben haben, den folgenden Überschriften zu:

- *Worin ich das geliebte Wesen vermisse*

  ______________________________

  ______________________________

  ______________________________

- *Dinge, die mir wehgetan haben und die ich jetzt gerne vergeben würde*

  ______________________________

  ______________________________

  ______________________________

- *Dinge, für die ich mich schuldig fühle und die ich gern vergeben wüsste*

  ______________________________

  ______________________________

  ______________________________

- *Dinge, die ich geschätzt und nie laut ausgesprochen habe*

  ______________________________

  ______________________________

  ______________________________

### Teil C – *Ihre Gefühle, Gedanken und Erinnerungen mitteilen*

Teilen Sie Ihre Aufzeichnungen mit jemandem, der Sie liebt und versteht. Bitten Sie diese/n Menschen darum, Sie bei den Gefühlen zu begleiten, die während der Vollendung dieses Übungsblocks auftauchen.

### Teil D – *Abschied nehmen*

Wenn Sie sich dazu bereit fühlen, verfassen Sie einen besonderen Brief für den geliebten Menschen oder das geliebte Wesen. Nehmen Sie die Erinnerungen, die Sie aufgeschrieben haben, und sprechen Sie alles aus, was Sie möchten. Halten Sie nichts zurück. Achten Sie in Ihrem Brief auf eine Ausgewogenheit zwischen Dingen, die Ihnen geholfen haben, und solchen, die Sie verletzt haben. Äußern Sie Dankbarkeit für Zeiten, Erfahrungen und Gefühle, für die Sie sich bisher nie bedankt haben oder für die Sie es noch einmal wiederholen wollen. Gestehen Sie Ihre Unzulänglichkeiten ein und vergeben Sie alles, wovon Sie spüren, dass Sie es vergeben wollen. Seien Sie aufrichtig. Zwingen Sie sich nicht dazu, etwas zu vergeben, wofür Sie sich nicht bereit fühlen. Aber sehen Sie zu, dass Sie die Gelegenheit ergreifen, um die Dinge zu vergeben, die Sie vergeben wollen. Verzeihen Sie am allermeisten sich selbst. Bitten Sie den geliebten Menschen oder das geliebte Wesen, Ihnen Dinge zu verzeihen, für die Sie sich jetzt schämen und die Sie wünschten, nicht getan zu haben. Jetzt ist es Zeit, ins Reine zu kommen, sodass Sie Abschied nehmen können, ohne von etwas zurückgehalten zu werden, das noch nicht geklärt ist.

Es kann sein, dass es Ihnen sehr schwer fällt, diesen Brief zu schreiben. Bitten Sie jemanden, den Sie lieben, Ihnen zu helfen, wenn Sie es alleine nicht schaffen. Aber achten Sie darauf, dass es um Ihre Gedanken und Gefühle geht, NICHT um die von jemand anderem. Ein Kind, das noch zu klein ist, um all diese großen Worte aufzuschreiben, kann einen älteren Menschen bitten, die Worte an seiner Stelle niederzuschreiben. Wenn das Kind es bereits selbst kann, möchte es vielleicht einen Freund oder Verwandten bei sich haben, der ihm Gesellschaft leistet, falls starke Gefühle auftauchen. Vielleicht möchte das Kind umarmt werden ... oder von jemandem gehalten werden, wenn es weint ... oder seine Erinnerungen und Gefühle mit jemandem teilen. Mit der letzten Zeile Ihres Briefes nehmen Sie Abschied von dem Menschen oder dem Wesen, das Sie geliebt haben.

Teil E – *Ihren Brief mit anderen Teilen*

Wenn Sie sich bereit dazu fühlen, lesen Sie Ihren Abschiedsbrief an den von Ihnen geliebten Menschen oder an das von Ihnen geliebte Wesen jemandem vor, dem Sie Ihre privaten Gedanken und Gefühle anvertrauen können. Vielleicht wollen Sie danach eine Zeremonie durchführen, bei der Sie den Brief vergraben oder verbrennen. Vielleicht haben Sie auch ein paar eigene Ideen, um Ihren Trauerprozess zu vollenden!

## Emotionale Unterstützung bei Tränen, Ängsten, Ausbrüchen und Verwirrung

Einerlei, ob Ihr Kind einen Tod, eine Scheidung, eine Trennung oder einen anderen Verlust betrauert, mit Sicherheit erfährt es eine Bandbreite von unterschiedlichen Emotionen. Kleine Kinder können ihre Gefühle möglicherweise noch nicht benennen. Ältere Kinder und Jugendliche wollen vielleicht aus diversen Gründen nicht darüber sprechen. Die folgenden Empfehlungen sollen Ihnen helfen, Kinder verschiedener Altersgruppen zu unterstützen. Wir möchten Sie auch auf das vierte Kapitel verweisen, wo Sie unter den Überschriften »Die Emotionen Ihres Kindes begleiten« und »Kinder als Lehrer – lassen Sie sich von ihnen leiten« noch einmal die ausführlichen Informationen zur Unterstützung von Kindern mit schwierigen Gefühlen nachlesen können.

Kleine Kinder haben oft noch keine Worte für ihre Gefühle. Wenn sie jedoch alt genug sind, um mit Kreiden oder Stiften zumindest zu kritzeln, kann es nützlich sein, sich von ihnen die Farben ihrer Gefühle zeigen zu lassen. Oder Sie können sie dazu anregen, Formen zu malen, um ihre Gefühle darzustellen. Sie können sie auch bitten, auf die Stelle am Körper zu zeigen, an der sie »schlechte« Gefühle haben. Für jede Altersstufe wertvoll ist auch die folgende Aktivität: Zeichnen Sie die Umrisse eines großen Pfefferkuchenmannes auf Papier auf. Bestimmen Sie dann gemeinsam mit Ihrem Kind einen »Farbschlüssel«, bei dem jede Farbe ein anderes Gefühl repräsentiert. (Ältere Kinder brauchen dafür nur sehr wenig Anleitung.) Typische Farben, die Kinder aussuchen, sind:

| | |
|---|---|
| blau = | traurig |
| rot = | wütend |
| gelb = | ängstlich |
| grün = | freudig |
| lila = | friedlich |
| schwarz = | bedrückt |

Wenn der Umriss und die Farbkodierung fertig sind, bemalt das Kind den Umriss einfach mit den unterschiedlichen Farben, um zu zeigen, wie es sich in den jeweiligen Körperregionen fühlt. Vielleicht malt es den gesamten Umriss blau aus, wenn es besonders traurig ist; oder es bemalt den Herzbereich blau, die Füße und Hände rot und den Bauch gelb. Solche Zeichnungen helfen auf zweierlei Arten:

1) Der sensorisch-motorische Vorgang des Zeichnens trägt zu einer Linderung von Gefühlen bei, weil er die rechte (intuitive) Gehirnhälfte einbezieht.
2) Zeichnungen geben Ihnen wertvolle Informationen darüber, was Ihr Kind quält und welche Gefühle Bestärkung brauchen.

Mitunter werden Kinder ihre schwierigen Emotionen als Erstes aufzeichnen. Das kann sich ändern, wenn sie anfangen, sich besser zu fühlen. Dann malen sie oft Gefühle der Freude, die ihre natürliche Widerstandskraft und ihren Ressourcenreichtum zum Ausdruck bringen. Gefühle können durch die Verwendung von Ton und Wasserfarben ebenso gut durchgearbeitet werden. Ton oder Knete eignen sich vor allem für Wut, weil diese Werkstoffe ganz nach Belieben geknetet, gerollt und neu geformt werden können.

## Gefühle sind ein natürlicher Teil des Trauerns

Kinder schämen sich häufig für ihre Gefühle. Mitunter verstecken sie sie auch, weil sie ihren Eltern keinen zusätzlichen Kummer bereiten wollen. Das gilt vor allem bei einer Scheidung oder wenn ein Geschwister, Elternteil oder Großelternteil stirbt. Häufig kommt es vor, dass Eltern(teile) ihre eigenen unerträglichen Emotionen durchleben. Es ist in Ordnung, wenn Erwachsene mit ihren Kindern zusammen weinen. Sie sollen Ihren Kindern sogar sagen, dass Tränen, Ängste und Wut ein normaler Teil des Trauerprozesses sind. Es kann unterstützend sein, wenn Sie Ihrem Kind Ihre eigenen gesunden Emotionen ohne Scham vorleben. Weinen kann einen großen Teil des Schmerzes lösen.

Dennoch ist es wichtig, dass Sie Ihr Kind nicht mit anhaltendem Leid oder überwältigenden Gefühlen von Angst, Depression, Wut und unkontrollierbarem Schluchzen, das keine Erleichterung bringt, belasten. Sehen Sie bitte zu, dass Sie von Freunden und/oder psychologischen Beratern Hilfe bekommen. Unterlassen Sie es, den Menschen, der gegangen ist, in Gegenwart des Kindes zu verurteilen oder sich abfällig über ihn zu äußern. Das würde Ihr Kind in seinen liebevollen Gefühlen diesem Menschen gegenüber verwirren.

Es ist wichtig, dass Sie Ihr Kind häufig fragen, wie es sich fühlt und was es denkt. Kinder können ganz andere Gefühle haben als Erwachsene. Sie brauchen es, authentische Emotionen ausdrücken zu können, ohne sie durch die Brille eines Erwachsenen filtern zu müssen. Sie brauchen auch die Sicherheit, in *ihrer* Zeit Fragen bezüglich ihrer Gefühle stellen zu können. Kinder sind vielfach nicht dazu bereit, über ihre Gefühle zu sprechen. Versuchen Sie es zu einem anderen Zeitpunkt und geben Sie ihnen viele Gelegenheiten, sich Ihnen mitzuteilen. Entlasten Sie sie von ihren Bürden.

Für viele Erwachsene ist es einfach, ein trauriges Kind zu umarmen und zu trösten; sie finden es hingegen schwierig, mit einem wütenden Kind umzugehen. Es ist ganz normal, wütend zu werden, wenn jemand weggeht, den wir lieben. Erklären Sie Ihrem Kind, dass auch Wut ein normales Gefühl ist. Vielleicht braucht Ihr Kind es, über sie zu sprechen, mit den Füßen aufzustampfen, zu zeichnen oder zu schreiben, Papier in Stücke zu reißen oder einen Spaziergang zu machen. Manche Kinder wollen vielleicht lieber allein durch ihre Gefühle hindurchgehen oder mit Gleichaltrigen darüber reden. (Das gilt vor allem für Jugendliche.) Lassen Sie Ihr Kind einfach wissen, dass Sie zur Verfügung stehen, *wenn es bereit dafür ist.*

Kinder bekommen Angst, wenn sie nicht wissen, was als Nächstes geschieht. Ob ein Kind zum Zahnarzt muss oder seine Eltern sich scheiden lassen wollen, es muss wissen, auf welche Weise es von dem Geschehen betroffen sein wird. Sie können Ihr Kind vor großem Kummer bewahren, wenn Sie ihm einfach sagen, wie es per Telefon oder Mail den Kontakt zu seinen Verwandten, an dem sich ja nichts ändert, aufrechterhalten kann. Im Falle einer Scheidung hilft es Kindern zu erfahren, wo sie leben werden, welche Lebensumstände sich verändern und welche gleich bleiben. Es kann zur Entspannung Ihres Kindes beitragen, wenn Sie ihm Telefonnummern, Adressen und Briefpapier zur Verfügung stellen und es dadurch anregen, Kontakt aufzunehmen (auch wenn Sie das eher nicht tun würden ... wie es zum Beispiel bei einem Exschwiegervater, für den Sie nichts übrig haben, der Fall sein kann). Denken Sie daran: Für Ihr Kind ist es der Großvater!

Ermutigen Sie Ihr Kind, seine Großeltern, Tanten, Onkel, Cousins etc. auf beiden Familienseiten anzurufen. Eine Verbindung zur erweiterten Familie aufrechtzuerhalten vermittelt Kindern häufig ein Gefühl der Kontinuität und Sicherheit, das ihnen hilft, besser zurechtzukommen.

## Das Leben wird besser werden!

Kinder stellen Hunderte von Fragen auf hundertfache Weise, wenn in ihrem Leben Umbrüche stattfinden. »Warum kann Papa nicht bei uns leben?«, »Warum musste Oma sterben?«, »Warum hat Mama uns verlassen?«, »Kommt sie wieder zurück?«, »Warum kann es nicht anders sein?« Sie können diese Fragen möglicherweise nicht beantworten. Indem Sie Ihr Kind jedoch wissen lassen, dass Sie seine Traurigkeit, Enttäuschung, Verletztheit, Wut (oder was immer Sie an Gefühlen an ihm wahrnehmen) verstehen und da sind, um ihm zuzuhören, es zu halten, ihm eine Geschichte zu erzählen oder Pläne zu entwickeln, wie Sie Ihr neues Leben so angenehm wie möglich gestalten können, helfen Sie ihm, den Prozess der Vollendung und Akzeptanz der unvermeidlichen Veränderungen in seinem Leben zu beginnen.

Wenn Kinder mit schwierigen Lebensübergängen umgehen, müssen sie auch die Gewissheit haben, dass das Leben mit der Zeit besser wird. Es braucht Fingerspitzengefühl, Ihr Kind einerseits darin zu unterstützen, schwierige Emotionen auszudrücken, und ihm gleichzeitig zu vermitteln, dass es nicht für immer wehtun wird. Erklären Sie Ihrem Kind, dass Übergänge anfangs eher schwierig sind, dass die Dinge sich mit der Zeit jedoch wandeln. Sie können einen täglichen oder wöchentlichen »Gefühls-Check« als regelmäßiges Ritual einführen, um zu beobachten, wie sich die Gefühle mit der Zeit verändern. Es gibt auch die Möglichkeit, regelmäßige Familientreffen einzurichten, um sich darüber auszutauschen, welche neuen Gefühle auftauchen und wie jedes Familienmitglied mit ihnen zurechtkommt. Sie können den Schwerpunkt darauf legen, jedem Einzelnen mitfühlend zuzuhören, während er über seine Gefühle spricht und über seine Strategien, damit umzugehen. Sie können auch gemeinsam Ideen für Spaßzeiten entwickeln. Kinder brauchen dringend ein Gleichgewicht zwischen ihrer Trauerarbeit und den Aufgaben des Heranwachsens. Planen Sie deshalb viel Zeit für Spaß, Ausgelassenheit und andere freudvolle Erfahrungen ein.

Fordern Sie Ihr Kind immer wieder auf, eigene Vorstellungen zur Verbesserung seiner Situation einzubringen. Mitbestimmung kann Ihr Kind stärken, wenn es sich ansonsten aufgrund von Umständen, die außerhalb seiner Kontrolle liegen, machtlos fühlt. Häufig können schon kleine Anpassungen, an die Sie nie gedacht hätten, das Leben Ihres Kindes verbessern. Kinder haben oft sehr kreative Ideen zur Lösung ihrer Probleme, auf die Sie im Traum nicht gekommen wären!

In diesem Kapitel haben Sie erfahren, wie Sie Ihrem Kind helfen können, sowohl mit dem Schock als auch mit der Trauer des Verlustes durch Tod oder Scheidung umzugehen. Sie haben gelernt, zwischen Trauma und Trauer zu unterscheiden und kennen jetzt unterschiedliche Möglichkeiten, mit denen Sie Ihr Kind dabei unterstützen können, sich über den Verlust und die Phase des Übergangs hinaus zu einem Ort der Akzeptanz und des Trostes zu bewegen. Auf diesem Weg bedarf es der Unterstützung und der Führung von Erwachsenen, damit die Energie befreit werden kann, die in traumatischen Symptomen und in emotionalen Reaktionen gebunden ist.

Das nächste Kapitel konzentriert sich auf die Möglichkeiten, Kinder und Jugendliche vor sexueller Belästigung oder sexuellem Missbrauch zu bewahren. Es wird vor allem darum gehen, welche Art von Prävention Kinder schützen hilft.

Das neunte Kapitel soll Eltern und medizinische Fachkräfte ermutigen, sich in der Vermeidung von medizinischen Traumata zu verbünden, indem sie Kinder im Vorfeld angemessen auf medizinische oder chirurgische Eingriffe vorbereiten.

# 8
# DIE WUNDE DES SEXUELLEN TRAUMAS

*»Herr, bitte gib mir Geduld. Aber mach schnell.«*

Marilyn Van Derbur

*»Und dann kam der Tag, an dem das Wagnis, eine verschlossene Knospe zu bleiben, mehr Schmerz bedeutete, als das Wagnis zu erblühen.«*

Anais Nin

Wenn Sie die tiefe Wunde eines sexuellen Traumas nicht selbst erlebt haben, können Sie sich vielleicht schwer vorstellen, wie komplex, verwirrend und unterschiedlich die Langzeitwirkungen sein können. Das gilt vor allem, wenn der Missbrauch von jemandem verübt wurde, dem das Kind vertraute oder den es sogar geliebt hat. Wird einem Kind die Unschuld geraubt, so werden dadurch Selbstwertgefühl, Persönlichkeitsentwicklung, Sozialisation und Leistungsvermögen in Mitleidenschaft gezogen sowie später im Jugend- und Erwachsenenalter die Intimität seiner Beziehungen. Darüber hinaus neigen diese Kinder zu Symptomen körperlicher Steifheit, die entstehen, weil sie bewusst oder unbewusst versuchen, andere Menschen »draußen zu halten«. Sie leben gern in Fantasiewelten und neigen zu Aufmerksamkeitsproblemen, Wegdriften, Tagträumen und Dissoziation, um die Missbrauchserfahrung abzuspalten.

Wenn Sie dieses Kapitel lesen, weil Sie vermuten, dass auch Ihr Kind einem Missbrauch zum Opfer gefallen ist, wollen Sie vielleicht erst die umfangreiche Liste von Kennzeichen eines sexuellen Traumas im dritten Kapitel durchlesen, ehe Sie fortfahren. Während wir dort die spezifischen Symptome des sexuellen Traumas dargestellt haben, werden wir in diesem Kapitel den Blickpunkt auf Vorbeugung und Aufklärung richten. Außerdem vermitteln wir Ihnen, wie Sie auf Kinder zugehen können, damit sie auf Ihren Schutz vertrauen und Ihnen alles erzählen, was Sie wissen müssen. Kinder berichten erst dann, dass sie missbraucht wurden, wenn sie wissen, dass sie ein Recht auf den eigenen Körper haben, dass man ihnen glaubt und sie nicht beschuldigt werden, dass ihre Gefühle verstanden und nicht übergangen werden und sie vor weiterem Leid bewahrt werden. Außerdem brauchen Kinder die Gewissheit, dass sie *keinerlei Schuld* trifft.

## Schützen Sie Ihre Kinder

Ein sexuelles Trauma kann durch ganz verschiedene Ursachen ausgelöst werden. Sie können von offenen sexuellen Übergriffen bis zu heimlichen Wünschen reichen, die ein Kind ängstigen und verwirren, weil sie seine fragilen Grenzen verletzen. Mitunter tragen Eltern selbst an ungelösten Missbrauchserfahrungen oder hatten in ihrer Herkunftsfamilie keine Vorbilder für eine gesunde, erwachsene Sexualität. Es kann ihnen schwer fallen, ihren Kindern Schutz zu gewähren, ohne ihnen bei Themen wie Berührung, Zuneigung, Grenzen und Sexualität ein Gefühl von Furcht oder Starre zu übertragen. Umgekehrt können sie Gespräche und Schutzangebote vermeiden, weil sie gar nicht unterscheiden können zwischen Situationen oder Menschen, die vertrauenswürdig sind, und solchen, vor denen man sich besser in Acht nimmt.

Dieses Kapitel ist ein Leitfaden, mit dessen Hilfe Sie ein Sexualtrauma erkennen und Ihre Kinder schützen können, ohne sie zu ängstigen. Es zeigt Ihnen, wie Sie ihnen helfen können, gesunde Grenzen zu entwickeln, und hilft Ihnen dabei, in Ihrer Familie eine Atmosphäre von gesunder Sexualität zu schaffen. Die Wahrscheinlichkeit, dass ein Kind einem sexuellen Übergriff zum Opfer fällt, ist sehr viel geringer, wenn es Eltern hat, die Gelegenheiten ergreifen, um über Themen wie Berührung und Sexualität zu sprechen. Außerdem brauchen Kinder Eltern, die ein starkes Körperbewusstsein fördern, ihnen glauben und Schutz zusichern.

Dennoch sind auch Kinder, die von ihren Eltern gut unterstützt werden, nicht restlos gefeit. Zurückhaltenden Schätzungen zufolge hat weltweit jeder vierte Mensch sexuelle Übergriffe erlebt – viele schon als Kind im Alter von weniger als dreizehn Jahren. Bei Frauen ist das Risiko noch höher. Sorgen Sie unbedingt dafür, dass Ihr Kind therapeutische Hilfe erhält, wenn es an einem Sexualtrauma leidet. Gehen Sie am besten zu jemandem, der auf die Arbeit mit sexuell traumatisierten Kindern spezialisiert ist.

## Gibt es Kinder, die verletzlicher sind als andere?

Die meisten Eltern, Gemeinden und Schulprogramme weisen Kinder mahnend darauf hin, »gefährliche Fremde« zu meiden. Leider sind jedoch Fremde selten das Problem. Es gibt auch noch andere Mythen. Einer handelt davon, dass nur Mädchen verwundbar sind, ein anderer, dass die meisten Übergriffe während oder nach der Pubertät stattfinden. Obwohl die Statistiken in den einzelnen Studien geringfügig voneinander abweichen, gibt es eine erstaunliche Anzahl von Vorschul- und Grundschulkindern, die von sexuellen Übergriffen berichten. Annähernd zehn Prozent wurden an Kindern unter fünf Jahren verübt; Kinder im Alter von acht bis zwölf Jahren berichteten häufiger über Missbrauchserfahrungen als Teenager, und 30 bis 46 Prozent aller Kinder wurden Opfer eines sexuellen Übergriffs, bevor sie achtzehn waren. Sexuelle Traumata gibt es überall – ihr Vorherrschen ist unabhängig von Kultur, sozioökonomischem Status oder Religion; sie sind auch in der »perfekten« Familie nicht ungewöhnlich. In anderen Worten: Alle Kinder sind verletzlich; und die meisten Sexualtäter sind »nette« Menschen, die Sie bereits kennen! Wenn Sie Gespräche über sexuelle Belästigung hinausgeschoben haben, bis Ihre Kinder älter sind oder weil Sie sich mit dem Thema nicht wohl fühlen, wird das, was Sie hier lernen, Sie hoffentlich darin bestärken, diese Gespräche lieber heute als morgen zu führen!

## Das doppelte Dilemma von Geheimhaltung und Scham

Der sexuelle Missbrauch von Kindern wird durch den Mantel der Geheimhaltung noch verschlimmert. Da 85 bis 90 Prozent der sexuellen Übergriffe und unangemessenen »Grenzüberschreitungen« durch jemanden erfolgen, den das Kind kennt und dem es vertraut, werden die Symptome komplex und sind mit den Auswirkungen von Verrat behaftet. Selbst wenn ein Kind nicht dazu angehalten (oder genötigt) wird, den Missbrauch zu verheimlichen, spricht es häufig aus Gründen der Peinlichkeit, Scham und Schuld nicht darüber. In ihrer Naivität nehmen Kinder fälschlicherweise an, dass sie »schlecht« sind. Sie übernehmen die Schuld desjenigen, der die Tat begangen hat. Außerdem fürchten Kinder Strafe und Vergeltung. Sie haben häufig Angst davor, jemanden zu »verraten«, der ihrer Familie oder ihrem sozialen Kreis angehört, und malen sich aus, was mit dem Täter passieren könnte. Das gilt vor allem dann, wenn es ein Familienmitglied ist, von dem sie abhängig sind.

Der Täter ist üblicherweise wenn nicht ein Familienmitglied, so doch ein guter Bekannter. Häufig erfolgt der Missbrauch auch durch

Nachbarn, ältere Kinder, Babysitter, den Freund eines Elternteils oder andere Freunde der Familie oder Stieffamilie. Es kann auch jemand mit Prestige und sozialem Status sein wie ein Pfarrer, Lehrer oder Fußballtrainer. So berichten zum Beispiel die *BBC News* vom 27. Februar 2004, dass in den vergangenen 50 Jahren elftausend Fälle von sexuellem Missbrauch an amerikanischen Jugendlichen registriert wurden, die durch Priester verübt worden sind. Wenn der Täter üblicherweise nicht nur jemand ist, den das Kind kennt, sondern oft sogar jemand, den es verehrt – wie soll das Kind dann wissen, dass ihm keine Schuld zukommt, wenn Sie es ihm nicht sagen? Eltern können ihren Kindern einen Weg in Richtung Sicherheit ebnen, indem sie ihnen beibringen, ihren eigenen Gefühlen zu vertrauen und nach ihnen zu handeln, anstatt sich einem älteren Kind oder einem Erwachsenen zu unterwerfen, der seinen Status für die eigene Befriedigung benutzt.

## Was ist ein sexueller Übergriff?

Wenn ein sexueller Übergriff normalerweise nicht von dem »schmutzigen alten Mann« verübt wird, der ein Kind mit Süßigkeiten in sein Auto lockt, was geschieht dann? Einfach gesagt: Ein sexueller Missbrauch findet statt, wenn *irgendjemand* seine Vertrauensposition dazu benutzt, ein Kind in eine Situation von tatsächlicher oder vermeintlicher Machtlosigkeit zu bringen, wo es um Sexualität und Demütigung geht. Mit anderen Worten: Ein sexueller Missbrauch oder Übergriff besteht dann, wenn Kinder sich dem Willen eines anderen passiv unterordnen müssen, anstatt die Möglichkeit zu haben, sich zu verteidigen oder jemandem davon zu berichten, ob sie nun zu etwas »gezwungen« wurden oder nicht. Dazu gehört ein jugendlicher Babysitter, der einem Kind pornografisches Material zeigt, ebenso wie die unsensible Untersuchung des kindlichen Intimbereichs bis zu dem

Punkt, wo sie von einem Elternteil zum Geschlechtsverkehr gezwungen werden. Während die tatsächliche Vergewaltigung durch einen Eltern- oder Stiefelternteil weniger häufig vorkommt, ist es allzu oft der Fall, dass Kindern pornografisches Material vorgeführt wird, dass sie aufgefordert werden, sich auszuziehen, exponierte Genitalien anzusehen oder anzufassen, und dass sie bei medizinischen Eingriffen grobe Behandlungsweisen über sich ergehen lassen müssen.

## Wie Sie die Gefährdung von Kindern herabsetzen können

1. *Geben Sie Kindern gesunde Grenzen vor*
   Niemand hat mich auf eine Weise zu berühren, anzufassen oder anzusehen, die mir unangenehm ist.

2. *Helfen Sie Kindern, ein gutes sensorisches Bewusstsein zu entwickeln*
   Ermutigen Sie Kinder, diesem »Oh-oh«-Gefühl zu vertrauen, das sie beispielsweise als Angst im Bauch oder als schnellen Herzschlag wahrnehmen können. Es lässt sie wissen, dass etwas nicht stimmt und dass sie Hilfe brauchen.

3. *Erklären Sie Kindern, was sexueller Missbrauch ist, welche Personen sich ihnen nähern könnten und wie sie es vermeiden, geködert zu werden*
   Lehren Sie Kinder, ihre »Sinnesdetektoren« als Frühwarnsystem zu nutzen.

4. *Sorgen Sie dafür, dass Kinder Gelegenheit haben, ihr Recht, »nein« zu sagen, geltend zu machen*

5. *Bringen Sie Kindern bei, was sie sagen und tun sollen*
   … und dass Sie Ihnen *immer* Bescheid geben sollen, damit Sie für ihre Sicherheit sorgen und ihnen mit ihren Gefühlen helfen können.

Lassen Sie uns diese Schritte näher betrachten:

*1. Geben Sie Kindern gesunde Grenzen vor*

Es gibt ein Kinderbilderbuch, das von zwei Nilpferden handelt, die miteinander befreundet sind. Das eine heißt George, das andere Martha. Sie besuchen sich, spielen miteinander und laden sich gegenseitig zum Essen ein. Eines Tages sitzt Martha in der Badewanne und bemerkt mit Entsetzen, dass George durch das Fenster späht und sie direkt ansieht! George wundert sich über ihre Empörung und fühlt sich in seinen Gefühlen verletzt. Er denkt, dass Martha ihn nun nicht mehr lieb hat. Martha versichert ihm jedoch, dass sie ihn sehr wohl gerne hat, und erklärt ihm freundlich: »Nur weil wir gute Freunde sind, George, bedeutet das nicht, dass ich keine Privatsphäre brauche, wenn ich in der Badewanne bin!« Das versteht George.

Diese kleine Geschichte von *George und Martha* zeigt, wie man Grenzen setzt, sie klar kommuniziert und wie man die Grenzen anderer achtet. Eltern sollten selbst gute Grenzen vorgeben, das Bedürfnis ihrer Kinder nach Privatsphäre respektieren (was besonders im Alter von fünf bis sieben Jahren anfängt) und ihnen helfen, wenn sie sich in Situationen befinden, die ihnen unangenehm sind und denen sie sich nicht gewachsen fühlen. Das beginnt bereits im Säuglingsalter. Das folgende Beispiel wird Ihnen verdeutlichen, was wir meinen:

Wann immer Tante Jane versucht, Baby Arthur hochzunehmen, drückt er den Rücken durch und protestiert. Seine Mutter, die ihre Schwester nicht beleidigen will, sagt: »Nun, nun, Arthur, ist schon gut. Das ist deine Tante Jane. Sie tut dir nicht weh!«

Fragen Sie sich selbst, welche Botschaft Arthur dadurch vermittelt wird. Er lernt bereits, dass seine Gefühle keine Bedeutung haben und dass die Bedürfnisse von Erwachsenen gegenüber denjenigen von abhängigen Kindern Vorrang haben. Babys zeigen uns ihre Gefühle durch Lautäußerungen und Körpersprache. Sie sind auf die Stimmlage und den Gesichtsausdruck ihrer Eltern sehr fein eingeschwungen. Die Schaltkreise im Gehirn bilden sich durch genau diese Interaktionen, die sich vor allem um den Respekt für Gefühle und Grenzen im Bereich Berührung drehen. Aus welchem Grund auch immer, jedenfalls fühlte sich Arthur auf Tante Janes Arm nicht wohl oder nicht sicher. Wäre sein »Recht, etwas nicht zu wollen«, respektiert worden, hätte er gelernt, dass seine Gefühle etwas bewirken, dass er eine Wahl hat und dass es Erwachsene gibt (in dem Fall seine Mutter), die ihn vor anderen Erwachsenen beschützen, deren Berührung er nicht möchte. Ein paar taktvolle Worte an Jane wie: »Vielleicht später, Jane. Arthur will im Moment gerade nicht«, würden einen Eindruck in ihm hinterlassen, der sein sich gerade erst entwickelndes Ich-Bewusstsein stärkt. Ließe Arthurs Mutter ihm weiterhin geeignete Unterstützung zukommen, würde sein Gehirn mit höherer Wahrscheinlichkeit Bahnen ausbilden, die Selbstschutzreaktionen begünstigen, welche ihn später im Leben vor einem Übergriff bewahren könnten. Diese unbewussten Körpergrenzen, die sich in den zarten Kleinkindjahren bilden, sind ihm zwar nicht bewusst, werden ihm jedoch gute Dienste erweisen.

Jedes Trauma hat mit einer Überschreitung energetischer oder persönlicher Grenzen zu tun. Ein Sexualtrauma ist jedoch eine heilige Wunde, weil es einen Eingriff in unsere persönlichsten und privatesten Bereiche bedeutet. Kinder haben ein Recht auf ihren persönlichen Raum und ihre Privatsphäre sowie auch darauf, über ihren Körper selbst zu bestimmen. Sie sind auf den Schutz und die Achtung dieser Rechte angewiesen. Da sich in den einzelnen Alters- und Entwicklungsstufen die unterschiedlichsten Situationen ergeben, müssen Kinder wissen, dass sie sich nicht für feuchte Küsse, auf dem Schoß sitzen und andere Formen ungewollter Zuwendung hergeben müssen, um den Erwachsenen in ihrem Leben zu gefallen.

Kinder ahmen ihre Eltern instinktiv nach. Eltern können aus dieser vorteilhaften Eigenschaft einen Nutzen ziehen, wenn die Sauberkeitserziehung beginnt. Viele Machtkämpfe und Unannehmlichkeiten sowohl für die Kinder als auch für die Eltern können gänzlich vermieden werden. Wenn Sie die Zeit respektieren, die Ihre Tochter braucht, wird sie mit Freuden Mamis Verhalten zum Vorbild nehmen und sich selbst dazu bringen, »sauber zu werden«. Nehmen Sie den Druck aus dem Toilettentraining und Ihr kleiner Sohn wird es stolz dem Papi gleichtun, sobald er soweit ist. Vermeiden Sie unnötige Traumata in diesem bedeutenden Entwicklungsbereich und folgen Sie lieber Ihrem Kind, als auf »Experten« zu hören, die an Zeitpläne glauben. Wenn Sie ein Kind zur Nutzung der Toilette antreiben, wenn es noch nicht dafür bereit ist, missachten Sie sein Recht, die eigenen Körperfunktionen zu kontrollieren. Dadurch bewirken Sie, dass Ihr Kind sein Leben lang erwartet, von jemand anderem dominiert zu werden. Indem Sie Ihre Kinder ermutigen, anstatt ihnen Druck zu machen, helfen Sie ihnen, gesunde Gewohnheiten der Selbstregulierung zu entwickeln. In manchen Fällen können Sie dadurch sogar Essstörungen, Verdauungsprobleme, Verstopfung und ähnliche Schwierigkeiten vermeiden.

Medizinische Behandlungsmaßnahmen sind ein weiterer Bereich, in dem häufig übersehen wird, die Grenzen von Kindern zu schützen. Viele erwachsene Klienten berichten das unklare Gefühl eines sexuellen Traumas ohne deutliche Erinnerung. Sie leiden stattdessen an Symptomen wie Depression und Angst, die mit Bildern und Körperempfindungen von erlittener Gewalt einhergehen. Wenn wir diese Körperempfindungen in einer Therapiesitzung begleiten, entdecken Klienten häufig Gefühle des Erstickens, die einen direkten Bezug zu einer frühen Operation wie der Tonsillektomie oder dem Einführen einer Magensonde haben. Die »Empfindung« von analer Penetration ohne dazugehörige Geschichte lässt sich mitunter auf grob verabreichte Einläufe zurückführen. Eltern müssen als Anwälte auftreten, die die Interessen ihrer Kinder vertreten. Beckenuntersuchungen, Spritzen, Sichentkleiden, das Einführen von Instrumenten in den Mund, den After oder die Scheide sollten nach entsprechender Vorbereitung mit Behutsamkeit durchgeführt werden. Sie können verhindern, dass notwendige »Grenzüberschreitungen« zu traumatischen Grenzverletzungen werden, wenn Sie Ihren Kindern vor, während und nach dem Eingriff zuhören und ihnen helfen, mit ihren Gefühlen zurechtzukommen.

*2. Helfen Sie Kindern, ein gutes sensorisches Bewusstsein zu entwickeln*

Sie haben bereits eine gute Ausgangsbasis für den zweiten Schritt, wenn Sie in Ihrer Familie Gewahrsein von Empfindungen praktizieren. Unser Schwerpunkt im zweiten Teil lag darauf, Ihnen zu vermitteln, wie Sie körperliche Empfindungen lokalisieren, benennen und solange mit Ihrer Aufmerksamkeit begleiten können, bis sie sich verändern. Kinder vor sexuellem Missbrauch zu bewahren kann damit beginnen, mit ihnen über verschiedene Arten von Berührungen zu sprechen und die zahlreichen Empfindungen zu untersuchen, die durch eine Berührung ausgelöst werden. Dazu gehört auch, Kinder darin zu bestärken, ihrem Instinkt zu vertrauen, wenn eine Berührung sich unangenehm oder unsicher anfühlt, wenn sie das Kind ängstigt, ihm wehtut, bewirkt, dass es sich »schmutzig« oder heimlichtuerisch fühlt oder es auf eine andere Art beunruhigt.

Das Pilotprojekt *Child Sexual Abuse Prevention Project*[22], das in Schulen angewendet wird, erklärt Berührung ganz einfach anhand eines Kontinuums, das von einer »guten Berührung« zu einer »verwirrenden Berührung« und weiter zu einer »schlechten Berührung« geht. Es beschreibt gute Berührung als das Gefühl, dass einem etwas gegeben wird. Wenn Sie Kinder fragen, welche Arten von Berührung sich gut anfühlen, werden sie üblicherweise antworten: Umarmungen, ein Haustier liebkosen, spielen, in eine weiche Decke gehüllt sein, kuscheln, Rücken reiben etc. Als Beispiele für schlechte Berührungen nennen sie schlagen, stoßen, an den Haaren ziehen, verhauen werden, aggressiv kitzeln und Geschlechtsorgane oder Brüste anfassen. Kurz gesagt, *jede* Berührung, die sie nicht wollen.

Zusätzlich zu Berührungen, die sich für ein Kind eindeutig »gut« oder »schlecht« anfühlen, gibt es eine Art von Berührung, die ein Kind verwirrt. *Irgendetwas daran fühlt sich einfach nicht richtig an.* Das Kind mag diese Berührung beängstigend oder überwältigend erleben, es erduldet sie dennoch, weil sie von einem Menschen kommt, der älter ist als es selbst und/oder den es liebt. Sie kann das Kind auch verwirren, weil es zwar die besondere Art der Aufmerksamkeit und die »Zeit, die nur ihm gilt« genießt, doch die Heimlichkeit ist von Angst umgeben. Manchmal kann sich die Berührung angenehm und widerwärtig zugleich anfühlen, was die Verwirrung noch vergrößert.

*Indem Sie Ihre Kinder lehren, klug zu sein und ihrem inneren Gespür, ihrer Intuition und ihrer Verwirrung als Alarmsignalen zu vertrauen, können Sie einen großen Beitrag zur Verhütung von sexuellem Missbrauch leisten.* Kinder können an einem Gefühl der Furcht in der Magengrube oder an schnellem Herzschlag und schweißnassen Handflächen erkennen, dass etwas an dem, was sie sehen, hören oder was ihnen abverlangt wird, absolut nicht in Ordnung ist, und dass sie Hilfe von jemandem brauchen, dem sie vertrauen. Manchmal werden Kinder spüren, dass etwas nicht stimmt, weil sie sich betäubt, hilflos, gelähmt oder verängstigt fühlen. Zu anderen Zeiten registriert ihr Darm ein vages »Oh-oh« als eine Art frühes Warnsignal. Oder sie können ein Gefühl von Scham, Peinlichkeit oder Schuld haben, ohne zu wissen weshalb. Sie können sich von etwas so abgestoßen fühlen, dass ihnen im wahrsten Sinne des Wortes schlecht wird.

Wie dem auch sei, Sie können Ihre Kinder erstens lehren, ihre inneren *Empfindungen wahrzunehmen* und ihnen zu *vertrauen*. Und zweitens, Sie oder jemanden, der in der Nähe ist und bei dem sie sich sicher fühlen, *unverzüglich um Hilfe zu bitten*, wenn sie ein schlechtes, unangenehmes oder verwirrendes Gefühl haben. Drittens können Sie Ihren Kindern im Vorhinein *versichern*, dass Sie ihnen *glauben* und sie *beschützen* werden, ganz egal, was ihnen eingeredet wird. Dieser dreistufige Plan kann einen großen Beitrag zum Schutz Ihrer Kinder leisten.

### *3. Erklären Sie Kindern, was sexueller Missbrauch ist, welche Personen sich ihnen nähern könnten und wie sie es vermeiden, geködert zu werden*

Sie sollten mit Ihren Kindern üben, wie sie auf ihr Frühwarnsystem der »Gefühlssensoren« vertrauen können, um rechtzeitig Hilfe zu erlangen. Gleichzeitig ist es auch wichtig, ihnen mitzuteilen, welche Fallen sie vermeiden müssen. Wenn sie bereits im Vorfeld wissen, dass es ältere Kinder oder Erwachsene gibt, die Probleme haben und sie deshalb möglicherweise ausnutzen, werden sie sich voraussichtlich nicht selbst die Schuld geben. Auch die Wahrscheinlichkeit, dass sie einer »Versuchung erliegen«, verringert sich.

In *Ohne falsche Scham* raten die Autorinnen Caren Adams und Jennifer Fay: Wenn eine Aufforderung

- sich komisch anfühlt,
- den Eindruck erweckt, als würde das Kind von anderen Kindern getrennt,
- gegen Familienregeln verstößt,
- mit einem Geheimnis verbunden ist,
- wie eine unverdiente »besondere« Gefälligkeit wirkt,

sollten Kinder sie zurückweisen, davon berichten und mit unserer Unterstützung rechnen können, *unabhängig davon, wer die Autoritätsperson ist oder wie überzeugend sie wirken mag.*

Es ist wichtig, dem Kind altersgemäße, direkte Informationen zu geben. Zum Beispiel: »Eine sexuelle Belästigung liegt dann vor, wenn jemand dich auf eine bestimmte Art berührt oder ansieht, die dich verwirrt und dir unangenehm ist. Das Gleiche gilt, wenn jemand dich um eine Berührung bittet oder sagt, dass du ihn auf eine bestimmte Art ansehen sollst.« Es ist ebenfalls wichtig, bestimmte Körperteile und mögliche Situationen zu benennen, anstatt nur vage darüber zu reden. Zum Beispiel könnten Sie zu einem Mädchen im Teenageralter sagen: »Es kann sein, dass jemand deine Brüste streift und vorgibt, es sei aus Versehen passiert.« Zu einem Schulkind könnten Sie sagen: »Ein älteres Kind, ein Lehrer oder ein anderer Erwachsener könnte im Waschraum deinen Penis (Scheide oder After) berühren wollen.« Nennen Sie mehrere Beispiele, die für das Alter, das Verständnis und die Situation Ihres Kindes wichtig sind. Einem Kind im Vorschulalter können Sie erklären: »Es könnte passieren, dass jemand dich zu sehr an sich drücken, sich an dir reiben oder seine Hände in deine Hosentaschen stecken will.«

## Kinder müssen wissen, wer dieser »Jemand« sein könnte

Selbstverständlich müssen Sie Kinder davor warnen, mit Fremden mitzukommen sowie Geschenke, Süßigkeiten etc. von ihnen anzunehmen. Sie müssen ihnen auch sagen, dass dieser »Jemand« ein Nachbar sein kann, der Tür an Tür mit ihnen wohnt, ein Verwandter, ein Babysitter, ein Lehrer, Trainer, Pfadfinderführer, Spielleiter, ein älteres Geschwister oder ein religiöses Oberhaupt. Kinder müssen wissen, dass Menschen nett sein und dennoch Probleme haben können, die dazu führen, dass sie manchmal ganz schlimme Dinge tun. Sie müssen ebenfalls wissen, dass andere Kinder (die in den allermeisten Fällen selbst missbraucht wurden) Sexualtäter sein können.

Während ich für dieses Kapitel Forschungen betrieb, war für mich eine der alarmierendsten Statistiken die Aufdeckung des hohen Prozentsatzes an Kindern, die von älteren Brüdern und Babysittern im Teenageralter belästigt wurden. »Die Schätzungen gehen davon aus, dass Inzest zwischen Geschwistern *fünfmal* so häufig vorkommt wie Inzest durch den Vater.«[23]

Zwei andere Statistiken aus dieser Quelle zeigen: Das Durchschnittsalter, in dem ein Geschwisterkind missbraucht wird, ist 8,2 Jahre, und die Altersstufe, in der der Missbrauch in der überwiegenden Zahl der Fälle anfängt, ist fünf Jahre! Der Mythos vom »schmutzigen alten Mann« ist hinfällig: Sowohl laut *Child Adolescent Psychiatry Journal* vom Januar 1996 als auch gemäß den *Criminal Justice Source Statistics* aus dem Jahr 2000 ist das Durchschnittsalter, mit dem die meisten Täter den Missbrauch begehen, 14 Jahre. Die Vierzehnjährigen bilden auch die *größte Anzahl der Sexualtäter* innerhalb aller Altersstufen. »59 Prozent der Missbrauchstäter entwickelten ihre abweichenden sexuellen Interessen in der Adoleszenz.«[24] Die Hormone von Jugendlichen brodeln und häufig werden Teenager von ihren erwachenden sexuellen Impulsen und Trieben geplagt. Außerdem begreifen Jugendliche nicht, dass sie verletzlichen Kindern durch ihren Missbrauch langfristig Schaden zufügen und brauchen die Führung von Eltern, die ihnen diese Dinge sagen.

Um Kinder davor zu bewahren, Opfer oder Täter zu werden, ist es wichtig, ihnen in *einfacher Sprache* zu erklären, welche Formen der Berührung und welche Verhaltensweisen zwischen Geschwistern angemessen sind und welche nicht. Sexuelle Aktivitäten unter Geschwistern sind nicht in Ordnung! Es ist auch wichtig, mit allen Babysittern zu sprechen. »Die meisten Täter sind zwar Jungen oder Männer, doch bei etwa der Hälfte der Täterinnen handelt es sich um Babysitterinnen im Teenageralter.«[25] Sprechen Sie mit Ihren Kindern darüber, was angemessen ist und was nicht, wenn sie von jemandem betreut werden. Erklären Sie Ihrem Babysitter, dass Ihre Kinder angewiesen sind mitzuteilen, wenn sie auf irgendeine Weise berührt oder behandelt werden, die ihnen unangenehm ist oder den Familienregeln zuwiderläuft, und dass sie das auch tun werden.

Babys und Kleinkinder können zwar nicht davon erzählen, wenn sie sexuell missbraucht worden sind, doch kodiert ihr Körper die Erinnerungen ein. Sie können Emotionen und Verhaltensweisen zeigen – ohne eine bewusste Erinnerung an das Ereignis zu haben –, die ihnen und ihren Eltern helfen sollen, zu verstehen. Diese Körpererinnerungen können sowohl in späteren Stufen der Kindheitsentwicklung als auch im Erwachsenenalter wieder zutage treten. Sie können unerklärliche Magenschmerzen verursachen, Schmerzen beim Geschlechtsverkehr und andere sexuelle Dysfunktionen sowie körperliche Erkrankungen im Beckenbereich und Probleme mit der Sexualität. Kinder im vorsprachlichen Alter können nichts erzählen. Möge dieses Wissen dazu beitragen, dass Sie Ihre Babysitter sehr sorgfältig auswählen und es vielleicht vermeiden, jüngere Teenager anzustellen, die leicht erregbar und erpicht auf sexuelle Experimente sind. Diese Jugendlichen sind möglicherweise zu jung, um zu begreifen, dass die Manipulation und Stimulation der Genitalien eines Babys bei diesen Stress und überwältigende physiologische Empfindungen hervorrufen. Tatsächlich »verursacht frühe sexuelle Stimulierung die Freisetzung von bestimmten Hormonen und kann zu einer verfrühten Entwicklung der Sexualorgane führen«.[26]

Sie müssen Kinder auch darüber informieren, dass Menschen, die sie benutzen wollen, eventuell Gewalt anwenden, dass sie es jedoch in der Mehrzahl der Fälle mit dem Trick versuchen, ihnen etwas Besonderes zu versprechen. Werden Sie auch hier konkret und sagen Sie Ihrem Kind, dass zum Beispiel ein Babysitter oder älteres Kind, das weiß, wie sehr es Katzen mag, sagen könnte: »Ich schenke dir eins von den jungen Kätzchen (oder: Du darfst meine Katze streicheln), wenn du dich auf meinen Schoß setzt und dir dabei dieses Video ansiehst.« Oder der Pfarrer aus der hiesigen Kirchengemeinde könnte ihm anbieten: »Du kannst Ministrant werden, aber lass uns erst deine Kleidung ausziehen und die Robe anprobieren, damit wir sehen, ob du schon groß genug bist.« Sie müssen die Kinder auch wissen lassen, dass sie möglicherweise gezwungen werden, nichts zu erzählen. Sagen Sie Ihren Kindern: »Wenn ein Täter dir für den Fall, dass du das Geheimnis nicht für dich behältst, Konsequenzen androht, dann tut er es, weil er selbst etwas Unrechtes getan hat.« Sagen Sie Ihren Kindern ebenfalls, dass sie Ihnen davon erzählen müssen, damit Sie sie vor Unheil schützen können.

*4. Sorgen Sie dafür, dass Kinder Gelegenheit haben, ihr Recht, »nein« zu sagen, geltend zu machen*

Damit Kinder die Fähigkeit entwickeln, jemanden an einer missbräuchlichen, schmerzenden, unangenehmen oder verwirrenden Berührung zu hindern, müssen sie ihr Recht, etwas abzulehnen, in anderen Bereichen ihres Lebens einüben. Auf diese Weise wird es ein natürlicher Teil ihres Selbstvertrauens und prägt sich ihrem in Entwicklung befindlichen Gehirn ein.

Dieser organische Prozess vollzieht sich, wenn Eltern die Vorlieben und Abneigungen ihres Kindes respektieren und ihm so oft wie möglich erlauben, seinem Alter entsprechend selbst auszusuchen, was es möchte. Beispiele dafür sind Essen, Kleidung und Spiele. Wenn Eltern mangelnden Respekt zeigen, indem sie ein Kind zwingen, Sachen zu tragen, die es nicht möchte, oder etwas zu essen, was es widerlich findet, einfach deshalb »weil ich deine Mutter (oder dein Vater) bin und dir das sage!«, oder wenn sie die Gefühle, den Geschmack, die Meinungen und Sensibilitäten ihres Kindes missachten, indem sie sie mit ihren eigenen überlagern, hinterlässt das im Bewusstsein des Kindes den unauslöschlichen Eindruck, dass die Mutter (oder der Vater) immer recht hat und dass Autorität niemals hinterfragt werden darf. Außerdem lernt es dadurch, seinen eigenen Instinkten nicht zu vertrauen. Erwachsene verstärken diese Eindrücke, indem sie Sachen sagen wie: »Wie kann dir kalt sein, wenn es draußen so warm ist?« Oder: »Male diese Blumen nicht blau, sie sind doch orange!« Oder: »Entscheiden kannst du, wenn du einmal erwachsen bist.«

Wenn Kinder in einem autoritären Klima aufwachsen, kann man nicht von ihnen erwarten, dass sie plötzlich die Wendigkeit haben, zu einem Erwachsenen »nein« zu sagen, wenn sie unter Stress stehen, verwirrt sind oder Angst haben (vor allem zu einem, der sie lehrte, die eigenen Gefühle um der Erwachsenen willen beiseite zu stellen). Diese Kinder sind dann besonders empfänglich dafür, sich selbst die Schuld zu geben, und fühlen sich chronisch beschämt, schuldig und abgetrennt, wenn sie zu einem sexuellen Missbrauch verführt wurden. Kinder, die während ihres Heranwachsens erleben, dass die Wahl, die sie treffen, anerkannt wird, und dass ihre Eltern sie vor zudringlicher, grober oder anderweitig unangenehmer Behandlung durch jemand anderen beschützen, machen ihr Recht, »nein« zu sagen, mit höherer Wahrscheinlichkeit geltend, wenn sie spüren, dass sie in eine gefährliche Situation geraten.

Das fängt schon damit an, dass Eltern sich ihrem Baby zuwenden und es von einem Menschen wegnehmen, bei dem es sich nicht sicher fühlt und deshalb unruhig wird. Es ist wichtig, dass Eltern ältere Geschwister oder Mitschüler daran hindern, jüngere oder schwächere Kinder zu schikanieren, über die Toleranzgrenze hinaus zu kitzeln, zu stoßen, zu beißen und zu treten. Wenn ein Kind, aus welchem Grund auch immer, nicht umarmt oder liebkost werden möchte, sollten Sie es weder dazu zwingen noch ihm ein schlechtes Gewissen dafür einreden, dass es respektiert werden will. Wenn wir ein Kind dafür missachten oder lächerlich machen, dass es sein Recht in Anspruch nimmt, schützende Grenzen zu setzen, wie soll es dann später im Leben imstande sein, sich selbst zu schützen? Stattdessen müssen wir das nonverbale »nein« unseres Kindes achten. Und wir müssen ihm viele Übungsmöglichkeiten geben, um aus keinem anderen Grund »nein, stop, mach das nicht« zu sagen als aus dem, dass es das Gefühl nicht mag, das eine bestimmte Berührung in ihm auslöst, und weil es das Recht hat, Berührung zu kontrollieren.

Kinder wissen instinktiv, bei welchen Erwachsenen und älteren Kindern sie sich sicher fühlen und bei welchen nicht. Wir müssen diesem Gefühl vertrauen und seine kontinuierliche Entwicklung unterstützen, anstatt zu versuchen, die Meinung des Kindes zu ändern. Da die misshandelnde Person in den meisten Fällen ein Freund der Familie oder ein Verwandter ist, erfolgt der sexuelle Übergriff gewöhnlich in einem zeitlichen Ablauf und fängt mit lüsternen Gedanken an, ehe es zum tatsächlichen Missbrauch kommt. Die folgende Geschichte zeigt, wie überaus wichtig es ist, dass Sie Ihren Kindern zuhören.

## Jenny und Onkel Sherman

Als Jenny acht Jahre alt war, fing es an, dass sie in Gegenwart ihres Onkels Sherman ein »komisches« Gefühl hatte, ohne jedoch zu wissen, weshalb. Sie spielte gern mit ihren Cousins, war jedoch entspannter, wenn sie bei ihr zu Hause zu Besuch waren. Im Alter von zwölf Jahren fand sie heraus, warum sie so auf der Hut gewesen war. Jenny kam nach einer Übernachtung ganz aufgeregt nach Hause. Sie berichtete ihrer Mutter, dass Onkel Sherman sie beim »Rangeln« mit den Kindern zu Boden gedrückt und seinen Körper absichtlich an ihrem gerieben und dabei sachte über ihre sich gerade entwickelnden Brüste gestrichen hatte.

Die Mutter nahm das Alarmsignal nicht ernst und interessierte sich weit mehr für den Ruf des Onkels als dafür, Jenny Schutz zu gewähren! Sie sagte zu ihrer Tochter, dass »Onkel Sherman so etwas niemals tun würde«, dass er ein netter Mann sei und sie beim Spielen wahrscheinlich zufällig berührt hatte. Ihre Mutter versäumte eine eindeutige Gelegenheit, Jennys Bauchgefühl zu bestärken und sie vor zukünftigen Attacken zu bewahren. Sie hätte mit Onkel Sherman ein offenes Gespräch über sein Problem führen können, damit er weder mit Jenny noch mit irgendeinem anderen Kind jemals wieder auf diese Weise umgeht. Sie versäumte außerdem die Gelegenheit, ihrer Tochter dabei zu helfen, ihre Gefühle durchzuarbeiten, und sie wissen zu lassen, was sie tun oder sagen könnte, falls etwas Ähnliches noch einmal passieren sollte.

Stattdessen musste Jenny mit ihren Gefühlen alleine zurechtkommen. Aufgrund des Vorfalls mit Onkel Sherman fühlte sie sich unwohl mit ihrer aufkeimenden Sexualität und schämte sich für ihren Körper. Wie die meisten Kinder, die nicht richtig informiert sind, dachte sie, dass mit ihr etwas nicht in Ordnung sei, weil es sonst wohl nicht zu diesem Vorfall gekommen wäre. Als Jenny 16 Jahre alt war, bat ihre Mutter eines Tages Onkel Sherman, sie von der Schule abzuholen und nach Hause zu bringen, weil ihr Wagen in der Reparatur sei. Jenny war schockiert, als Onkel Sherman anstatt nach Hause in Richtung Berge fuhr. Er sagte, dass er seine Lieblingsnichte auf einen Hamburger einladen wolle. Nach dem Essen fuhren sie noch weiter hinauf in die Berge. Als sie in einer einsamen, bewaldeten Gegend angekommen waren, erzählte Onkel Sherman ihr, wie sehr er sie immer »geliebt« und sich nach ihr gesehnt habe. Er fragte sie, ob sie ihren BH ausziehen würde, damit er ihr »ganz schöne Gefühle« bescheren könne. Jenny hatte keine Ahnung, was sie tun sollte, und saß regungslos in dem Fahrzeug, während er den Missbrauch fortsetzte und selbst die Häkchen des BHs löste.

Erinnern Sie sich daran, dass Jenny Onkel Sherman bereits im Alter von acht Jahren misstraute! Vielleicht hatte sie diese unangenehmen Empfindungen damals aufgrund der lüsternen Art, mit der er sie ansah, oder vielleicht fühlte sie, dass er eine starke Energie auf sie richtete, die ihr Unbehagen bereitete. Hätte Jennys Mutter ihrer Tochter erklärt, dass selbst Familienmitglieder manchmal etwas Schlimmes tun, hätte sie ihre instinktiven Gefühle und ihr Unbehagen ernst genommen und Maßnahmen ergriffen, um Jenny in Zukunft zu beschützen, dann wären die späteren sexuellen Übergriffe vermeidbar gewesen und Jenny würde nun als Erwachsene höchstwahrscheinlich nicht mit schmerzhaften Gefühlen kämpfen, wann immer ihr Mann, der sie liebt, ihre Brüste bewundern oder berühren will.

*5. Bringen Sie Kindern bei, was sie sagen und tun sollen*

Mit der gleichen Selbstverständlichkeit, mit der Sie für die Sicherheit Ihrer Kinder sorgen, indem Sie ihnen das Überqueren einer Straße, das Anlegen von Sicherheitsgurten oder verantwortungsbewusstes Verhalten im Wasser beibringen, sollten Sie ihnen den Unterschied zwischen einer »guten« und einer »geheimen« (verwirrenden oder schlechten) Berührung erklären. In Wirklichkeit ist es jedoch häufig so, dass Eltern davon ausgehen, dass ihre Kinder den Unterschied bereits kennen und wissen, wie sie reagieren müssen. Häufig ist das aber gerade nicht der Fall! Sie können das Verständnis Ihrer Kinder nach einem »Gespräch« testen, indem Sie sie bitten, in ihren eigenen Worten zu wiederholen, was sie verstanden haben. Sie können auch Rollenspiele zu mehreren möglichen Situationen machen, die Sie an das Alter Ihres Kindes anpassen und an die Bereiche oder Situationen, in denen es besonders verletzlich ist. Kinder lernen durch Spiele und geführte Übungen am besten. In dem Buch *Ohne falsche Scham* bieten die Autorinnen vier verschiedene Spiele an, die unterhaltsame Generalproben versprechen. Wir haben sie dem Buch entnommen, umformuliert und nachfolgend beschrieben:

1. Was machst du, wenn ...

Das ist ein gutes Spiel, um sowohl das Verständnis zu testen als auch Konzepte für unterschiedliche Situationen einzuüben. Die ganze Familie kann Fragen stellen und unterschiedliche Antworten darauf geben. Wir haben im Anschluss ein paar Beispiele aufgelistet, um Ihre Kinder zum Überlegen anzuregen:

- Was machst du, wenn dein Fahrrad einen platten Reifen hat und jemand dir anbietet, dich nach Hause zu fahren?
- Was machst du, wenn ein tyrannischer Typ dir den Ball wegnimmt und sagt, du sollst ihm in seine Garage folgen, um ihn dir wiederzuholen?
- Was machst du, wenn der neue Nachbar, der seit kurzem am Ende der Straße wohnt, dich fragt, ob du ein Geheimnis für dich behalten kannst?

2. Geschichten erzählen

Durch das Erzählen von Geschichten können wir sowohl positive Beispiele von Kindern einbringen, die erfolgreich zu ihren Gunsten handelten, als auch weitere konkrete Beispiele anführen, die das Verständnis fördern. Eine Geschichte könnte so lauten:

»Es war einmal ein kleiner Junge. Er hatte einen älteren Bruder, der ihm alles kaufte, was sein Herz begehrte. Aber der Bruder erschreckte ihn auch – er versteckte sich im Dunkeln und sprang ihn an. Der kleine Junge wollte nicht erschreckt werden, aber er wusste nicht, was tun. Eines Tages ging er zu seinem Vater und fragte ihn, ob er jemals Angst gehabt habe. Der Vater antwortete: »Manchmal.« Der kleine Junge wollte wissen, wie er seine Angst losgeworden sei. Da fragte der Vater den Jungen, ob ihn denn etwas ängstige? Darauf erzählte er von seinem großen Bruder. Der Vater half ihm, darauf zu kommen, dass er den Bruder auffordern könnte, das nicht mehr zu tun. Und auch, dass er sich an seinen Vater wenden kann, wenn er dennoch keine Ruhe gibt.«

3. »Raumeindringlinge«

Dieses Spiel hilft Kindern, ihren eigenen körperlichen Raum und ihr Bedürfnis nach Grenzen zu verstehen:

Zwei Kinder stehen einander gegenüber, entfernen sich voneinander und gehen dann aufeinander zu, bis einem von beiden die Nähe unangenehm wird. Das Kind kann auf die Körperstelle zeigen, die sich unbehaglich anfühlt, sie benennen und seine Empfindungen beschreiben. Anfangs machen die Kinder vielleicht Quatsch und stoßen aneinander, aber sie können den Punkt angeben, wo sie einander nahe genug sind. Fordern Sie die Kinder auf, sich einander von den Seiten, von hinten und aus unterschiedlichen Winkeln anzunähern. Wenn die Kinder danach noch Lust haben, können sie es auch mit einem Erwachsenen ausprobieren, indem sie erst so tun, als ob er ein Fremder sei, dann jemand, den sie ein bisschen kennen und schließlich jemanden, den sie so gut kennen wie einen Elternteil.

Mithilfe dieses Spiels können Kinder schnell herausfinden, wann jemand in ihren Raum eindringt. Das verbessert ihre Wahrnehmung für körperliche Hinweise und instinktive Signale (und vor allem das Vertrauen in sie), über die wir an früherer Stelle gesprochen haben. Dadurch spüren sie deutlicher, wann sie einen Erwachsenen um Hilfe bitten müssen.

4. »Nein«

Dieses Spiel erhöht die Wahrscheinlichkeit, dass Kinder zu einer ausbeuterischen Annäherung »nein« sagen:

*Schritt 1:* Sammeln Sie spontane Einfälle zu Verhaltensregeln, die Kinder darin bestärken können, Dinge zu tun, die sie in Wirklichkeit gar nicht tun wollen.

Beispiele:

- Sei nett zu anderen Menschen.
- Verletze die Gefühle anderer Menschen nicht.
- Sei nicht ungezogen. Wenn jemand mit dir redet, antworte.
- Du bist dafür verantwortlich, dich um andere Menschen zu kümmern.

- Denke erst an die Bedürfnisse anderer, ehe du an deine eigenen denkst.
- Stelle die Autorität von Erwachsenen nicht in Frage.
- Gehorche dem Babysitter.

Verhaltensregeln wie diese verlieren ihre Macht, wenn sie ausgesprochen und diskutiert werden, sodass jeder für sich entscheiden kann, wann er diesen Regeln folgen möchte und wann er es besser findet, »nein« zu sagen.

*Schritt 2:* Üben Sie, »nein« zu sagen. Beginnen Sie damit, dass zwei Kinder oder ein Kind und ein Erwachsener so tun, als ob der eine den anderen um einen Gefallen bittet. Antworten Sie anfangs mit einem einfachen »nein«, das der Partner akzeptieren muss. Passen Sie den Schwierigkeitsgrad an, wenn die Kinder geschickter werden, und sagen Sie Worte wie: »Was ist los, magst du mich nicht mehr?«, und beobachten sie, wohin das führt. Achten Sie darauf, den Kindern Gelegenheiten einzuräumen, bei denen sie zu Erwachsenen »nein« sagen können.

Es mag Sie überraschen, wie leicht Kinder (vor allem Mädchen) den Wünschen von Erwachsenen entsprechen, weil sie denken, sie seien schlimm, ungehorsam oder respektlos, wenn sie anders handeln. Mithilfe dieses Spiels können Sie einschätzen, wie Ihr Kind sich in einer Übergriffssituation möglicherweise verhält. Außerdem können Sie Kindern damit eine Übungsmöglichkeit anbieten, um stark und durchsetzungsfähig »nein« zu sagen.

Helfen Sie Ihren Kindern, erlernter körperlicher Hilflosigkeit in Gegenwart von Menschen entgegenzuwirken, die größer oder stärker sind als sie oder sich in einer Autoritätsposition befinden. Zusätzlich zu den eben genannten Spielen können organisierter Sport, Kampfkünste, Fitnessübungen, Laufspiele, Armdrücken und andere Aktivitäten das Gefühl von körperlicher Kompetenz stärken und der Hilflosigkeit entgegenwirken. Kinder müssen von Erwachsenen die klare Botschaft erhalten, dass es zulässig ist und von ihnen erwartet wird, sich selbst zu schützen und zu verteidigen, wann immer es möglich ist. Und ebenso, dass sie Unterstützung von Erwachsenen bekommen, wenn sie sich selbst nicht helfen können.

## Ekel: eine wenig diskutierte Emotion

Obwohl wir die Symptome von Traumata – wie Kinder uns eher zeigen als erzählen, dass sie sexuell missbraucht wurden –, im dritten Kapitel ausführlich besprochen haben, wäre es nachlässig, das allgemeine Symptom des Ekels, das im Zusammenhang mit sexuellen Traumata immer auftaucht, nicht zu erwähnen. Susan B. Miller legt in ihrem neuen Buch *Disgust: The Gatekeeper Emotion* dar, dass »das Selbst sich gegen schädigende Einflüsse von außen schützen und sich gleichzeitig durch den Kontakt mit dem ›Andersartigen‹ nähren muss«. Die Emotion des Ekels arbeitet in Übereinstimmung mit dem Verdauungstrakt und bildet die natürlichen Grenzen zwischen uns und widerwärtigen Gerüchen, Geschmacksrichtungen, Erfahrungen und Bildern. Es ist sowohl bei der therapeutischen Arbeit mit Kindern als auch mit Erwachsenen, die ein sexuelles Trauma durchlebt haben, nicht ungewöhnlich, dass Symptome wie Übelkeit oder das Gefühl, »magenkrank zu sein«, »sich übergeben zu müssen« oder einen »schlechten Geschmack im Mund zu haben«, auftauchen. Häufig rümpft jemand Nase, Mund und Zunge im Vorfeld einer Erinnerung. Es ist ganz entscheidend, diese Anzeichen und Symptome als den Wunsch des Körpers nach einer Vollendung dieser defensiven »Ekelreaktion« zu akzeptieren, indem wir uns mit Interesse darauf einlassen, bis sie von selbst abklingen. Weil der sexuelle Missbrauch eine so widerliche Erfahrung ist, führt das symptomatische Auftauchen dieser »Ekelreaktion«

häufig direkt zum Ursprung eines Missbrauchs, wie die klinische Erfahrung zu berichten weiß. Lassen Sie uns betrachten, wie Amys Mutter zu der Vermutung kam, dass ihre Tochter an einem sexuellen Trauma leidet.

### Amys erste Verabredung

Die fünfzehnjährige Amy hatte sich heftig in Erik verknallt und war ganz aufgeregt, als er sie fragte, ob sie ins Kino mitkommen wolle. Erik war klug, gut aussehend und rücksichtsvoll und brachte Amy zum Lachen. Ihre Eltern gaben ihr die Erlaubnis, nachdem sie versprochen hatte, um halb elf zu Hause zu sein. Überraschenderweise kam Amy vor der verabredeten Zeit zurück. Was war schiefgelaufen? Amy war überglücklich gewesen, bis Erik unschuldig nach ihrer Hand griff. Beide waren über ihre Reaktion verwundert. Amy wurde schlecht, sie entschuldigte sich für das Theater und lief, so schnell ihre Beine sie trugen, in tiefer Verlegenheit zur Damentoilette. Dort übergab sie sich. Sie fühlte sich durch ihre rätselhafte Reaktion beschämt.

In der folgenden Woche passierte dasselbe, als Erik Amy von der Schule nach Hause begleitete und sie diesmal fragte, ob er ihre Hand halten dürfe. Allein der Gedanke, sich an den Händen zu halten, rief Ekel in ihr hervor ... obwohl sie wusste, dass er sich nicht gegen Erik richtete, dessen Gesellschaft sie voll und ganz genoss. Amys Mutter vereinbarte einen Termin für sie, um die tief eingegrabenen Ekelgefühle zu bearbeiten, deren Ursprung ihr nicht bekannt war. Als sie auf die Empfindung ihrer Übelkeit fokussierte, tauchte das Bild eines fünfzehnjährigen männlichen Nachbarn in ihr auf, der im nächsten Haus wohnte, als sie ungefähr vier oder fünf Jahre alt war. Sie war allein im Hof gewesen und hatte fröhlich gespielt, als er plötzlich ankam, sie grob an der Hand riss und ihr in den Schritt fasste, was Wellen des Schreckens durch den Körper des kleinen Vorschulmädchens jagte.

Amy wusste gleich, dass der Schrecken die Verbindung bildete. Er koppelte sich an den Gedanken, was einem Jungen im Teenageralter wohl als Nächstes einfallen würde, wenn er ihre Hand nimmt. Ihr Körpergedächtnis hatte Händchenhalten mit einem Jugendlichen als »Gefahr« etikettiert (weil es in der Vergangenheit so gewesen war). Durch Ekel, Übelkeit und Erbrechen hatte es eine Möglichkeit gefunden, diese »Gefahr« draußen zu halten, um sich gegen (eventuelle weitere) schädigende Einflüsse zu schützen. Amy arbeitete zwei Sitzungen lang daran, ihre Empfindungen und Bilder zu entkoppeln. Danach war sie glücklicherweise symptomfrei und in der Lage, das Händchenhalten mit ihrer ersten Liebe zu genießen.

## Häufig übersehene Auswirkungen von sexuellem Missbrauch vor der Pubertät

Obwohl jedes Trauma Verwüstungen im Kern des sich entwickelnden Selbst eines Kindes anrichten kann, steht das Sexualtrauma hinsichtlich seiner Langzeitwirkungen bereits an zweiter Stelle hinter der Vernachlässigung. In einer Zeit, in der junge Menschen Offenheit brauchen, um Freundschaften zu schließen und neue Erfahrungen zu sammeln, verstecken sich Kinder, die die Narben dieser heiligen Verletzung in sich tragen, aus Angst, ihr schamerfülltes Geheimnis könnte aufgedeckt werden. Da diese Kinder sich nicht die Ressource eines Netzwerks enger Freundschaften aufbauen und einen sozialen Mangel haben, entstehen mit den Jahren Schwierigkeiten und Einsamkeit, die ihnen bis in ihr Erwachsenenalter hinein folgen, wenn nichts dagegen unternommen wird.

Forscher haben gezeigt, dass das Isoliertsein von Familie und Freunden, verursacht durch diese tödliche Kombination aus sexuellem Missbrauch und der Abwesenheit sozialer Unterstützung, seinen Ursprung in der Kindheit hat und später eindeutig mit selbstzerstörerischem Verhalten in Verbindung stehen. Dazu gehören Selbstmordversuche, sich Schnittwunden zufügen, Essstörungen und Risikoverhalten wie Suchtmittelmissbrauch und häufig wechselnde Sexualpartner.[27] Aus der Studie geht im Weiteren hervor, dass sexuell missbrauchte Mädchen keine Freundschaften ertragen können. Sie bewältigen den Missbrauch, indem sie übermäßig aggressiv oder übermäßig scheu werden. Ihr Hormonstatus weist signifikante Unterschiede gegenüber dem von Mädchen auf, die nicht missbraucht worden sind. Diese Mädchen wachsen ohne Freundschaften auf, die sie in ihrer Entwicklung unterstützen, haben ein schwaches Ich-Bewusstsein, wenig Verhandlungsgeschick und einen Mangel an gesunder Kommunikationsfähigkeit, an Grenzen und Freuden. Die Koppelung von Einsamkeit und hohem Testosteronspiegel verstärkt wesentlich die Gefahr, sich sexuell provokativ zu verhalten und im Jugendalter schwanger zu werden.

Eltern und Schulpersonal können eingreifen, wenn sie verstehen, wie wichtig es ist, Mädchen (und auch Jungen) im Schulalter bei der Entwicklung von Freundschaften zu helfen. Zwischen der zweiten und vierten Schulstufe legen Mädchen im Klassenzimmer und auf dem Spielplatz eine »Hackordnung« fest. Sie grenzen Kinder aus, die sich »anders« oder »sonderbar« benehmen. Vor allem Mädchen können extrem grausam darin sein, andere Mädchen auszulachen, zu hänseln, zu ärgern und auf andere Weise zu verraten. Wenn eine Familie stabil ist und die Mädchen Hilfe bekommen, wenn sie missbraucht worden sind, können sie auch Freundschaften zu anderen Mädchen entwickeln und lassen sich mit sehr viel geringerer Wahrscheinlichkeit auf unreife sexuelle Erfahrungen ein.

## Juanitas soziale Isolation

Während ich, Maggie Kline, an einer Grundschule als Schulpsychologin tätig war, überwiesen der Lehrer und der Schuldirektor ein süßes, schüchternes Mädchen aus der vierten Klasse an mich. Sie war von einem Familienmitglied missbraucht worden, doch war dies nicht der Hauptgrund, weshalb man sie zu mir schickte. Juanita fühlte sich im

Kreis von Erwachsenen ausgesprochen wohl, hatte jedoch null Freunde in ihrem Alter. Gelegentlich »bemutterte« sie einige Kinder aus der zweiten Klasse und beschützte sie auf dem Spielplatz. Juanita lernte sehr schnell, dass sie es erfolgreich vermeiden konnte, mit ihren Mitschülern in Kontakt zu kommen, wenn sie dem Lehrer in der Pause Hilfe anbot und sich vor und nach dem Unterricht in der Nähe meines Büros aufhielt, um zu fragen, ob sie »aufräumen« könne. Wenn sie in die Pause geschickt wurde, heftete sie sich dem Schuldirektor an die Fersen und plauderte mit ihm. Nach dem ersten Schulmonat begann ihre Anhänglichkeit allen auf die Nerven zu gehen.

Glücklicherweise war Juanita in der Lage, ihren sexuellen Missbrauch in wöchentlichen Einzeltherapiesitzungen zu bearbeiten. Für mich war deutlich, dass sie lernen musste, wie man Freundschaften schließt. Deshalb empfahl ich ihr dringend, sich auch einer gerade neu entstehenden Freundschaftsgruppe für Dritt- und Viertklässler anzuschließen. Sie hatte den gleichaltrigen Mädchen gegenüber erst eine gewisse Scheu und verhielt sich den jüngeren Mädchen gegenüber rechthaberisch. Es brauchte sehr viel Zeit, aber bis zum Ende des ersten Halbjahrs knüpfte sie zumindest eine vorläufige neue Freundschaft.

Als ich ans Gymnasium versetzt wurde, war ich betroffen über die Zahl der Mädchen im Teenageralter, die beklagten, keine Freunde zu haben, die sich ihrer eigenen Aggressivität nicht bewusst zu sein schienen und die ihre Identität buchstäblich daran festmachten, ob sie einen Freund hatten oder nicht. Diese Mädchen waren besonders gefährdet, sich das Leben zu nehmen, sich Schnittwunden zuzufügen, vorzeitig aus der Schule auszuscheiden und schwanger zu werden. Als ich sie kennen lernte und sie mir ihre »Geheimnisse« anvertrauten – *hatte eine jede von ihnen eine Vorgeschichte mit sexuellem Missbrauch.* Eltern und Lehrer müssen dafür sorgen, dass Mädchen, die sich in der Grundschule von anderen isolieren oder auffallend aggressiv werden, die notwendige Unterstützung erhalten, um Freundschaften zu schließen. Außerdem müssen sie sicherstellen, dass diesen Mädchen dabei geholfen wird, jedes bekannte sexuelle Trauma so schnell wie möglich zu bearbeiten.

Wenn sie kein sexuelles Trauma angegeben haben und sich dennoch keine Freundschaften anbahnen, müssen Eltern und/oder Therapeuten die heikle Frage stellen, die alle Eltern von Zeit zu Zeit stellen sollten: »Hat dich jemals jemand auf eine Art berührt, die dir unangenehm war?« Frühes Eingreifen heißt vorbeugen und das ist besser als heilen.

## Wie Sie Kindern die Sicherheit geben können, etwas zu erzählen

In *Miss America by Day* stellt uns Marilyn Van Derbur die Frage: »Besteht für Kinder genügend Sicherheit, um erzählen zu können?« Ihre Antwort auf diese rhetorische Frage lautet: »Nur wenn Sie und ich diese Sicherheit herstellen.« Was meint sie damit? Die von ihr zitierten Forschungsergebnisse verdeutlichen, dass das Durchschnittsalter, mit dem Kinder zum ersten Mal einen sexuellen Übergriff erleben, fünf bis sechs Jahre ist. Diejenigen, die ihren Eltern davon erzählten, bevor sie 18 waren, erfuhren die folgenden negativen Reaktionen ihrer Eltern (manche erlebten mehrere davon):

- Wut (42%)
- Schuldzuweisung (49%)
- Nichtbeachten der Enthüllung (50%)
- Hysterischwerden (30%)

Obwohl es unfassbar klingen mag: Normalerweise erzählt ein Kind *nie* etwas! Ich kann diese Tatsache durch meine Erfahrung als Schulpsychologin bestätigen: Unzählige Kinder haben mir gesagt, dass ich die Allererste bin, der sie von ihrem Geheimnis erzählen! Typischerweise fürchten Kinder Schuldzuweisung und Bestrafung. Häufige Antworten, die ich gehört habe, sind: »Sie würde mich umbringen, wenn sie das wüsste!«, »Meine Mutter/mein Vater würde mich als Lügnerin bezeichnen«, »Sie würde trotzdem nichts unternehmen, weil sie ihn nicht aufregen will«, »Er wird sagen, dass ich selbst schuld daran bin.« Die gute Nachricht ist, dass Sie in Ihrer Familie eine sichere Atmosphäre herstellen können und dass diese für Ihre Kinder sehr lohnend sein kann. Aus einer anderen Studie, die Marilyn Van Derbur zitiert, geht hervor: »Kinder, die unmittelbar oder kurz nach dem Missbrauch davon erzählten und *denen geglaubt und Unterstützung gewährt wurde*, zeigten relativ wenig langfristig anhaltende Trauma-Symptome. Diejenigen, die (typischerweise aus Angst oder Scham) nichts erzählt haben, oder diejenigen, die sich geöffnet haben und eine negative, vorwurfsvolle, verhöhnende Reaktion darauf erhielten und denen kein Glaube geschenkt wurde, wurden als extrem traumatisiert eingestuft.« Marilyn Van Derbur schreibt, dass sie Autoaufkleber mit dem Text *»Glaubt den Kindern«* hergestellt hatte und sie auf Hunderten von Autos anbrachte, als sie anfing, sich für Kinder einzusetzen.

Sie selbst können die Chancen erhöhen, dass Ihr Kind Ihnen von einer Missbrauchserfahrung erzählt:

1. Klären Sie es bereits in der Vorschule über unangemessene Berührung auf.
2. Lassen Sie Ihr Kind wissen, dass es niemals seine Schuld ist.
3. Erklären Sie Ihrem Kind, wann und auf welche Weise es Ihnen oder einem anderen vertrauenswürdigen Erwachsenen davon erzählen kann, und machen Sie Rollenspiele mit ihm.
4. Lassen Sie Ihr Kind im Voraus wissen, dass Sie ihm glauben und es beschützen werden.
5. Lassen Sie Ihr Kind wissen, dass Sie es auf keinen Fall zurückweisen oder bestrafen werden.

In anderen Worten: *Machen Sie Ihrem Kind das Erzählen leicht!*

## Vergewaltigung bei einer Verabredung und andere Themen, die Teenager betreffen

Es gibt junge Menschen, die früh sexuelle Verletzungen erfahren haben, die nicht gelöst werden konnten. Andere sind in einem familiären Klima ohne gesunde Rollenvorbilder und mit unklaren Grenzen im Bereich von persönlicher Privatsphäre und Sexualität aufgewachsen. Sie werden es schwierig finden, gut für ihre Sicherheit zu sorgen, wenn sie anfangen, sich zu verabreden. Jugendliche, deren Gefühle, Meinungen und Rechte von ihren Eltern, Großeltern oder älteren Geschwistern geringgeschätzt oder missachtet wurden und die vielleicht nie gelernt haben, im Sicherheitsnetz einer fürsorglichen Familie »nein« zu sagen (wo das dann auch respektiert wurde), sind wie geschaffen für Probleme, wenn sie alleine mit einem Jungen zusammen sind, sei es im Auto in einer dunklen Nacht oder bei hellem Tageslicht im Schulhof!

Leider kommt es bei Verabredungen älterer Mädchen nur allzu oft zu Vergewaltigungen (sog. »date rapes«). Eine in den Vereinigten Staaten durchgeführte Feldstudie berichtet, dass jede vierte Hochschulstudentin einer Vergewaltigung oder einem versuchten Übergriff zum Opfer fällt. Eltern müssen mit größeren Kindern und Jugendlichen laufend über diese Themen sprechen. Finden Sie heraus, welche Verhaltensweisen Ihre Söhne und Töchter unter verschiedenen Umständen akzeptabel finden und welche nicht. Gehen Sie nicht davon aus, dass Jugendliche eine Situation klar beurteilen können, wenn ihre Hormone verrückt spielen. Oder dass sie Ihre Begleitung nicht mehr brauchen, nur weil sie sich plötzlich in einem erwachsenen Körper befinden; an dieser kritischen Stelle brauchen Jugendliche mehr Beratung denn je.

Nach Aussagen der *American Medical Association*[28] ergab eine Befragung von 1700 elf bis vierzehn Jahre alten Jugendlichen, dass 51 Prozent der Jungen und Mädchen der Ansicht waren, erzwungene Sexualität sei vertretbar, wenn der Junge viel Geld für das Mädchen ausgegeben hat. 65 Prozent der Jungen und 47 Prozent der Mädchen fanden es akzeptabel, dass ein Junge ein Mädchen vergewaltigt, wenn die beiden sich seit mehr als sechs Monaten treffen. 87 Prozent der Jungen und 79 Prozent der Mädchen vertraten die Meinung, dass ein sexueller Übergriff in Ordnung ist, wenn der Mann und die Frau verheiratet sind; und ein Drittel der Fälle von sexuellem Missbrauch unter Bekannten erfolgt, wenn das Opfer elf bis siebzehn Jahre alt ist!

Eine andere erstaunliche Tatsache ist das massenhafte Auftreten von Oralsex in amerikanischen Schulen. Oprah Winfrey zufolge berichteten Kinder, dass orale sexuelle Betätigung in ihrer Schule nicht als Sexualität angesehen wird: »Ich denke nicht, dass Oralsex eine größere Sache als ein Gutenachtkuss ist.«[29] Marilyn Van Derbur verweist in *Miss America By Day* auf die Vermutung eines vierzehnjährigen Mädchens, dass in ihrer Schule 75 Prozent der Kinder oralen Geschlechtsverkehr haben. Der am stärksten beunruhigende Faktor ist, dass diese Jugendlichen dabei Gefahr laufen, sich mit sexuell übertragbaren Krankheiten anzustecken und sich dessen nicht bewusst sind. Genauso wenig sind sie sich offenbar darüber im Klaren, dass Oralsex eine Form von sexueller Betätigung ist.

Es kann ein Anstoß für sinnvolle Gespräche sein, wenn Sie sich Zeit nehmen, Ihre heranwachsenden Kinder nach dem zu fragen, was sie wissen, glauben und schätzen, und ihnen auch Antworten geben. Das hilft den jungen Leuten, Entscheidungen sachkundiger anzugehen. Weitere Themen, die offene Diskussionen erfordern, sind die Verwendung von Verhütungsmitteln, Abtreibung und sexuell übertragbare Krankheiten. Jugendliche über ihre Gedanken und Gefühle zu sexuellen Themen zu befragen, kann einem wirklich die Augen dafür öffnen, wie viele Fehlinformationen und Mythen Kinder mit sich herumtragen und unter ihren Freunden verbreiten. Sie können so viel dazu beisteuern, die Verletzlichkeit von Jugendlichen herabzusetzen, indem Sie mit ihnen reden und noch mehr, indem Sie ihnen zuhören.

## Echos in die nächste Generation hinein: Die Hinterlassenschaft transformieren

Es ist der Sache nicht zuträglich, dass wir in einer Kultur leben, in der so viel Verwirrung über sexuelle Werte und Verhaltensweisen besteht. Dabei wird übersehen, dass sexuelle Energie und Lebenskraft so gut wie dasselbe sind. Menschen, die mit Leidenschaft leben, haben einen kreativen Energiefluss, in dessen Nähe es sich anregend und stimmungsaufhellend anfühlt. Das ist lebensbejahend. Diese Menschen gelten als »interessant« und wer in ihrer Umgebung weilt, saugt ihren Funken und ihren kreativen Überfluss auf. Anstatt die Regel zu bilden, fallen diese Menschen auf. Warum ist das so? Und was bedeutet kreative Lebenskraft grundsätzlich? Wo hat sie ihren Ursprung? In der indischen Kultur wird sie der Energie des zweiten Chakras zugeschrieben und steigt von unseren Sexualorganen auf. Es ist die Energieerregung, die Troubadoure zum Singen, die großen Meister zum Komponieren, Bauen, Malen, Theaterstücke inszenieren und Literatur schreiben bringt, die uns entzückt und welche die Zeit überdauert. Es ist sowohl die Energie der Schöpfung als auch die der Zeugung.

Bedauerlicherweise ist diese mächtige Kraft mit so viel Angst verbunden, dass soziale und religiöse Institutionen auf der ganzen Welt einen dämpfenden Einfluss auf sie ausgeübt haben. Wenn über normale Gefühle und Bedürfnisse ein Deckel gestülpt wird, sodass sie zu Krankheitssymptomen werden anstatt akzeptiert zu sein, ist es für lebende und atmende Menschen schwierig zu wissen, was sie mit diesen Gefühlen tun sollen. Das Bestreben, Vorschriften darüber zu machen, welche Gedanken, Gefühle und Empfindungen einwandfrei und welche unerlaubt sind, ist ein Nährboden für Schuld und Scham. Gedanken sind Gedanken und Empfindungen sind Empfindungen. Punkt! Sie müssen nicht auf ungeeignete Weise ausgelebt werden. Wenn das moralische Urteil beseitigt wird, können Menschen ihre authentische Lebensenergie anerkennen und frei erfahren. Ohne die Abwehrmechanismen Verleugnung und Strafe sind gesunde sexuelle Entscheidungen und Ausdrucksformen wahrscheinlicher. Das Unaussprechliche wird ausgesprochen und Familien können ein Vorbild für die Entwicklung von gesunden anstelle schädlicher Verhaltensweisen werden.

## Gesunde Sexualität

Wie sieht gesunde Sexualität in Familien aus? Lassen Sie uns zwei entscheidende Stadien der kindlichen Entwicklung ansehen: die frühe Kindheit und die Jugend. Irgendwann im Alter zwischen vier und sechs Jahren spüren Kinder eine spezielle Verbindung zum gegengeschlechtlichen Elternteil und fühlen sich von ihm angezogen. Dieses Phänomen ist tatsächlich so universell, dass die Griechen die unseligen Folgen dieses ungelösten Dilemmas in den Schauspielen *König Ödipus* und in *Elektra* darstellten. (Wenn die Eltern nach einer Trennung neue Partner haben oder wenn Menschen in Patchwork- oder gleichgeschlechtlichen Haushalten leben, können diese Stadien natürlich anders in Erscheinung treten).

Hauptsächlich um das fünfte Lebensjahr herum »verlieben« sich Mädchen regelmäßig in ihre Papas und dasselbe geschieht bei kleinen Jungen mit ihren Mamas. Das ist ein normales und gesundes Entwicklungsstadium. Kinder »flirten« in dieser Altersstufe mit dem gegengeschlechtlichen Elternteil. Das ist kein Flirten im erwachsenen sexuellen Sinn, sondern eher ein »Üben«, das für das Umgehen mit dieser Entwicklungsaufgabe notwendig ist. In anderen Worten: Die Verhaltensweisen, die später das Repertoire der Liebesspiele gleichaltriger Heranwachsender bilden, werden zuerst zu Hause hervorgelockt und ausprobiert, wo es sicher sein sollte. Das ist die Zeit, in der kleine Mädchen ihren Vätern sagen werden: »Ich liebe dich, Papi; ich möchte dich heiraten und ein Baby haben.«

Das Kind braucht für seine gesunde Entwicklung in diesem zarten, verletzlichen Alter eine Bestärkung von Seiten des Vaters, indem er in etwa liebevoll zu ihm sagt (und es auch meint): »Ich habe dich auch lieb, Schätzchen, aber Papa ist mit Mama verheiratet. Wenn du erwachsen bist, kannst du einen besonderen Menschen nur für dich heiraten, und wenn du willst, kannst du mit ihm Kinder haben. Aber ich bin so glücklich, dass du mein kleines Mädchen bist und ich werde immer dein Papa sein.« Häufig kommt es jedoch vor, dass das Verhalten des Kindes eine unzulängliche Antwort erhält, weil sein *wirklich unschuldiges* »Üben« falsch ausgelegt wird. Anstatt dass der Elternteil dem Kind bei seiner entstehenden Sexualität hilft, kann die Reaktion mehr nach einem Liebhaber klingen, der durch seinen Ton, seine Handlungen und Worte ihre »spezielle« Beziehung betont. So können zum Beispiel verspielte Liebeleien wie: »Ja, meine kleine Prinzessin ... ich werde immer dein Prinz sein ... aber lass das unser kleines Geheimnis sein«, weitere unbeholfene und unpassende Reaktionen nach sich ziehen. Dieses werbende Verhalten wird vom Kind oft als überwältigend empfunden und kann auch für den Elternteil beängstigend sein. Diese Angst kann zu einer völligen Unterdrückung von angemessener Berührung und Zuneigung führen, die für die emotionale Reifung so unerlässlich ist.

Klare Generationengrenzen sind überaus wichtig für eine gesunde Entwicklung der Sexualität. Eltern müssen für ihre Kinder Erwachsene sein, keine Gleichaltrigen. Diese Grenzen sind bei Erwachsenen, die als Kinder selbst sexuell traumatisiert wurden, häufig schwach ausgeprägt. Holen Sie sich Hilfe, wenn Sie mit diesen Themen ringen, und stärken Sie Ihre Grenzen, um ein Beispiel für gesunde Grenzen geben zu können; übermitteln Sie auf diese Weise auch der nächsten Generation eine gesunde Sexualität. Kinder sollen diesen ödipalen Kampf durch die behutsame Lenkung der Eltern verlieren, nicht gewinnen, indem sie die Wirklichkeit anerkennen und von ihrer Fantasie unterscheiden lernen. Es kann sein, dass sie diese romantischen Irrtümer nicht aufgeben wollen, aber sie müssen! Diese Enttäuschung im Vorschulalter anzuerkennen ist besser als zu romantischen

Narren heranzuwachsen, die Partnern hinterherlaufen, die nicht erreichbar sind.

Wenn diese Lektionen nicht frühzeitig gelernt werden, besteht außerdem die Wahrscheinlichkeit, dass bei der nächsten wichtigen Stufe der sexuellen Entwicklung, der Adoleszenz, ein plötzlicher Bruch in der Beziehung zwischen Eltern und Kind eintritt. In dieser Zeit sieht sich ein Elternteil einer erblühenden jungen Frau oder einem ebensolchen jungen Mann gegenüber, der/die aussieht wie der Ehepartner, in den er/sie sich vor Jahren verliebt hat – aber vielleicht noch schöner oder attraktiver! Wenn die Eltern sich mit ihrer eigenen Sexualität und Sinnlichkeit im Umgang miteinander nicht wohl fühlen, kann die Anziehung, die ihr Teenager plötzlich auf sie ausübt, eine Inzestpanik verursachen. Vor allem bei Vater-Tochter-Beziehungen fühlt sich der Vater zu seiner Tochter auf eine Weise hingezogen, dass die Möglichkeit, das auszuagieren, wirklich und bedrohlich erscheint. Aus dieser Angst heraus kann der Vater körperliche Wärme bewusst oder unbewusst plötzlich abschneiden und distanziert und kalt werden. In diesem typischen Szenario fühlt die Tochter sich nicht nur im Stich gelassen, sondern auch zurückgestoßen, was sie auf ihre neue und zerbrechliche Sexualität und ihr sich gestaltendes Ich-Bewusstsein zurückführt.

Und dann besteht die Möglichkeit, dass der Vater in verschiedenen Altersstufen seine Sexualität tatsächlich mit ihr ausgelebt hat. Es kann sein, dass er sie unpassend berührt oder ihr einen eher erwachsenen Kuss auf den Mund gegeben hat (in Stieffamilien ist diese Anfälligkeit noch wesentlich stärker). Dies könnte Tochter und Vater (oder Stiefvater) gleichermaßen erschreckt haben. Und tragischerweise geht es in manchen Fällen weiter.

Wie können wir also mit diesen schwierigen, jedoch verbreiteten (wenn nicht sogar unvermeidlichen) Gefühlen umgehen? Wenn wir weder die Zuneigung zurückziehen noch diese »undenkbaren« Gefühle unterdrücken wollen, welche Möglichkeiten haben wir dann?

Wenn wir sie zurückhalten, können sie sich leicht aufbauen wie Druck in einem Vulkan – um verdeckt als Spannung innerhalb der familiären Dynamik spürbar zu werden. Oder sie können in Symptomen wie Süchten und gesundheitlichen Problemen Gestalt annehmen. Wenn wir sie auf sexuellem Wege ausleben, können sie in Perversionen einschließlich Frigidität, Impotenz und Promiskuität ausarten.

Keine der beiden eben zitierten Möglichkeiten ist für gesunde Menschen anziehend. Lassen Sie uns einen Blick auf eine erfrischende dritte Variante werfen, die sich die Erfahrung des »inneren Gespürs« zunutze macht, von der wir an früherer Stelle gesprochen haben. Mit Ehrlichkeit und Mitgefühl anstelle von Verleugnung und Unterdrückung können Sie diese Energien lenken. Wenn Sie sexuelle Empfindungen haben, nehmen Sie sie bitte als Erstes einfach wahr als das, was sie sind. Versuchen Sie ohne sich zu schämen, sie als Teil einer Erfahrung zu akzeptieren, die Sie mit anderen, wenn nicht sogar mit allen Menschen teilen. Erlauben Sie diesen Empfindungen als Nächstes, sich als Wellen reiner Energie durch Ihren Körper hindurchzubewegen. Diese Energie kann dann über kreative Ventile frei ausgedrückt oder auf einen passenden Partner übertragen werden. Auf diese Weise können Sie sich durch solche Konflikte in überraschend kurzer Zeit hindurchbewegen.

## Den Kreislauf des sexuellen Traumas durchbrechen

Wir stellen Ihnen nun ein einfaches Fallbeispiel vor, um zu verdeutlichen, wie wichtig die Arbeit mit sexuellen Gefühlen und Empfindungen ist:

Ein junger Vater berichtete, dass er Angst davor habe, seinen kleinen Sohn zu wickeln. Als er dabei begleitet wurde, sich auf die auftretenden Empfindungen zu fokussieren (ohne über sie nachzudenken oder sie zu bewerten), beobachtete er als Erstes eine Furcht in seinem Magen. Dieser folgten Lustgefühle in den Genitalien, die mit Scham verbunden waren. Als er sich weiterhin mit Mitgefühl auf seine unterschiedlichen Körperempfindungen konzentrierte, verwandelten sich die sexuellen Gefühle in Wut und binnen Minuten in Ekel, während er sich daran erinnerte, dass er von seinem geliebten Großvater missbraucht worden war, als er noch sehr klein war.

Indem er sich auf seine Empfindungen fokussierte, war es diesem jungen Vater zum ersten Mal möglich, die Wut auf seinen Großvater zu spüren. Als sie sich langsam auflöste, weinte er vor Erleichterung darüber zu erkennen, dass er kein schlechter Mensch war. Später, als er zu Hause war, achtete er gezielt auf seine Empfindungen, während er zusah, wie seine Frau ihren Sohn wickelte. Der junge Mann war dann sowohl erfreut als auch erstaunt darüber, wie schnell die sexuellen Empfindungen, die angeregt wurden, sich auf seine Frau verlagerten. Und als er diesmal seinen kleinen Sohn ansah, kamen Gefühle von Stolz in ihm auf.

Zusammenfassend können wir sagen: Wenn Eltern weniger Angst davor haben, ihre eigenen Empfindungen zu erleben, wenn sie angemessene Grenzen setzen und ein Verständnis dafür haben, was Kinder brauchen, um eine gesunde Sexualität zu entwickeln, wird es zu angenehmeren familiären Beziehungen kommen anstatt zu Verlegenheit und Anspannung. Eltern sind dann frei darin, ihren Kindern (in jeder

Entwicklungsstufe) Wärme und Zuneigung auf eine Art zu geben, die weder romantisch verklärt noch sexualisiert ist.

Wenn Jugendliche in die Pubertät kommen, werden diejenigen unter ihnen, die gesunde Vorbilder und eine gute Portion Zuneigung erhalten haben, sich bei ihren eigenen aufkeimenden Liebesbeziehungen wahrscheinlich nicht völlig unfähig fühlen. Diese Unbeholfenheit kann so schmerzhaft sein, dass sie zur Vermeidung sozialer Aktivität führt oder ins Gegenteil umschlägt – nämlich dazu, dass diese Jugendlichen durch zwanghafte Promiskuität versuchen, ihr Bedürfnis nach der Liebe zu stillen, die ihnen der zurückweisende, verklemmte Elternteil nicht geben konnte. Es ist auch möglich, dass der Heranwachsende die Verletzung seiner sexuellen Grenzen wiederholt, indem er einem/einer Gleichaltrigen dasselbe antut, wie es zum Beispiel bei Vergewaltigung bei Verabredungen oder bei sexueller Belästigung der Fall ist oder wenn er/sie sich an einem jüngeren Kind wie etwa einem Nachbarskind, einem Geschwisterkind oder einem Babysitterkind vergreift. Durch Eltern, die ein gesundes Beispiel geben und den Prozess der sexuellen Entwicklung unterstützen, kann der Kreislauf eines sexuellen Traumas, das über Generationen geht, unterbrochen werden und ein neues Erbe, nämlich das von lebensbejahender Energie, kann weitergegeben werden.

Abschließend wollen wir die Realität anerkennen, dass es viele erfolgreiche Familien gibt, die »nicht traditionell« zusammenleben, zum Beispiel mit zwei Elternteilen desselben Geschlechts oder wo Mutter oder Vater alleinerziehend sind oder sie sind eine Patchworkfamilie; wir vertrauen darauf, dass einige der hier beschriebenen Ideen auch für Sie in Ihrer speziellen Situation von Bedeutung sein werden.

# TEIL IV

# TRAUMA UND GESUNDHEITSWESEN

# 9 VORBEUGENDE MASSNAHMEN FÜR ELTERN UND FACHKRÄFTE IM GESUNDHEITSWESEN

## Bereiten Sie Ihr Kind auf Operationen und andere medizinische Eingriffe vor

Medizinische Behandlungsmethoden, die routinemäßig oder in Notfällen angewendet werden, sind eine verbreitete und häufig übersehene Ursache von Traumata bei Kindern. Mit dem Wissen gerüstet, das Sie in diesem Kapitel erwerben werden, können Eltern im Team mit Klinik- und Krankenhauspersonal zusammenarbeiten, um unnötige Überwältigung durch invasive medizinische und operative Eingriffe zu vermeiden. Ehe wir Ihnen jedoch zeigen, welche Strategien Sie dabei verwenden können, möchten wir Ihnen eine Geschichte erzählen, die Sie vielleicht überraschen wird. Es geht um einen Jungen namens Teddy.

»›Vati, Vati, lass sie los, lass sie los ... bitte töte sie nicht ... lass sie los.‹ Das sind die Schreckensrufe, die der zehn Jahre alte Teddy von sich gibt, während er wie ein verängstigtes Kaninchen aus dem Zimmer stürmt. Verblüfft hält der Vater die bewegungslose Maus in seiner Hand, die er im Hinterhof gefunden und seinem Sohn mitgebracht hat. Er hielt es für eine sehr gute und wissenschaftliche Methode, Teddy auf diese Weise zu zeigen, wie Tiere ›sich tot stellen‹, um zu überleben. Der

Vater ist über die Reaktion des Jungen auf seine scheinbar harmlose Geste verwundert und bemerkt nicht, dass sein Sohn gerade eine Verbindung zu einem längst vergessenen Ereignis hergestellt hat. Es war ein ›ganz gewöhnlicher‹ Vorfall, wie ihn Millionen von uns bereits erfahren haben.

An Teddys fünftem Geburtstag kam der Kinderarzt zu Besuch, der auch ein langjähriger Freund der Familie war. Die ganze Sippe versammelte sich um den Doktor, während er stolz eine Fotografie zeigte, die er im örtlichen Krankenhaus aufgenommen hatte und auf der Baby Teddy im Alter von neun Monaten zu sehen war. Der Junge warf einen kurzen Blick auf das Bild und rannte dann schreiend vor Wut und Schrecken aus dem Zimmer. Wie viele Eltern, Lehrer, Babysitter und in der Gesundheitsfürsorge Tätige haben ähnlich mysteriöse Reaktionen bei Kindern erlebt?

Im Alter von neun Monaten bildete sich bei Teddy ein heftiger Hautausschlag, der seinen ganzen Körper bedeckte. Er wurde ins örtliche Krankenhaus gebracht und auf einem Untersuchungstisch für Kinder festgeschnallt. Das Kind konnte sich nicht bewegen und schrie vor Angst unter dem grellen Licht, während ein Team von Spezialisten an ihm herummachte und ihn piesackte. Nach der Untersuchung wurde Teddy für sieben Tage unter Quarantäne gestellt und durfte während dieser Zeit keinen Kontakt zu seiner Mutter haben. Als sie ins Krankenhaus kam, um ihn abzuholen, erkannte Teddy sie nicht. Sie behauptet, dass der Junge nie wieder eine Verbindung zu ihr oder einem anderen Mitglied der Familie aufnahm. Er stellte auch keinen Kontakt zu anderen Kindern her, sondern wuchs in zunehmender Isolation heran und begann, in seiner eigenen Welt zu leben. Obwohl das Krankenhaustrauma, das Teddy im Alter von neun Monaten erlebte, sicherlich nicht der einzige Einflussfaktor gewesen war, spielte es doch eine wichtige, möglicherweise entscheidende Rolle bei der Ausformung der Persönlichkeit von Theodore Kaczynski. Das ist jener als ›Unabomber‹ verurteilte Mann, der an verschiedene einflussreiche Großunternehmer im Bereich Technologie Briefbomben versandte;

wohl als Rache für ähnlich entmenschlichende Kräfte, die ihn als Kind überwältigt und gebrochen hatten.«

Ohne entsprechende Unterstützung verfügen Kinder nicht über die inneren Ressourcen, um grelles Licht, Bewegungseinschränkung, chirurgisches Besteck, maskierte Monster mit entstellter Sprache und veränderte Bewusstseinszustände, die durch Arzneimittel herbeigeführt wurden, zu begreifen. Es ergibt für sie auch keinen Sinn, wenn sie allein in der Wachstation wieder zu Bewusstsein kommen und nur ihr eigenes Wehklagen und die unheimlichen Geräusche der elektronischen Überwachungsgeräte hören sowie gelegentliche Besuche von Fremden erhalten. Ereignisse wie diese können für Babys und Kleinkinder ebenso furchterregend und traumatisierend sein wie von abscheulichen außerirdischen Riesen entführt und gefoltert zu werden. Ted Kaczynskis (wenngleich völlig fehlgeleiteter) »Kreuzzug« gegen die Entmenschlichung durch Technologie wird verständlich, wenn wir wissen, was für eine überwältigende und entmenschlichende Erfahrung er als Kleinkind gemacht hatte.[30]

Diese Geschichte ist leider kein Einzelfall. Allzu viele Eltern werden Zeugen von Verbindungsabbruch, Isolation, Hoffnungslosigkeit und auffälligen Verhaltensweisen ihrer Kinder, die nach einem Krankenhausaufenthalt oder einer Operation auftraten. Die Verteidigung im Prozess gegen Kaczynski wies darauf hin, dass langfristige Verhaltensänderungen auf traumatische Reaktionen folgen können, die nach »routinemäßig« durchgeführten medizinischen Eingriffen auftreten. Ist das denn möglich? Die Antwort lautet: ja.

Deutet dieses Beweismaterial darauf hin, dass Ihr Kind ein Serienmörder wird, wenn es durch einen medizinischen Eingriff traumatisiert wurde? Vermutlich nicht. Die meisten traumatisierten Kinder entladen ihre Traumata nicht nach außen. Statt dessen verinnerlichen sie solche Ereignisse und richten die traumatische Ladung gegen sich selbst, was später in Form von Ängsten, Konzentrationsstörungen oder starken Schmerzen zum Ausdruck kommen kann. Lassen Sie uns eine

»gewöhnlichere« Geschichte ansehen, die wir auf den Seiten des amerikanischen Magazins *Readers Digest* gefunden haben. Unter dem Titel *Everything is Not Okay* beschreibt ein Vater die »geringfügige« Knieoperation seines Sohnes Robbie:

»Der Arzt erklärt mir, dass alles in Ordnung ist. Dem Knie geht es gut, nicht jedoch dem Jungen, dessen alptraumartiges Erwachen durch ein Narkosemittel herbeigeführt wurde, und der sich nun in seinem Krankenhausbett herumwirft – ein süßer Junge, der nie jemandem etwas zuleide getan hat und der jetzt mit den Augen eines wilden Tieres aus seinem Betäubungsnebel starrt, die Krankenschwester schlägt, ›Lebe ich?‹ schreit und mir befiehlt, seine Arme festzuhalten ... während er mir in die Augen starrt und nicht weiß, wer ich bin.«

Solche Geschichten ereignen sich tagtäglich und führen häufig zur Bildung tragischer psychischer Narben. Im Jahr 1946 präsentierte Dr. David Levy umfangreiches Beweismaterial darüber, dass Kinder in Krankenhäusern aus Gründen der Routine dieselben alptraumartigen Symptome durchmachen wie Soldaten, die an einer »Kriegsneurose« leiden. Fünfzig Jahre danach fängt unser medizinisches Establishment gerade erst an, diese entscheidende Information anzuerkennen. Was können wir tun, um der Flut unnötiger medizinischer Traumata entgegenzuwirken, die Jahr für Jahr Millionen von Kindern Schaden zufügen?

Glücklicherweise müssen Sie aber nicht warten, bis sich unser Gesundheitssystem ändert. Wären dem eben erwähnten frustrierten Vater einige leicht zu erlernende Vorgehensweisen bekannt gewesen, hätte er seinem Sohn helfen können, den durch die OP verursachten Schrecken zu bewältigen. Kinder können nach medizinischen Eingriffen, die unsensibel durchgeführt wurden, ängstlich, überaktiv, anhänglich oder zu »Bettnässern« werden; sie können sich zurückziehen oder sich zu impulsiven, aggressiven, gewalttätigen Tyrannen entwickeln. Kinder müssen einen hohen Preis dafür zahlen, wenn das Interesse für ihre emotionale Sicherheit gering ist (oder noch schlimmer: wenn diese gänzlich ignoriert wird). Häufig werden sie später von Alpträumen, Kopfschmerzen und einem nervösen Darm geplagt. Stattdessen können Sie als Eltern die Initiative ergreifen und dieses Kapitel zeigt Ihnen genau, was Sie dafür wissen müssen.

Wenn Sie im Hinblick auf den Arzt und das Krankenhaus eine kluge Wahl treffen, haben Sie schon viel gewonnen. Das Pflegepersonal will häufig keine Eltern als Partner im Team dabei haben, weil ein Elternteil, der emotional und fordernd ist, das Kind eher aufregt und nicht zur Sicherheit und Effizienz des Geschehens beiträgt. Wenn Sie ruhig bleiben und eine hilfreiche Präsenz haben, wird Ihnen das Personal eher erlauben, ein wenig mehr Zeit bei Ihrem Kind zu verbringen. Es ist wichtig, zur Aufklärung beizutragen und niemandem Vorschriften zu machen!

## Richtlinien für die Vorbereitung eines Kindes auf eine Operation oder eine andere medizinische Behandlung

Alle Kinder wollen während der Behandlung einen Elternteil bei sich haben. Einer Titelgeschichte aus dem *U.S. News & World Report* zufolge[31] ist dies ein Punkt, in dem alle Experten übereinstimmen. Doch hegt dieselbe Expertengruppe zahlreiche Bedenken bezüglich der Anwesenheit der Eltern. Die Psychologin Leora Kuttner untersucht im *British Columbia's Children's Hospital* in Vancouver Schmerz bei Kindern. Sie berichtet in eben jenem Artikel, dass sie mit einem Jungen, der eine Lumbalpunktion erhalten sollte, unermüdlich daran gearbeitet habe, ihn von seiner Angst vor Schmerzen abzulenken. Da sie wusste, wie wichtig Entspannung für den Jungen ist, damit der Behandlungsablauf nicht zu einer Katastrophe ausartet, versuchte sie es immer wieder. Nachdem sie jede nur mögliche Technik erfolglos ausgereizt hatte, blickte sie um sich und entdeckte, dass sich hinter ihrem Rücken eine Nebenvorstellung abspielte! Leora Kutter berichtet: »Hinter mir befand sich schluchzend seine Mama. Sie sabotierte alles und sandte die Botschaft aus, ›Was tun sie dir bloß an, mein Liebling?‹« Kuttner sagt: »Ihre Angst stand im Weg und sabotierte die Unterstützung, die ich dem Kind hätte geben können.«

Ihre Anwesenheit ist nur dann von Nutzen, wenn Sie selbst keine Angst haben! Während der Behandlung muss ein Elternteil das Kind stärken und trösten ... mitunter sogar ablenken. Verschlimmern Sie die Situation nicht. Wenn Sie sich so fühlen, als wollten Sie gleich in Tränen ausbrechen, bringt das Ihr Kind womöglich zum Weinen. Das ist während der Behandlung jedoch *nicht* ratsam. (Obwohl es einem Kind helfen kann, Angst und Schock zu entladen, wenn es direkt im Anschluss an eine Verletzung weint – jedoch vor Beginn der medizinischen Behandlung.)

Für medizinisches Fachpersonal mag die Idee neu sein, dass ein Elternteil im Behandlungszimmer mitanwesend ist. Sie steht der klassisch schulmedizinischen Ausbildung entgegen und mag auf den ersten Blick kontraproduktiv erscheinen. Wenn Sie sich als MedizinerIn jedoch die Zeit nehmen, Ihr Wissen und Ihre Erfahrungen zusammen mit den Richtlinien, die wir hier vorstellen, an einen gewillten Elternteil weiterzugeben und ihn anleiten, werden Kinder bei zahlreichen Behandlungsmethoden enorm davon profitieren. Außerdem wird das Ansehen der Klinik, der Praxis oder des Krankenhauses steigen, wenn die Statistiken nach und nach verkürzte Genesungszeiten und mehr Patientenzufriedenheit nachweisen. Ein kürzerer Krankenhausaufenthalt und eine schnelle Erholung reduzieren die Kosten für das Gesundheitssystem und die Versicherungsgesellschaften. Es ist eine Situation, die für alle Beteiligten gewinnbringend ist.

Weil es sehr häufig vorkommt, dass Kinder durch Operationen und andere medizinische Eingriffe traumatisiert werden, geben wir Ihnen nun praktische Empfehlungen für Eltern und medizinisches Fachpersonal.

Zwei Maßnahmen können für ein Kind besonders beängstigend sein: auf einem Untersuchungstisch festgeschnallt zu werden und die ungenügende Vorbereitung auf eine Narkose. Sie können dazu beitragen, dass Kinder sich ausreichend wohl fühlen, sodass ihre Neigung zur Panik verringert wird.

Die nachfolgend aufgelisteten Schritte dienen der Unterstützung Ihrer Eigeninitiative. Sie sind in Aktivitäten gegliedert, die Sie vor, während und nach dem bevorstehenden Eingriff durchführen können, unabhängig davon, ob Sie ein Elternteil oder eine Fachkraft in der Gesundheitsfürsorge sind.

## Am Tag vor der Operation

1) Falls Sie Arzt sind oder sonst beruflich mit Kindern arbeiten, achten Sie bitte auf deren Bedürfnisse. Sollten Kinder widerstrebend oder aufgeregt sein, dann aus gutem Grunde. Tun Sie alles, was in Ihrer Macht steht, um sie durch Worte und Taten in ihrem Kummer ernst zu nehmen. Arbeiten Sie *mit* den Kindern ... und nicht *gegen* sie. Seien Sie freundlich, spielerisch und ehrlich. Sorgen Sie für Ablenkung und gehen Sie auf ihre Sorgen ein. Wenn Sie ein Elternteil sind, wählen Sie einen Arzt oder ein Krankenhaus, das mit den Bedürfnissen von Kindern sensibel umgeht. Nicht alle Kliniken sind gleich ausgestattet! Nehmen Sie sich die Zeit, sich umzusehen. In manchen Krankenhäusern sind sogar Sozialarbeiter beschäftigt, die vor der Operation mit speziell für Kinder gestalteten Programmen arbeiten, in denen Geschichten und Rollenspiel zum Einsatz kommen. Manche Ärzte kennen diese Programme nicht; *stellen Sie also selbst Nachforschungen an* und machen Sie ein patientenfreundliches Team ausfindig, das bereit ist, Ihnen zuzuhören. Denken Sie daran, dass Sie der Kunde sind!

2) Bereiten Sie Ihr Kind auf das, was geschehen wird, vor. Sagen Sie ihm die Wahrheit, ohne überflüssige Details auszubreiten.

Kinder kommen besser zurecht, wenn sie wissen, was sie zu erwarten haben; sie mögen keine medizinischen Überraschungen. Wenn Sie einem Kind sagen, dass die Behandlung nicht wehtut, obwohl das der Fall sein wird, enttäuschen Sie sein Vertrauen. Es wird das Schlimmste befürchten, wenn es sich nicht darauf verlassen kann, dass Sie ehrlich zu ihm sind. Kinder und Jugendliche, die Ärzte und Pflegepersonal haben, die sie über jeden Behandlungsschritt auf dem Laufenden halten, haben deutlich weniger Angst.

3) Pflegepersonal und Eltern können vor der Operation einen Termin mit den Ärzten (vor allem mit dem Chirurgen und dem Anästhesisten) vereinbaren, damit das Kind sie in ihrer normalen Arztkleidung sieht, bevor sie den Operationskittel und den Mundschutz überziehen. Es ist wichtig, dass das Kind erkennen kann, dass der Arzt ein Mensch ist, der ihm helfen wird ... und nicht irgendein Monster. Vielleicht lässt es sich einrichten, dass Ihr Kind selbst ein Operationsgewand anprobieren kann! Wenn das nicht möglich ist, kann es einen Mundschutz überziehen, der nicht gebraucht wird, oder ihn einer Puppe oder einem Stofftier aufsetzen, das es gern hat.

4) Wenn das Krankenhaus kein Vorbereitungsprogramm für Kinder hat oder selbst wenn es eines hat, können Sie Ihrem Kind einen weißen Kittel zum Anziehen geben, damit es »Krankenhaus« spielen kann. Kinder können Marionetten, Puppen oder Stofftieren Arztkleidung überziehen und zu Hause »Operation« spielen und so im Vorfeld alle Schritte durchgehen. Dazu gehört, auf einer fahrbaren Krankenbahre zu liegen, Spritzen zu bekommen und die Vorbereitung auf die Narkose zu erleben. Machen Sie eine Kostümprobe. Die meisten Spielwarengeschäfte führen kleine Spielfiguren und »Arztkoffer« für Kinder.

5) Bereiten Sie Ihr Kind darauf vor, in einen veränderten Bewusstseinszustand einzutreten (und aus ihm herauszukommen), indem Sie ihm

eine Fantasiegeschichte erzählen (oder sie mit dem Kind zusammen erfinden, wenn es schon größer ist). Ein Beispiel wäre in etwa: »Ein Bär begibt sich in seinen Winterschlaf. Er schläft ganz, ganz schnell ein und erwacht sehr, sehr langsam. Wenn er dann wieder munter ist, sieht er sich um und entdeckt Mama (Papa) Bär (oder Schwester Nancy Bär) und etwas Leckeres zu fressen!« (Die Eltern müssen natürlich dafür sorgen, dass sie auch wirklich da sind.)
Sie können auch Lieblingscharaktere aus Geschichten verwenden, wie zum Beispiel *Harry Potter*, der eine Zaubertrankspritze bekommt, die ihn superstark macht, während er sich von einem Mordsding bei den Slytherins erholt. Sie können auch Märchencharaktere wie *Dornröschen* verwenden. Achten Sie vor allen Dingen darauf, dass Ihr Kind eine Beziehung zu der Figur hat und dass Sie beide Spaß an der Geschichte haben.

6) Mehrere Studien aus Europa und Kanada haben zweifelsfrei ergeben, dass Operationswunden schneller und mit weit weniger Komplikationen heilen, wenn entlang des eigentlichen Einschnitts eine Lokalanästhesie verabreicht wurde. Leider wird diese ziemlich einfache Maßnahme noch nicht routinemäßig durchgeführt. Ärzte und Eltern könnten gemeinsam die Anwendung dieser Methode in medizinischen Einrichtungen befürworten. Besprechen Sie unbedingt lange vor dem Operationstermin, welche Narkoseformen angewendet und wie sie verabreicht werden.

## Am Tag der Operation

1) Eltern und medizinisches Personal müssen vereinbaren, *wo* die Eltern vor und nach der Operation so viel wie möglich mit ihrem Kind zusammensein können. Kinder kommen mit der Situation besser zurecht, wenn während der Verabreichung der Anästhesie ein ruhiger Elternteil bei ihnen ist, der dableiben darf, bis sie vom Wachbewusstsein in einen »Dämmerzustand« hinübergleiten.

2) Ein Kind sollte *niemals* in verängstigtem Zustand auf den Untersuchungstisch geschnallt oder narkotisiert werden. Eine solche Erfahrung hinterlässt einen tiefen Abdruck in Psyche und Nervensystem. Sie sollten sich Ihrem Kind zuwenden, bis es sich beruhigt hat. Fragen Sie den Arzt, ob Sie das Kind halten können. Wenn das Kind festgeschnallt werden muss, erklären Sie ihm bitte, weshalb und bleiben Sie bei ihm/ihr, bis es genug Trost und Unterstützung gefunden hat, um weitermachen zu können. Wenn ein Kind Angst hat und sich nicht bewegen kann, wird es aufgrund des Schreckens in eine Schockreaktion versetzt – der beste Weg in ein Trauma!

3) Medizinisches Personal und Eltern müssen wissen, dass es für das Kind das beste ist, wenn bei seinem Aufwachen aus der Narkose die Eltern anwesend sind. Das Kind sollte *auf keinen Fall* allein sein. Ohne einen vertrauten Erwachsenen, der es tröstet, werden viele Kinder nach dem Aufwachen desorientiert und panisch. Ihr Zustand ist so verändert, dass sie mitunter glauben, gestorben zu sein oder dass ihnen etwas ganz Schreckliches passiert ist. Es ist wichtig, dass Eltern und Pflegepersonal im Voraus gemeinsam entscheiden, wer das Kind begleitet, wenn es zu sich kommt – und denken Sie daran, Ihr Kind darüber zu informieren! Wenn die Eltern absolut nicht dabei sein dürfen, verlangen Sie nachdrücklich, dass eine Krankenschwester oder jemand anderer (den das Kind bereits kennt) bei ihm ist und es beim Aufwachen beruhigt.

## Nach der Operation

1) Ruhe beschleunigt die Genesung. Das Kind braucht vorerst seine gesamte Energie für die Heilung des Körpers. Es ist wichtig, dass Ihr Kind seine Energie bewahrt, aber vielleicht versteht es das nicht. Bestehen Sie darauf!

2) Wenn Ihr Kind Schmerzen hat, ist es gut, wenn es seine Schmerzen erst beschreibt und dann einen Bereich in seinem Körper ausfindig macht, der schmerzfrei oder zumindest weniger schmerzhaft ist. Wenn Sie häufig mit Ihrem Kind zusammen sind und es dabei unterstützen, mit seiner Aufmerksamkeit abwechslungsweise zu Körperstellen zu gehen, die schmerzhaft sind, und dann zu solchen, die nicht so sehr wehtun, kann dies die Schmerzen verringern. Sie können Ihr Kind von den schwierigen Stellen auch ein wenig ablenken, indem Sie mit ihm summen oder es auffordern, auf einen Teil seines Körpers zu klatschen oder zu klopfen. Es kann Ihrem Kind auch helfen, sich verschiedenfarbige Ballons vorzustellen, die die Schmerzen mit in den Himmel hinauftragen.

3) Wenn Ihr Kind ängstlich wirkt, helfen Sie ihm durch das Erzählen von Geschichten. Nennen Sie den Namen eines anderen Kindes oder bauen Sie die Geschichte um sein Lieblingsstofftier herum auf. Beginnen Sie so: »Ich kenne ein kleines Kind namens Kevin, das ...« Achten Sie auf die Körpersprache Ihres Kindes. Verlangsamen Sie und arbeiten Sie mit den Anteilen, die anscheinend stecken geblieben sind. Verwenden Sie dafür die Werkzeuge, die unter dem Titel »Erste Hilfe« ab Seite 208 aufgelistet wurden. Die Hauptidee ist, Ihr Kind durch sämtliche »erstarrten« oder schockierten Bereiche hindurchzugeleiten und bei ihm zu sein, wenn es sich durch Schütteln und Zittern entlädt und schließlich sein Gleichgewicht wiederfindet.

Anmerkung vor allem für Eltern:
*Denken Sie daran, selbst erst ruhig zu werden, so wie Sie es zu Beginn dieses Buches gelernt haben. Ruhe und Vertrauen sind ansteckend*; Angst ebenso!!!

## Wenn es sich um einen Notfall handelt

1) Wenn die unmittelbare Gefahr vorüber ist und Sie eventuell mit dem Kind im Krankenwagen unterwegs sind, können Sie sich Zeit nehmen, um Ihre eigenen Reaktionen zu beobachten und einzuschätzen. Nehmen Sie sich Zeit zum Innehalten, erinnern Sie sich an die Werkzeuge, die Sie zur Verfügung haben und mit denen Sie helfen können. Lassen Sie Ihr eigenes Zittern abflauen und warten Sie auf einen tiefen Atemzug, ehe Sie fortfahren. Ein Gefühl relativer Ruhe ist unerlässlich. Geradeso wie eine Stewardess die Erwachsenen darauf hinweist, im Notfall erst die eigene Sauerstoffmaske aufzusetzen, ehe sie ihren Kindern dabei helfen, müssen Sie sich zuerst Ihren eigenen physiologischen und emotionalen Reaktionen zuwenden.

2) Versichern Sie Ihrem Kind, dass alles wieder gut wird ... dass der Arzt weiß, was er tun muss, damit es ihm wieder besser geht, um die Blutung zu stoppen, den gebrochenen Arm ruhig zu stellen, die Schmerzen zu lindern etc.

3) Es kann hilfreich sein, Ihr Kind unmittelbar vor dem medizinischen Eingriff abzulenken. Erzählen Sie ihm seine Lieblingsgeschichte, geben Sie ihm sein Lieblingsspielzeug oder sprechen Sie mit ihm über einen Ort, an dem es sich gerne aufhält – vielleicht ein spezieller Park –, oder nehmen Sie sich gemeinsam vor, dorthin zu gehen, wenn es ihm wieder besser geht. Wenn Ihr Kind Schmerzen hat, kann es klatschen, singen oder sich selbst abklopfen, um die Schmerzen zu lindern. Sie können es auch nach einer Stelle in seinem Körper fragen, die sich gut anfühlt oder nicht so wehtut, und ihm den Weg zeigen, sich auf diese Körperstelle zu konzentrieren. Lassen Sie das Kind wissen, dass es in Ordnung ist, zu weinen.

4) Wenn das Kind alt genug ist, um es zu verstehen, sagen Sie ihm, was im Krankenhaus oder in der Arztpraxis geschehen wird. Zum Bei-

spiel: »Der Arzt wird den Schnitt nähen, dann blutet es nicht mehr.« Oder: »Die Krankenschwester wird dir entweder eine Tablette oder eine Spritze geben, um die Schmerzen zu stoppen, dann fühlst du dich besser.«

## Ein Wort zur Notaufnahme

Zahlreiche Schauermärchen zeigen, dass die Notaufnahme als der schrecklichste Bereich des gesamten Krankenhauses erlebt wird. Natürlich herrscht dort eine fieberhafte Atmosphäre. Es wurde mir berichtet, dass die Notaufnahme außerordentlich beängstigend war und unvergessliche Bilder hinterließ, obwohl die klinischen Maßnahmen selbst gut verliefen. Manche Krankenhäuser haben gemerkt, dass es Kindern schadet, wenn sie mit schwer verletzten Erwachsenen im gleichen Raum sind, wie es im Wartezimmer und im Behandlungsbereich häufig der Fall ist. Wir raten Familien an, lieber ihre örtlichen Krankenhäuser aufzusuchen (im Stadtgebiet gibt es üblicherweise mehrere), als in die Notaufnahme zu gehen. Sie werden vielleicht staunen, welche Unterschiede Sie hinsichtlich der Qualität von Pflege und Verköstigung feststellen.

Im Zuge meiner Recherchen für dieses Buch besuchte ich drei örtliche Krankenhäuser, die alle 15 Minuten voneinander entfernt liegen. Eines war total chaotisch und hatte viele Patienten in Behandlung aufgrund von Verletzungen, die sie durch häusliche oder schulische Gewalt erlitten hatten, sodass ich es sofort wieder verließ. Ein anderes war mehr oder weniger normal. Das Wartezimmer war freundlich und die Patienten mussten mit langen Wartezeiten rechnen. Ich fragte mich, ob das absichtlich so gemacht wird, damit Patienten, deren Krankheit oder Verletzung nicht ganz so schlimm ist, aus Verzweiflung aufstehen und wieder nach Hause gehen. Zu meiner großen Überraschung wurde jedoch in einem Krankenhaus ebenso gewissenhaft auf den Schutz der Psyche geachtet wie auf den Körper der Kinder, indem neuerdings Wartebereich und Behandlungsräume voneinander getrennt worden waren. Im Warteraum waren bunte Bilder an den Wänden, die Kinder ansprechen, es gab ein großes Aquarium und *keine* verletzten Erwachsenen. Im Unterschied zu der krankenhausähnlichen Atmosphäre im Erwachsenenbereich waren die Behandlungsräume auf der Kinderseite voneinander getrennt, sodass die Kinder noch nicht einmal dem furchterregenden Anblick und dem Schreien anderer verletzter Kinder und deren Behandlung ausgesetzt waren. Diese Maßnahme wurde nicht aus wirtschaftlichen Erwägungen durchgeführt, sondern vielmehr deshalb, weil einzelne Mitarbeiter des Krankenhauses die Wichtigkeit erkannten, Kinder vor unnötigem Leid zu bewahren. Sofern 15 Minuten nicht über Leben und Tod entscheiden – in welches Krankenhaus würden Sie Ihr Kind bringen, wenn Sie im Vorhinein wüssten, welche Möglichkeiten in Ihrer Gegend zur Wahl stehen? Wenn Ihr Kind nicht mit dem Krankenwagen transportiert wird, besteht die Chance, dass die Zeit, die Sie im Warteraum verbringen, erheblich länger ist als die paar zusätzlichen Minuten Fahrzeit.

## Operationen, bei denen Sie die Wahl haben

»Unnötige Operationen«, das könnte leicht der Titel eines ganzen Buches sein. An dieser Stelle mag es ausreichen zu sagen, dass es zwei routinemäßig durchgeführte operative Maßnahmen gibt, bei denen Sie gut daran tun, den angeblichen gesundheitlichen Nutzen zu hinterfragen. Es handelt sich um Beschneidung und Kaiserschnitt. Wägen Sie die Vorteile und Nachteile ab, indem Sie so viel wie möglich darüber lesen und mit Fachleuten auf beiden Seiten der Kontroverse darüber sprechen.

Wenn Sie sich aus religiösen oder anderen Gründen für eine Beschneidung entscheiden, sorgen Sie wenigstens dafür, dass Ihr Baby eine Lokalanästhesie erhält und beruhigt wird. Lassen Sie nicht zu, dass Ihr Kind bis an den Rand der Erschöpfung weint und schreit.

Ein Kaiserschnitt wird natürlich häufig in Notfällen durchgeführt, wenn es darum geht, Menschenleben zu retten. Wenn Sie jedoch die Wahl haben und Ihr Arzt Ihnen den Kaiserschnitt aus Bequemlichkeit empfohlen hat, dann nehmen Sie sich bitte Zeit, um die verschiedenen Möglichkeiten zu erkunden. Sie können auch die Krankenhausakten einsehen, um herauszufinden, ob ein Kaiserschnitt in diesem Krankenhaus fast zum Standard gehört. Wenn es nicht um Sicherheit geht, ist es für ein Kind besser, sich den Weg in die Welt in voller Beteiligung am Prozess der eigenen Geburt zu erarbeiten. Überdies werden heute viele Operationen in Frage gestellt, die bislang als Routineeingriff galten, wie die Tonsillektomie (Entfernung der Gaumenmandeln) und operative Eingriffe bei Amblyopie (Schielen bei einem »faulen Auge«). Holen Sie immer eine Zweit- oder Drittmeinung ein, um beurteilen zu können, ob eine Operation wirklich erforderlich ist.

Wie bereits an früherer Stelle erwähnt: Denken Sie bitte daran, dass weder alle Ärzte noch alle medizinischen Einrichtungen gleich sind. Viele Kinderärzte sind so sehr darauf konzentriert, Leben zu retten oder den Eingriff mit maximaler Genauigkeit durchzuführen, dass sie den Blick für die Verletzlichkeit des kleinen Menschenwesens verlieren, das sie behandeln. Es ist so wichtig, dass diese Haltung, »schnell mit etwas fertig zu werden«, ohne sensibel auf den Schrecken und die Schmerzen des Kindes zu achten, sich nicht durchsetzt. Sie ist größtenteils aus zwei verbreiteten, jedoch falschen Überzeugungen entstanden, die verwunderlich erscheinen. Die eine ist, dass Säuglinge und Kleinkinder keinen Schmerz empfinden und sich auch nicht an ihn erinnern. Die andere, dass selbst wenn Kinder die Schmerzen fühlen, sich daraus keine langfristigen Konsequenzen ergeben! Lassen Sie uns für solche Skeptiker einen Blick werfen auf die Erfahrungen eines Jungen namens Jeff und auf die damit verbundenen Langzeitfolgen.

## Jeff

Als Jugendlicher sammelte Jeff tote Tiere, die von Kleintransportern und Autos überfahren wurden. Er nahm die Tiere mit nach Hause, schnitt ihnen mit einem Messer den Bauch auf und entfernte ihre Eingeweide.

Im Alter von vier Jahren kam Jeff ins Krankenhaus, wo sein Leistenbruch operiert wurde. Als es Zeit war, die Anästhesiemaske auf sein Gesicht zu setzen, wehrte sich das verängstigte Kind so sehr, dass die Ärzte ihn auf dem Operationstisch festschnallen mussten. Nach der Operation schien der Junge »überzuschnappen«. Er zog sich von Familie und Freunden zurück, wurde schwierig, verschlossen und depressiv.

Erinnern Sie sich an die Geschichte von »Teddy« zu Beginn dieses Kapitels? Genauso wie ein Krankenhaustrauma höchstwahrscheinlich der entscheidende Faktor bei der Persönlichkeitsentwicklung von Theodore Kaczynski war, jenes Mannes, der als »Unabomber« verurteilt wurde, ist auch anzunehmen, dass die Leistenbruchoperation, die wir soeben beschrieben haben, einen signifikanten Einfluss auf Jeffrey Dahmer hatte, jener Serienmörder, der seine Opfer folterte, vergewaltigte, zerstückelte und aß.

Die Eltern dieser beiden Männer haben viele qualvolle Stunden damit zugebracht, die Handlungsweisen ihrer Söhne zu verstehen. Wir haben es bereits gesagt und wir möchten es noch einmal betonen: Die Eltern haben den Beziehungsabbruch, die Isolation, die Hoffnungslosigkeit und das seltsame Verhalten ihrer Kinder im Anschluss an deren Krankenhausaufenthalt und Operation miterlebt. Die Zeugenaussagen wiesen auf die Möglichkeit hin, dass diese anhaltenden Verhaltensänderungen mit traumatischen Reaktionen verbunden waren, die von medizinischen »Routinemaßnahmen« herrührten. Ist ein solcher Zusammenhang wirklich möglich? Die Antwort lautet ja.

## Sensibler Umgang mit den Schmerzen von Kindern

Glücklicherweise gibt es immer mehr Ärzte und Krankenschwestern, die begreifen, wie wichtig es ist, Schmerzen an beiden Enden des Altersspektrums zu erleichtern. Einige praktizieren nun Palliativpflege für ältere Menschen. Es gibt kaum einen Kinderarzt, der ein Kind vorsätzlich misshandeln würde. Doch die Realität von Schmerz bei Kindern wurde von Forschern erst vor gut zehn Jahren »entdeckt«! Ärzte glaubten tatsächlich, dass Neugeborene davor bewahrt werden, Schmerzen zu empfinden, weil ihr Nervensystem noch nicht ausgereift sei. Es wurde auch gelehrt, dass ältere Kinder keine Erinnerung an Schmerzen haben. Infolgedessen mussten Babys bis zum Alter von anderthalb Jahren ohne Betäubung invasive Behandlungsmethoden einschließlich Operationen über sich ergehen lassen. Ärzte waren bei Kindern auch deshalb zurückhaltend mit der Gabe von Betäubungsmitteln, weil sie befürchteten, dass diese Medikamente Atmungsprobleme und Abhängigkeit verursachen.[32] Sie wussten wenig darüber, dass eine Sucht eher durch einen Bindungsverlust ausgelöst wird, verursacht durch das Trauma einer grausamen Behandlung. Die Vermutungen vieler sensibler Eltern und Fachkräfte werden nun glücklicherweise durch Entdeckungen in der Entwicklungsforschung bestätigt. In dem Artikel aus *The U.S. News & World Report* aus dem Jahr 2000 heißt es weiter:

»Babys wird möglicherweise das Schlimmste aus zwei Welten zuteil: Ein reifes Nervensystem, das in der Lage ist, Schmerz zu empfinden, gekoppelt mit der nicht entwickelten Fähigkeit, die neuro-chemischen Stoffe zu produzieren, die den Schmerz unterdrücken. Und selbst wenn sich Kinder an die eigentliche Schmerzerfahrung nicht erinnern können, scheint sie auf einer biologischen Ebene ständig aufgezeichnet zu werden. Gemäß einer Studie in den *Archives of Pediatrics & Adolescent Medicine* von 1998 litten Kinder, bei denen beispielsweise ohne Betäubung schmerzhafte Knochenmark-Aspirationsbehandlungen durchgeführt wurden, während späterer Eingriffe mehr, selbst wenn ihnen für diese Schmerzmittel verabreicht wurden. ›Wenn Sie [den Schmerz] nicht frühzeitig behandeln, wird er später umso schlimmer‹, sagt Charles Berde, ein Kinderanästhesist, der den Schmerzbehandlungsdienst im Children's Hospital in Boston leitet.«

Mit anderen Worten: Die anfängliche »Schmerzerfahrung« hinterlässt in den kindlichen Nervensystemen eine tiefe traumatische Prägung, die bei späteren Maßnahmen reaktiviert wird.

Wenn Sie den ersten Abschnitt des Buches über die biologische Natur des Traumas gelesen haben, fällt es Ihnen leicht zu verstehen, warum Kinder aufgrund ihrer Unfähigkeit zu kämpfen oder zu fliehen am stärksten verwundbar sind. Darüber hinaus, als ob das nicht schon genug wäre, sind medizinische und operative Eingriffe an sich schon der Faktor, der bei Menschen *aller* Altersstufen am ehesten Traumata auslöst. Das liegt an dem Gefühl der Hilflosigkeit, das Menschen empfinden, wenn sie in einer Situation höchster Not von jemandem festgehalten werden und ihm in einem sterilen Raum auf Gedeih und Verderb ausgeliefert sind! Der Inbegriff des Schreckens der Bewegungsunfähigkeit besteht darin, stillhalten zu müssen, wenn uns etwas wehtut und wir verletzt werden!

## Einfache Maßnahmen, um die Schmerzen eines Kindes zu erleichtern

- Bitten Sie bei Operationen unbedingt um ein Lokalanästhetikum entlang der Einschnittlinie. Manche Kliniken gehen sogar soweit, ein Spray (Elemax) zu benutzen, um bei Kindern die Einstichstelle für Infusionen zu betäuben. Fragen Sie Ihren Arzt, was unternommen wird, um die Schmerzen Ihres Kindes zu verringern, und bitten Sie um örtlich begrenzte Linderung.

- Stofftiere und Puppen als Requisiten zu verwenden, um durch Arzt- und Krankenschwestern-Spiele dafür zu sorgen, dass es dem kranken »Püppchen«, »Baby« oder »Bären« wieder besser geht, ist eine sehr gute Art der Beschäftigung, um Kinder von ihrem eigenen Schmerz abzulenken. Sie erlaubt ihnen auch, im Rollenspiel vorwegzunehmen, was mit ihnen geschehen wird, und gibt Erwachsenen die Möglichkeit, den Grad der Besorgnis des Kindes einzuschätzen, um es dann auf angemessene Weise zu beschwichtigen.

- Älteren Kindern können Sie Entspannungstechniken beibringen. In der Gesundheitsabteilung von Buchhandlungen sind CDs und Kassetten erhältlich, die geführte Anleitungen zur Entspannung von Kopf bis Fuß enthalten. Manche arbeiten mit Bildern, andere wiederum benutzen Affirmationen des Wohlbefindens, die man sich während der Operation anhören kann, sowie ans Unterbewusstsein gerichtete Botschaften, die in der Musik verborgen sind. Wieder andere verwenden vor allem Atemtechniken, die mit systematischer Anspannung und Entspannung von verschiedenen Muskelgruppen im Körper verbunden sind.

- Binden Sie die Gedanken Ihres Kindes in Fantasiespiele und -reisen ein. So kann zum Beispiel die Vorstellung, auf einem fliegenden Teppich zu reiten und die Schmerzen hinter sich zu lassen, Wunder wirken. Lassen Sie das Kind Details zu dem imaginativen Bild hinzufügen, um es zu beschäftigen.

- Ein jüngeres Kind kann durch Seifenblasen oder einen »Koosh-Ball« von seinen Schmerzen abgelenkt werden.

- Manche medizinischen Zentren bieten Biofeedback an. An Ausrüstung brauchen Sie nur temperaturempfindliche »Klebepunkte«, die die Farbe verändern, wenn die Haut sich erwärmt oder abkühlt.

Damit erreichen Sie überraschend einfach eine Verstärkung der Entspannungstiefe.

## Speziell für Jugendliche

Eine wunderbare Sache für Jugendliche ist eine von der *Starbright Foundation* produzierte Videoserie, die junge Menschen darauf vorbereitet, was sie von ihrem Krankenhausaufenthalt zu erwarten haben und wie sie das beste daraus machen können.

Die Serie enthält sogar ein Video über den häufig schmerzvollen Prozess der Rückkehr zu den Strapazen und Prüfungen des sozialen und schulischen Lebens (wenn die Behandlung einen längeren Krankenhausaufenthalt erforderte, wie es bei Brandopfern und bei Kindern mit zystischer Fibrose, Organtransplantation oder Krebs der Fall ist). Die offene, freche, ermutigende und bestärkende Serie heißt *Videos with Attitude* und kann unter www.starbright.org. bestellt werden. Die Episode *What am I, Chopped Liver?* (auf deutsch etwa »Was bin ich, gehackte Leber?«) konfrontiert Jugendliche mit dem rauen Klinikalltag, legt ihre Rechte dar und zeigt ihnen, wie sie mit ihrem Arzt sprechen können, anstatt sich »so hilflos« zu fühlen, wie ein Jugendlicher es ausdrückte.

Wir haben die Rechte zusammengefasst, die einem Jugendlichen im Krankenhaus zustehen:

- direkt vom Arzt angesprochen zu werden
- mit dem Arzt allein zu sprechen (das bedeutet ohne Beisein der Eltern)
- die Wahrheit ohne »Zuckerguss« zu erfahren
- zu entscheiden, was man hören möchte und was nicht
- als Mensch und nicht als Gegenstand behandelt zu werden

- die eigene Meinung offen auszudrücken
- sämtliche Fragen zu stellen, die einen beschäftigen, medizinische, soziale und körperliche
- den Arzt zu fragen, ob er etwas tut, was man selbst nicht für richtig hält
- über Behandlungsmethoden und deren Folgen informiert zu werden
- Fragen bezüglich Nebenwirkungen von Medikamenten zu stellen (und Antworten zu erhalten) sowie darüber, ob sich das Erscheinungsbild oder die Fähigkeit am Sport teilzunehmen, verändern werden etc.
- dem Arzt einen Brief zu schreiben oder die Eltern zu bitten, mit dem Arzt zu sprechen, wenn man sich selbst nicht traut
- jemandem zu sagen, dass man Schmerzen hat
- die eigenen Ängste, Hoffnungen und andere Emotionen zu teilen
- die eigenen Bedürfnisse mitzuteilen und die eigene Persönlichkeit zum Ausdruck zu bringen, damit der Arzt einen als Person kennen lernt
- den Arzt zu wechseln

Jugendliche beschweren sich häufig darüber, dass der Arzt sie wie einen Gegenstand oder »Fall« behandelt; dass er es versäumt, sich dem Patienten vorzustellen, und stattdessen nur mit den Eltern spricht, als ob der Mensch, um den es eigentlich geht, gar nicht im selben Zimmer wäre! Ein Mädchen äußerte in dem Video, wie sehr sie dem zweiten Arzt vertraute, der an ihren Eltern vorbei ging, *ihr* die Hand schüttelte und sagte: »Gut, ich werde dich da durchbringen.«

In einer anderen Episode der Videos bekommen Jugendliche die Eindrücke anderer junger Leute zu hören und zu sehen, zum Beispiel die raue Wirklichkeit der grellen Lampen, der Krankenhauskleidung und andere nicht so schöner Dinge wie etwa das Essen. Ein Jugendlicher beschrieb das Leben im Krankenhaus als »Mittelding zwischen einem Schlachtfeld und einem Gefängnis«. Diese witzig-schräge Reise durch Krankenhaushallen bereitet Jugendliche darauf vor, was sie zu erwarten haben und wie sie unter den Schlägen der unvermeidlichen Scheußlichkeiten überleben. Was war die wichtigste Empfehlung für diese Jugendlichen? »Achte darauf, einen CD-Spieler, Kopfhörer, viele von deinen Lieblings-CDs, dein eigenes Bettlaken, Kissen und deine Kleidung mitzubringen, wenn du längerfristig dableiben musst. Mach dir Notizen über die Fragen, die du dem Arzt stellen willst und vor allen: Glaube nicht, dass du nur am Empfängerende bist ... es ist *dein* Leben. Mach bei dem ganzen Prozess aktiv mit.«

# 10
# VISION EINER ALTERNATIVEN UND INTEGRATIVEN MEDIZIN FÜR DAS 21. JAHRHUNDERT

*»Sowie die Menschen auch nur einigermaßen aufgeklärt sind, wird die Unterdrückung von Körper und Geist verschwinden.«*

THOMAS JEFFERSON

## Ausblick auf alternative Perspektiven im Gesundheitswesen

Jeder »Kampf gegen den Terror« kann damit beginnen, das Leid zu verringern, das Kindern unnötigerweise und unbeabsichtigt durch das Gesundheitswesen zugefügt wird. Die Tätigkeit von Ärzten, Krankenschwestern und verwandten Berufsgruppen besteht darin, Leben zu retten. Aufopfernde Mitarbeiter leiden häufig am Burn-out-Syndrom oder an Übertragungstraumata, während sie mit schrecklichen Krankheiten, Verletzungen und einem oft chaotischen, hektischen Umfeld zu tun haben. Wundert es einen da noch, dass so wenig Zeit dafür aufgewendet wird, die psychischen, spirituellen und körperlichen Langzeitfolgen für alle Beteiligten zu verringern oder zu beseitigen? Wo doch die Krise des Gesundheitssystems, die Unterbesetzung mit Krankenschwestern und das Ersticken in Papierkram an der Tagesordnung sind?

Medizinische und operative Behandlungsmaßnahmen sollen die gesundheitlichen Probleme von Patienten lösen, keine neuen schaffen. Ob ein medizinischer Eingriff als akute Notfallmaßnahme erfolgt oder längerfristig geplant wurde, damit umzugehen kann selbst für Erwachsene schwierig sein. In den meisten Fällen sind die Behandlungsmaßnahmen kompliziert, beängstigend und mitunter sogar schädlich, wie es die Formulare beweisen, die angeblich zur Vermeidung von Rechtsstreitigkeiten vor einer Behandlung unterschrieben werden müssen.

Wir hoffen, dass die Informationen und das neue Modell, das wir Ihnen in diesem Kapitel vorstellen, zu den notwendigen Veränderungen beitragen. Verwaltungsbedienstete und medizinisches Personal in öffentlichen und privaten Organisationen des Gesundheitswesens sind für eine angemessene und gewissenhafte Versorgung zuständig, die unnötiges Leid verhindert, schnellere Genesungszeiten begünstigt, zukünftigen Trauma-Symptomen entgegenwirkt und Kosten spart. Jede beliebige Einrichtung der Gesundheitsfürsorge kann die Anregungen, die wir in diesem Kapitel vorstellen, leicht umsetzen. Wenn Eltern und medizinisches Personal die gemeinsame Vision haben, eine veränderte medizinische Betreuung für die Kinderheilkunde anzubieten, können sie mächtige Verbündete sein, ein neues Bewusstsein in unsere »Versorgungssysteme« hineinzutragen. Am besten wäre es, dabei zweigleisig vorzugehen und sowohl die Eingliederung von Programmen zur Trauma-Vorsorge als auch solche zur Trauma-Behandlung in das bestehende Modell zu berücksichtigen. Das hätte folgende Vorteile:

- Kinder, die sonst vielleicht ihr Leben lang unter Krankheit, Funktionsstörungen oder Gewaltanwendung leiden würden, erhalten die Gelegenheit, gesund und widerstandsfähig heranzuwachsen.
- Diese Kinder werden als Erwachsene weniger Ängste und andere psychische Trauma-Symptome aufweisen. Sie sind in der Lage, sich von den Folgen überwältigender Ereignisse schneller zu erholen, weil sie keine Prägung durch ein frühes medizinisches Trauma haben, die sie anfällig gemacht hat für Hoffnungs- und Hilflosigkeit.

- Kinder, die operiert werden müssen, kommen schneller wieder zu Kräften.
- Schwer wiegende gesundheitliche Probleme und sogar Gewaltverbrechen gehen möglicherweise zurück.
- Im System des Gesundheitswesens werden Körper, Geist und Seele gleich viel Gewicht beigemessen. Das gesteht Kindern den Respekt und die Würde zu, die sie verdienen.
- Die Gesellschaft verbucht erhebliche Einsparungen in den Bereichen Gesundheitswesen und Strafverfolgung.
- Es kommen weniger Trauma-Symptome durch Gewalt und psychische Probleme zum Ausdruck. Das verbessert unsere Chancen zur friedlichen Beilegung von Konflikten.

Glücklicherweise dürfen wir bereits hoffen. Schätzungen zufolge machen mittlerweile 42 Prozent der Bevölkerung von der alternativen Medizin Gebrauch. Nahezu 25 Prozent der führenden Krankenhäuser in den USA erheben Anspruch darauf, alternative Behandlungsformen anzubieten. Mehr und mehr Menschen haben die Nase voll von der unpersönlichen Art der traditionellen Medizin und sind nicht länger bereit, als Nummer und nicht als Mensch behandelt zu werden. Krankenhäuser entscheiden sich für eine integrative Medizin und treten vielfach für eine geeignete Verbindung von alten und modernen Heilweisen aus Ost und West sowie der Weisheit der Indianer ein. Es gibt auch eine Bewegung zur Humanisierung von Krankenhäusern, die unabhängig von der medizinischen Tradition in der jeweiligen Klinik praktiziert wird.

Eine der Gruppen, die sich diesem Ziel verschrieben hat, ist die *Planetree Alliance*. Das ist eine landesweite Vereinigung von 70 Krankenhäusern, die eine patientenorientierte Versorgung anbieten. Die Ergebnisse dieser Organisation beweisen die Kosteneffektivität, die möglich wird, wenn Patienten hochqualifizierte Behandlungsmaßnahmen erhalten. Manche Krankenhäuser haben zu ihrem Behandlungsspektrum auch »Healing Touch«, Reiki und Massage hinzugenommen, da sehr viele Forschungsergebnisse die Bedeutung von Berührung für Gesundheit und Heilung hervorheben.

Eine andere Gruppe von Krankenhäusern, die dafür arbeitet, pädiatrische Traumata so gering wie möglich zu halten, wurde von der *Make-a-Wish-Foundation* gegründet. Eines dieser Krankenhäuser ist das *Miller's Children's Hospital* im *Long Beach Memorial Medical Center* in Long Beach, Kalifornien. Lassen Sie uns ansehen, was dort unternommen wird, um Traumata vorzubeugen und um den Krankenhausaufenthalt für ein Kind angenehmer zu gestalten.

Die Wegbeschreibung zum Zentrum lautet: »Betreten Sie den blauen Delphin und gehen Sie gerade durch bis zum Boot. Dort wird Ihnen einer unserer Empfangsmitarbeiter einen Besucherausweis geben.« Diese Worte, zusammen mit dem warmen Tonfall von Ritas (Managerin von *Child Life*) Stimme geben mir schon vor dem Rundgang ein Gefühl, gut aufgehoben zu sein. Die Philosophie und die Selbstverpflichtung des Krankenhauses, sich um jedes Kind individuell zu kümmern, bezieht sich auch auf seine Familie. Das bedeutet, dass sowohl das Kind als auch die Eltern wissen, was sie erwartet. Wenn es angemessen ist, bereitet ein Programm speziell für Geschwister Brüder und Schwestern auf den ersten Besuch vor.

Gründungszweck für das *Child-Life-Program* war die Idee, die Krankenhauserfahrung – sowohl bei einer ambulanten Behandlung als auch bei einem stationären Aufenthalt – für das Kind positiv zu gestalten. Die Mitarbeiter von Child Life bereiten Kinder mithilfe von Einzel- und Gruppenprogrammen vor. Sie machen sie mit Erfahrungen vertraut, die möglicherweise auf sie zukommen, sodass sich ihre Angst verringert. Dazu verwenden sie nachgebildete medizinische Ausrüstungen, Bücher und *Jeffrey*, eine lebensgroße Puppe, die einen kinderfreundlichen Krankenhauspyjama und eine blaue Operationshaube trägt. *Jeffrey* hat eine Spezialbox mit EKG-Elektroden, einem Pulsmesser, einem Infusionsgerät, einer Blutdruckmanschette und einer Spritze. Die Kinder können sich die Sachen ansehen, sie betasten und mit ihnen spielen. Als Nächstes zeigt der Child-Life-Spezialist dem

Kind ein Buch mit altersangemessenen aktuellen Fotos, die es Schritt für Schritt in die Krankenhauserfahrung einführen. Zu Beginn kann das Kind sich aus einigen »cool« aussehenden Pyjamas (mit kleinen Bären- und Sternenmotiven) den mit der richtigen Farbe sowie passende Pantoffeln aussuchen, die es dann behalten darf.

Bei Daniel geht es zum Beispiel darum, eine Geschwulst im Nacken zu entfernen. Er hört der Geschichte gebannt zu und fasst dann die EKG-Elektroden an. Die Spezialistin zeigt ihm, dass sie »außen klebrig und innen glibberig sind«. Nachdem Daniel mit ihnen gespielt hat, erklärt sie ihm genau, wie sie auf seiner Brust angebracht werden, und zeigt ihm das Foto eines anderen Kindes, das dieselben EKG-Aufkleber erhielt.

Diese Orientierung findet im Spielzimmer statt, das mit einer weich gepolsterten Klettertreppe ausgestattet ist. Es gibt auch eine Rutsche und einen großen Fernseher, auf dem Sendungen wie *Der Bär im großen blauen Haus* laufen. Während Daniel vorbereitet wird, besucht Doktor Hog gerade das große blaue Haus, um den Bären und all seine Freunde zu untersuchen. Nach der Vorbereitung spielt Daniel mit Mama und Papa auf der Rutsche, bis der Arzt ins Spielzimmer kommt, um die Familie zu begrüßen, ein paar Minuten mit Daniel zu spielen und die Fragen der Familie zu beantworten. Er erklärt auch die Abfolge der Ereignisse in einfachen Worten.

Kinder erhalten ihre eigene Puppe, der sie einen Schlafanzug anziehen dürfen. Sie bekommen auch eine medizinische Spielausrüstung, zu der Maske, Spritze, Handschuhe, Watte, Alkoholtücher, Pflaster, Zungenspatel, Tasse und Medizinbecher gehören. Es gibt Malbücher mit dem Titel *Tommys (Turtle) Trip to MRI* (Tommys [Schildkröten]-Reise zur Kernspintomografie) und *My Hospital Book* (Mein Krankenhausbuch) sowie eine Bibliothek mit Videos und Büchern. Eltern und Jugendlichen wird zudem ein Internetzugang für medizinische Themen angeboten. Die Kinder werden durch Spielzimmer geführt, die ihnen nach dem Eingriff zur Verfügung stehen, wenn die »Quälerei« vorbei ist.

*Miller's Children's* setzt auch neueste Technologien zur Schmerzlinderung ein. Es gibt zum Beispiel die »patientengesteuerte Analgesie«, das bedeutet, dass der Patient sich sein Schmerzmittel bei Bedarf mithilfe einer Schmerzpumpe selbst zuführt, die durch einen Knopfdruck betätigt wird. Das ist so einfach, dass schon fünfjährige Kinder damit umgehen können! Eine Steuerung sorgt dafür, dass eine Überdosierung ausgeschlossen ist.

Nichtmedikamentöse Schmerzlinderung ermöglicht das mobile »Spaßzentrum«, das mit einem Fernseh- und Videogerät sowie mit interaktiven Videospielen voll ausgestattet ist. Die *University of Southern California* in Los Angeles führte eine Studie über diese Spielstationen durch und überwachte die physiologischen Reaktionen kleiner Patienten mit Sichelzellenanämie, die eine Schmerzkrise erlebten. Die Untersuchungsergebnisse zeigten, dass bei Kindern, die die Möglichkeit hatten, das »Spaßzentrum« zu benutzen, die Schmerzreaktionen erheblich verringert waren. Ein weiterer Vorteil ist, dass dieses »Spaßzentrum« nicht nur von Kindern, sondern auch von Heranwachsenden besucht werden kann.

Ein weiteres Programm, das vor allem mit Jugendlichen (und mit Kindern aller Altersgruppen, deren Eltern sich nicht aktiv beteiligen können) arbeitet, ist das »Großelternprogramm«. Die ehrenamtlichen Mitarbeiter spielen Karten, reden, hören zu und verbringen viel Zeit mit den Kindern.

In jedem Zimmer gibt es eine bunte Wandmalerei mit einem Meeresthema. Kleine Kinder sind von zahlreichen Meeresbewohnern umgeben, bei den Jugendlichen kommen eher Szenen wie Surfbretter auf den Wellen vor. Es gibt Spieltische, auf denen die Kinder von Bett zu Bett miteinander spielen können, Haustierbesuche und wohl durchdachte Spielzimmer. Sie finden dort alles – von Kunst, Handwerk und imaginativem Spiel bis zu speziellen Videokonferenzen, bei denen *Starbright World* (eine geschützte Kinderhilfsorganisation) über das Internet auf der ganzen Welt Kinder interaktiv mit anderen Kindern verbindet, die in einer ähnlichen gesundheitlichen Verfassung sind.

Als ob das nicht schon genug wäre, strahlt das *Giggles*-Fernsehstudio täglich Live-Übertragungen in jedes Zimmer aus. Bei diesen Shows sind jeweils ein Kind, das selbst Patient ist, ein Child-Life-Spezialist und natürlich *Giggle*, der Clown, in den Hauptrollen! Andere Kinder, die ebenfalls Patienten sind, können sich mit Fragen einschalten und jeder Anrufer erhält einen Preis. Nach der Show werden die Preise verteilt und der »TV-Gast« kann Besuche von Gleichaltrigen empfangen, die begierig darauf warten, ein Autogramm vom »Starpatienten« des Tages zu bekommen. Außer dem Child-Life-Spezialisten, der das Kind vorbereitet und mit ihm gemeinsam die Behandlungsmaßnahmen durchläuft, stehen Sozialarbeiter und Psychologen zur Verfügung, die mit denjenigen Kindern arbeiten, die trotz bester Bemühungen vermutlich traumatisiert wurden. Mitarbeiter wachen aufmerksam darüber, ob ein Kind eine spezielle Unterstützung während seiner Erholungsphase benötigt.

## Anregungen zur Verbesserung der Trauma-Vorsorge

Obwohl es eine wachsende Anzahl von medizinischen Einrichtungen gibt, die bewusst arbeiten und ihr Bestes tun, damit Kinder sich wohler fühlen, sind die einfachsten, aber wichtigsten Methoden zur Vermeidung eines Traumas häufig nicht bekannt oder werden übersehen. So ist zum Beispiel der entscheidendste Kunstgriff zur Verhütung eines Traumas weder ausgefallen noch teuer und steht jedem Menschen zur Verfügung, der weiß, wodurch ein Trauma in erster Linie verursacht wird. Da Trauma-Symptome von der Bewegungsunfähigkeit herrühren, der Hilflosigkeit und der Energie, die in der vereitelten Flucht- oder Kampfreaktion gebunden ist, muss absolut sichergestellt werden, dass ein Kind auf keinen Fall festgeschnallt oder anästhesiert wird, solange es sich in einem angsterfüllten Zustand befindet. Ärzte, Krankenschwestern, Sozialarbeiter und andere Spezialisten müssen auf die Gefühle der Kinder achten und daran arbeiten, deren Angst zu verringern. Die Reaktionen des Kindes müssen genau überwacht werden. Durch Körpersprache und Gesichtsausdruck kommen die Ängste eines Kindes oft deutlicher zum Ausdruck als durch Worte. Rollenspiele sollten besser einige Zeit vor der Operation durchgeführt werden, damit die Eltern mit dem Kind zu Hause »Krankenhaus« spielen können, bis es sich sicher genug fühlt, um mitzuarbeiten. Erinnern Sie sich an Teddy aus dem neunten Kapitel!

Ein weiterer entscheidender Punkt bei der Trauma-Vorsorge, den wir an früherer Stelle bereits erwähnt haben, kann nicht genug betont werden. Es ist sehr wichtig, wann immer es möglich ist, eine Lokalanästhesie entlang des Einschnitts zu verabreichen. Sie wird gegenwärtig noch nicht routinemäßig durchgeführt, obwohl neuere Forschungsergebnisse ihre Wirksamkeit durch kürzere Genesungszeiten und geringere Komplikationen belegen. Häufig genügt eine lokale Betäubung, und die möglichen Risiken einer Vollnarkose können vermieden werden. Umgekehrt sollte jedoch in den meisten Fällen eine Vollnarkose nicht ohne lokale Betäubung verabreicht werden. Denn der Körper registriert den Einschnitt als Angriff, der sich von dem eines bösartigen Tieres nicht unterscheidet – trotz der Tatsache, dass er zuvor in einen veränderten Bewusstseinszustand versetzt wurde. Diese schwierige Situation ist für ein Kind ohne zusätzliche Lokalanästhesie völlig fremd und macht es anfällig für spätere psychische Symptome.

## Gute Klinikprogramme durch Einführung der Trauma-Intervention stärken

Es gibt in den USA ein Netzwerk von 90 Modellkrankenhäusern, die familienfreundlich sind. *Miller's Children's* im *Long Beach Memorial Hospital* ist eines davon. Es ist leicht möglich, Krankenhausprogramme durch die Eingliederung der einfachen, aber entscheidenden Empfehlungen zu verändern, die wir eben beschrieben haben, zum Beispiel, die Bedürfnisse von Kindern an die erste Stelle zu setzen. Das verlangt von Ihnen nichts weiter, als Ihrem örtlichen Krankenhaus entsprechende Informationen anzubieten. Achten Sie darauf, eine Einrichtung auszusuchen, deren Mitarbeiterstab weiß, dass die Vermeidung medizinischer Traumata durch sensibles Vorgehen und entsprechende Vorbereitung von entscheidender Bedeutung ist, und der auch bereit ist, mit den Eltern zusammenzuarbeiten.[33] Ergreifen Sie die Initiative und erinnern Sie daran, dass hochmoderne Ausrüstungen nicht der wesentliche Bestandteil eines Programms zur Trauma-Vorbeugung sind. Das wahre Kennzeichen einer Vorsorge ist vielmehr, die Ängste, Sorgen und Schmerzen von Kindern zu verstehen und zu verringern. Erinnern Sie sich selbst daran, dass es der Auftrag der medizinischen Gemeinde ist, dem Kind und der Familie zu dienen, nicht umgekehrt. Bestehen Sie auf Ihren Rechten! Letztendlich liegt es an Ihnen!

## Candis Geschichte

Candi ist eine junge, afroamerikanische Assistentin im Child-Life-Programm. Ich begegnete ihr, als ich mir das *Miller's Children's* ansah. Sie interessierte sich sehr für meine Arbeit zur Trauma-Vorsorge und fesselte meine Aufmerksamkeit mit ihrer Begeisterung für die Berufswahl, die sie getroffen hatte. Ich hörte ihrer Geschichte aufmerksam zu. Candi beschreibt das Kind, das sie war, als ein extrovertiertes, freundliches Mädchen, das auch gern tanzte. Als sie sieben Jahre alt war, bemerkte sie einen rätselhaften und schwächenden Schmerz, der eine medizinische Behandlung erforderte.

Candi sagt, dass sie ihre grausame und beängstigende Krankenhauserfahrung *niemals vergessen* werde. Der Arzt »fiel über mein Knie her und drückte daran herum, bis er eine eingewachsene Nähnadel entdeckte«. Was sich ihrem Gedächtnis jedoch noch viel stärker eingeprägt hatte, waren die unsensiblen Worte, die der Arzt an die Krankenschwester richtete: »Wenn wir die Nadel nicht herausbekommen, müssen wir möglicherweise das Bein abnehmen.« Candi sagte: »Als Erwachsene verstehe ich, dass sie mein Leben gerettet haben, die Nadel hätte zu meinem Herzen wandern können, aber ich hatte *solche* Angst. Es wurde nichts unternommen, um mich zu trösten. Als die Tortur vorbei war, sagten die Krankenschwestern: ›Denk daran, deiner Mami zu erzählen, was für eine gute Arbeit die Krankenschwestern geleistet haben!‹ Aber das haben sie nicht.« Ich fragte Candi, welchen Einfluss diese Erfahrung auf ihr Leben gehabt hatte. Sie erzählte mir, dass sie von jenem Tag an immer schüchtern und ängstlich gewesen sei. Sie bezeichnete dies als den Grund dafür, ihr Leben der Vermeidung von medizinischen Traumata bei Kindern widmen zu wollen, damit kein Kind das zu erleiden hätte, was sie während ihres gesamten jungen Lebens ertragen musste.

## Noch ein positives Beispiel

Unsere Organisation *Foundation for Human Enrichment* setzt sich für die Interessen aller Kinder (und auch Erwachsenen) ein (www.trauma-healing.com). Seit Beginn des Jahres 2005 bieten wir unter dem Titel *Trauma Ressourcen: Innovative Ansätze für eine bestmögliche Heilung* ein neues Programm für Einrichtungen der Gesundheitsfürsorge an. Mehrere Krankenschwestern, Ärzte, Sozialarbeiter, Psychologen und weitere verwandte Berufsgruppen, die in Somatic Experiencing® ausgebildet sind, haben sich die Mühe gemacht, es zu organisieren und zu strukturieren. Das Programm ist als tatkräftige Unterstützung für alle Anspruchsberechtigten und Mitarbeiter in medizinischen Einrichtungen gedacht. Es bildet sie in Methoden zur Vermeidung von Traumata und in anderen Heilweisen weiter, die Sie in diesem Buch kennen gelernt haben. Diese neue Abteilung in der Gesundheitsfürsorge verfolgt ein dreifaches Ziel:

1. *Eingreifen* ... Das neurobiologische Modell Somatic Experiencing® beim Auftreten von schlimmen Verletzungen oder Krankheiten zu nutzen.

2. *Vorsorgen* ... Die hier beschriebenen Anregungen zur Vorbereitung von Kindern auf eine Narkose, eine Operation oder andere medizinische Behandlungsmaßnahmen zu nutzen.
3. *Schützen* ... Das Geschenk dieses körperbezogenen Ansatzes zu nutzen, um Übertragungstraumata bei Menschen, die in den entsprechenden Gesundheitsberufen tätig sind, zu lindern. Dadurch verbessert sich die Qualität ihres Berufslebens, sodass die Zahl der Burn-out-Erkrankungen zurückgeht und Engpässe durch Unterbesetzung mit solch wertvollen Mitarbeitern verringert werden.

Dieses Programm ist das erste seiner Art, das vom frühestmöglichen Zeitpunkt an Interventionen bereitstellt, die beim Körper ansetzen. Durch den bewussten Umgang mit dem Körper werden Ressourcen entwickelt, die nicht nur auf optimale medizinische Ergebnisse abzielen, sondern auch darauf, die Entstehung von psychischen Komplikationen nach dem Heilen der körperlichen Wunden zu vermeiden.

Viele Trauma-Zentren sorgen gegenwärtig für eine hervorragende medizinische Behandlung und retten Leben, das früher verloren gewesen wäre. Die nächste Stufe der Heilung besteht nun darin, sofortige und wirksame Interventionen bereitzustellen, um mentale, emotionale und spirituelle Problematiken anzugehen. Die Auswirkungen niederschmetternder Ereignisse wie Unfälle, Verletzungen, Angriffe, Gewalterfahrungen oder das Miterleben von Naturkatastrophen gehen weit über die unmittelbaren, körperlich sichtbaren Schäden hinaus. Studien zur Trauma-Forschung lassen weitreichende Konsequenzen für die Neurophysiologie und das Verhalten der Betroffenen erkennen.

Menschen, die Behandlungen mit Somatic Experiencing® bekommen haben, berichten von Symptomlinderung und schneller Genesung. Dies schließt die Fähigkeit ein, auch bei irreparablen körperlichen Schäden zu einem erfüllten und vollständigen Leben zurückzukehren.

## Zusammenfassung

Viele Menschen erleben Krankenhäuser und Kliniken als fremde, bedrohliche und sogar als gefährliche Orte. Diese wahrgenommene Bedrohung verstärkt sich noch, wenn ein Mensch aufgrund einer ernsthaften Gefährdung seiner Gesundheit medizinische Hilfe in Anspruch nehmen will. Medizinische Traumata sind insbesondere bei Kindern von Bedeutung. Viele Erwachsene erinnern sich noch Jahre später an die Angst zu ersticken, an Bewegungsunfähigkeit und Schrecken, die sie als Ergebnis einer medizinischen Behandlung in der Kindheit zu ertragen hatten.

Glücklicherweise kann viel unternommen werden, um mehr Menschlichkeit und Linderung in die medizinische Versorgung einzubringen. Durch einfache Abwandlung der Methoden kann das Krankenhauspersonal grundlegend darauf einwirken, wie sicher oder bedroht ein Patient sich fühlt. Orientierung, Vorbereitung unter Verwendung von Rollenspielen, Unterstützung bei der Verarbeitung der »Hiobsbotschaft Diagnose«, direkt wenn sie gestellt wird, und die bewusste Verwendung einer positiven Sprache sind Schlüsselbeispiele für wirkungsvolle Werkzeuge. Sie können von Menschen verwendet werden, die in der Gesundheitsfürsorge tätig sind, um auf die Ergebnisse beim Patienten einzuwirken, ohne dass dadurch noch zusätzliche Verpflichtungen oder Anforderungen zur bestehenden Belastung hinzukommen. Dieser Ansatz kann aufgrund der positiven Ergebnisse hinsichtlich der Heilungszeit und Einstellung der Patienten sogar zu einer Verringerung der emotionalen Bürde beitragen.

Es gibt viele weitere Themen, wie die Verhütung des Burn-out-Syndroms bei medizinischem Personal, eine bessere Vorbereitung, weniger invasive medizinische Behandlungsmaßnahmen, weitere Forschungsarbeit etc., die im Rahmen dieses Buches nicht abgedeckt werden. Ein Thema, das unserem Gefühl noch bearbeitet werden muss, um die Leistungen jener Vorkämpfer fortzuführen, die sich für ein humaneres Gesundheitssystem einsetzen, ist die medizinische Ausbildung. In der

Gesundheitsfürsorge Tätige müssen so ausgebildet werden, dass sie die Natur des Traumas in der gleichen Weise verstehen, wie Sie es jetzt tun. Unsere Hoffnung ist, dass in absehbarer Zeit alle Krankenhäuser und medizinischen Zentren verstehen, wie wichtig die Vermeidung oder Minimierung von Schocktraumata bei allen Patienten ist – insbesondere jedoch bei den verletzlichsten unserer Bürger: den Kindern.

# ANMERKUNGEN

1 FHE = *Foundation for Human Enrichment* ist ein Zentrum, das sich mit Ausbildungsprogrammen und Projekten für die Vermeidung und Heilung von Traumata einsetzt.
2 Peter A. Levine: *Healing Trauma Study Guide.* Sounds True, 1999.
3 Peter A. Levine/Ann Frederick: *Trauma-Heilung.* Synthesis, 1998.
4 Daniel Siegel: *Wie wir werden, die wir sind.* Junfermann 2005.
5 Corpus amygdaloideum = Mandelkern.
6 Bessel van der Kolk: *Traumatic Stress.* Junfermann 2000.
7 *National Incident-Based Reporting System:* Uniform Crime Reporting Program, 1999.
8 Murray A. Straus/Richard Gelles: *Physical Violence in American Families.* Transaction Publ. 1995. Für Deutschland liegen derzeit leider keine konkreten Zahlen vor.
9 Carla Garrity u. a.: *Bully-Proofing your School.* Sopris West 1994. Laut einer Umfrage des Weißen Rings kann man davon ausgehen, dass in Deutschland rund ein Drittel aller Schulen stark gewaltbelastet sind, Tendenz steigend. »Gewalt in der Schule«, Mainzer Schriften Band 10, 1997.
10 Sue Smith-Heavenrich, in: *Mothering Magazine,* Mai/Juni 2001.
11 Marilyn Van Derbur: *Miss America by Day.* Oak Hill Ridge Pr., 2003.
12 Vernon Wiehe: *Sibling Abuse.* Sage Publications, 1997, S. 59.
13 Robin Karr-Morse/Meredith S. Wiley: *Ghosts from the Nursery. Tracing the Roots of Violence.* Atlantic Monthly Press 1999.
14 Hippokampus = Vorwölbung im Unterhorn des Seitenventrikels, Teil des limbischen Systems im Gehirn.
15 Ausschnitt aus einem Bericht über einen Jungen, der in Columbia entführt worden war, geschrieben von Christian Miller für die *L.A. Times,* 31.12.2003.
16 Lenore Terr: *Too Scared to Cry.* Basic Books, 1990.

17 Dean Kilpatrick: *Journal of Consulting and Clinical Psychology*, August 2003.

18 In den USA gibt es das sog. *Homeland Security Advisory System*. Es besteht aus fünf Warnstufen, die verschiedenen Farben zugeordnet werden: die niedrigste Stufe = *grün*, gefolgt von *blau, gelb, orange* und schließlich, für die größte Gefahr, *rot*.

19 Vergleiche Antonio Damasios Buch *Ich fühle, also bin ich*.

20 Kontakt zu der Firma Remo erhalten Sie über die Website www.remo.com. Remo, Inc. gibt es in Amerika und in Europa (London).

21 Oxygen Media, 2001. Nach unserer klinischen Erfahrung halten diese körperlichen Symptome – obwohl sie abgewandelt oder »abgestuft« auftreten – viel länger an. Das gilt vor allem für Kinder, da sie keinerlei Kontrolle über die Scheidungsursache haben und machtlos sind.

22 Das *Child Sexual Abuse Prevention Project* ist ein Präventionsprogramm, das in Minneapolis, Minnesota in Schulen angeboten wird.

23 Vernon R. Wiehe: *Sibling Abuse*. Sage Publication, 1997.

24 J.v. Becker/E.M. Coleman: *Handbook of Family Violence*. New York, 1988.

25 W. Holmes/G. Slap: *Journal of the American Medical Association*, 1998.

26 Leigh Baker: *Protecting Your Children*, in: Marilyn Van Derbur: *Miss America by Day*.

27 Studien von Bessel van der Kolk und Judith Herman, zitiert bei der *Cape Cod Conference on Trauma* mit Bessel van der Kolk und Peter Levine im Juli 2001.

28 American Medical Association: *Strategien für die Behandlung und Vermeidung von sexuellem Missbrauch*. Chicago 1995.

29 Oprah Winfrey, Moderatorin einer bekannten Talkshow, in ihrer Sendung am 7. Mai 2002.

30 Ted Kaczynski, auch der »Unabomber« genannt, kündigte 1969 seine Anstellung als Mathematikprofessor in Berkeley und zog sich in eine kleine Hütte in die Wälder Montanas zurück. Von dort aus plante er Anschläge gegen Personen aus Wissenschaft, Kunst, Militär und Computertechnologie. Siebzehn Jahre lang versetzte er die USA mit selbstgebastelten Sprengkörpern in Angst und Schrecken, bevor man ihn mit Hilfe seines Bruders in seiner Hütte verhaftete. Er wurde zu einer lebenslangen Haftstrafe ohne Bewährung verurteilt.

31 *Soothing the Littlest Patients*. In: *U.S. News & World Report*, 6.12.2000.

32 *U.S. News & World Report,* 6.12.2000.

33 Unter www.ChildLife.org können Sie mehr darüber erfahren, wie solche Programme aussehen könnten.

# LITERATUR

Adams, Caren/Fay, Jennifer: *Ohne falsche Scham*. Rowohlt 1989

Acosta, Judith/Prager, Judith: *The Worst is Over … What to Say When Every Moment Counts*. Jodere, 2002

Alberti, Bettina: *Die Seele fühlt von Anfang an. Wie pränatale Erfahrungen unsere Beziehungsfähigkeit prägen*. Kösel, 2005

Baum, Heike: *Ist Oma jetzt im Himmel? Vom Umgang mit Tod und Traurigkeit*. Kösel, 2002

Brown, Laurene Krasny/Brown, Marc: *Scheidung auf dinosaurisch*. Carlsen, vergriffen (Englische Ausgabe: *Dinosaurs' Divorce*. Little Brown, 1988)

Damasio, Antonio: *Descartes' Irrtum. Fühlen, denken und das menschliche Gehirn*. List, 2004

Damasio, Antonio: *Ich fühle, also bin ich. Die Entschlüsselung des Bewusstseins*. List, 2002

Duenwald, Mary: »Two Portraits of Children of Divorce: Rosy and Dark.« *The New York Times*, March 26, 2002

Ennulat, Gertrud: *Kinder trauern anders. Wie wir sie einfühlsam und richtig begleiten*. Herder, 2003

Gardner, Richard: *The Boys and Girls Book About Divorce*. Bantam, 1985

Gotzen-Beek, Betina/Scheffler, Ursel: *Von Papa lass ich mich nicht scheiden. Eine Vorlesegeschichte über Getrenntsein und Zusammengehören*. Ravensburger, 2002

Hannibal, Mary Ellen/Gyemant, Judge Ina: *Good Parenting Through Your Divorce*. Marlowe & Company 2002

Hetherington, Mavis/Kelly, John: *For Better or Worse … Divorce Reconsidered*. Norton & Co., 2003

James, John W./Friedman, Russell: *When Children Grieve. For Adults to Help Children Deal with Death, Divorce, Pet Loss, Moving, and Other Losses*. Perennial, 2002

Karr-Morse, Robin/Wiley, Meredith S.: *Ghosts from the Nursery: Tracing the Roots of Violence.* Atlantic Monthly Press 1999

van der Kolk, Bessel A.: *Psychological Trauma.* American Psychiatric Publishing Inc., 1987

van der Kolk, Bessel A. et. al.: *Traumatic Stress: Grundlagen und Behandlungsansätze.* Junfermann, 2000

Lansky, Vicky/Prince, Jane: *It's Not Your Fault, Koko Bear.* Book Peddlers, 1998

Largo, Remo/Czernin, Monika: *Glückliche Scheidungskinder. Trennungen und wie Kinder damit fertig werden.* Piper, 2003

LeDoux, Joseph: *Das Netz der Gefühle: Wie Emotionen entstehen.* Dtv, 2001

Levine, Peter A./Frederick, Ann: *Trauma-Heilung. Das Erwachen des Tigers. Unsere Fähigkeit, traumatische Erfahrungen zu transformieren.* Synthesis, 1998

Maar, Nele/Ballhaus, Verena: *Papa wohnt jetzt in der Heinrichstraße.* Pro Juventute, 1998

Miller, Susan B./Muller, Rene J.: *Disgust: The Gatekeeper Emotion.* Analytic Press, 2004.

Nöstlinger, Christine: *Sowieso und überhaupt.* Beltz, 2000

Ricci, Isolina: *Mutters Haus – Vaters Haus. Wenn Eltern sich scheiden lassen: Wie Kinder dennoch glücklich bleiben.* Oesch, 1997

Schins, Marie-Thérèse: *Und wenn ich falle? Vom Mut, traurig zu sein.* Dtv, 2001

Schöberl, Elisabeth: *Meine Eltern trennen sich. Der Ratgeber für Jugendliche.* Ueberreuter, 2004

Spangenberg, Brigitte: *Märchen helfen Scheidungskindern. Wie Kinder die Trennung ihrer Eltern besser akzeptieren.* Herder, 2002

Siegel, Daniel: *Wie wir werden, die wir sind.* Junfermann 2005

Steele, William/Raider, Melvyn: *Structured Sensory Intervention for Traumatized Children, Adolescents and Parents: Strategies to Alleviate Trauma* (Mellen Studies in Social Work, Vol. 1). Edwin Mellen Press, 2002

Straus, Murray A. /Steinmetz, Suzanne K.: *Violence in the Family. Harper* Row, 1974

Terr, Lenore: *Too Scared to Cry: Psychic Trauma in Childhood.* BasicBooks, 1990

Thomas, Shirley: *Parents Are Forever. A Step-By-Step Guide to Becoming Successful Coparents after Divorce.* Springboard Publications, 2004

Van Derbur, Marilyn: *Miss America by Day: Lessons Learned from Ultimate Betrayals and Unconditional Love.* Oak Hill Ridge Pr., 2003

Wallerstein, Judith S. et.al.: *The Unexpected Legacy of Divorce: A 25-Year Landmark Study.* Hyperion, 2001

Wiehe, Vernon R.: *Sibling Abuse: Hidden Physical, Emotional, and Sexual Trauma.* Sage Publications, 1997

Zand, Janet/Walton, Rachel/Rountree, Bob: *A Parent's Guide to Medical Emergencies: First Aid for Your Child.* Avery Publ., 1996